HOLDING
FAMILIAR E SUAS VANTAGENS

O GEN | Grupo Editorial Nacional – maior plataforma editorial brasileira no segmento científico, técnico e profissional – publica conteúdos nas áreas de concursos, ciências jurídicas, humanas, exatas, da saúde e sociais aplicadas, além de prover serviços direcionados à educação continuada.

As editoras que integram o GEN, das mais respeitadas no mercado editorial, construíram catálogos inigualáveis, com obras decisivas para a formação acadêmica e o aperfeiçoamento de várias gerações de profissionais e estudantes, tendo se tornado sinônimo de qualidade e seriedade.

A missão do GEN e dos núcleos de conteúdo que o compõem é prover a melhor informação científica e distribuí-la de maneira flexível e conveniente, a preços justos, gerando benefícios e servindo a autores, docentes, livreiros, funcionários, colaboradores e acionistas.

Nosso comportamento ético incondicional e nossa responsabilidade social e ambiental são reforçados pela natureza educacional de nossa atividade e dão sustentabilidade ao crescimento contínuo e à rentabilidade do grupo.

Soluções Jurídicas

Gladston Mamede
Eduarda Cotta Mamede
Roberta Cotta Mamede

HOLDING
FAMILIAR E SUAS VANTAGENS

Planejamento Jurídico e Econômico do Patrimônio e da Sucessão Familiar

17ª edição revista e atualizada

gen | atlas

- Os autores deste livro e a editora empenharam seus melhores esforços para assegurar que as informações e os procedimentos apresentados no texto estejam em acordo com os padrões aceitos à época da publicação, e todos os dados foram atualizados pelos autores até a data de fechamento do livro. Entretanto, tendo em conta a evolução das ciências, as atualizações legislativas, as mudanças regulamentares governamentais e o constante fluxo de novas informações sobre os temas que constam do livro, recomendamos enfaticamente que os leitores consultem sempre outras fontes fidedignas, de modo a se certificarem de que as informações contidas no texto estão corretas e de que não houve alterações nas recomendações ou na legislação regulamentadora.

- Fechamento desta edição: *21.10.2024*

- Os Autores e a editora se empenharam para citar adequadamente e dar o devido crédito a todos os detentores de direitos autorais de qualquer material utilizado neste livro, dispondo-se a possíveis acertos posteriores caso, inadvertida e involuntariamente, a identificação de algum deles tenha sido omitida.

- Atendimento ao cliente: (11) 5080-0751 | faleconosco@grupogen.com.br

- Direitos exclusivos para a língua portuguesa
  Copyright © 2025 by
  Editora Atlas Ltda.
  Uma editora integrante do GEN | Grupo Editorial Nacional
  Travessa do Ouvidor, 11 – Térreo e 6º andar
  Rio de Janeiro – RJ – 20040-040
  www.grupogen.com.br

- Reservados todos os direitos. É proibida a duplicação ou reprodução deste volume, no todo ou em parte, em quaisquer formas ou por quaisquer meios (eletrônico, mecânico, gravação, fotocópia, distribuição pela Internet ou outros), sem permissão, por escrito, da Editora Atlas Ltda.

- Capa: Danilo Oliveira

- **CIP-BRASIL. CATALOGAÇÃO NA PUBLICAÇÃO**
  SINDICATO NACIONAL DOS EDITORES DE LIVROS, RJ

M231h
17. ed.

Mamede, Gladston
    Holding familiar e suas vantagens : planejamento jurídico e econômico do patrimônio e da sucessão familiar / Gladston Mamede, Eduarda Cotta Mamede ; colaboração Roberta Cotta Mamede. - 17. ed. - Barueri [SP] : Atlas, 2025.

    368 p. ; 24 cm.   (Soluções jurídicas)

    Inclui bibliografia
    ISBN 978-65-5977-675-7

    1. Empresas familiares - Legislação - Brasil. 2. Empresas familiares - Brasil - Sucessão. 3. Holding companies - Brasil. I. Mamede, Eduarda Cotta. II. Mamede, Roberta Cotta. III. Título. IV. Série.

24-94714   CDU: 340.134:334.722.24(81)

Meri Gleice Rodrigues de Souza - Bibliotecária - CRB-7/6439

Sobre os autores

Gladston Mamede

Bacharel e Doutor em Direito pela Universidade Federal de Minas Gerais. Membro do Instituto Histórico e Geográfico de Minas Gerais.

Eduarda Cotta Mamede

Bacharel em Direito pela Universidade Federal de Minas Gerais. Advogada.

Roberta Cotta Mamede

Bacharel em Direito pela Pontifícia Universidade Católica de Minas Gerais. Advogada.

Livros dos autores

Livros de Gladston, Eduarda e Roberta Cotta Mamede

1. *Manual de Redação de Contratos Sociais, Estatutos e Acordos de Sócios*. 8. ed. Barueri: Atlas, 2024. 584 p.

Livros de Gladston e Eduarda Cotta Mamede

1. *Entenda a Sociedade Limitada e Enriqueça com seu(s) Sócio(s)*. São Paulo: Atlas, 2014. 167 p.

2. *Empresas familiares*: o papel do advogado na administração, sucessão e prevenção de conflitos entre sócios. 2. ed. São Paulo: Atlas, 2014. 204 p.

3. *Blindagem patrimonial e planejamento jurídico*. 5.ed. São Paulo: Atlas, 2015. 176 p.

4. *Planejamento Sucessório: introdução à arquitetura estratégica – patrimonial e empresarial – com vistas à sucessão* causa mortis. São Paulo: Atlas, 2015. 175 p.

5. *Divórcio, Dissolução e Fraude na Partilha dos Bens*: simulações empresariais e societárias. 5. ed. Barueri: Atlas, 2022. 200 p.

7. *Holding Familiar e suas Vantagens*: planejamento jurídico e econômico do patrimônio e da sucessão familiar. 16. ed. Barueri: Atlas, 2024. 376 p.

8. *Estruturação Jurídica de Empresas*: alternativas da tecnologia jurídica para a advocacia societária. Barueri: Atlas, 2024. 232 p.

Livros de Gladston Mamede

Livros Jurídicos

1. *Manual prático do inquilino*. Belo Horizonte: Edição dos Autores, 1994. 68 p. (em coautoria com Renato Barbosa Dias).

2. *Contrato de locação em shopping center*: abusos e ilegalidades. Belo Horizonte: Del Rey, 2000. 173 p.

3. *O trabalho acadêmico em direito*: monografias, dissertações e teses. Belo Horizonte: Mandamentos, 2001. 192 p.

4. *IPVA*: imposto sobre a propriedade de veículos automotores. São Paulo: Revista dos Tribunais, 2002. 183 p.

5. *Fundamentos da legislação do advogado*: para o curso de ética profissional e o exame da OAB. São Paulo: Atlas, 2002. 174 p.

6. *Agências, viagens e excursões*: regras jurídicas, problemas e soluções. São Paulo: Manole, 2003. 178 p.

7. *Código Civil comentado*: penhor, hipoteca e anticrese: artigos 1.419 a 1.510. São Paulo: Atlas, 2003. v. 14, 490 p. (Coleção coordenada por Álvaro Villaça Azevedo).

8. *Férias frustradas*: manual de auto-ajuda para o turista. São Paulo: Abril, 2003. 98 p.

9. *Direito do turismo*: legislação específica aplicada. 3. ed. São Paulo: Atlas, 2004. 176 p.

10. *Direito do consumidor no turismo*. São Paulo: Atlas, 2004. 198 p.

11. *Manual de direito para administração hoteleira*: incluindo análise dos problemas e dúvidas jurídicas, situações estranhas e as soluções previstas no Direito. 2. ed. São Paulo: Atlas, 2004. 200 p.

12. *Comentários ao Estatuto Nacional da Microempresa e da Empresa de Pequeno Porte*. São Paulo: Atlas, 2007. 445 p. (em coautoria com Hugo de Brito Machado Segundo, Irene Patrícia Nohara, Sergio Pinto Martins).

13. *Semiologia do Direito*: tópicos para um debate referenciado pela animalidade e pela cultura. 3. ed. São Paulo: Atlas, 2009. 280 p.

14. *Mais de 500 questões de Ética Profissional para passar no Exame de Ordem*. São Paulo: Atlas, 2013. 377 p.

15. *A advocacia e a Ordem dos Advogados do Brasil*. 6. ed. São Paulo: Atlas, 2014. 324 p.

16. *Direito empresarial brasileiro:* teoria geral dos contratos. 2. ed. São Paulo: Atlas, 2014. v. 5, 463 p.

17. *Direito empresarial brasileiro*: títulos de crédito. 11. ed. São Paulo: Atlas, 2019. 344 p.

18. *Teoria da Empresa e dos Títulos de Crédito:* direito empresarial brasileiro. 14. ed. Barueri: Atlas, 2022. 512 p.

19. *Direito Societário:* direito empresarial brasileiro. 14. ed. São Paulo: Atlas, 2022. 520 p.

20. *Falência e recuperação de empresas*: direito empresarial brasileiro. 13. ed. Barueri: Atlas, 2022. 376 p.

21. *Manual de direito empresarial*. 18. ed. Barueri: Atlas, 2024. 544 p.

Livros de Ficção

1. *Enfim*. São Paulo: Salta: Atlas, 2014. 138 p.

2. *Uísque, por favor*. São Paulo: Longarina, 2017. 285 p.

3. *Pique-Esconde*: tanto vivo ou morto faz. São Paulo: Longarina, 2017. 180 p.

4. *Ouro de Inconfidência*. São Paulo: Longarina, 2018. 238 p.

5. *As Pessoas lá de Fora*. São Paulo: Longarina, 2018. 165 p.

6. *Inferno Verde*. 2. ed. São Paulo: Longarina, 2019. 131 p.

7. *Bah!* crônicas liteiras (ou não) de tempos e temas diversos. São Paulo: Longarina, 2019. 182 p.

8. *Eu matei JK*. 2. ed. Belo Horizonte: Instituto Pandectas, 2020. 163 p.

Outros

1. *Memórias de Garfo & Faca*: de Belo Horizonte ao mundo, aventuras na cata de um [bom] prato de comida. São Paulo: Longarina; Belo Horizonte: Instituto Pandectas, 2020. 410 p.

2. *Fragmentos de um Discurso Manducatório*: questões e meditações [também] culinárias e gastronômicas: as minhas receitas e as nossas mesas. Belo Horizonte: Instituto Pandectas, 2022. 324 p.

Nota dos autores

O tempo enterra, sem qualquer comiseração, histórias lindas, casos impressionantes. Esquece, passa por cima, supera. Sobrevivem um pouco, enquanto a língua ainda corre à rédea solta, mas depois se embrenham no silêncio, como se deixassem de existir. Por isso, é sempre bom contar bons *causos*, sabemos nós, os mineiros. Nas cozinhas perfumadas de café e pão de queijo, a gente repete à larga as narrativas que se ouviram dos pais, avós, tios, amigos. E, assim, vamos dando sobrevida ao passado, se bem que, *deveras*, quem conta um conto aumenta um ponto.

A história de Pantaleão e Honorina é verdadeira, vou logo avisando. Não é invencionice, não. Nem os nomes são inventados; são esses mesmos, razão pela qual quem bisbilhotar um pouco logo encontrará ecos dessas linhas na boca do povo. Afinal, os parentes deles ainda estão lá, em Ponte Nova, onde os fatos se passaram há várias décadas. O caso se deu nas beiras iniciais dos novecentos, enredado pelos meados do século, mas há netos que ainda estão vivos, embora velhos. Seus bisnetos estão adultos e criam filhos, entre novos e adolescentes.

Ponte Nova é uma cidade construída às margens do Rio Piranga, na Zona do Carmo, ou seja, na região de Mariana. Está próxima de Ouro Preto, outrora Vila Rica, primeira capital da Província das Minas Gerais. Cidade bonita onde correm os dias numa brejeirice gostosa e honrada, merecendo o progresso, embora guardando um jeitinho só seu. Foi ali que viveram Pantaleão e Honorina. Casaram-se e fizeram família, tocando a vida no reiterar das manhãs, entregues ao ofício dos dias. De filhos tiveram *uma renca*, criada com atenção e carinho. Juntos construíram uma família e mesmo um casarão no alto do morro, com varanda e tudo. E foram assim, velhice adentro, cumprindo o destino.

Mas Honorina morreu.

Pantaleão chorou seu caixão, velando o corpo amado. Os olhos queimaram na ausência da esperança, roubada agressivamente pela morte. Secou-se em lágrimas por renovadas vezes e, cambaleante, viu entregarem-na à terra. No entanto, manteve-se em pé, homem cumprindo seu dever de homem.

Estavam, enfim, apartados, Pantaleão e Honorina. Ele a chorou ali, no cemitério, como a chorou no purgatório interminável das noites, condenado ao quarto que nem os cobertores esquentavam e as paredes não davam fim. Foi assim que aprendeu que a cama vazia dos viúvos é a pior das câmaras de torturas. A vida, nessas madrugadas, é pior que a morte. É impiedosa; é cruel.

Findo o martírio de cada noite, aos dias entregava-se sentado na varanda da casa sem vida. Nunca antes se dera conta dessa vantagem: dali se via fácil o cemitério. Por um tal horizonte, pagaria qualquer preço. Mas, por sorte, a casa já era sua e, por isso, passava as horas namorando, a distância, o túmulo de Honorina, tomando conta do seu leito até que a noite lhe obrigasse novamente ao tombo na cisterna da cama, entregue às dores da ausência. Velou-a, assim, por cerca de um mês, suportando o contraste das lembranças – felizes em seu conteúdo, terríveis por serem apenas retalhos apodrecidos de um tempo passado. Até isso a morte tinha matado.

Ao cabo de mês, morreu ele próprio, para renovada tristeza dos filhos, que choraram o seu caixão, velaram o seu corpo e, enfim, entregaram-no à terra. Apartaram-se dos pais e foram tocar suas vidas até que também morreram, como já morreram mesmo alguns de seus próprios filhos. É a regra da vida. Contudo, desde aquele dia, em que também baixou à terra, Pantaleão libertou-se das noites geladas e solitárias em que era torturado. Pantaleão está junto de Honorina, pelos séculos e séculos e séculos... Deus nos proteja, os enamorados.

A felicidade tornou-se um mito. Todos a querem, mas quase ninguém está certo de possuí-la. Ela nunca é completa, nunca é total; estranho, não? Onde estaria, então, a felicidade? Na qualidade de mito, a felicidade *mora* junto de outros mitos de nosso tempo: a paixão avassaladora, o príncipe encantado ou o homem divino, a mulher linda e gostosa, a fama e a fortuna, o carro magnífico, o luxo etc. etc. São mitos que nos atam a um futuro idílico, de difícil concretização, e, assim, sempre parece faltar *alguma coisa*. Nunca nos sentimos verdadeira e *perenemente* felizes, enquanto seguimos a rotina de trabalhar e consumir. Trabalhamos para consumir, na ilusão de que produtos e serviços nos vão fazer felizes, sendo melhor quanto mais consumirmos. Assim, vendem-nos falsas esperanças e mesmo imagens: quem somos, quem seríamos, contrastando-nos com modelos que são, eles próprios, uma construção artificial e irreal, envoltos em seus próprios dilemas pessoais.

Contudo, a felicidade não está ligada a qualquer produto ou situação; não está na viagem ao exterior, no emprego que eu não tenho, no prêmio de loteria que não ganhei (ainda!). Ao contrário do que nos insiste em dizer a publicidade, a felicidade não está condicionada *a isto ou aquilo*, não decorre de uma compra. É apenas um estado d'alma e somos nós que podemos condicioná-la. É singela e verdadeira, bem distante da imagem eufórica reiterada pelos anúncios: gargalhadas constantes, emoções fortes constantes, paixão constante (*você será feliz com esta ou aquela bebida, numa viagem para tal ou qual lugar, usando esta ou aquela roupa etc.*). Uma ilusão de felicidade cega-nos os olhos e nos empurra para o consumo de produtos e serviços, como se ali estivesse o que procuramos. Não está.

Assim, cada vez mais, padecemos de um certo vazio, com maior ou menor frequência. Chamem-no de tristeza, melancolia ou depressão, por vezes nos vemos sustidos por um fio sobre um abismo escuro, inseguros, insatisfeitos, sem perspectivas. Não se trata de um privilégio nefasto do princípio do novo milênio, o terceiro, já que a angústia está presente em vários outros momentos da história, a exemplo do barroco, romantismo, simbolismo, existencialismo etc.

Talvez seja o próprio conceito de felicidade que precise ser remodelado e repensado. Talvez, se ele fosse menos mítico, menos *hollywoodiano* (esses embustes que são seguidos pelo *The End*), pudesse ser mais fácil de ser vivido. Será que não estamos apegados demais a essas *referências míticas* para sermos felizes? Felicidade não se confunde com fuga: o ser humano feliz não se teme ou se odeia: aceita-se como é, ainda que queira – e se esforce – *melhorar*; respeita-se e procura conhecer-se (e não se iludir). Por outro lado, felicidade não é sinônimo de irresponsabilidade: não é um estado de abandono das coisas cotidianas, mas uma harmonização (segundo o *Aurélio*, harmonia é a "disposição bem ordenada entre as partes de um todo") dos elementos que compõem a vida: trabalho, convivência com os outros, os tantos atos cotidianos (como alimentar-se), paisagens, circunstâncias, o tempo: em tudo há inúmeros detalhes que merecem atenção, pois podem revelar pequenos prazeres (que sempre serão os melhores, porque são mais verdadeiros do que os mais exaltados).

Estamos perdendo os instantes, atropelando os dias e, de tempo em tempo, percebemos que a vida está indo "rápido demais" (estamos tão preocupados em não perder tempo, que acabamos perdendo o tempo). O antídoto pode ser não só a simplicidade, como a valorização de uma postura nova: a atenção nos detalhes (como nos sentidos: aromas, sabores, texturas, cores, sons), a gratidão, a cordialidade, o sorriso, a paciência, o carinho. Perceber um outro mundo que existe paralelo a este caótico em que vivemos. A vida é, acima de tudo, simples. As complicações são um fenômeno cultural humano. Então, seria bom compreendermos a simplicidade da vida. Note, por exemplo, que uma parte considerável (senão a maior) dos problemas é construída, mentalmente, por nós mesmos. Quem irá, em si, arar e fertilizar a terra da felicidade? Quem irá se dispor a um esforço tão inglório, tão pouco comum, tão pouco provável (ilógico, quase!) de fazer-se harmonioso?

Queremos encontrar, dentro dos nossos olhos, a paz. Sabemos que ela está lá. Por vezes a vemos: vemo-la em nós. Sabemos que é difícil, mas queremos tentar. Erramos muito, mas queremos continuar tentando. Quem sabe não vamos conseguir? Há uma promessa antiga: *Você pode tentar milhares de vezes: a porta sempre estará aberta*, dizem os sufis.

Com Deus e com Carinho,

Gladston e Eduarda Mamede

Prefácio à 17ª edição

A primeira edição deste livro remonta aos alvores do século XXI, tempo em que *holdings* familiares puras eram bissextas, geralmente dispostas em famílias mais abastadas, talvez não se contando às centenas. Ao longo de várias edições, tivemos ocasião de ver a figura ganhar corpo na sociedade brasileira, tornar-se assunto comezinho, consulta habitual nos escritórios e, na esteira disso, multiplicar-se. Atualmente, não é possível dizer ser rara; não o é. E essa nova realidade implica novos desafios, o que é próprio da vida. Estão por aí, aos milhares, as *holdings* familiares. E então? Essa nova realidade muda alguma coisa? Muda e mudou. Muito. Alguns já o perceberam e posicionam-se para atender a esse desafio. Mas a manutenção contábil – que é, sim, essencial – não será por si só suficiente. Será preciso também uma ampliação no âmbito de atuação de advogados e, em muitos casos, de outros profissionais, como conciliadores e mediadores: a *holding* já chegou à era dos conflitos. Foi pensada para os evitar, bem o sabemos. Mas somos humanos e nada do que é humano a nós é estranho, como ensinou o poeta romano Terêncio.

Não haveria de ser diferente. O Direito é uma referência obrigatória na existência e comportamento dos seres humanos em sociedade. Isso é elementar e dispensa maior digressão. Mas há uma perspectiva mais rica: perceber o papel que o Direito desempenhou e desempenha na evolução do que é o ser humano em sociedade, o ser humano civilizado, ao longo da jornada da humanidade. Não é que a humanidade evolua e carregue consigo o Direito que, por decorrência, evolui a reboque. O Direito é parte da Sociedade – *ubi societas, ibi ius*, disse Ulpiano

– e entre eles define-se uma equação de múltipla influência. Assim, a evolução do Direito também é fator (é vetor) de evolução social: como uma construção que, para avançar, demanda avanço das estruturas de sustentação que, como se sabe, suportam toda a edificação. O bom profissional compreenderá esse eixo evolutivo e, assim, irá se manter em sintonia com as possibilidades e necessidades de cada tempo, inclusive corrigindo movimentos passados diante das alterações que resultem de racionalizações, novas tecnologias, ofertas e procuras etc.

Aliás, há muito temos construído nosso magistério como superação de uma tendência da doutrina jurídica de compreender a disciplina de forma meramente estática: a teoria limita-se a oferecer uma perspectiva sincrônica do Direito: como se tudo estivesse parado, não progredisse, prosperasse. Salvo os livros de processo (civil, penal, administrativo, trabalhista), a doutrina do chamado Direito Substantivo (ou Material) dá-se o direito de prescindir do decurso (o *devir*, o *vir-a-ser*); mesmo o Direito Empresarial, apesar da dinâmica vigorosa do mercado. Há mesmo quem julgue que tais questões e abordagens não seriam Direito ou não seriam pertinentes à *Ciência do Direito*. Para esses, tais questões dizem respeito à prática, não sendo coisa que se ensine, não sendo assunto de juristas, não se submetendo ao método e ao tratamento da epistemologia jurídica. Respeitamos essa visão, mas a consideramos empobrecida e, pior, impactando a formação dos atores jurídicos num cenário duramente afetado por desafios profissionais. E por atores estamos listando tanto os operadores (técnicos jurídicos) quanto os clientes de quem se espera, mais e mais, uma maior qualidade em seu agir mercantil. É indispensável um Direito Mercantil de qualidade, construído em compasso com o mercado, para que se consolide um desempenho comercial equilibrado e recompensador.

> Direito Societário de qualidade é essencial para sustentar um mercado e uma economia desenvolvidos: sem infraestrutura normativa confiável, não há desenvolvimento conservável e revigorado.

Vamos nos permitir usar algumas linhas para tratar disso: a razão jurídica e o tempo. O assunto nos é caro, afinal. Seres humanos e sociedades humanas sobrepuseram-se à realidade física (a *physis*). O ser que não apenas pensa, mas pensa (sabe) que pensa, que se individualiza por se destacar do mundo real (que lhe chega pelos sentidos), o ser que, por compor e ser composto numa sociedade, manifesta a respectiva ideologia e prática social (*práxis*), participando de um mundo humano que é mais rico que o mundo concreto (*physis*) por significação (*semiosis*) e lógica (*logos*). O cidadão ou, preferindo, a pessoa ganha (assimila) de seu tempo o *logos* a partir do qual irá se comportar em conformidade com as possibilidades humanas contemporâneas, num processo dinâmico de recebimento e contribuição. Não precisamos desenvolver a troca (o escambo); essa geração já compreende os pagamentos eletrônicos, o crédito, os mercados de valores mobiliários, as estratégias mercadológicas, os mercados internacionais, o desafio dos custos (de produção, de capital etc.). Em meio a tudo isso, está o direito: é parte da infraestrutura que permite a vida tal qual a conhecemos. Sendo mais específico: em meio a tudo isso está, com destaque, o Direito Empresarial. E ele precisa oferecer condições adequadas para que isso exista, ou ruirá, senão se amesquinhará: o mercado, a economia, o subdesenvolvimento do país.

Sim, o comportamento humano (*ethos*) em sociedade é jurídico e nisso também se afirma um gradiente qualitativo. Não estamos afirmando que complexidade e sofisticação jurídicas representem maior qualidade ética. Infelizmente, não. Mas apoiam relações sociais igualmente mais complexas e sofisticadas, nomeadamente no plano econômico. Daí ser interessante observar que, ao longo da jornada da humanidade, o Direito deixou de ser apenas um conjunto de regras de comportamento que definiam, no espaço do ser (a *physis*), recortes coercitivos para o comportamento (*ethos*) humano: o que deve-ser (o obrigatório e o proibido, o vedado) e, para além, todo um espaço do que pode-ser: espaço de liberdade, de iniciativa livre; espaço para a autonomia da vontade. Tornou-se bem mais do que isso nesses milhares de anos de processo civilizatório. Em fato, o Direito tornou-se fenômeno no qual esse *ethos* se refez, evoluiu, elaborou-se.[1]

O crescimento exponencial de *holdings* familiares em meio à sociedade brasileira pode ser medido por qualquer pesquisa rápida na internet. Era assunto quase inexistente quando iniciamos o seu tratamento. É assunto corriqueiro, hoje; é hipótese adotada por milhares, cogitadas por outros milhares. Um investimento em tecnologia jurídica que passa pela assunção de rotinas de planejamento estratégico por centenas de escritórios, expandindo a compreensão habitual do que deve ser a advocacia, habitualmente concentrada no foro. Tínhamos aí uma grande barreira para uma maior sofisticação nas relações empresariais e societárias, um verdadeiro gargalo de logística jurídica. E isso entrou na pauta na última década, assim como a constatação de que a advocacia empresarial muito ganharia com uma cooperação com outras disciplinas que, por igual, gravitam em torno ao fenômeno empresarial. Passamos a investir na permuta de conhecimento, de perspectivas, de ferramentas, o que gerou e gera valor não só para os profissionais em seu labor, mas para os clientes e, enfim, a sociedade em geral.

Em suma, incorporamos inovações tecnológicas, jurídicas e outras, para nos habilitar a gerar soluções sustentáveis: a *sustentabilidade jurídica* que, sim, é e deve ser parte da compreensão maior de sustentabilidade (ambiental, social). É o passo inevitável para uma advocacia compromissada com qualidade superior, impulsionando a prestação de serviços e a geração de benefícios para os envolvidos.

---

[1] Conferir: MAMEDE, Gladston. *Semiologia do Direito*: tópicos para um debate referenciado pela animalidade e pela cultura. 3. ed. São Paulo: Atlas, 2009.

Não só a advocacia, insistimos, já que áreas afins revelam o mesmo movimento e a mesma tendência. E disso se afirmará, como decorrência necessária, condições técnicas para um crescimento e desenvolvimento no mercado empresarial, beneficiário do investimento nessas cadeias de assessoramento especializado. De todos os cantos vêm notícias de adesões do mercado a projetos que darão segurança e vantagens às pessoas e às atividades negociais beneficiárias.

Ainda que os temas colocados ainda na primeira edição permitissem um trabalho sólido de longo prazo, obviamente chegaria o momento de fazer uma atualização e propor novas questões. Já é passado o impacto inicial da assimilação da *holding* como um equipamento jurídico (um mecanismo, uma ferramenta: instrumento instituído para produzir determinados resultados, visados em conformidade ao planejamento estratégico previamente realizado); já não se está descrevendo uma novidade, mas uma realidade concreta em muitas famílias. Isso demanda uma atenção técnica complementar, preocupada não apenas com a constituição do equipamento, mas com sua manutenção, notadamente em face de desafios de convivência, questões tributárias e registrais, além do destino que se dará ao processo: entre a conservação da pessoa jurídica, eventuais transformações ou, enfim, sua extinção.

É preciso valorizar o olhar de longo prazo. Por isso alterações eram e são necessárias e, justo por isso, esta edição mostra-se bem alterada. Estamos em reforma e, para isso, contamos com uma colaboração extra: não uma coautora. Não ainda. Mas uma colaboradora que tem se mostrado proativa e dedicada na pesquisa de questões novas e na revisão de matérias já postas: Roberta Cotta Mamede. Muito do que aqui se alterou e acresceu nasce de seus esforços. Inevitavelmente, virá para a capa num futuro próximo. Está fazendo por merecer, pouco a pouco. E o faz bem. Virá quando a proporção do que traz em contribuição justificar a medida. Mas seu ingresso (já na 14ª edição) foi noticiado na folha de rosto e, agora, é formalmente narrado em retribuição ao mais que fez e está fazendo. E isso com a alegria de um trabalho em família.

O livro não muda seu perfil, verão os leitores e as leitoras. Não houve inversões, senão especialização e aprofundamento que resultam da maior experiência e de meditação e pesquisa prolongados. Também foi preciso considerar uma evolução no perfil dos envolvidos em tais operações: mudaram os profissionais; evoluíram. Mudaram os clientes; diversificaram-se. Mudaram as sociedades criadas; sofisticaram-se. Esperamos que as alterações sejam uma contribuição útil para, assim, unir as forças da pesquisa e investigação com o empenho dos profissionais envolvidos na prestação dos serviços de análise, planejamento e arquitetura jurídicos. É o desafio oferecido pelo tempo. Ele também, o tempo, nos faz. Não somos melhores que aqueles senhores de escravos que os torturam para, do trabalho forçado, obterem riqueza. Só estamos 150 anos adiante. O tempo nos ata.

No entanto, sim, de cada geração se espera certa medida de contribuições que fazem com que a humanidade regrida ou progrida. Para o bem ou para o mal (com todo o peso dos questionamentos axiológicos), há seres humanos e grupos e sociedades para trás de seu tempo ou adiante de seu tempo. De resto, para completar esta breve introdução que, dizendo da essência das seções seguintes, ainda nada dispõe – como as aberturas nos musicais (*ouverture* ou *overture*, se for da preferência) fica uma assertiva ética: em boa medida o nosso tempo (*a contemporaneidade*) é o legado das gerações que nos antecederam – novamente: para o bem ou para o mal (com todo o peso dos questionamentos axiológicos). E, se quisermos assumir nossos deveres éticos – quiçá maiores, podendo atingir expressões religiosas, por exemplo –, fica o desafio de nossa contribuição, individual, grupal e social, para as gerações seguintes.

Com Deus e com Carinho,

Gladston Mamede
Eduarda Cotta Mamede
Roberta Cotta Mamede

Sumário

1	**Tecnologia jurídica e advocacia**	1
	1 A evolução	1
	2 A inovação	5
	3 Gestão da inovação jurídica	10
	4 Atualização e inovação jurídicas	13
	5 O pulo do gato	17
	6 Advocacia transformadora	19
2	*Holding*	25
	1 Definição de *holding*	25
	1.1. Sociedade de participação?	28
	2 Tipos de *holding*	34
	3 Equívocos comuns	37
	4 Natureza jurídica: simples ou empresária	40
	5 Tipicidade societária	42
	6 Estruturas seguras	45
3	**Tipos societários**	51
	1 Tipos diversos, estruturas diversas	51
	2 Sociedade em nome coletivo	53
	3 Sociedade em comandita simples	54

	4	Sociedade limitada	56
	5	Sociedade anônima	60
	6	Sociedade em comandita por ações	67
	7	Crise do Direito Societário	68
4	**Eventos societários**		**73**
	1	Dimensão escritural das sociedades	73
	2	Arquitetura societária	78
		2.1. Sustentabilidade jurídica	83
	3	Metamorfoses societárias	86
	4	Justificação e protocolo	91
5	**Planejamento patrimonial**		**95**
	1	Patrimônio	95
	2	Planejamento jurídico	100
	3	Sintomatologia jurídico-patrimonial da família	104
	4	Manutenção de força patrimonial	111
	5	Desenvolvimento de negócios	114
6	**Planejamento das relações familiares**		**119**
	1	Contenção de conflitos familiares	119
		1.1. Instâncias societárias diversas	125
	2	Distribuição de funções	130
	3	Proteção em relacionamentos amorosos	138
7	**Planejamento negocial**		**145**
	1	Estruturação empresarial	145
	2	Planejamento societário	149
	3	Uniformidade na administração	152
	4	Administração profissional	155
	5	Aspectos laterais	161
	6	*Offshore company*	164
8	**Planejamento sucessório**		**165**
	1	O desafio da sucessão	165
	2	Herança e testamento	171
	3	Sucessão premeditada	174
	4	*Holding* na sucessão hereditária	177
	5	Perspectiva do sucedido	180

	6 Escolha e indicação do sucessor..	181
	7 Consultorias e assessorias (*family offices*)..	186
9	**Planejamento tributário**...	189
	1 Relevância fiscal..	189
	2 Planejamento fiscal ordinário...	193
	3 *Holding* e economia tributária...	195
	4 Análise fiscal...	199
10	**Constituição da *holding* familiar**...	203
	1 Dinâmica do serviço..	203
	2 Sociedades contratuais..	207
	3 Sociedades por ações...	210
	4 Subscrição e integralização de capital...	213
	5 Integralização pela transferência de bens.......................................	215
11	**Direitos sobre quotas e ações**...	221
	1 Quotas e ações...	221
	2 Indivisibilidade, grupamento e desdobramento............................	225
	3 Condomínio...	227
	4 Usufruto..	230
	5 Penhor...	232
	6 Cessão...	235
	7 Outras cláusulas e ônus..	238
12	**Relações societárias em família**...	239
	1 Parente, não! Sócio!...	239
	2 Cônjuges...	243
	3 Sócio incapaz..	246
	4 Faculdades e obrigações sociais...	248
	5 Proteção dos minoritários da *holding*..	251
	6 Resultados sociais: lucros ou perdas...	257
13	**Outros instrumentos de Engenharia Societária**...............................	261
	1 Pactos parassociais...	261
	2 Acordo de acionistas..	264
	3 Acordo de quotistas...	266
	4 Execução e resolução de acordos de sócios.....................................	267
	5 Outros pactos parassociais: regulamentos internos.....................	269

	6 Relações entre sociedades	271
	7 Grupo de sociedades	275
14	**Funcionamento e extinção**	**279**
	1 Entificação do patrimônio	279
	2 Representação e administração	280
	3 Administração coletiva	284
	4 Término da administração	286
	5 Deliberações sociais	287
	5.1. Estímulo à participação	290
	6 Arbitragem	292
	7 Dissolução	294
15	**Empresas familiares**	**299**
	1 O desafio	299
	2 Definição	303
	3 O papel do advogado	305
	4 Valorização da família	309
	5 Estímulo à boa convivência social	311
	5.1. Protocolo familiar	315
16	**Aspectos financeiros**	**317**
	1 Gestão financeira da sociedade	317
	2 Obrigações contábeis	320
	2.1. Balanço contábil	321
	3 Prejuízos e lucros	323
	4 Provisões, fundos e reservas	325
	5 Caixa *versus* dividendos	329
	6 Investimentos e endividamentos	331
	7 Conselho fiscal	333
	8 Outros conselhos consultivos	338
Bibliografia		**343**

1

Tecnologia jurídica e advocacia

1 A evolução

O tempo não para. A sociedade não para. Vivemos numa marcha constante que, se não acompanhamos em passo voluntarioso, o contemporâneo acabará por nos superar sem piedade. Somos células de um organismo social que evolui, que se altera, que dá mesmo mostra de pensar coletivamente: compreende desafios novos, elege caminhos, define tendências. E isso pode se traduzir em necessidades, em oportunidades ou, até, em modismos. Sim, para melhor ou para pior, não há dúvida. O certo é que a sociedade segue, avança. E somos demandados, exigidos, cobrados. Quem imaginaria que o telefone, tornando-se móvel, passaria a ser a grande chave não só de convivência social, mas de existência social. Há lugares em que não se pode estacionar um carro sem um celular; para tudo, ou quase tudo, há aplicativos cuja adesão é praticamente obrigatória. Sem eles, não se faz, não se tem acesso. O mundo nos arrasta.

Os que gostam de história geralmente se dão ao prazer dos contrastes: esse ou aquele momento passado, entre si ou com o presente. E, apesar de tropicões aqui e acolá, no geral evoluímos positivamente. Vencemos a escravidão, vamos vencendo os preconceitos e submissões de gênero, aprendemos a respeitar a família, o consumidor, o trabalhador, o meio ambiente. Sim, evoluímos muito; mas há muito para evoluir ainda. Daí insistirmos: o tempo não para. De qualquer sorte, é inegável que a espiral das mudanças e avanços está se acelerando mais e mais. O futuro se torna presente num piscar de olhos. O que não se imaginava há uma década, já é velho e superado, hoje. São muitos os desafios a enfrentar, e a conexão com as boas mudanças (porque também há mudanças más, não se pode olvidar) é uma habilidade que já levou muitas pessoas ao sucesso: empresas, investidores, profissionais. A evolução cultural oferece oportunidades, mesmo para os profissionais do Direito. Saber antecipar ou, no mínimo, não deixar de perceber a mudança são virtudes extremamente úteis aos que querem crescer, vencer.

O Direito não é estranho a isso. Nunca foi. E se a espiral tecnológica é veloz noutras áreas do conhecimento, não é muito diferente na disciplina que se ocupa do *dever-ser*, como queria Kelsen, ou de *dar a cada um o que é seu* (*suum cuique tribuere*), como queria Ulpiano. Mais do que nunca, teoria e prática jurídicas são impactadas por inovações, mesmo que isso implique uma necessária superação da dogmática antiga por uma nova. É preciso dominar o clássico, é preciso aprender a novidade. Saber antecipar questões futuras (ou que estão se *presentificando*) é uma competência profissional e tanto. E há que os combinar corretamente para entender os desafios e encontrar soluções. Exemplo claro é oferecido pela compreensão do que seja a família e como deve ser a organização familiar, bem como o tratamento que se pode e/ou se deve dar ao seu patrimônio para atender com mais adequação às necessidades de seus membros, o que inclui as expectativas por futuras gerações. Estamos evoluindo para aceitar e assimilar as diversidades que se verificam – e que podem se verificar – em ambientes domésticos diversos. E isso cria toda uma cadeia de reflexos, inclusive jurídicos.

Em fato, houve mudanças impressionantes mesmo no que diz respeito à visão do que seja a família, quais são suas estruturas possíveis (e não apenas a[s] predominante[s] ou conforme à moral dominante), como se dão e como se devem dar as relações entre os seus membros – inclusive tomando por base o papel e a posição que ocupam –, os assuntos que lhe são ou não pertinentes. Já ingressando no objeto deste livro, é imprescindível ter-se em linha de consideração que a elevação dos níveis de atividade econômica, a dinamização das relações interpessoais jurídicas com expressividade pecuniária, entre outros fatores, desautorizam uma compreensão simplista do que é e pode ser a família quando seu patrimônio é relevante ou, no mínimo, complexo (bens de natureza diversa, titularidade de participações societárias, controle sobre sociedades empresárias etc.). Já não são exclusivos do pai de família – figura que remete ao *pater familias* latino, embora com o impacto inevitável dos séculos – assuntos como gestão do patrimônio, destinação dos bens, projetos de investimento, receitas e despesas cotidianas. Pelo contrário, são temas que passaram a frequentar a mesa de refeições: não só o pai, não só o casal, todos precisam participar de uma parceria doméstica, patrimonial e financeira.

Não dá para fechar os olhos: experimentamos um movimento de renovação estrutural forte na sociedade e no Direito. Os que estudam e trabalham nos ambientes jurídicos são demandados a compreender tais alterações. Antes: é uma exigência que se faz a todos: dar notícia do novo contorno conceitual e prática do que é a família, de como se dá a união de seus membros, como contribuem e devem contribuir para o acervo grupal, quais são suas potencialidades, dentro e fora de casa, qual é o seu destino. Na nova família, parceria é uma referência mais importante que poder ou liderança, a verdade tende a se consolidar como pano de fundo em lugar da aparência, a segurança patrimonial é preocupação grupal, em oposição às expressões individualistas e egocêntricas que, em muitos casos, construíram histórias de ruína. Valores patrimoniais e financeiros, presentes e futuros (as potencialidades econômicas e financeiras) são tomados como valores familiares em virtude da alta elevação da expressão econômica da sociedade contemporânea. A ética doméstica não é mais estranha à ética mercantil; amalgamaram-se. Na sociedade contemporânea, todos participam do mercado. O Código de Defesa do Consumidor, aliás, percebeu essa realidade ainda no século passado. Aqueles que, no Direito Privado (Civil e/ou Empresarial), ainda não o perceberam estão atrasados, defasados. Quanto mais o exame, o olhar, a perspectiva, a compreensão forem abertos, melhor se estará em face do futuro.

A *holding* familiar é apenas uma dessas pontes que vão sendo construídas entre o empresarial e o familiar (e, portanto, entre o Direito de Família e o Direito Empresarial). E todos os estudiosos e profissionais podem sair superavitários nesse novo balanço de relações sociais. Justamente por isso, tornou-se uma demanda profissional forte, expondo advogados à responsabilidade de reconhecer a carência (e o modismo), dominar a tecnologia para, assim, estabelecer uma correta conectividade com a nova clientela. Detalhe: por se tratar de Direito, conexões essencialmente humanas, assentadas em comunicação e transparência, em respeito ao cliente e trabalho sustentado em confiança: a advocacia está se reinventando para acompanhar as transformações, mas não pode perder a essência de suas bases éticas. O engajamento e o compromisso ainda são (e devem ser) os mesmos; apenas o tratamento dos temas jurídicos vai a se cambiar em *pari passu* com a própria comunidade em geral.

Não dá para fechar os olhos para o avanço e se deixar ficar em sítios nos quais a esperança é *mais do mesmo*. Há consenso em torno das oportunidades num segmento de atuação pouco explorado e cuja matéria-prima não é a falha jurídica (motor das pendengas e dos processos), mas a definição de caminhos seguros e, além, melhores que os usuais, os comuns. O Direito passa a compor a malha logística das organizações e grupos, inclusive a família. Daí ser mais complexo, haver mais questionamentos, mais dúvidas: a perspectiva mais ampla interfere no agir advocatício, no papel do jurista. É mais transformador, mais democrático (atinge – é útil e necessário – a mais e mais parcelas da sociedade): procura-se por orientação, pelo melhor direcionamento, pela construção de estratégias. Isso torna obrigatório fazerem-se ajustes entre a teoria e a prática. Daí nossa opção por uma *Teoria Dinâmica do Direito Societário*: em lugar de nos repetirmos no tratamento dos institutos do Direito Empresarial e do Direito Societário, desenvolver o seu funcionamento: como usar os conceitos que a doutrina regular reitera.[1]

Essa instigação profissional principia justo pelas provocações do ambiente empresarial cuja dinamicidade cria e renova pretensões e oportunidades. Apesar de não ser muito popular entre estudantes, o Direito Empresarial oferece um vasto leque de oportunidades que vão se acelerando, numa urgência de chegar, à medida que cresce a economia e alarga-se a competição, que, como se sabe, globalizou-se. Na agenda corporativa, a relevância da sustentabilidade jurídica é percepção já consolidada entre grandes empresas e empresas de administração profissional. E isso se desbordou para as respectivas esferas pessoais, privadas: as famílias.[2] Aliás, para sermos exatos, isso não está limitado ao Direito Empresarial em si. Inclui assessorias fundadas em outras disciplinas, como tributário, ambiental, trabalhista, administrativa (em setores regulados): corporações sabem que devem caminhar com segurança para impedir *deslegitimações* que decorram de tragédias, grandes acidentes, crimes, escândalos diversos. No contexto competitivo atual, tais *passivos jurídicos* podem ser fatais.

Para se manter nesse ambiente de oportunidades e negócios – e ainda mais para se manter bem –, é preciso assimilar novas posturas na organização e na atuação. Há que dar respostas aos grandes desafios que se verificam – e se refazem – em cada tempo.

Daí o movimento pela inovação. Inovar não apenas para ter maior sucesso, mas para preservar o negócio, para mantê-lo. O Direito não está – e não pode estar – fora disso. E essa é uma percepção global. Basta recordar que o congestionamento dos tribunais é um sinal claro de que é preciso inovar. Basta recordar como o excesso de advogados oferecendo o mesmo trabalho de ações e contestações fez o valor dos honorários despencar, numa equação desequilibrada entre oferta e procura. E ainda se deve lembrar de uma forte alteração no padrão de consumo dos serviços de profissionais liberais e seus respectivos escritórios; se a capacidade de esperar anos – quiçá décadas – pelo término de um processo fez parte do hábito de consumo do cidadão/cliente brasileiro, o conhecimento e a experiência de alternativas que facilitam a superação dos impasses passaram a transitar como dúvida, senão pretensão.

---

[1] Sobre a Teoria Dinâmica do Direito Societário, conferir: MAMEDE, Gladston; MAMEDE, Eduarda Cotta. *Estruturação Jurídica de Empresas*: alternativas da tecnologia jurídica para a advocacia societária. Barueri: Atlas, 2024.

[2] Com destaque para as famílias empresárias. Conferir: MAMEDE, Gladston; MAMEDE, Eduarda Cotta. *Empresas familiares*: o papel do advogado na administração, sucessão e prevenção de conflitos entre sócios. 2. ed. São Paulo: Atlas, 2014.

A advocacia judiciária sofre com a ineficiência pública. Não podemos ser reféns de um Estado que é cada vez mais caro e cada vez menos operante. Reformas legislativas sucessivas não corresponderam a uma maior disposição à celeridade e eficiência na solução das demandas (nem em maior qualidade das soluções), mesmo quando o estresse social – em boa medida decorrente da ineficácia das rotinas estatais, nomeadamente judiciárias – se expressa num perceptível aumento de insatisfação generalizada. Há situações incontornáveis: no caso do Direito Penal, o caminho é essencialmente estatal e judiciário. No entanto, o que se apresenta para o Direito Privado, nomeadamente o Direito Empresarial, é um cenário diverso. Justamente por isso, agentes do Direito Privado devem puxar o esforço de superar essa escalada de ineficiências públicas. O planejamento é a melhor alternativa. Mas planejamento responsável: a comunidade em geral, o mercado consumidor, os setores financeiros e mobiliários, entre outros, estão cada vez mais atentos para as responsabilidades empresarias: há fóruns diversos a manter debates sobre o que se faz ou se deixa fazer. Não é algo próprio de *holdings*, bem sabemos. Porém, como desconhecer o interesse e o diálogo públicos sobre temas como uso responsável de recursos naturais, emissão de poluentes, mudanças climáticas, responsabilidade social, respeito às diversidades. O melhor e mais atual Direito Empresarial implica não perder de vista a paisagem dessas discussões.

2 A inovação

Ainda que seja uma questão importante na contemporaneidade, não dá para deixar de reconhecer, colocando em termos críticos, que a inovação é um chavão da atualidade. Incluí-la numa conversa profissional, nomeadamente discussões empresariais, é meio para mostrar-se atualizado, moderno, progressivo. Afirmar-se inovador é indispensável para se revelar competente para qualquer coisa, ainda que poucos revelem efetiva capacidade de desenvolver algo verdadeiramente novo e útil. Estamos fazendo essa observação depreciativa já que não se pode esquecer que, para muitos, importa mais parecer do que ser; satisfazem-se com o *mise en scène*,[3] desde que, com ele, alcance suas metas. É um jogo perigoso, considerando a vigilância do cliente, nomeadamente empresários e administradores empresariais, sobre os passos e os resultados. Vez e outra percebe-se que esse ou aquele advogado *sumiu*. A percepção de que a atuação é insuficiente, apesar das

---

[3] Em algumas regiões de Minas Gerais, registra-se o vocábulo *misancênio*, provindo da expressão francesa: *mise en scène*. É usado para definir comportamentos teatrais em meio à realidade: gente que age como se fosse personagem de algo.
— *Pra que esse misancênio todo, sá?*

aparências, leva a um descarte. Optar por apenas aparentar, em lugar de efetivamente ser e saber, é um grande risco.

Para os outros, os efetivamente comprometidos, coloca-se meta diversa: fomentar o domínio de ferramentas que determinem um salto de qualidade em suas competências individuais e organizacionais, vale dizer, o firme propósito de mudar para melhor. Noutras palavras, não é um panorama pontual, mas tendência estrutural e sustentável, a recomendar uma reciclagem pessoal para moldar o próprio futuro. Uma iniciativa que deve se atentar para os valores e as referências que orientam o que atualmente se espera (a comunidade, a clientela) do desempenho profissional. Quem ainda não percebeu que as melhores oportunidades estão direcionadas para um novo tipo de advogado sofrerá os efeitos do descompasso. A figura estereotipada do causídico atrás de uma pilha de processos, livros abertos e papéis amontoados, despejando expressões latinas num discurso pomposo e de difícil compreensão, não está em compasso com o paradigma que pauta as rotinas de contratação de profissionais. Pelo contrário, é uma imagem negativa: como se apontasse para muita conversa (muita retórica) e pouco resultado (pouca eficiência). Os contratantes podem até não verbalizar isso, mas sua expectativa berra:

— Dê-me resultados! Menos conversa, menos lorota, menos lero-lero. Quero resultados.

E, se a retórica não socorre, só resta dominar conteúdo jurídico, pois é desse conhecimento que devem sair os resultados que são esperados pelo cliente. Obviamente, o desafio é organizar o conteúdo a que se dedicará os estudos para, assim, atender a cada público específico. Com o tempo, assentada a carreira em certa área/disciplina, pode-se abandonar essa frequência a múltiplas matérias, concentrando-se nas teorias relativas ao nicho em que se firmou.

Em Direito, quem não domina os conceitos que pretende superar não consegue efetivamente inovar e, sim, o que mais se vê são pessoas pretendendo arrombar portas que já estão abertas, quando não se assiste a algo mais triste: na busca de soluções aqui, criam-se problemas acolá. Por exemplo: apresentada como inovação jurídica, a blindagem patrimonial levou empresários, advogados, contadores e outros para as cadeias. Muitas propostas de otimização fiscal simplesmente conduzem para a constituição de um passivo tributário oculto que pode vir acrescido de multa, quando não venha acompanhado de um processo criminal: o que parecia economia ou otimização nada mais era, em termos técnicos, que sonegação e elisão. Acontece. E não é raro. E carreiras inteiras se deterioram quando tais desastres ocorrem. Poderíamos dar exemplos, mas seria indelicado, senão ilícito. Mas os casos facilmente exsurgem das conversas com colegas mais velhos: Dr. Fulano ou Dr. Beltrano que viu sua clientela desaparecer após a Operação Monte Éden, Operação Castellana, Operação Bicho Mineiro, operação isso ou aquilo.

A do que seja inovação revela variantes. Os que a interpretam restritivamente, compreendem-na exclusivamente como ruptura, revolução: algo que altera, por completo, o que estava posto antes. Em oposição, há aqueles que, como nós, acreditam que a inovação se refere à marcha constante da sociedade, da tecnologia, do mercado etc., podendo verificar-se mesmo na evolução sem ruptura: pequenas medidas que viabilizem uma adaptação constante ao que é necessário para manter uma produção de qualidade. Será inovação mesmo a mudança de percepção (e nisso vai muito, atente-se!), na alteração da agenda, na percepção do que seja um ativo empresarial, no esforço de conhecer a realidade para além do superficial ordinário, no alongamento ou encurtamento da perspectiva, na definição de profundidade, na orientação, no foco, na(s) conexão(ões) e em muito mais. E todas essas alterações, embora pareçam singelas, são essenciais, considerando as perspectivas econômicas do país e o tamanho do mercado de assessoria empresarial que vai se revelando.

A bem da precisão, as relações sociais foram sensivelmente transformadas pelo tempo, especificamente ao longo do século XXI, e determinaram um tsunami de expectativas novas sobre os profissionais do Direito, nomeadamente os advogados. Consequentemente, certo nível de inovação é inevitável, obrigatório: não há escapatória, vale dizer, é evoluir ou perecer. Sim: há uma necessidade elementar de manutenção de níveis satisfatórios de inovação. Mas isso não quer dizer alterações vertiginosas e em ritmo frenético; não é preciso que o novo seja assimilado como um surto, uma avalanche. Há inovação no pequeno, no sutil, no trabalho de recomposição em melhor condição, na reestruturação.

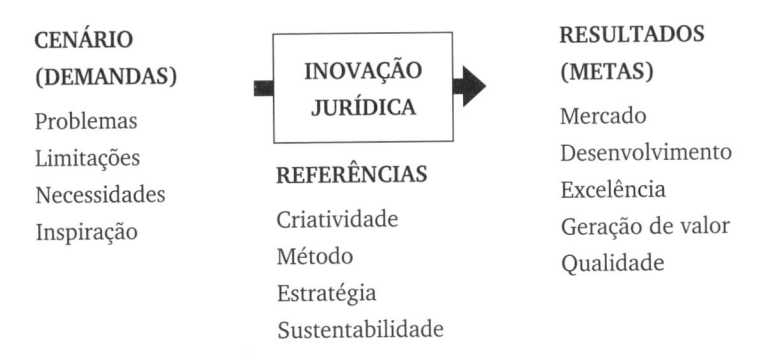

CENÁRIO (DEMANDAS)	INOVAÇÃO JURÍDICA	RESULTADOS (METAS)
Problemas		Mercado
Limitações	**REFERÊNCIAS**	Desenvolvimento
Necessidades	Criatividade	Excelência
Inspiração	Método	Geração de valor
	Estratégia	Qualidade
	Sustentabilidade	

A percepção dessa evolução constante do ambiente profissional jurídico está na raiz da compreensão do que seja inovação, tema que não é tranquilo. Em Direito é algo ainda mais controverso quando não se trata de mudanças normativas e/ou jurisprudenciais. Mas há, sim, inovações para além desses campos. Inovações que são geradas pela própria sociedade (que criou, por exemplo, instrumentos como shopping center, franquia, a *holding* familiar e o planejamento patrimonial, demandando a assessoria de juristas para estruturá-las) e mesmo na forma de trabalhar. E isso não exclui a advocacia. Apesar de haver uma tradição de análise estática dos institutos jurídicos, conduta que acaba dificultando a adoção de práticas melhores e mais eficazes no trato das questões trazidas pelo cliente.

A concentração da atenção dos especialistas e, assim, do discurso acadêmico nessa estrutura estática dos institutos jurídicos, como se a Ciência do Direito pudesse se abstrair da vida efetiva do Direito[4], contribui fortemente para uma limitação desvantajosa da atuação dos operadores técnicos. Só a dissertação sobre os institutos da lei comporia a teoria jurídica, posicionam-se; retratos imóveis, nunca filmes. Olhar direto, sem expansão de perspectivas. O resto não seria acadêmico, não seria científico. A exceção se limitaria ao processo (civil, penal, administrativo), ou seja, o Direito em movimento se limitaria à reação ao conflito, ao ilícito. No entanto, ainda que não seja considerado ciência (ou quase ciência), mas assuntos de prática profissional, são úteis não apenas para os advogados, mas para a sociedade em geral que, enfim, é a destinatária do mister jurídico.

Obviamente, haveria de ser o Direito Empresarial o sítio a partir do qual se postularia uma modernização no agir jurídico e advocatício. A demanda por evolução e pela implantação de novidades alcança todos os aspectos da condição, da situação e dos procedimentos empresariais. Pode dar-se na logística de varejo, a exemplo dos canais de venda; coisa simples, como a opção por *venda pulverizada*, feita por meio de pracistas ou até de sacoleiras (com todos os cuidados jurídicos subjacentes). Seja lá como for, não é raro que tenha implicações jurídicas e, assim, o assunto bate à porta das bancas de advocacia. A clientela empresarial faz com que a advocacia acrescente funções à sua assessoria, modernize o seu papel para atender a parâmetros cada vez mais diversos, manifeste eficiência rigorosa e precisa, contribua para a superação de crises e para que se enxerguem saídas e potencialidades. Isso só se faz com um fortalecimento do conhecimento para atender melhor ao mercado. Uma convergência de posturas torna-se quase inevitável como resultado dessa convivência. Bons advogados empresarialistas tendem a ser inovadores.

Essas inovações no plano da advocacia são múltiplas. Por exemplo, conhecemos vários casos de profissionais que passaram a incluir o *treinamento jurídico* entre seus serviços advocatícios: treinar trabalhadores – por exemplo, vendedores, a respeito do Código de Defesa do Consumidor –, empresários, entre outros casos. Há notícia de escritórios que passaram a assumir, como serviço, a gestão de crises, a revisão jurídica de conteúdos (textos, fotos, propagandas) e a intermediação de negócios complexos, atuando como viabilizadores jurídicos do contrato e da concertação de vontades e interesses. E, cá entre nós, há muito tempo se faz necessário criar uma cultura de *manutenção jurídica*, ou seja, contratar es-

---

[4] Conferir: MAMEDE, Gladston. *Semiologia do Direito*: tópicos para um debate referenciado pela animalidade e pela cultura. 3. ed. São Paulo: Atlas, 2009.

critérios para rever, atualizar, refazer estruturas jurídicas, corrigindo defasagens, entre outros pontos que sejam detectados. Desatualização passou a se tornar um defeito em si; e um defeito grave.

São apenas exemplos; outros há; são múltiplos e bem diversos. Todos, porém, apontam para a obrigatoriedade de se atentar para novas formas e meios de atuar. Inovar na organização, inovar nas atividades, inovar em tecnologia, nos procedimentos, nas rotinas, nas posturas, nos detalhes. Fazer de um jeito novo, em tudo, para fazer melhor e obter melhores resultados. Há inovação na adoção de novas tecnologias, novas estratégicas, novos processos, novos modelos negociais, novos produtos. Não é preciso inventar nada, não é preciso criar o que ninguém pensou até agora, nem é indispensável comprar equipamentos caríssimos ou embrenhar-se no desenvolvimento de novos produtos. A inovação não corresponde a uma fórmula estática, única, igual para todos. Pode ser simples, para uns, embora para outros demande complexidade. Em muitos casos, limita-se a incrementações, como um esforço deliberado para melhorar o atendimento ao público, elevar o padrão de relacionamento com clientes (*supply chain*: acompanhamento das relações com clientes), o controle sobre a operação, além de estratégias para aumentar a receita e/ou a lucratividade.

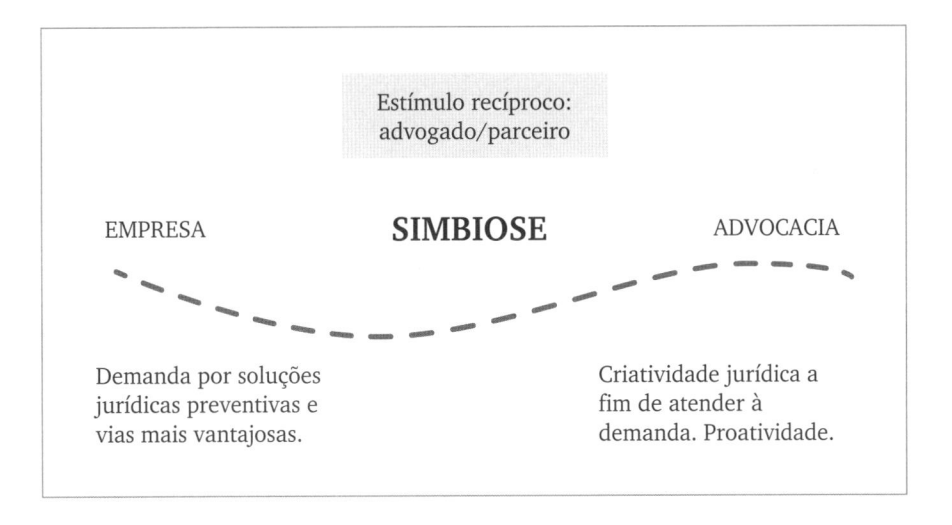

```
                    Estímulo recíproco:
                    advogado/parceiro

    EMPRESA            SIMBIOSE             ADVOCACIA

Demanda por soluções              Criatividade jurídica a
jurídicas preventivas e           fim de atender à
vias mais vantajosas.             demanda. Proatividade.
```

Não há fórmulas estáticas, cristalizadas, portanto. O que se exige é uma preocupação com o que pode ser alterado para, assumindo um novo contorno, melhorar a operação. Para uns, aumento de mecanização, para outros, redução; para uns, aquisição de suplementos de informática (*hardware*), para outros, preocupação com os programas (*software*) que são usados nas atividades negociais. Em ambos os casos, contudo, vias diversas para incremento tecnológico, percebe-se, tendo por alvos, conforme a situação, um aumento de produtividade ou de lucratividade. Muito provavelmente, a construção da *holding familiar* como um mecanismo jurídico para planejamento patrimonial, sucessório, tributário, familiar, forjou-se justamente nessa simbiose entre empresas e os seus advogados. Nessa via de mão dupla, problemas relatados foram encarados pelo ângulo da construção de alternativas, de soluções. Aproveitou-se assim um instituto societário para função transdisciplinar e, mais do que isso, de forma preventiva, e não meramente reativa.

3 Gestão da inovação jurídica

Como já foi alinhavado na seção anterior, o Direito não está excluído dessa percepção de que pode haver um ganho, um mérito, um benefício na procura de fazer as coisas de um jeito diferente. Não apenas leis novas ou interpretações novas, mas posturas, estratégias, procedimentos relativos às atividades jurídicas. A novidade pode estar justo na maneira em que se aplicam institutos já consagrados, como é o caso da chamada *holding*. *Pensar fora da caixa*, expressão que se tornou um dos mantras da onda inovadora, faz bem; mas é essencial dominar o pensamento na caixa para situar-se adequadamente fora dela, salvo quando há quebras absolutas de paradigmas. A procura de renovação jurídica tem seus méritos e oferece seus prêmios. Mas é fundamental ter expertise para inovar; é fundamental compreender seu estudo como esforço sem fronteiras, controlar e disciplinar o seu trabalho, empenhar-se com a elevação de padrões. É preciso exibir números superlativos para se superar; o efeito de se reiterar é apenas a manutenção do estágio em que já se está.

Mas há outro ponto a tratar: as inovações da realidade social, econômica e empresarial têm impactos diretos no Direito. A proliferação das uniões estáveis criou a demanda por contratos de convivência, como um exemplo fácil. Inovação negocial implica inovação jurídica no mor das vezes. Isso para não falar em incontáveis criações do mercado que, uma vez *boladas* por agentes econômicos criativos, mereceram uma tradução e regulação por juristas: securitização, *criptoativos* etc. E não estamos falando em regulamentação legal; em muitos casos, a regulamentação decorreu de instrumentos privados: contratos entre as partes. Ao contrário do Direito Público, fortemente atado ao princípio da legalidade (cânone de segurança para um Estado Democrático de Direito), o Direito Privado é um terreno para inovação e invenção jurídicas. E elas se amontoam ao longo da história. Não é incomum que a regulamentação legal venha posteriormente e, mais do que isso, que copie e reproduza o *consuetudo* privado.

Consequentemente, coloca-se em discussão o papel do advogado nesse ambiente criativo, marcado por uma ferrenha disputa por mais e melhores negócios, por situações mais favoráveis e seguras. O jurista é um dos elos dessa cadeia de alterações criativas, vale dizer, um dos vetores que permitem a administradores empresariais e investidores realizarem seus desejos de alterar suas atividades para experimentar avanços. A simples opção por passar a efetuar vendas *on-line*, por exemplo, tem grandes implicações jurídicas que precisam ser previamente pensadas. Mas é apenas um elo entre vários outros. É preciso resistir à tentação da prepotência e, consequentemente, dialogar. Ampliar as relações disciplinares é uma demanda premente num contexto em que as expectativas do mercado excedem as competências compartimentadas de cada área do conhecimento. Construir conjuntamente viabiliza uma elevação quantitativa e qualitativa no fornecimento de soluções. O diálogo interdisciplinar é abundante em méritos e na produção de inovações, vale dizer, é virtude essencial no mercado de definição de estratégias.

De qualquer sorte, salta aos olhos que empresas devem buscar uma melhoria sistêmica que não se resume a avanços tecnológicos materiais (máquinas, *softwares* etc.), mas que deve compreender todo o processo empresarial e, assim, a própria arquitetura do negócio. Justamente por isso, esse movimento evolutivo implicará o recurso a profissionais diversos, entre os quais os advogados. O diálogo dessas múltiplas fontes e a análise da empresa, a partir desses ângulos variados, deve ser hábil à definição de medidas que permitam à organização responder às demandas criadas pelas mudanças sociais e mercadológicas. O sucesso dessas operações está diretamente vinculado ao estabelecimento de uma base jurídica segura e adequada para dar tradução correta e otimizada aos interesses, deveres e direitos das partes envolvidas, permitindo que o negócio efetivamente conduza ao resultado visado.

O advogado não é o único vetor de inovação, por certo; mas é um profissional indispensável para que a concretização de estratégias de reformulação se faça de forma juridicamente correta e sustentável. Sem planejamento jurídico adequado, esses movimentos podem se revelar catastróficos: julgando haver descoberto uma operação negocial fantástica, a pessoa pode simplesmente estar incidindo em ilícitos jurídicos de ordem variada, quando não atue de forma a fragilizar sua posição. Não é sem razão o altíssimo volume de autuações fiscais que, em sua raiz, têm uma tomada de decisão que se revelou equivocada.

Noutros casos, a atuação do jurista – e a incidência dos parâmetros jurídicos – será lateral, acessória. Por exemplo, a constituição de rotinas empresariais que permitam reduzir o prazo de entrega de mercadorias, ainda que se concretize por meio do uso de instrumentos tecnológicos específicos, como mídias digitais para transmissão *on-line* de pedidos, é uma evolução que consome tempo, criatividade e investimentos em aparelhagem específica, não é inovação que permita a constituição de uma propriedade intelectual e/ou um direito de uso exclusivo. O mesmo se diz sobre a alteração na composição da receita da organização, a constituição de *shopping center* virtual (*market place*, diz-se), funcionando pela Internet e até estratégias específicas, como a formação de *bancos de terrenos*, por incorporadoras, para garantir a continuidade de seu trabalho.

As hipóteses são muitas e, em sua maioria, fascinantes, mormente quando se dá atenção às suas implicações jurídicas. Vejam-se as empresas que assumem a função de intermediar espaços publicitários na Internet: de um lado, identificam páginas e *blogs* com boa visibilidade junto ao público em geral e aferem seu interesse em receber anunciantes, de outro lado, negociam com empresas a veiculação de material publicitário naqueles sítios. Mas a adoção dessas inovações negociais não prescinde de proteção jurídica própria: a manutenção, em níveis elevados de qualidade e segurança, dessas relações jurídicas, conforme parâmetros de excelência do Direito Obrigacional, Contratual, Empresarial etc.

Há mesmo casos em que a inovação jurídica está representada pela postura singela de amoldar a organização e sua atividade negocial ao Direito vigente. O esforço para respeitar princípios e normas do Direito Ambiental, trabalhando para implementar níveis mais elevados de sustentabilidade da atividade produtiva, levou organizações a perceberem a existência de sinergias produtivas que, enfim, melhoraram os resultados empresariais, reduzindo custos, criando novas fontes de receita, ampliando lucro operacional etc. A pandemia de covid-19 criou uma demanda por prestação de serviços em ambiente doméstico (*home office*), a implicar reflexos trabalhistas variados, inclusive pela percepção de otimizações possíveis, com elevação de resultados, entre outros aspectos. A preocupação com o Direito do Consumidor, por igual, serviu para que algumas empresas elevassem sua qualidade contratual, bem como reduzissem riscos internos de suas operações a partir da atenção a obrigações acessórias (secundárias) e laterais (terciárias), como embalagem, manuais de instrução, serviços de atendimento ao consumidor, entre outros.

Em meio a todos esses casos, o advogado que tradicionalmente se compreendeu como um causídico, um profissional de causas, de litígios e processos, viu-se demandado de forma diversa. Não apenas um argumentador, um defensor (seja em favor do autor ou do réu), mas como um profissional que detém o conhecimento sobre como as coisas devem ser (e, até, como podem ser melhores, mais seguras, mais corretas): alguém para ser consultado, alguém para assessorar, negociar, organizar juridicamente. Ingressamos numa era que reclama utilização do conhecimento jurídico de forma diversa. Isso é fascinante para todos os atores jurídicos. Mais do que isso, é extremamente proveitoso para a sociedade: não disputar, não litigar, mas apontar soluções, caminhos, alternativas melhores, seguras, funcionais.

A estruturação e a administração das organizações e das atividades negociais é, por si só, um plano relevante para o estabelecimento e o aproveitamento de inovações. Nem sempre o olhar que procura inovar dirige seus olhos para si mesmo, ou seja, para a própria estrutura de gestão. No entanto, é usual que as bases e os mecanismos da arquitetura e da gestão empresarial só sejam repensados nos momentos de crise, a exemplo dos ambientes de estagnação mercantil ou dos contextos de maior dificuldade para a solvência das obrigações empresariais. As adversidades revelam-se defensoras convincentes da necessidade de se mudar a condução das atividades produtivas e negociais para que se encontrem alternativas que permitam manter seus resultados e, assim, preservar sua existência (pagamento de fornecedores, trabalhadores, administradores etc.) e, mais do que isso, preservar a remuneração de seus sócios/investidores. Isso inclui posturas clássicas, como o corte de custos e a percepção de sinergias que possam ser aproveitadas para aumentar a lucratividade das operações. Mas há muito mais que pode ser feito.

O estabelecimento dessas inovações na administração da sociedade e/ou na gestão de suas atividades produtivas e negociais pode demandar, ou não, operações jurídicas específicas, como a alteração do ato constitutivo, aprovação pela coletividade social, alteração de pactos parassociais eventualmente existentes, como acordos de quotistas ou acionistas, regimento interno etc. Noutros casos, não é preciso fazer intervenções de tal natureza. Em nossos dias, uma das ferramentas mais utilizadas para criar impactos inovadores na estruturação jurídica de organizações produtivas e/ou de patrimônios mais vastos são as chamadas *holdings*, nessas destacadas as *holdings familiares*. Cuida-se de intervenções jurídicas fascinantes, dadas no nascedouro da pessoa jurídica, permitindo um trabalho de planejamento estratégico por parte do jurista, contador, administrador de empresas ou consultor de outra especialidade.

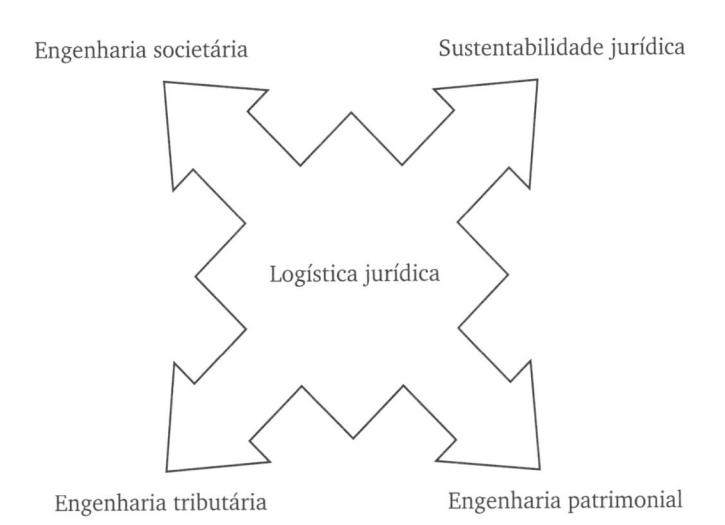

```
        Engenharia societária         Sustentabilidade jurídica
                    ↖             ↗
                       Logística jurídica
                    ↙             ↘
        Engenharia tributária         Engenharia patrimonial
```

4 Atualização e inovação jurídicas

O Direito é uma disciplina conceitual. O que se chama de teoria é o verso de uma moeda cujo anverso é a prática. A prática do Direito sem teoria é o trabalho do despachante: levar isso aqui, carimbar aquilo ali, copiar, protocolar, autenticar. É o fazer burocrático, vazio das questões essenciais. Só essa prática "jurídica" rasteira, comezinha, prescinde de teoria. Justo por isso é delegada a despachantes, contínuos, estagiários, auxiliares jurídicos, paralegais, entre tantos outros rótulos que se amontoam no vernáculo coloquial. Coerentemente, encaramos como trabalhos de relevância jurídica estudos que vão além de abordagens meramente conceituais, mas trabalham com a atuação dos operadores para além do nível básico da explicação dos institutos. A compreensão das múltiplas possibilidades e utilidades envolvidas em cada ferramenta do Direito impulsiona o avanço na verificação de resultados benfazejos, do que se beneficia não só o cidadão, mas a sociedade e, enfim, o Estado.

Inovação jurídica é algo que se faz sempre com lastro na teoria jurídica, na doutrina, nos debates acadêmicos, na exploração das possibilidades hermenêuticas. E não se trata de exigência exclusiva de advogados, mas de todos os que trabalham com o Direito (Juízes, membros do Ministério Público, Delegados etc.). Se há inovação legislativa, é preciso haver atualização por parte de todos. Por igual, se há inovação jurisprudencial e doutrinária. Como se não bastasse, é essencial atentar para o diálogo entre legisladores, Judiciário, doutrinadores e operadores, vez que estamos no âmbito de um Estado Democrático do Direito. E a melhor construção democrática do Direito é dialogal, e não mera manifestação de um poder e uma competência. Cuida-se de um empreendimento coletivo de agir comunicativo, uma travessia institucional entre significados e aplicações diversos em que a conveniência não deveria ser de um ou alguns, mas da coletividade. A República o exige e, mais do que isso, a República o merece.

Seria o bastante para que houvesse uma relação direta entre a operação jurídica e a academia (faculdades, universidades, institutos etc.). Não é mais possível acreditar que os anos de graduação são suficientes para garantir uma capacitação perpétua do profissional jurídico. Tornou-se indispensável uma rotina de atualização. Já não dá para passar no concurso e encaixar os livros ou montar a banca de advocacia e os utilizar como cenário em prateleiras de madeira (escura ou clara, conforme o conceito desejado ou sugerido pelo decorador). Em contraste, vive a conveniência de assimilar as novas tecnologias jurídicas, desenvolvendo as competências profissionais que permitam atender ao cotidiano, sempre que soluções antigas já não se mostrem tão satisfatórias.

Por isso é inquestionável que as bancas de advocacia, assim como a Magistratura e o Ministério Público, entre outras instituições jurídicas, precisam se reaproximar das faculdades de Direito, senão da universidade como um todo, aproveitando os benefícios da multidisciplinaridade. Assim, pode-se edificar um ambiente de constante qualificação dos recursos humanos, individuais e coletivos (pessoas e equipes). O fato de que o operador está atento para o trabalho do pesquisador é, em si, uma vantagem esplêndida, já que eleva o nível de atualização da intervenção jurídica. Mas é recomendável haver humildade para que se aproveite a oportunidade do diálogo interdisciplinar. A arrogância e a presunção fecham espaços de conversação, para o intercâmbio, para o desenvolvimento de abordagens multimodais. Saber construir conjunta e complementarmente é vantagem da pós-modernidade. É fundamental saber participar: ser parte, integrar. Em suma, diante do modelo individualista que grassou por muito tempo, uma renovação pessoal é o ponto de partida.

Não é apenas nessa reaproximação entre a academia e os escritórios em que a inovação jurídica deve dar-se a revelar. Afinal, como já dito, há inovação tanto nas grandes revoluções, quanto nas mudanças singelas, desde que sejam eficazes, como aquelas que estabeleçam novas rotinas operacionais (o que é particularmente útil em bancas de advocacia). Dito por outra forma, não é obrigatório um esforço descomunal, o dispêndio de grandes valores, a contratação de especialistas. Importa uma preocupação perene com o que pode ser alterado para melhorar o que se faz e aumentar o sucesso do trabalho. Esse desafio será mais bem enfrentado quando se perceber as potencialidades que lhe são inerentes. Uma nova rota que implica, sim, investimentos pessoais e em equipe, mas que aponta para um campo fértil em oportunidades para ampliar a atuação de cada profissional, equipe, órgão.

Uma das mais impressionantes inovações apresentadas por algumas bancas de advocacia foi a reaproximação do cliente, compreendido não apenas como um paciente da ação profissional, mas como um copartícipe. Essa postura de integração, aproximando advogado e cliente, tem sido meio para, inclusive, permitir uma evolução na assessoria técnica que, paulatinamente, abandonaria o contencioso judiciário para concretizar-se por meio da consultoria: a incorporação do advogado nas rotinas que, cotidianamente, levam à concretização dos atos jurídicos para que revelem as qualidades que o Direito lhes comanda.

```
                    Contabilidade
           Direito              etc.
                  ┌─────────┐
      Mercadologia│ CLIENTE │ Psicologia
                  │(empresa)│
                  └─────────┘
              Administração de Empresas
```

Essa aproximação do advogado da atividade cotidiana do cliente, tornando-o um assessor do que se faz e do que será feito, conduz mesmo a uma elevação da qualidade do trabalho e de sua eficácia. Mais do que apontar o que deve ser feito, o advogado pode apontar formas diversas de fazê-lo, considerando diferentes institutos e ferramentas jurídicas, oferecendo ao cliente uma preciosa vantagem competitiva. Isso inclui a percepção de inovações e tendências jurídicas que podem se tornar posturas e caminhos inusitados no setor, com resultados remarcáveis para o cliente. Muitos advogados despontaram como imprescindíveis para seus clientes a partir de tal proatividade, tal engajamento, aproveitando as oportunidades para demonstrar presença, compromisso e comprometimento, capacidade (o que pressupõe preparação prévia: leitura, estudo) e eficácia. É preciso trabalhar para assegurar atendimento firme das expectativas da administração, repotencializando o seu papel no organograma da instituição. Isso é vital num ambiente de intermitência de colaboradores, resultado direto de uma oferta desmedida de profissionais para cada cargo disponível.

Não é pouco. A compreensão das referências jurídicas de cada negócio pode conduzir ao aproveitamento de oportunidades mercadológicas, ou seja, uma correta análise jurídica da empresa, segundo a melhor tecnologia do Direito, pode se tornar um vetor para a fundação de novos modelos de negócio, resultante da modificação da organização e/ou de seus mecanismos e procedimentos. São incontáveis os casos de empresas que, compreendendo corretamente as oportunidades que resultavam de normas ambientais, consumeristas, trabalhistas, estabeleceram cenários negociais diversos, ainda mais lucrativos que os anteriores. Eis mais uma demonstração das virtudes dos diálogos interdisciplinares, ainda que sejam disciplinas jurídicas, ou seja, áreas de uma mesma ciência. Cooperação técnica, troca de conhecimento, interação de abordagens: tudo isso fomenta a inovação e ajuda a responder a desafios. Interação geralmente propicia avanços, estimula incursões a áreas ainda não exploradas, dá estímulo pujante a resultados. E isso como decorrência direta da parceria, da comunhão, da colaboração, do somatório.

Daí destacarmos que o advogado não só pode, como deve, compreender as tendências do Direito e, assim, ser capaz de análises que incluam táticas diversas para que se possa alcançar resultados *assim ou assado*, conforme a avaliação e opção de seus consulentes. No entanto, a assessoria jurídica demanda uma atenção redobrada para o estágio de evolução jurídica que a empresa e a família revelam, bem como para o processo, o ritmo e a cadência corretos para que sejam estabelecidos padrões jurídicos mais elevados. É preciso cuidar para que o *crescimento jurídico* seja paulatino, considerando todas as limitações que são inerentes às pessoas e organizações que revelam baixa eficiência jurídica. O(s) advogado(s) deve(m) trabalhar para que haja um crescimento uniforme, no qual se verifiquem constantes ganhos de qualidade jurídica em todos os pontos da estrutura, solidificando-se em sua cultura. Conhecemos o caso de um profissional que se consolidou numa grande organização transnacional demonstrando uma impressionante habilidade para *tropicalizar* rotinas com repercussões jurídicas, partindo da observação das rotinas desenhadas para as unidades estrangeiras.

Facilmente se percebe que isso requer não apenas a capacidade de trabalhar com qualidade jurídica e de fornecer conteúdo jurídico de qualidade, mas igualmente revela a capacidade de atender a cada cliente de forma personalizada, compreendendo suas necessidades e possibilidades, atendendo a tais parâmetros na assessoria oferecida. Na carteira de cada escritório haverá clientes em estágios diversos de evolução jurídica e cada um tem o direito de ser atendido em conformidade com a sua realidade particular. É basilar ter traquejo para compreender diferenças, atenção às variações de expectativas, avançar no estabelecimento de uma relação de confiança: o advogado ou escritório deve ser encarado como um parceiro que se esforça, em sintonia fina, para atender às expectativas, apesar de variarem as características entre casos. Avança-se assim, em passos largos, para o sucesso na prestação dos serviços.

Obviamente, o trabalho inicial exige mais cuidados. Será preciso ensinar a operar de forma que, primeiramente, atenda à lei; o desconhecimento faz com que muitos pratiquem atos ilícitos, sem o saberem, sendo surpreendidos com autuações, processos etc. Depois, trabalhar para a capacitação jurídico-operacional das pessoas, o que se faz seguindo padrões jurídicos de excelência (não apenas o que é lícito, mas a melhor alternativa, entre as juridicamente possíveis). É um trabalho de otimização jurídica da organização, de sua atuação, de seus negócios e demais relações jurídicas. Lamentavelmente, são poucos os profissionais e escritórios que se encarregam de um diagnóstico rotineiro das demandas jurídicas da organização assessorada e, concomitantemente, de um planejamento de sua evolução, monitorando os respectivos resultados.

Com o passar do tempo, diversos conceitos e práticas são assimilados, e a assessoria dos profissionais do Direito faz-se mais dispensável no dia a dia, podendo ocupar-se do desenvolvimento e oferecimento de ferramentas jurídicas mais sofisticadas, em conformidade com os eventos com os quais se depare a organização assessorada. Aliás, conforme a capacidade da banca de advocacia, essa sofisticação pode alcançar níveis mais e mais superiores, incluindo a gestão jurídica estratégica de negócios que já exibem maturidade jurídica para operações mais sofisticadas.

5 O pulo do gato

Há algum tempo, um colega fez uma brincadeira conosco: disse que éramos como o *Mister M* (*The Masked Magician*), personagem de Leonard Montano (cujo nome artístico é Val Valentino), apresentador de um programa de TV produzido pela Fox (1997/1999), em que mostrava como funcionavam os truques dos ilusionistas (ou mágicos, preferindo). Segundo esse advogado, *Holding Familiar e suas Vantagens* seria a revelação de segredos que escritórios de advocacia prefeririam não ver revelados para que, assim, não houvesse maior concorrência entre as bancas e os profissionais. A lista ainda incluiria, disse, o nosso *Manual de redação de contratos sociais, estatutos e acordos de sócios*[5] e *Estruturação jurídica de empresas*.[6] Se conseguimos minimamente espalhar conhecimento entre nossos colegas, sentimo-nos honrados. Ser útil à sociedade e à República é função e virtude de todo cidadão. Contribuir para com a Ciência do Direito e sua práxis celebra o compromisso do bacharel com a disciplina: é o cumprimento do juramento feito quando de sua colação de grau.

Paradoxalmente, um leitor nos escreveu dizendo exatamente o contrário. Narrou que havia lido este livro, mas ficou com a impressão de que não tínhamos contado qual é o *pulo do gato*. Pedia, então, que lhe ensinasse *o segredo oculto* das *holdings* familiares. Queria o macete, a fórmula escondida, as palavras mágicas que, pronunciadas, resolveriam o problema. Uma mensagem forte, com certas passagens sarcásticas e acusatórias ao ponto de justificarem a redação desta seção: nossa defesa.

Pergunte a um veterinário ou a um biólogo e ele lhe dirá que o pulo do gato é o resultado de suas habilidades biológicas. Ele usa o corpo que tem: músculos, tendões, ossos, formato do corpo etc. Claro: um amestrador poderá ensinar o animal a fazer mais com o que tem. Não há um segredo escondido pelos gatos. Não há esoterismo felino que é miado em rituais secretos das cambadas. Nada será escondido neste livro. Vamos explicar a lógica por trás das *holdings* familiares. Para além disso, coloca-se o plano das habilidades jurídicas do profissional. Não é uma questão de músculos, tendões, ossos etc. É o aprendizado dos institutos jurídicos, um exercitar-se que se faz em livros e não em aparelhos de ginástica: puxar conceitos e teorias, em lugar de *puxar ferro*, como dizem os *marombeiros*. Noutras palavras: estudar, dominar regras e conceitos para, enfim, aplicá-los. O resto, iremos explicar. O pulo do gato está em saber criar atos societários adequados a cada caso. É preciso dominar o Direito para redigir adequadamente cláusulas que melhor atendam às finalidades da *holding*. E essas finalidades variam de caso a caso. O advogado que usa o mesmo ato constitutivo todos os clientes que lhe contratam para a constituição de uma *holding*, familiar ou não, é um gato que não pula. Não anda, sequer.

A verdade é: melhor irá atuar, melhores resultados terá, o profissional que ouvir com mais atenção. Cada cliente, cada família, tem suas características específicas: é preciso entender qual o desafio em cada caso para compor atos jurídicos

---

[5] MAMEDE, Gladston; MAMEDE, Eduarda Cotta; MAMEDE, Roberta Cotta. *Manual de redação de contratos sociais, estatutos e acordos de sócios*. 8. ed. Barueri: Atlas, 2024.

[6] MAMEDE, Gladston; MAMEDE, Eduarda Cotta. *Estruturação Jurídica de Empresas*: alternativas da tecnologia jurídica para a advocacia societária. Barueri: Atlas, 2024.

(atos constitutivos e atos acessórios, como acordos, regimentos etc.) que atuem para dar solução particular. Se fosse tudo igual, bastaria um formulário repetido em todos os casos. Não seria preciso sequer advogado. O casamento de atenção aos detalhes específicos de cada caso e capacidade técnica para usar múltiplas ferramentas jurídicas é a afirmação de excelência. E esse é o caminho para o sucesso. É assim que o gato pula. Simples assim.

Há uma outra questão que precisa ser destacada logo nesta abertura: é um erro pandêmico compreender o ato constitutivo como elemento estático. As sociedades têm que se aprender e, a partir do que vivenciam, é recomendável ir alterando os atos constitutivos e demais documentos para atenderem ao que se verificou e amoldar os parâmetros da existência social. Previnem-se conflitos, assim. Previnem-se situações desastrosas que resultam da ausência de normas ou de normas que há muito não atendem à realidade societária. Sociedades recomendam manutenção constante e revisões periódicas. Eis uma inovação que é fundamental em nossa cultura jurídica e empresarial.

6 Advocacia transformadora

Do que já se viu é bastante para que se perceba os méritos de uma advocacia de sustentabilidade que, em nosso ponto de vista, indica o futuro da profissão, apesar da turbulência econômica de nossos tempos. Os serviços que o advogado oferece podem ser genericamente englobados em quatro grandes grupos: (1) representação em litígios, (2) assessoria jurídica, (3) consultoria jurídica e (4) direção jurídica, conforme se lê no artigo 1º da Lei 8.906/1994 (Estatuto da Advocacia e da Ordem dos Advogados do Brasil).[7] É uma listagem baseada na afirmação legal, embora tenha experimentado um alargamento inquestionável. Um exemplo: profissionais que, diante das determinações da Lei 12.846/13 (Lei Anticorrupção), foram além da mera redação de códigos de ética e conduta empresariais (*compliance*) e passaram, na busca de atender às determinações legais de transparência, a se dedicar ao que genericamente se entende como *relações institucionais e governamentais*. São atores (por vezes departamentos) que se ocupam da interlocução – legal e ética – com órgãos estatais afetados pela atuação e/ou interesses empresariais: concorrências, licitações, meio ambiente, para não falar em áreas com forte regulamentação: mineração, saúde complementar, medicamentos, transportes etc.

Na esteira de tais experiências, outras, similares, começam a despontar: advogados que se especializam em *relações institucionais não governamentais*: sin-

---

[7] Conferir MAMEDE, Gladston. *A Advocacia e a Ordem dos Advogados do Brasil*. 4. ed. São Paulo: Atlas, 2011. Capítulo 1, seção 3 (Atividades advocatícias).

dicatos, associações de consumidores ou de fornecedores, moradores etc. Poder-se-ia argumentar que qualquer um poderia fazer isso; não seria preciso contratar um advogado para tanto. Qualquer um pode fazer interlocução, é certo; mas a essência desse diálogo passa por questões jurídicas (Direito do Trabalho, Direito do Consumidor, Direito Empresarial, Direito Contratual, Direito Ambiental etc.), o que recomenda sólida formação acadêmica, embora não haja dúvida sobre a importância de ferramentas complementares, como a capacidade de comunicar-se, mediar, contemporizar: construir, manter e, eventualmente, reparar a credibilidade corporativa. Acima de tudo, perceber que se está a lidar com temas e relações sensíveis e que o bom resultado deste trabalho constitui um importante ativo intangível para a empresa.

Comumente, profissionais e bancas acostumam-se a oferecer ao mercado certos serviços, não mostrando habilidade para lidar com outros, o que é apontado por muitos como um empecilho ao abandono das lides forenses, migrando para os esforços de planejamento. A evolução da sociedade brasileira e de seu mercado, cada vez mais mundializado, pede um novo modelo de advocacia, no qual os profissionais postam-se como agentes de transformação em direção a melhores práticas jurídicas. A falha jurídica está sendo compreendida como uma despesa que pode – e deve – ser contornada. Algo que já é comumente praticado no exterior, a incluir auditorias jurídicas para detectar e consertar falhas. No início, foi algo que, por aqui, esteve limitado às multinacionais, mas, agora, desbordou-as e, assim, mais e mais departamentos jurídicos de empresas atraem profissionais com capacidade de realizar tais tarefas, quando não terceirizam a função para bancas de advocacia.

Retomando o plano da consultoria jurídica, há questões relevantes que precisam ser abordadas. Muitos pretendem consultores, mas poucos efetivamente têm condições objetivas para oferecer esses serviços. Portanto, não basta anunciar-se como um consultor. É preciso revelar um conjunto de capacidades específicas para o desempenho da função. Noutras palavras, a advocacia consultiva é diversa da advocacia processual até mesmo na postura profissional. O consultor deve manifestar uma capacidade de comunicação assertiva, com linguagem clara e abordagem objetiva, capaz de informar com eficiência aos clientes. E o passo inicial incontornável é abastecer-se de conhecimento, ou seja, é estudar: a teoria jurídica é o insumo por excelência da atividade advocatícia e não serão assessoria e consultoria jurídicas uma exceção a isso. Pelo contrário, os efeitos do desconhecimento, da má-formação, do domínio precário, fazem-se sentir com mais força na assessoria e na consultoria do que no contencioso. A opção por deixar o foro passa pelo fortalecimento do conhecimento teórico: os diversos institutos compreendem-se como ferramentas ou, se preferir, como componentes que, adequadamente combinados, permitem montar equipamentos jurídicos eficazes (entre os quais estão *holdings*, familiares ou não).

É proveitoso que o advogado ou a sociedade de advogados reserve uma parte de sua atividade para o desenvolvimento de *novas habilidades*. É claro que não se está falando, como ocorre no mercado, de bens ou serviços que são planejados e merecem um lançamento, que é acompanhado de uma campanha mercadológica para captar novos consumidores. Essa postura mercantil, é preciso reiterar, não é lícita no âmbito da advocacia, como deixam claro o Estatuto da Advocacia (Lei 8.906/1994) e o Código de Ética e Disciplina, como se mostrou *supra*. Não é preciso renunciar às virtudes da advocacia – e do Direito – para se ter sucesso nessas áreas. Não se vai resgatar a operação agredindo a confiança social em contextos históricos nos quais a cobrança social é frenética.

Advogados que assumem uma postura de *Zé Negocinho*, com perdão para a expressão coloquial, tendem a granjear rejeição para si, desconfiança. Modernizar a atividade não pode ser confundido com corromper suas bases éticas. Pelo contrário, é preciso reconhecer as qualidades positivas da imagem do advogado, lastreadas essencialmente em sua capacidade técnica, preservando tais atributos, ainda que alargando as competências e habilidades com que se exerce a profissão. Noutras palavras: o melhor da tradição com o melhor da modernidade. Os que ousaram aparecer fora desses parâmetros foram forçados, depois, a um hercúleo trabalho de recuperação de imagem, nem sempre com sucesso. Daí recomendarmos uma atitude e uma atuação que sejam, elas próprias, uma defesa da reputação de toda a classe como, de resto, é determinado pelo Código de Ética e Disciplina.

Os *novos serviços* da advocacia desenvolvem-se por meio do estudo, buscando identificar os avanços que possam gerar ou agregar valor para os clientes de sua carteira. Esses avanços podem resultar de novas leis, dos posicionamentos adotados pelo Judiciário (jurisprudência), com destaque para as súmulas dos tribunais superiores, posicionamentos adotados por órgãos administrativos, teorias desenvolvidas pela doutrina e até de práticas mercantis inovadoras, brasileiras ou estrangeiras, que são noticiadas a todo momento. As mais diversas fontes devem ser acompanhadas para que se detectem instrumentos jurídicos que podem compor o arsenal das alternativas que o advogado tem para traçar estratégias melhores e mais eficazes para seus clientes. É literalmente um procedimento de inovação tecnológica. Tecnologia jurídica, insistimos. Quem mais estuda, quem mais se prepara, quem mais lê: esse é o operador jurídico capaz de ofertar uma gama diversificada de serviços, tanto em variabilidade quanto em valor. No caso de bancas, isso pode se concretizar na montagem das equipes, compreendendo parceiros como partes ou peças de uma engrenagem que incremente soluções eficazes para o cidadão.

Particular atenção merecem os contextos de crise que, mais recentemente, passaram a constituir um tipo de serviço advocatício específico. Muitos profissionais estão se destacando nessa área. Mas é preciso cautela por seus riscos para o próprio escritório. As crises econômicas vitimam os clientes e, assim, alcançam as bancas de advocacia. É um movimento cíclico que se abate sobre a sociedade e sobre as empresas, exigindo dos profissionais do Direito uma capacidade de adaptação. O aumento de concorrência nesses períodos força as equipes a ampliar sua capacidade de competir nas áreas mais demandadas pelos clientes. É preciso adaptar-se rapidamente para habilitar-se a negociar e a reestruturar passivos, empenhar-se em procedimentos judiciais ou extrajudiciais para a recuperação de empresas ou, até, para embrenhar-se em processos falimentares. As reorganizações societárias e outras metamorfoses empresariais passam a se desenvolver sobre um novo paradigma, qual seja, a sobrevivência no cenário adverso. Em contraste, talvez haja clientes que necessitem de assessoria para a incorporação de concorrentes ainda mais debilitados ou fusões defensivas.

A advocacia durante o período de crise precisa ser ainda mais eficiente, pois se desenvolve num ambiente de restrições. É preciso ser mais competitivo, é preciso ser eficiente na reformulação do portfólio de serviços para atender aos contextos verificados em cada momento. Mas é preciso, também, estar atento à própria estrutura organizacional, revendo os custos operacionais, evitando desperdício, aproveitando sinergias internas e, eventualmente, até cortando pessoal que se mostre desnecessário para, assim, manter os melhores profissionais ou, mesmo, contratar profissionais que mostrem maior capacidade de atender às novas demandas dos clientes.

Outro exemplo claro de novas áreas de atuação são os *atos de expressão coletiva* que devem ser praticados pelos clientes, nomeadamente as empresas. É o que se passa com as demissões em massa que, para atender aos requisitos contemporâneos de juridicidade, devem se estruturar de forma que não revelem qualquer forma de discriminação: etnia, gênero, orientação sexual, idade, condição física, religião, naturalidade, entre outras. A dispensa coletiva demanda assessoria jurídica especializada para que seja fundamentada em suas causas, bem como para a sua estruturação, procurando evitar pedidos individuais ou coletivos de indenização. Esse acompanhamento é essencial, pois deve considerar as tendências contemporâneas da jurisprudência, bem como dar atenção ao debate que se trava na doutrina e que, de alguma forma, pode impactar o ato.

Diante desse quadro, o ato de dispensa coletiva será mais seguro quando corresponder a um amplo trabalho de justificação de suas motivadoras, incluindo a explicitação de sua necessidade para a manutenção da fonte produtiva. Ademais, no que se refere à composição das listas de trabalhadores alcançados, é preciso que sejam apresentados os critérios que justifiquem as escolhas, deixando claro não estarem fundadas em critérios subjetivos que atentam contra normas vigentes, nomeadamente aquelas que vedam discriminações injustificadas. Claro, isso é apenas mais um exemplo. E há vários outros, múltiplos, todos indicando que a ampla presença do advogado é, potencialmente, uma necessidade em expansão, nomeadamente quando demonstre a capacidade de oferecer segurança, confiabilidade, qualificação.

Muitos outros exemplos poderiam ser dados. No entanto, mais do que narrar situações, é fundamental chamar atenção para as oportunidades que são oferecidas por esse amplo movimento de inovação jurídica. Inovação nas práticas profissionais, no trato com a teoria/tecnologia jurídica, na relação do advogado com o mercado e com seus clientes. É o que se passa, noutro exemplo, com os profissionais que perceberam as chances existentes fora dos centros urbanos que, tradicionalmente, atraíram para si os jovens advogados. A percepção de que advogados são indispensáveis, a ampliar sua presença, tem referências óbvias, principalmente em locais que revelam baixa cultura jurídica. O desenvolvimento dessas regiões abrirá novas oportunidades, quando não seja afirmado um mecanismo inverso: profissionais podem destacar serventias novas e, assim, aclarar que sua faixa de atuação e benefício é maior que a visão ordinária. Nada demais. Profissionais e sociedades de outras áreas tiveram que fazer o mesmo: marketing, publicidade, tecnologia da informação etc. Todos tiveram que chamar atenção para seus méritos e o apoio que poderiam dar para o sucesso dos clientes.

O Brasil é um país voltado para as capitais, nomeadamente nas regiões sudeste e sul. Em boa medida, as grandes cidades oferecem, sim, comodidades e confortos que lhe são próprios, incluindo entretenimento: restaurantes, teatros, parques, *shoppings*, comércio variado etc. Essa realidade faz com que haja uma tendência de concentração de pessoas nas metrópoles e, como resultado, um desprezo pelas regiões do interior e para as oportunidades profissionais ali existentes. É um erro de estratégia profissional que pode comprometer o futuro do advogado.

Não é raro que as melhores oportunidades estejam justamente fora dos grandes centros, ligadas a setores pujantes da economia nacional, como o agronegócio, a mineração, além de amplos parques industriais que estão se desenvolvendo no interior do país. São empresas com boa saúde financeira, atuando em mercados promissores e com grande necessidade de mão de obra especializada, em níveis diversos, incluindo advogados seniores, com experiência em áreas como Direito Societário, Mercado de Capitais, Direito Contratual, Direito Tributário, Direito Alfandegário, entre outros.

Visto isso, melhor estamos ambientados para avançar na compreensão das potencialidades do que se tem chamado de *holding* e de *holding familiar*. Dedicamos esse primeiro capítulo ao tratamento da inovação jurídica, porque não dá para falar de um equipamento jurídico – e a *holding* (familiar ou não) o é (ou deveria ser): não apenas um instrumento ou ferramenta, mas um equipamento –, sem reimaginar o Direito e a advocacia. Para avançar fronteiras, mais do que ampliar conhecimentos, é preciso chamar atenção para um proveitoso aprendizado pessoal que atua em favor da conexão com o universo contemporâneo. Não encontrará soluções aquele que não sabe como procurar, onde procurar, como procurar. A primeira mudança – a primeira inovação – está no ponto de vista, na perspectiva. Insistimos: a compreensão do Direito como uma tecnologia que, bem utilizada, se coloca à serviço do cliente e, sim, pode gerar resultados expressivos. É preciso estar pronto para ser um profissional que gera conteúdo jurídico privado (normas individuais), como os atos constitutivos (contratos sociais ou estatutos sociais) a partir dos quais se criam *holdings*.

2

Holding

1 Definição de *holding*

Muito se fala sobre as *holdings* e, mais especificamente, sobre *holdings familiares*. Nesse *disse que disse*, há muita desinformação, infelizmente. Em alguns casos, confusão entre o que a comunidade (o mercado, a sociedade) chamam de *holding* e uma das significações clássicas do termo: sociedade de participação societária. Outra significação clássica situa-se no Direito Concorrencial e traduz o controle vertical de todas as fases de uma atividade econômica, criando uma vantagem desmoderada e/ou abusiva de mercado, do que é exemplo histórico emblemático a Standard Oil Company, de John Davison Rockefeller, nos alvores do século passado. Não é só. Para além das dificuldades oferecidas pelo rótulo, o *disse me disse* avança por equívocos jurídicos diversos, chegando ao extremo de haver quem acredite tratar-se de uma figura jurídica *sui generis*, o que é de todo absurdo, como demonstraremos. Aliás, mostraremos que é algo bem simples que pode ser extremamente útil para alguns e absolutamente inútil, quiçá pernicioso e deletério, para outros.

Esse burburinho generalizado tem uma razão de ser bem clara: a descoberta dos benefícios do planejamento patrimonial e/ou do planejamento societário. Como dito no capítulo anterior, a sociedade brasileira amadureceu para não reconhecer no advogado apenas um profissional do litígio – um causídico, um demandante –, mas um repositório de conhecimento jurídico: um *expert* que pode indicar o que deve ser feito, a alternativa correta, segura. Aliás, mais do que isso, a percepção de que há alternativas e, entre elas, possibilidades que servem melhor a esse ou àquele caso. Planejar, portanto, para usufruir da melhor situação, a mais benéfica, a que oferece menos riscos, menos custos, se possível. Há ferramentas, mecanismos e procedimentos lícitos, regulares para tanto, entre os quais está listada a *holding*. Mas é preciso haver manejo adequado. Infelizmente, a notícia do emprego dessa ou daquela figura jurídica, de forma ilícita ou com fins ilícitos, pode ser usada para manchar o instituto em si. Um equívoco; afinal, o fato de alguém usar um veículo para praticar crimes não implica ser ilícito todo uso de veículos. *Modus in rebus*! – como já aconselhava Horácio, lá se vão dois mil anos.

Retomemos o desenvolvimento da análise que nos levará à figura da *holding* e da *holding* familiar. Entre as estratégias que se oferecem para um planejamento jurídico estão institutos e mecanismos do Direito Societário. A constituição de estruturas societárias serve para que pessoas (naturais ou jurídicas), a incluir famílias (de casais a grupos que incluem avós, tios, primos, netos etc.), organizem suas relações jurídicas, vale dizer, seu patrimônio. Por exemplo, no plano das relações ativas (bens e direitos), pode-se separar o que é produtivo do que não é. Não é só; havendo atividades produtivas diversas, é possível cindir ou fundir corporações, considerando o tipo de tributação sobre elas incidentes. São apenas algumas possibilidades entre múltiplas. A estrutura conceitual das sociedades revela uma fascinante maleabilidade, o que pode ser facilmente constatado quando se olha para o organograma de grandes grupos empresariais: por vezes dezenas de pessoas jurídicas diversas (a incluir *holdings*, familiares ou não) para dar expressão ao que se considera a melhor situação jurídica para cada parte daquele amplo conjunto patrimonial: bens, direitos, obrigações, atividades. Dominar a *arte societária* é um passo na direção de um universo fascinante. Da constituição de uma só sociedade à constituição de um conjunto de sociedades.

> Exemplo de Cláusula/Artigo – O objeto social será a titularização, a administração e o exercício de faculdades e obrigações jurídicas sobre bens móveis e imóveis, direitos com expressividade econômica e créditos.

Entre todas essas utilidades, não se pode descurar dos proveitos que podem ser oferecidos, dependendo das circunstâncias apresentadas, pela constituição de uma *instância societária* apropriada à titularização e ao exercício de direitos e deveres sobre determinado patrimônio. Parece complicado, mas não é. Eis o primeiro vislumbre do que é uma *holding*. É apenas uma ferramenta – e vamos bater muito nesta tecla –, e não uma varinha mágica. Servirá para algumas situações; não servirá para outras. Seu emprego para quem não tenha perfil, para quem o mecanismo não terá qualquer valia (para não falar da indicação de resultados que não se conseguirá obter) trabalha contra o instituto, espalha um descrédito que resulta dos fracassos inevitáveis do uso incorreto.

De abertura, podemos já esclarecer que uma boa estruturação societária parte necessariamente da compreensão das características, das necessidades e possibilidades do patrimônio e/ou das atividades negociais, bem como da coletividade social (aqueles que se tornarão sócios a partir da constituição da pessoa jurídica). É sempre algo particular, específico, focado no caso concreto, com suas características próprias. A partir dessa compreensão e contemplando os reflexos de cada opção, o profissional poderá sugerir que nada se faça, senão o inventário, ou que se opte por um testamento ou, finalmente, indicar uma distribuição do patrimônio e das atividades negociais por uma ou mais pessoas jurídicas, concentrando num só ente ou desmembrando por duas ou mais, de modo a otimizar relações jurídicas, conter custos e riscos etc. Sim: em alguns casos, concentrar; noutros desmembrar. Não há uma só fórmula: depende da análise de cada caso. Insistimos: há uma massa enorme de situações para as quais o uso de *holding* não é recomendado: será mais um problema do que uma solução para o(s) seu(s) sócio(s).

O mais comum é a constituição de pessoas jurídicas (sociedades, simples ou empresárias) para a parte operacional da atuação jurídico-econômica de um grupo de pessoas (sócios); se há característica de empresa, sociedade empresária; se não há, sociedade simples. Mas é possível que mesmo a parte não operacional do patrimônio da pessoa ou da família seja atribuída a uma sociedade (*holding*), com as finalidades que aqui serão explicadas. Essa parte não operacional do patrimônio pode ser constituída, inclusive, pelas participações societárias, em uma ou mais sociedades, o que também será muito proveitoso. Há casos, porém, em que o profissional julgará melhor, diante do quadro, utilizar-se de uma *holding* mista.

> Exemplo de Cláusula/Artigo – O objeto social será a compra e venda de bens imóveis, construção e reforma, podendo conservá-los, locá-los ou arrendá-los, dá-los em comodato, vendê-los, entre outros negócios jurídicos.

Tudo isso se estudará adiante, incluindo uma dissertação sobre os aspectos que orientam tal estudo e a respectiva tomada de decisão. E, temos que insistir: conforme o caso, o melhor pode ser não fazer nada: deixar como está. O mau uso de figuras como a *holding* pode criar problemas maiores do que a abstenção do planejamento jurídico do patrimônio. Mal planejamento é algo pior que não planejamento. É preferível estar ao relento do que soterrado pelos escombros de uma construção de má arquitetura ou engenharia.

1.1. Sociedade de participação?

Um equívoco comum é compreender o que o mercado e a comunidade geral chamam de *holding* como sendo uma sociedade de participação societária, ou seja, uma *holding* em sentido estrito. O que se chama de *holding* na linguagem coloquial é uma pessoa jurídica que é constituída para se tornar titular de direitos e deveres em substituição a pessoas naturais (pessoas físicas); há quem fale em *sociedade patrimonial*. Daí haver quem trate do tema no âmbito de um fenômeno ainda maior e igualmente contemporâneo, para o qual se deu por rótulo um neologismo: *pejotização*. Não vamos entrar no mérito da tendência de *pejotizar* – que pode ter motivadoras diversas, inclusive de ordem *trabalhista* – ou do neologismo em si. Seguiremos adiante com a análise da *holding* tal qual é compreendida coloquialmente nos dias de hoje.

> Exemplo de Cláusula/Artigo – A sociedade tem por objeto social a participação, como sócia ou acionista, em outras sociedades, simples ou empresárias.

> Exemplo de Cláusula/Artigo – A sociedade poderá participar de consórcios e de empreendimentos comerciais de qualquer natureza[1].

Portanto, não se deve confundir o que aqui se trata por *holding* com a sociedade de participações que está anotada no artigo 2º, § 3º, da Lei 6.404/76, como na primeira cláusula anteriormente exemplificada. Sim, a sociedade de participações é um tipo de *holding*: uma sociedade que detém (titulariza) quotas ou ações societárias, que participa de empreendimentos. Mas não é nesse sentido que o mercado e a sociedade em geral se referem à *holding*, na mesma toada em que o próprio dispositivo legal citado não usa o vocábulo em inglês.

O mercado e a sociedade em geral referem-se a *holding* para traduzir uma realidade diversa ou, para ser mais fiel ao nicho, uma ferramenta – ou mesmo um mecanismo – jurídico com finalidade próxima, embora diversa: não apenas deter participação em outra(s) sociedade(s), mas deter bens e direitos de outras naturezas. *To hold*, em inglês, traduz-se por *segurar*, *deter*, *sustentar*, entre ideias

---

[1] É possível acrescer: "independentemente de aprovação pela reunião (assembleia) de sócios" ou, pelo contrário, condicionar à aprovação pelos sócios: "desde que aprovado por... dos sócios": a totalidade, a maioria simples, a maioria absoluta ou fórmula diversa: 92,2%, 2/3, 52,5%. É preciso ouvir os sócios e criar norma que atenda ao seu acordo de vontade. Em muitos casos, nomeadamente em sociedades por quotas, a alteração da composição societária recomenda revisão desses percentuais, evitando mínimos que deliram da composição social. Essa previsão de quórum também pode ser retirada do objeto social e ser colocada em seção dedicada exclusivamente às deliberações sociais. É uma questão de estilo.

afins. *Holding* traduz-se não apenas como *ato de segurar, deter* etc., mas como *domínio*. A expressão *holding company*, ou simplesmente *holding*, serve para designar pessoas jurídicas (sociedades) que atuam como titulares de bens e direitos, o que pode incluir bens imóveis, bens móveis, participações societárias, propriedade industrial (patente, marca etc.), investimentos financeiros etc. Habitualmente, as pessoas mantêm esses bens e direitos em seu patrimônio pessoal.

> Exemplo de Cláusula/Artigo – A sociedade tem por objeto social a titularidade e a administração de bens imóveis e imóveis, podendo locá-los, cedê-los em comodato, aliená-los e ofertá-los em garantia.[2]

> Exemplo de Cláusula/Artigo – A sociedade tem por objeto social a aquisição, a conservação e a alienação de bens jurídicos, móveis ou imóveis, bem como direitos de outra natureza, exercendo sobre eles as respectivas faculdades e obrigações.

No entanto, procuraremos demonstrar neste livro que, para certos perfis de pessoas e de patrimônios, pode ser interessante a constituição de uma sociedade, ou até de uma estrutura societária (duas ou mais sociedades), com a finalidade de assumirem a titularidade de bens, direitos e créditos, bem como a própria titularidade de atividades negociais. Acima de tudo, é preciso considerar o contexto, atentar-se para o futuro e fazer contas. Muitas contas. No interior de Minas Gerais, o principal bem de uma família era um grande imóvel industrial vazio. Pensou-se na constituição de uma *holding*, mas, para o contexto, não valeria a pena; a ideia era locá-lo. Mais simples e barato seria manter um condomínio entre as pessoas naturais, nomeadamente em face da sucessão. Para agregar valor jurídico à relação plurilateral, concordou-se em elaborar um documento regulando a relação dos condôminos; uma convenção, embora não se tratasse de condomínio edilício, embora não houvesse áreas privativas, senão apenas a propriedade comum. Essa convenção (que poderia ter o nome de contrato, de pacto, de regulamento, tanto faz) regeria a relação entre os condôminos e, principalmente, disciplinaria condições ideais para uma boa destinação do imóvel, cuidando de questões como destinação locativa, distribuição dos valores auferidos com aluguéis, formação de fundo de reserva para eventuais reformas etc. No entanto, houve um drible do destino: surgiu uma empresa interessada em usar o imóvel para a constituição, em parceria, de um *shopping center*, com estacionamento anexo cobrando tarifa, entre outros elementos. Considerando o novo contexto e feitas as contas, chegou-se à

---

[2] Como visto anteriormente, aqui também é possível prever quórum específico para qualquer dessas medidas.

conclusão de que o melhor seria a constituição de uma *holding*. Percebe? Não há uma fórmula inequívoca para todos os casos, nem mesmo para um só caso: é uma construção que se faz a partir do uso estratégico da tecnologia jurídica.

> *Holding* (ou *holding company*), em sentido estrito, é uma sociedade que detém participação societária em outra ou de outras sociedades, tenha sido constituída exclusivamente para isso (*sociedade de participação*). Em sentido largo, é uma sociedade patrimonial, ou seja, pessoa jurídica constituída para ser a titular de um patrimônio.

É isso, na essência. Simples assim. Não há uma regência específica para a *holding* e/ou para a *holding* familiar. São as normas do Direito Societário as que lhes devem ser aplicadas. Está-se consequentemente diante de uma tendência de mercado que visa certos fins: o emprego de um equipamento jurídico – a sociedade – com fins operacionais peculiares. E uma tendência em expansão, o que chama a atenção de muitos (no Direito e alhures): a partir de algo usual, corriqueiro (a sociedade), desenvolveu-se uma solução inovadora baseada em ajustes singulares que são aqui relatados. Portanto, o que dá identidade à *holding* é a finalidade com que a sociedade é constituída: é essa a cadeia de suprimentos com que trabalhará o profissional ou escritório que se dedicar ao serviço. Não sem razão, nossos outros trabalhos devem ser compreendidos como material supletivo ao magistério aqui desenvolvido.[3] Não há motivo para repetir. Importa nesta obra explicar como se usa o Direito Empresarial e Societário para constituir esse equipamento jurídico: a *holding* familiar.

E nessa simplicidade da essência já se coloca o primeiro ponto essencial de nossa investigação: para que se vai constituir uma *holding*? Iremos trabalhar com isso nos capítulos adiante. Mas já é momento de deixar claro não ser algo que sirva para qualquer um, que se aplique a todo e qualquer caso: pessoa ou família etc. Sim, trata-se de uma ferramenta muito interessante para disciplinar situações e demandas próprias, como adequada estruturação de atividades produtivas, profissionalizando-as (do que é exemplo fácil o *agronegócio*; planejamento patrimonial com vistas a relacionamentos familiares (nomeadamente diante de patrimônios significativos); encapsulamento de determinadas iniciativas comuns (com esse ou aquele sócio em particular); regramento de relações interpessoais

---

[3] Conferir:
MAMEDE, Gladston. *Teoria da Empresa e dos Títulos de Crédito:* direito empresarial brasileiro. 14. ed. São Paulo: Atlas, 2022.
MAMEDE, Gladston. *Direito Societário:* direito empresarial brasileiro. 14. ed. São Paulo: Atlas, 2022.
MAMEDE, Gladston. *Falência e recuperação de empresas*: direito empresarial brasileiro. 13. ed. São Paulo: Atlas, 2022.
MAMEDE, Gladston. MAMEDE, Eduarda Cotta. *Manual de Redação de Contratos Sociais, Estatutos e Acordos de Sócios*. 6. ed. Barueri: Atlas, 2022.

com potencialidade conflitiva, preservando a família (ou outro grupo, nas *holdings* não familiares); distinção corporativa em face a confusões fiscais de natureza diversa, entre outras.. Na constituição ou não de uma *holding*, está implícita uma equação bem específica, como se narrará nos momentos seguintes deste livro. É indispensável proceder-se a uma avaliação correta de ônus e bônus e, dessa forma, verificar se efetivamente a ferramenta será útil para aquelas pessoas. Uma avaliação que demanda conhecimento jurídico, análise acurada dos diversos elementos e fatores, inteligência, criatividade, prudência: são requisitos básicos.

> Exemplo de Cláusula/Artigo – A sociedade tem expresso e declarado *intuitu familiae*: mais do que o aporte de capital, é o mútuo reconhecimento e aceitação dos sócios, membros de uma mesma família, que lhe dá sustentação e marca sua *affectio societatis*.

> Exemplo de Cláusula/Artigo – Para a solução de conflitos societários, bem como referência obrigatória para a administração societária e gerência das atividades negociais, dever-se-á tomar por princípio norteador o *intuitu familiae* sob o qual se assenta a sociedade e a empresa.

Sim, há casos em que o melhor é recorrer à constituição e/ou manutenção de uma sociedade *holding*, há casos em que o melhor é não o fazer. É preciso procurar uma solução específica para cada pessoa, para cada família, para cada conformação patrimonial, para cada negócio ou conjunto de negócios. Será sempre indispensável o trabalho de um especialista para analisar as situações que se apresentam, avaliar seu estado e suas alternativas e, enfim, definir a melhor estratégia. Esse especialista não precisa ter formação acadêmica jurídica, exclusivamente. A habilidade para avaliar uma melhor conformação para as organizações empresariais, para o patrimônio pessoal ou familiar, para atividades negociais pode resultar de outras formações acadêmicas, como a Administração de Empresas, a Contabilidade e a Economia. A constituição do equipamento jurídico – a redação do ato constitutivo (contrato social ou estatuto social) – é privativa de advogado, sendo imprudente não recorrer à sua *expertise*, para dizer o mínimo: é ilegal, por tratar-se de ato de advocacia. Entrementes, a construção conjunta – somatório de competências profissionais – é de bom alvitre.

O especialista que se debruça sobre um certo patrimônio (faculdades e obrigações), para avaliar a conveniência de constituição de uma *holding*, precisa ser alguém com o domínio de todos esses aspectos – jurídico, organizacional, contábil, econômico –, ou fazer-se auxiliar, é claro – para que tenha um mapa confiável da situação que existe e daquela que almeja, bem como do respectivo processo de evolução de um ponto a outro. Afinal, o correto planejamento é ensaiado para *ver se fecha, ver se dá certo*: a investigação do caso concreto, as projeções do que seria e de como se alcançaria tal meta, podem revelar tristemente que não vai dar, que o melhor é ficar como está (ou fazer reformas e consertos na estrutura que há) ou mesmo evoluir para um terceiro modelo. Sim: é altamente variável e justo por isso demanda profissionais que dominem o Direito Societário e as disciplinas assessórias envolvidas. Se fosse apenas uma fórmula matemática, já haveria um aplicativo ou programa para fazer tudo e especialistas seriam dispensáveis. Não são. Aliás, é bem pouco provável seja domínio para inteligência artificial, não se lhe aproveitando as rotinas de aprendizado de máquina (*machine learning*).

> Exemplo de Cláusula – A resolução de conflitos e impasses societários sempre deverá levar em conta, como princípio jurídico e valor ético e societário, o interesse da família e a preservação de seu patrimônio a bem dos sócios e das gerações futuras.[4]

Realce-se, sobre tais esforços de análise crítica e planejamento patrimonial e societário, que o sucesso raramente resulta de eventos aleatórios. É claro que a sorte pode, sim, sorrir para alguém em determinado momento de sua vida e, sem mais ou menos, conduzi-lo a resultados inesperados. Confiar no destino (na sorte, no imponderável), contudo, não é algo sábio. Mesmo os que foram bafejados inesperadamente pela fortuna precisam ter competência, cautela e cuidado para mantê-la e, quiçá, para expandi-la. É sempre recomendável recorrer às ciências jurídicas, contábeis, empresariais e econômicas para ampliar as oportunidades de se alcançar e conservar vantagens lícitas e relevantes. É esse o espaço que está sendo preenchido no mercado: pessoas estão se dedicando ao estudo dos instrumentos e conceitos do Direito Societário e mesmo das disciplinas avizinhadas para se tornarem guias confiáveis e, mais, profissionais prestigiados de uma transformação segura.

Noutras palavras: não é só a Medicina ou a Engenharia que podem oferecer uma tecnologia mais sofisticada para a sociedade. O Direito também pode. E, como ocorre com médicos e engenheiros, os cursos de graduação, por seu tempo reduzido, não conseguem ir muito além do elementar. E avançar para a tecnologia mais sofisticada pressupõe domínio sólido dessa base. Mas não se deve satisfazer com o elementar. O melhor profissional vai além, aprofunda-se, amplia seus conhecimentos. Afinal, a própria realidade social e, para a nossa perspectiva, empresarial requer não apenas uma atualização, mas um aprimoramento para que

---

[4] É preciso muita cautela com cláusulas deste jaez. Elas podem ser usadas como meio para opressão de certas pessoas em família – as tais *ovelhas negras*, no coloquialismo do vernáculo. Por um lado, a cláusula reforça o *intuitu familiae* da *holding*; por outro, pode ser empregada como instrumento de submissão abusiva. Por isso somos repetitivos ao longo do livro sobre a necessidade de atenção a cada caso dado em concreto.

se proporcione avanços, para que se agregue valor, para que se garanta segurança jurídica. Eis porque o número de advogados inovadores vai se multiplicando: seus resultados se revelam mais e mais profícuos. Claro que ainda há uma clientela que aceita e aposta em informalidade/amadorismo jurídico, o que nos conduz a resistências calçadas em compreensões econômicas e jurídicas já descompassadas com a realidade. Eis um grande desafio para a nova advocacia. Em vários setores do empresariado, a impressão é de que se dormiu por algumas décadas e não se percebeu que o mundo mudou de forma aguda. É preciso ensinar, explicar, demonstrar. Também nesse magistério se concretiza uma advocacia transformadora.

> Exemplo de Cláusula – A sociedade pode[5] auxiliar o financiamento dos seus sócios por todos[6] os meios, inclusive avalizando-os, prestando fiança ou outras modalidades de garantia de pagamento em seus empréstimos, financiamentos e créditos negociados.

Por isso, as bancas de advocacia precisam revisar sua postura e seu procedimento. Há que demonstrar uma maturidade tecnológica: usar a inovação com propósito correto, com intenção certa e ética, com preocupação de oferecer soluções sustentáveis. Por exemplo, a constituição de uma sociedade *holding* pode realizar-se dentro de contextos diversos e para atender a objetivos variados. O deslocamento do interesse da clientela para tal remédio cria, naqueles que pretendem atender à demanda, o dever de manifestar uma expertise em igual proporção à expectativa do cliente: capacidade de analisar, avaliar, planejar e realizar. Abastecer-se de conhecimento técnico e, enfim, de dados sobre o panorama havido em cada caso para operacionar uma resposta propícia. A força desse produto de assessoria e consultoria está no fato de o equipamento jurídico contribuir para transformar favoravelmente a cena. Se isso não ocorre, haverá uma perda gradativa de demanda, uma ausência de retorno, a perda de uma oportunidade para aumentar um canal não contencioso de exercício profissional. Em oposição, quando a operação é bem-feita, há retornos tangíveis e intangíveis, que, embora possam ser difíceis de valoração em determinadas hipóteses, são facilmente percebidos pelo cliente, ampliando a boa reputação do advogado e de seu escritório. Isso se traduz em engajamento, criando uma ligação profissional, uma procura por maior interação.

---

[5] Basta um "não" aqui para traduzir uma vedação. Tudo depende do que querem os sócios. Também é possível permitir, mas condicionar à aprovação pelos sócios, definindo o quórum necessário que, por certo, pode ser a unanimidade.

[6] Na hipótese de vedação, "por todos os meios" torna-se "por nenhum meio". Ademais: "... *não podendo avalizá-los, prestar fiança ou qualquer outra modalidade...*".

2 Tipos de *holding*

Como dito anteriormente, o tratamento que a sociedade em geral e o mercado dão à figura da *holding* é absolutamente estranho ao Direito e, para ser mais exato, vai além do tratamento normativo que a Lei 6.404/76 dá às sociedades de participação (artigo 2º, § 3º). O mercado fala de *holding* como pessoa jurídica constituída para titularizar um patrimônio (e, eventualmente, desenvolver uma atividade) em lugar das pessoas de seus sócios. A classificação coloquial – que não pode ser desprezada – não considera parâmetros legais. Mais do que isso, não desrespeita tais parâmetros e, justamente por isso, acomoda-se muito bem ao Direito vigente.

> Exemplo de Cláusula/Artigo – A participação em sociedades, haja controle ou não, deverá sempre se nortear pelos seguintes princípios: respeito irrestrito à Constituição e às leis; boa governança corporativa; atenção particular à preservação do meio ambiente; manutenção de boas relações com as comunidades locais e investimento em favor de seu desenvolvimento material e humano.[7]

Para ilustrar, basta dizer ser comum referir-se a tipos diversos de *holding*, como a denominada *holding pura*, cujo objeto social é exclusivamente a titularidade de quotas ou ações de outra ou outras sociedades. Em português, usa-se a expressão *sociedade de participação*. Como não desenvolve atividade negocial (operacional), a receita de tais sociedades é composta exclusivamente pela distribuição de lucros e juros sobre o capital próprio, pagos pelas sociedades nas quais tem participação. Em alguns casos, havendo autorização no seu contrato social ou estatuto social, ou autorização dada pela reunião ou assembleia de sócios, a receita poderá resultar de operações realizadas com os títulos que tenham em carteira, como o aluguel de ações, aquisição e alienação de participações societárias, debêntures etc. São soluções diversas para situações diversas. É preciso ser capaz de formular a equação adequada para, então, chegar à melhor solução.

No âmbito das *holdings* puras, há quem faça distinção entre a *holding de controle* (sociedade de controle) e a mera *holding de participação* (sociedade de participação). Essa distinção é de fácil compreensão: a *holding* de controle teria por finalidade específica deter quotas e/ou ações de outra ou outras sociedades em montante suficiente para exercer o seu controle societário; já a *holding de participação* seria aquela constituída para titularizar quotas e/ou ações de outra ou outras sociedades, sem que detenha o controle de qualquer delas. Mas não

---

[7] A lista é meramente exemplificativa. Os princípios correspondem aos interesses dos envolvidos (por exemplo, *geração de valor para os sócios*). Usou cláusula/artigo com redação em parágrafo único, mas nada impede o recurso de incisos, letras ou números.

é uma distinção legal; as sociedades de participação não precisam se dedicar exclusivamente ao controle ou à mera participação societária, podendo mesmo controlar uma(s) sociedade(s) e ter mera participação minoritária em outra(s). E esteja atento para o fato de que, conforme a intenção dos sócios, será preciso acrescer cláusulas que regrem os respectivos atos societários e de administração; em linhas gerais, o que pode, o que não pode, como pode, exigências (aprovação, consulta etc.). Como as leis devem ser atuais e refletir as relações sociais que a sociedade vive, as cláusulas também devem sê-lo.[8] Em muitos casos, de acordo com o planejamento estratégico de determinada empresa, família ou grupo empresarial, a *holding pura* pode ser constituída não com o objetivo de simplesmente titularizar participação ou participações societárias, mas com o objetivo de centralizar a administração das atividades realizadas por todas essas sociedades, controladas ou não. As expressões *holding de administração* e *holding de organização*, com pequenas variantes entre si, são utilizadas para traduzir essa situação. A diferença sutil entre ambas está no fato de que a *holding* de administração efetivamente funciona como um *quartel general*, estruturando planos de atuação, definindo estratégias mercadológicas, distribuindo orientações gerenciais e, se necessário, intervindo diretamente na condução das atividades negociais das sociedades controladas ou, a partir de ajustes com os demais sócios, nas sociedades em que haja mera participação societária. Em oposição, a *holding de organização* não demanda efetiva coordenação administrativa, podendo ser constituída, dentro de determinada estruturação societária, para dar a conformação que se planejou, o que não raro implica a assimilação de parâmetros fiscais, negociais, entre outros. A *holding de organização* também é muito usada para permitir a acomodação de sócios. E não seria preciso lembrar, mas vamos ainda assim, que essa configuração e função decorrem de cláusulas específicas. Não é o rótulo que se dá à sociedade, mas as normas redigidas para a seus estruturação e atividade que a qualificam.

> Exemplo de Cláusula – A sociedade tem por objeto a produção e a comercialização, incluindo exportação, de..., podendo fazê-lo diretamente ou por meio de outras sociedades, inclusive no exterior, nas quais tenha participação societária, nelas exercendo o controle ou não (mera participação).

Em oposição à *holding pura*, fala-se na *holding mista*. Neste caso, tem-se uma sociedade que não se dedica exclusivamente à titularidade de participação ou participações societárias (quotas e/ou ações), mas que se dedica simultaneamente a atividades empresariais em sentido estrito, ou seja, à produção e/

---

[8] MAMEDE, Gladston; MAMEDE, Eduarda Cotta. *Manual de redação de contratos sociais, estatutos e acordos de sócios*. 6. ed. São Paulo: Atlas, 2022.

ou circulação de bens, prestação de serviços etc. Nesse sentido, nunca é demais recordar o artigo 2º, § 3º, da Lei 6.404/76, segundo o qual a sociedade pode ter por objeto social a participação em outras sociedades, ou seja, pode ser constituída sob a forma de *holding pura*. A mesma norma, adiante, contemplará a *holding mista* quando afirma que essa participação em outras sociedades, mesmo quando não seja prevista no contrato social ou no estatuto,[9] é permitida como meio de realizar o objeto social ou para beneficiar-se de incentivos fiscais. Portanto, uma sociedade que tenha por objeto a produção ou a comercialização de certo produto, ou a prestação de determinado serviço, pode titularizar quotas ou ações de outra ou outras sociedades, sem que isso precise constar no seu objeto social.

Embora o artigo 2º, § 3º, da Lei 6.404/76, ao cuidar das sociedades de participação, nada fale a respeito, é possível também que se constitua uma sociedade com o objetivo de ser a proprietária (a titular) de um determinado patrimônio, entre bens imóveis, bens móveis, propriedade imaterial (patentes, marcas etc.), aplicações financeiras, direitos e créditos diversos. Desse patrimônio podem constar, inclusive, quotas e ações de outras sociedades. Para esses casos, é comum ouvir a expressão *holding patrimonial*, da mesma forma que é usual a referência à *holding imobiliária*, isto é, a sociedade constituída para ser proprietária de imóveis, tenham ou não a finalidade locativa.

> *Holding pura*: sociedade constituída com o objetivo exclusivo de ser titular de quotas ou ações de outra ou outras sociedades. É também chamada de *sociedade de participação*.
>
> *Holding de controle*: sociedade de participação constituída para deter o controle societário de outra ou de outras sociedades.
>
> *Holding de participação*: sociedade de participação constituída para deter participações societárias, sem ter o objetivo de controlar outras sociedades.
>
> *Holding de administração*: sociedade de participação constituída para centralizar a administração de outras sociedades, definindo planos, orientações, metas etc.
>
> *Holding mista*: sociedade cujo objeto social é a realização de determinada atividade produtiva, mas que detém participação societária relevante em outra ou outras sociedades.
>
> *Holding patrimonial*: sociedade constituída para ser a proprietária de determinado patrimônio. É também chamada de *sociedade patrimonial*.
>
> *Holding imobiliária*: tipo específico de sociedade patrimonial, constituída com o objetivo de ser proprietária de imóveis, inclusive para fins de locação.

---

[9] A norma fala especificamente em sociedades por ações e seus estatutos sociais. Contudo, há muito se tem por estabelecido sua aplicação às sociedades por quotas e seus contratos sociais.

A chamada *holding familiar* não é um tipo específico, mas uma contextualização específica. Pode ser uma *holding* pura ou mista, de administração, de organização ou patrimonial, isso é indiferente. Sua marca característica é o fato de se enquadrar no âmbito de determinada família e, assim, servir ao planejamento desenvolvido por seus membros, considerando desafios como organização do patrimônio, administração de bens, otimização fiscal, sucessão hereditária etc. São todos temas que serão desenvolvidos neste livro. Agora, dessa observação extrai-se um corolário: o que aqui se estudará não se aplica apenas às famílias. A análise se aproveita a holdings que não estejam restritas às situações familiares, por igual. A tecnologia é a mesma, alterando-se apenas o contexto em que é aplicada e, em virtude disso, demandando ajustes pontuais. Nada, porém, que seja distante. É a mesma estratégia, a mesma estrutura, embora o desenho final possa revelar as particularidades da composição societária e da finalidade de constituição. É papel do profissional que assume a organização social e patrimonial construir um modelo que atenda a cada casa, seja familiar (e cada família tem suas peculiaridades, não se pode esquecer) ou não, propondo uma solução de qualidade, inclusiva (contemplando direitos e interesses de todos os envolvidos), econômica e sustentável. Essa é a meta e, em busca dela, devem se desenvolver os estudos e as ações. Esse deve ser o compromisso: valorizar as pessoas, procurar pela linha de equilíbrio. É assim que se estabelecem relações profissionais de longo prazo. O mercado busca soluções.

3 Equívocos comuns

É muito comum ouvir ou ler algumas afirmações equivocadas sobre *holdings*. Por exemplo, por conta do já citado artigo 2º, § 3º, da Lei 6.404/76, há quem diga que as sociedades de participação só podem ser constituídas sob a forma de *sociedades por ações*, o que não é correto. Podem adotar tanto um tipo societário contratual, a exemplo da sociedade limitada, quanto um tipo societário estatutário, a exemplo da sociedade anônima. É possível ouvir (e mesmo ler) que uma *holding* tenha apenas pessoas físicas por sócios. Isso e muito mais. São equívocos que resultam, antes de mais nada, da compreensão que se dá à palavra *holding*. Esteja atento ao seguinte aspecto: o que o mercado chama de *holding* nada mais é do que uma pessoa jurídica (uma sociedade) constituída para titularizar determinado patrimônio. Já o dissemos antes e, por ser vital, repetimos aqui. O fenômeno *holding* encarta-se numa tendência contemporânea que tem suas vantagens e desvantagens: a *pejotização*, com o perdão do neologismo raso, isto é, a constituição de pessoas jurídicas para finalidades diversas, como a prestação de serviços e, sim, a titularidade de um patrimônio. Apenas em casos raros o legislador exige certo tipo ou proíbe certo tipo. E a constituição de pessoa jurídica (sociedade) para ser titular de um patrimônio não é uma delas, sendo indiferente tratar-se de imóveis, móveis, créditos, direitos etc.

Isso não quer dizer que seja tudo igual. Não é! Por isso dissemos que fundações e associações não servem a este estudo: são tipos de pessoas jurídicas que não se aproveitam ao planejamento jurídico e econômico do patrimônio próprio em função de suas características legais. Servem-nos as sociedades, pois permitem a distribuição dos resultados econômicos e, na hipótese de extinção, a apropriação do saldo patrimonial pelos sócios, mesmo que tenha havido um acréscimo resultante de sua atuação. E fazê-lo é muito simples, como também o é transferir a participação societária: ceder quotas ou ações, sempre considerando o que consta do ato constitutivo da pessoa jurídica. Agora, todos os tipos societários podem ser usados e cada um oferece um resultado próprio, entre sociedade em nome coletivo, sociedade em comandita (simples ou por ações), sociedade limitada e sociedade anônima.

Essencialmente, é preciso repisar que não há solução única. Existem múltiplos caminhos para o planejamento societário e patrimonial, bem como diversas formas que podem ser adotadas para uma sociedade patrimonial *familiar*. O estudo do tema, como aqui se fará, jamais afastará a indispensável atuação de um especialista que, partindo de uma análise dos elementos presentes no caso em concreto, determine a solução que melhor atende aos interesses que lhe foram apresentados. De resto, vamos nos reiterar na advertência: não basta considerar a questão por uma perspectiva societária. É preciso estudar e fazer projeções sobre outras áreas, outras perspectivas. É preciso fazer projeções, cálculos, estimativas, traçando um mapa para que as partes envolvidas possam compreender ônus e bônus e, enfim, decidir se querem e como querem. Não é tão simples, apesar da pressa que normalmente revelam aqueles que se decidem pela adoção de tais soluções jurídicas. A adequação da ferramenta é um dever ético-profissional do advogado que, de forma alguma, pode funcionar como um comerciante *disso ou daquilo* que, diante de um interessado, vende sua mercadoria sem se interessar se servirá ou não ao comprador. Não se aceita tal postura em advogados, como igualmente não se aceita em contadores, médicos e outros tantos.

> Exemplo de Cláusula – A sociedade tem por objeto social participar de outras sociedades, como quotista ou acionista, com ou sem controle societário,[10] que se dediquem exclusivamente às atividades de plantio, cultivo, beneficiamento e comércio, inclusive exportação de café.[11]

Vamos a um exemplo fácil: a avaliação adequada dos impactos fiscais. É mito dizer que *holding* é instrumento para economia fiscal. Em alguns casos, será; nou-

---

[10] Aqui se tem uma *holding* pura: exclusivamente uma sociedade de participação em outras sociedades, sem atividade operacional.

[11] A limitação, aqui, é um exemplo. Poderia não ter qualquer limitação. Poderia ser mais ampla (*... atividades agropecuárias...*); poderia ser menos ampla (*... produção de café...*). Por isso temos nos batido tanto, repetidamente, sobre as vantagens da maleabilidade societária.

tros, não haverá alteração relevante. Em diversos casos, a constituição de uma *holding* acaba por aumentar o recolhimento. Sim, acontece. Aliás, não é raro. Houve mesmo quem dissesse que alterações no sistema tributário brasileiro iriam inviabilizar ou desaconselhar a existência da figura ou ferramenta pelos impactos nos recolhimentos devidos. É uma meia verdade (se tanto): inviabiliza ou desaconselha para quem estivesse mirando neste aspecto, o fiscal, e o estivesse obtendo licitamente, o que reiteramos ser mais exceção do que regra. A *holding* serve a muito mais e a muito além. Sua funcionalidade tributária é aspecto menos importante.

E não se trata apenas de custos fiscais. Há outros custos (contábeis, por exemplo) da estrutura que se planeja implementar. Não é incomum se encontrar organizações societárias (*estruturação em cascata, participações cruzadas*, entre outras redes complexas) que são excessivamente dispendiosas e, assim, acabam não compensando, salvo haver terceiro objetivo que justifique suportar tais ônus; é o que ocorre com arranjos feitos, por exemplo, para esconder o controlador (o que, sim, pode[12] caracterizar ato ilícito e, assim, não deve ser implementado); em oposição, de forma absolutamente lícita, a estrutura em cascata pode ser usada para permitir controle com baixo aporte de capital. Assim, em cada nível da estrutura, somam-se sócios, ampliando a ideia lícita de controle indireto. O mercado empresarial é um ecossistema de lógica própria – ao qual servem os institutos do Direito Empresarial (incluindo o Direito Societário). Se fosse para pensar exclusivamente em fazer economia, todos estaríamos utilizando carros populares. Não é assim. Há quem pague caro por potência, velocidade, luxo, *design* etc.; incluindo em tributos. É um grande erro pensar no mercado pela perspectiva exclusiva do menor recolhimento de impostos, taxas e contribuições. Portanto, há que considerar muito mais fatores que apenas a economia fiscal. Ao cliente deve-se apresentar custos (fiscais, contábeis e outros) e as características de cada alternativa, permitindo-lhe pesar ônus e bônus e fazer sua escolha.

Preste atenção na expressão *planejamento jurídico*. Foque-se nela. E inclua o seu cliente neste trabalho: em primeiro lugar, ouvindo-o. Se necessário, voltando a ouvir: questionando por detalhes, aventando possibilidades preliminares. Então, passa-se aos esboços e, neste trabalho, desenhar esquemas é sempre proveitoso: ver, no desenho, o que se está pensando. Sim, é o que se convencionou chamar de *design thinking*. Setas (de cores diferentes) para bônus e ônus, devidamente anotados. Projeções. Enfim, selecionar os cenários que ao advogado (podendo incluir sua equipe multidisciplinar) parecem mais adequados e os apresentar, como alternativa, para o cliente, estabelecendo uma relação de responsabilidade e confiança: não é decidir por ele, mas ajudá-lo a decidir (o que pode incluir conselheiros de outras áreas). Como no exemplo acima: a fragmentação, a alienação para

---

[12] Não é um ilícito em si. Pode ser feito com o objetivo ilícito. Não será sempre, é preciso destacar.

terceiros, o condomínio, o condomínio com regulamentação específica, a *holding*. O advogado é quem ajuda na compreensão do que se tem e das possibilidades jurídicas (as soluções). O(s) cliente(s) decide(m). Isso reduz as expectativas sobre o profissional: seu trabalho é apresentar alternativas e perspectivas, não decidir.

> Exemplo de Cláusula – A sociedade tem por objeto titularizar propriedades imobiliárias, adquiri-las e aliená-las, incluindo construção e incorporação, explorando-as, direta ou indiretamente, por meio de contratos de locação, mas não só. O objeto poderá se realizar por meio de parcerias jurídicas, bem como pela titularidade de quaisquer direitos reais sobre bens imóveis, além da titularidade de quotas ou ações de sociedades com o mesmo objeto social.

4 Natureza jurídica: simples ou empresária

Por força do artigo 982 do Código Civil brasileiro, as sociedades dividem-se em duas naturezas: sociedades simples e sociedades empresárias. Essa divisão resulta da adoção, entre nós, da teoria da empresa. Assim, parte-se do pressuposto de que há um tipo específico de atividade negocial que caracteriza empresa: a atividade econômica organizada para a produção ou a circulação de bens ou serviços. O elemento central seria a organização dos meios sob a forma de empresa, em oposição às atividades negociais que se desenvolvem de forma simples. É uma classificação que dá margem a muitas dúvidas e discussões, havendo uma ampla *zona cinza*, na qual proliferam as dúvidas sobre certas atividades negociais: seriam simples ou empresárias? Pior: se alguém se pretende empresário, registrando-se na Junta Comercial, não é possível declarar judicialmente o contrário, forçando-o a dar baixa em seu registro. Assim, a maioria das *biroscas* existentes no país, como bares, armarinhos, mercearias etc., tocados por uma única pessoa, tem por titular uma pessoa natural (empresário) ou pessoa jurídica (sociedade) registrada na Junta Comercial.

A bem da verdade, essa distinção segue uma tradição histórica que já deveria ter sido superada. Hoje, pretende-se a distinção entre sociedades empresárias e sociedades simples; no sistema anterior, a distinção entre sociedades comerciais e sociedades civis. Na raiz dessa insistência estão momentos históricos há muito superados. O Direito Civil – e as atividades produtivas compreendidas como simples – corresponderia a uma visão patriarcal da sociedade, com base romana; partiria do *pater familias* em Roma, avançando pelo senhor feudal medievo (protegido até pela *Magna Carta*), avançando pelos chefes de família com fortes lastros agrários, do Renascimento em diante. Em oposição, haveria um espaço do mercado, antes identificado com o comércio, agora identificado com a empresa, cuja lógica não seria a autoridade e a atuação pessoal do pai de família, mas a lógica concorrencial do mercado, estruturando constantemente novas estratégias organizativas para otimizar as oportunidades de lucro. Justamente por isso, já tivemos ocasião de defender o fim das distinções, estabelecendo um tratamento único para todas as atividades negociais, submetidas a uma só disciplina jurídica: um Direito Negocial que poderia bem manter a denominação de Direito Empresarial.

A distinção, contudo, preserva-se no Direito brasileiro. O artigo 982 do Código Civil estabelece que as sociedades podem ser: (1) empresárias ou (2) simples; as empresárias são aquelas que têm por objeto o exercício de atividade própria de empresário sujeito a registro, conforme a previsão anotada nos artigos 966 e 967 do Código Civil; as demais são consideradas sociedades simples. Essa divisão, tendo por referência a estrutura – empresarial ou não – da atividade, encontra uma exceção no parágrafo único daquele artigo 982, tomada pelo tipo societário: as sociedades por ações são consideradas empresárias; a sociedade cooperativa é considerada simples. Em ambos os casos, a força excepcionadora de tal norma torna indiferente a estrutura existente em concreto. Uma sociedade cooperativa pode tocar um negócio sob a forma empresarial e, ainda assim, será considerada uma sociedade simples. Em oposição, a uma sociedade anônima pode corresponder uma atividade negocial que todos definiriam como não sendo uma sociedade organizada; ainda assim, será considerada uma empresa.

As sociedades empresárias devem registrar seus atos constitutivos (contrato social ou estatuto social) na Junta Comercial. Segundo o Código Civil, tais sociedades podem adotar um dos seguintes tipos societários: (1) sociedade em nome coletivo; (2) sociedade em comandita simples; (3) sociedade limitada; (4) sociedade anônima; e (5) sociedade em comandita por ações. Em oposição, as sociedades simples registram-se nos Cartórios de Registro de Pessoas Jurídicas, à exceção da sociedade cooperativa que, em face da Lei 5.764/71, deve ser registrada na Junta Comercial. As sociedades simples podem adotar os seguintes tipos societários: (1) sociedade simples (*em sentido estrito ou comum*); (2) sociedade em nome coletivo; (3) sociedade em comandita simples; (4) sociedade limitada; e (5) sociedade cooperativa.

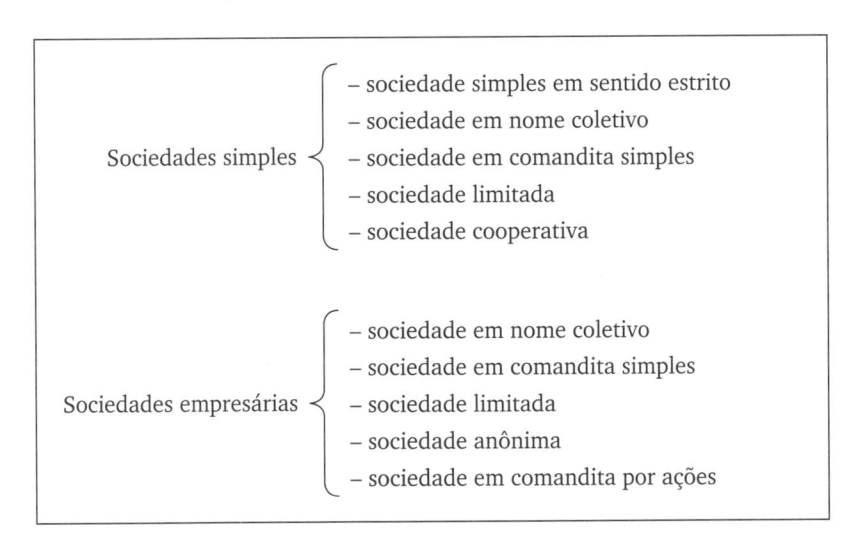

Sociedades simples:
- sociedade simples em sentido estrito
- sociedade em nome coletivo
- sociedade em comandita simples
- sociedade limitada
- sociedade cooperativa

Sociedades empresárias:
- sociedade em nome coletivo
- sociedade em comandita simples
- sociedade limitada
- sociedade anônima
- sociedade em comandita por ações

Esteja-se atento, em meio a essa análise, para as normas da Lei 11.101/05: somente as sociedades empresárias têm o direito ao instituto da recuperação, judicial ou extrajudicial, previsto naquela norma. As sociedades simples não, embora a jurisprudência esteja evoluindo (de maneira desordenada) para ampliar esse rol, chegando a aceitar fundações e associações, num movimento que ainda não se consolidou para permitir uma compreensão exata de sua extensão. Mais do que isso, diante da quebra, as sociedades empresárias serão submetidas à falência, procedimento otimizado previsto na aludida Lei 11.101/05. As sociedades simples, para além de não terem direito à recuperação, submetem-se ao procedimento da insolvência civil, previsto no Código Civil e no Código de Processo Civil.[13] Cuida-se de uma desvantagem, sem sombra de dúvidas. No entanto, nunca é demais recordar que essa desvantagem é praticamente inexistente no âmbito das *holdings puras*, mormente quando detenham apenas participações societárias, certo que seu risco de insolvência é mínimo: para além das obrigações fiscais incidentes sobre sua receita, não contraem outras obrigações e, assim, não se tornam inadimplentes.

Não há qualquer limitação ou determinação sobre a natureza jurídica de uma *holding*. Consequentemente, tais sociedades, em tese, podem revelar natureza simples ou empresária e, dependendo do tipo societário que venham a adotar, poderão ser registradas quer na Junta Comercial, quer no Cartório de Registro de Pessoas Jurídicas. Portanto, também a natureza jurídica que se dará à *holding* constitui uma alternativa estratégica à disposição do especialista que, considerando as particularidades de cada caso, elegerá a melhor escolha.

5 Tipicidade societária

Vige no Direito brasileiro o princípio da *tipicidade societária*. Assim, só se pode criar uma sociedade seguindo um dos tipos (formas) previstos na legislação. Não se pode inventar um tipo novo, nem se pode pretender criar uma sociedade que adote uma conformação mista: parte de um tipo societário, parte de outro tipo. Isso não significa, contudo, que as sociedades brasileiras sejam, em tudo, padronizadas. Cada tipo societário tem um conjunto mínimo de características, entre elementos obrigatórios e elementos vedados. Atendido esse padrão mínimo, há um amplo espaço para que, nos contratos sociais e nos estatutos sociais, uma *cara própria* seja dada a cada sociedade.

Os tipos contratuais se dividem em dois grandes grupos: (1) *sociedades contratuais* e (2) *sociedades estatutárias*. A diferença elementar, obviamente, é o tipo

---

[13] Há decisões judiciárias conflitantes sobre o tema, é preciso noticiar.

de ato constitutivo: (1) *contrato social* ou (2) *estatuto social*. Mas, para além dessa simplicidade elementar, um conjunto mais amplo de caracteres faz a distinção entre os dois casos. As sociedades contratuais têm seu foco e sua ênfase na pessoa dos contratantes e no vínculo recíproco (vínculo contratual) que estabelecem entre si. Justamente por isso, todos os sócios devem estar obrigatoriamente nomeados e qualificados no ato constitutivo, assinando-o. Se há uma alteração na composição societária, seja a pessoa de um ou mais sócios, seja na mera participação que cada sócio tem no capital social, o contrato social deverá ser alterado para traduzi-la. A lógica das sociedades contratuais, portanto, é a lógica das relações negociais, com a definição de obrigações e faculdades recíprocas entre os sócios. Todas as *sociedades contratuais* têm seu capital dividido em quotas, razão pela qual se usa também o rótulo *sociedades por quotas*.

Em oposição, a grande marca nas *sociedades estatutárias* é o foco na pessoa jurídica que se constitui, no ente instituído. Daí falar-se também em sociedades institucionais. Esse foco no ente é característica que também se verifica em duas outras pessoas jurídicas que também se organizam a partir de estatutos sociais: as associações e as fundações. O foco na instituição é de tal magnitude que o estatuto social sequer lista seus membros, ou seja, sequer traz a lista de seus sócios. Apenas faz referência aos sócios que fundaram a pessoa jurídica, estando presentes à assembleia que aprovou o estatuto social. Nas sociedades institucionais, em tese, não há reconhecimento, nem uma aceitação mútuos; os membros ingressam e saem sem que haja alteração – por tal motivo – no ato constitutivo e, assim, na instituição (na pessoa jurídica). Dessa maneira, os sócios não mantêm relações jurídicas diretas entre si, não havendo falar em reciprocidade entre os acionistas ou cooperados. Todos têm direitos e deveres apenas para com a sociedade.

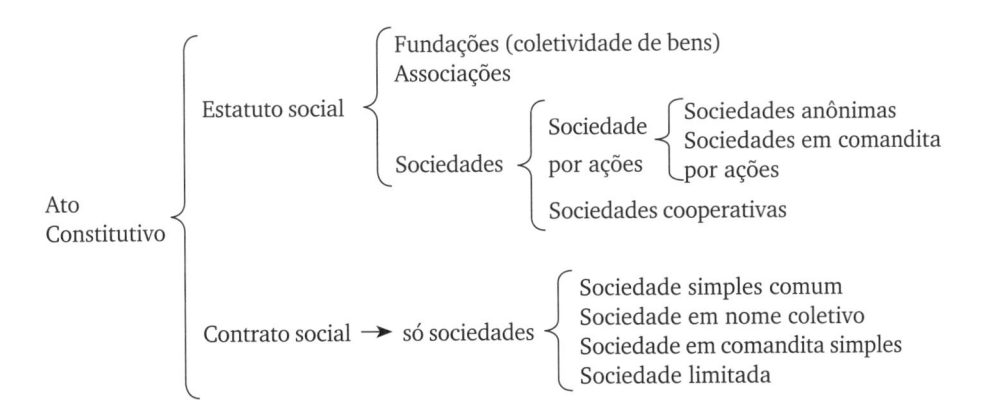

```
                            ┌ Fundações (coletividade de bens)
                            │ Associações
           ┌ Estatuto social┤
           │                │            ┌ Sociedade   ┌ Sociedades anônimas
           │                │            │ por ações   │ Sociedades em comandita
           │                └ Sociedades ┤             └ por ações
Ato        ┤                             │
Constitutivo                             └ Sociedades cooperativas
           │
           │                                           ┌ Sociedade simples comum
           │                                           │ Sociedade em nome coletivo
           └ Contrato social → só sociedades           │ Sociedade em comandita simples
                                                       └ Sociedade limitada
```

Visto isto, será proveitoso examinar as características essenciais de cada tipo societário. Essa análise terá como objetivo direto listar tais características. No entanto, o desenvolvimento do tema será feito já considerando o aproveitamento desses tipos societários ao objeto do presente estudo. Esse aproveitamento será melhor trabalhado na sequência, quando o desenvolvimento do texto permitir abordar, com mais profundidade, as vantagens e as desvantagens de cada tipo societário para atender ao objetivo de constituição de uma *holding familiar*. Não abordaremos a sociedade cooperativa, certo que essa não se presta para o objeto de nossos estudos: não pode ser usada como *holding familiar*, nem pode ser sociedade controlada.

O tipo societário cria, sim, uma limitação: há diferenças marcantes, por exemplo, entre uma sociedade limitada e uma sociedade anônima ou uma sociedade em comandita simples. Isso, contudo, não pode ser interpretado de forma absoluta: o tipo societário não define de modo absoluto o que a sociedade é (ou será, considerando o período em que está sendo formada). Noutras palavras – e aqui se coloca um plano de *arte jurídica* –, no âmbito de cada tipo societário há múltiplos contornos possíveis e, assim, uma sociedade limitada pode ter diferenças marcantes de outra sociedade limitada. Iguais no tipo (como os homens são iguais entre si), mas plenamente diferentes (como os homens são diferentes entre si). Essa *distinção possível* é determinada pelo uso correto e adequado das cláusulas que compõem o ato constitutivo (contrato social ou estatuto social), bem como outros instrumentos jurídicos (acordo de sócios, regimento interno etc.).[14]

> Exemplo de Cláusula – A sociedade poderá transformar-se de limitada em anônima, de capital fechado, mediante a deliberação de votos favoráveis correspondentes à metade do capital social, hipótese em que o(s) sócio(s) dissidente(s) podem(rão) exercer o direito de recesso, liquidando suas quotas.[15]

> Exemplo de Artigo – A companhia poderá transformar-se em sociedade limitada mediante a deliberação de votos favoráveis correspondentes à metade[16] do capital social, hipótese em que o(s) sócio(s) dissidente(s) podem(rão) exercer o direito de recesso, liquidando suas quotas.[17]

---

[14] Conferir MAMEDE, Gladston; MAMEDE, Eduarda Cotta. *Manual de redação de contratos sociais, estatutos e acordos de sócios*. 6. ed. São Paulo: Atlas, 2021.

[15] A previsão atende aos artigos 1.114 do Código Civil e 221 da Lei 6.404/76.

[16] Em ambos os exemplos, usamos *metade*; mas poderia ser quórum superior: 60%, 62,38%, três quartos etc. Pode-se mesmo estabelecer quóruns mistos, isto é, maioria *per capta* e maioria (tal ou qual) do capital social votante.

[17] A previsão atende aos artigos 1.114 do Código Civil e 221 da Lei 6.404/76.

6 Estruturas seguras

Como já dissemos, as empresas brasileiras vivem em meio a uma pandemia terrível de amadorismo jurídico, não raro calçado numa cultura de improvisos que busca soluções baratas, embora capengas, em contadores baratos. Este livro não é uma crítica ao fundamental trabalho desempenhado por contadores. Fundamental. Este livro é uma crítica ao amadorismo jurídico que conduz à constituição e à manutenção de estruturas jurídicas que conduzem à desgraça de muitos daqueles que se aventuram no árido território das atividades negociais: os verdadeiros artífices do desenvolvimento econômico do país. A lei os obriga a ter um contador, não um advogado. Então, confiam àquelas funções que vão muito além de suas capacidades e, com isso, arriscam-se desnecessariamente.

> Exemplo de Cláusula/Artigo – Aqueles que representarem a [nome da *holding*] nas sociedades em que tenha participação societária estão obrigados a respeitar os interesses, a história e os valores familiares que dão sustentação à constituição desta *holding*.
>
> Parágrafo único – Cabe à administração societária a redação de um Código de Ética Societária que, aprovado pela maioria[18] do capital social, garantirá o respeito à previsão inscrita na cabeça desta cláusula/deste artigo.

Não é que vá mudar. Já mudou. Há quem tenha percebido. A maioria se arrisca acreditando que uma economia de reais lhes será vantajosa. Arrisca-se na esperança de que irá se safar. Infelizmente, os cemitérios estão cheios de histórias que provam o contrário. As varas que se ocupam de falência também estão. Os cadastros que negativam nomes de devedores os têm aos milhões. O sonho ou a necessidade de empresariar pode ter um final trágico. Mas não é preciso que seja assim. Há formas juridicamente seguras para calçar e sustentar o espírito empreendedor: esse é o bordão deste livro e o repetiremos exaustivamente. O Direito já evoluiu para dar proteção àqueles que empreendem, mesmo quando fracassam. É preciso que advogados atuem junto a contadores e outros auxiliares empresariais para levar essa verdade para a comunidade de empreendedores.

O desenvolvimento da economia brasileira e mundial mudou a realidade mercantil e passou a penalizar o improviso. Quando se toma notícia de histórias de sucesso, ou seja, quando se lê sobre pequenos negócios que se tornaram casos de sucesso – e são muitos! –, constata-se que, ao longo de sua evolução de mercado, recorreram a estruturas jurídicas confiáveis e, assim, puderam crescer e se desen-

---

[18] Não há quórum legal para tanto; então, pode-se ir de maioria entre os presentes à unanimidade, sempre recordando haver consequências práticas do excesso de flexibilidade (maioria dos presentes à reunião/assembleia) ao engessamento total (unanimidade).

volver. Não há crescimento possível sem autocuidado: assessoria de qualidade em Direito, em Contabilidade, em Mercadologia etc. Advogados não substituem contadores em suas funções, nem especialistas em administração empresarial. A recíproca não é menos verdadeira: contadores e especialistas em administração empresarial não substituem advogados quando o assunto é o Direito. É preciso conhecer o ecossistema empresarial, seus desafios, suas possibilidades de crescimento, suas necessidades; é assim que se encontram soluções. Dominar e oferecer tecnologia para oferecer excelência e agregar valor.

> Exemplo de Cláusula/Artigo – Nas sociedades de que participe a [nome da *holding*], por quem a represente, orientará o exercício de suas faculdades societárias por critérios de melhor governo corporativo e precisa atenção aos parâmetros legais e regulamentares de proteção ao meio ambiente.

É uma verdade elementar e óbvia. Mas há quem ainda pretenda economizar poucos milhares de reais, ainda que correndo o risco de perder tudo. Não só em assuntos jurídicos. Há quem pretenda que farmacêuticos compensem o trabalho de médicos, para não falar em toda uma assustadora cultura de paliativos médicos que seria risível, não fosse trágica. O colapso de construções, aliás, é outra demonstração dessa mesma tolice humana. Há construções que, com estruturas seguras, devidamente calculadas, sobrevivem às décadas, tornam-se centenárias. O improviso destrói e cria prejuízos que superam os parcos ganhos visados com a imperícia de quem, no fim das contas, não está à altura do desafio. E isso não é diferente com os desafios jurídicos. Isso não é diferente com a segurança das estruturas jurídicas. E empresas são, sim, estruturas jurídicas.[19]

A manutenção do ritmo atual de inovações jurídicas e, simultaneamente, a ampliação da eficácia por parte de credores privados e públicos (nomeadamente, as Fazendas: impostos, taxas e contribuições) cobram um preço elevado pelo amadorismo e expõem trincas em organizações sem bom alicerce normativo. E há ferramentas para conter tais efeitos terríveis. Há ferramentas contábeis, e delas cuidarão os contadores. Há ferramentas de gestão, e delas cuidarão os consultores em administração de empresas e mercadologia. Há ferramentas jurídicas, e delas devem cuidar os advogados.

Do que estamos falando? De uma corrida para dar correta expressão normativa para as sociedades, reagindo ao improviso e avançando sobre expressões jurídicas seguras. Em outras palavras, há uma perceptível demanda de profissionalismo e, sim, os operadores do Direito precisam se apresentar para atendê-la. É viável

---

[19] Exploramos o tema em: MAMEDE, Gladston; MAMEDE, Eduarda Cotta. *Estruturação Jurídica de Empresas*: alternativas da tecnologia jurídica para a advocacia societária. Barueri: Atlas, 2024.

criar sistemas empresariais mais aptos a se postar num ambiente de concorrência acirrada, fiscalização assanhada e irada, retrações econômicas. Sistemas que, no mínimo, reduzam as sequelas de crises, viabilizem reações consistentes e evitem eclosão de conflitos e desiquilíbrios internos.

É preciso dominar as ferramentas e os mecanismos jurídicos para, enfim, procurar meios para estimular uma transformação jurídica das empresas. Isso principia pela compreensão do desafio por parte dos operadores jurídicos, compreendendo qual é o papel que podem desempenhar, quais as alternativas que podem oferecer, os caminhos que podem apontar. Não é trabalho de fórum, de demandas judiciais. É consultoria e assessoria jurídica, o que implica um profissional de postura e olhar diversos: não busca meios para agir ou contestar, não compreende o Direito como expressão processual de conflitos, mas o compreende como instrumental apto a aumentar a eficiência da existência e o funcionamento empresarial. Levantar dados, segmentar informações, compreender expectativas e interesses, fazer diagnósticos precisos, direcionar o uso da melhor tecnologia jurídica. As mudanças frenéticas do mercado, o aumento de competitividade, o surgimento de novas tecnologias (inclusive jurídicas), tudo isso dá destaque a uma evolução no agir advocatício.

Quem já leu outros livros que escrevemos, conhece essa pregação à qual, por anos, temos nos dedicado. Dediquem-se aos tribunais aqueles que se aprazem com os conflitos, dos argumentos contraditórios, do garimpo de provas, argumentos, interpretações e tudo o que é próprio das demandas judiciais e arbitrais. Entrementes, não se trata de vida profissional obrigatória para os que, egressos das faculdades de Direito, pretendem exercer a advocacia. Consultoria e assessoria jurídica são alternativas ocupacionais viáveis e que oferecem uma satisfação enorme para juristas: construir em lugar de litigar. Construir atos normativos privados – contratos, estatutos, pactos diversos –, construir acordos, mediar comunhões.

> Exemplo de Cláusula/Artigo – Faculta-se à administração societária, no exercício dos poderes atribuídos por este ato constitutivo, trabalhar pelo estabelecimento de padrões ambientais, sociais e de bom governo corporativo (ASG), superando o mínimo definido em lei, traduzindo o respeito da corporação aos princípios da socialidade, moralidade e eticidade.

A realidade mudou. A prática jurídica deve mudar junto para evitar os danos que podem advir do descompasso. Em meio a isso, a ignorância que grassa no mercado pauta um ambiente de incertezas e equívocos primários. Vamos a um exemplo: conversávamos com o responsável por um restaurante de Belo Horizonte: lugar delicioso e de boa comida. Eis seu perfil: sujeito atento aos ingredientes, a todo o processo de feitura das refeições que serve, preocupado com bebidas, serviço de garçons etc. Prosa boa: contou-nos sua história de empregado a gerente, percebendo falhas comuns em estabelecimentos que se dedicam a alimentos e bebidas (A&B, diz-se): compras, estoque, utensílios, embalagens (serviços de entrega); uma riqueza de detalhes.

Então, fizemos alguns comentários jurídicos. Cacoete de bacharéis em Direito. Um horror. Começando pelo que não nos é próprio, percebemos uma série de equívocos na gestão de pessoal. Aquele belo restaurante poderia, a qualquer hora, sofrer os resultados nefastos de uma condenação trabalhista. Ao contrário do que é comum dizer – o empresário inescrupuloso que explora seus empregados –, o que se percebia era um desconhecimento do elementar da legislação do trabalho. Aquela empresa carece urgentemente de uma revisão de suas rotinas laborais: um profissional que explicasse ao empreendedor as particularidades jurídicas de cada função, direitos e deveres, permitindo-lhe não cometer erros elementares. A Justiça do Trabalho assusta muito mais pelo que empregadores não sabem que devem fazer.

Mas a gente procura um advogado trabalhista quando recebe a notificação para uma reclamação, não é mesmo? Não deveria ser. Não se deve aprender a dirigir a partir das multas que se recebe ou dos abalroamentos que se provoca. Não é sábio. Insistimos: há uma tragédia potencial em cada "ah! mas me disseram que", ou "ouvi dizer que", ou "mas não é assim?", entre tantas outras expressões corriqueiras de amadorismo jurídico. O exemplo mais fácil diz respeito ao registro em carteira: *ele(a) não quer, se recusa a trazer a carteira, pediu para não registrar* etc.

> Exemplo de Cláusula – Fulano de Tal, [qualificação], resolve constituir uma sociedade limitada unipessoal[20] que, respeitadas as normas legais, se regerá pelas seguintes regras:[21]

Sendo cínico em grau suficiente para ser verdadeiro e exato, até para praticar atos ilícitos, até para recusar a determinação legal, é preciso conhecer o paradigma. A ignorância sobre o que é devido conduz a prejuízos involuntários, além de afastar a possibilidade de usar estratégias legítimas, regulares, muito mais vantajosas que as gambiarras laborais que são habitualmente engendradas: trabalho eventual, trabalho intermitente, terceirização. Quem não sabe, caminha no escuro por estradas desconhecidas.

---

[20] A sociedade limitada é o tipo societário, não havendo diferenças de natureza jurídica se unipessoal ou não. Dito em outras palavras, o que se chama de sociedade limitada unipessoal é, apenas e tão somente, uma sociedade limitada que tem um sócio em lugar de dois ou mais.

[21] O restante do contrato social seguirá a mesma estrutura de um contrato em que há dois ou mais sócios; trará cláusulas definindo nome (razão social ou denominação), sede, objeto social, prazo de duração, valor do capital social (seu titular e divisão em quota ou quotas), administração etc.

No pouco que a conversa evoluiu para impostos, o assombro apenas aumentou. O atencioso *dono de restaurante* estava inteiramente na mão de seu contador, o que pode atender ao elementar, mas deixará a desejar em vários pontos, como renegociações fiscais, programas de estímulo, obrigações acessórias etc. A dimensão fiscal de seu empreendimento experimentava uma redução drástica ao elementar, numa agenda pragmática de incerteza.

– *Os caras (a fiscalização) chegam e pedem isso e aquilo; mas isso é com o contador, não é?*

Em outra oportunidade (voltamos! Comida boa exerce uma atração irresistível sobre nós), perguntei-lhe pela empresa. Sua cozinha estava trabalhando com alguns caldos para o inverno e ele pensava ter que abrir outra empresa para cuidar de um produto voltado exclusivamente para o serviço de entrega (*delivery*) via aplicativos de alimentação. Quis explicar-lhe que poderia ter *estabelecimentos* e *títulos de estabelecimentos* diversos para um mesmo registro (CNPJ): fosse empresário ou sociedade empresária. Aquilo o maravilhou: não sabia. Pior foi a resposta: *Está no nome da minha esposa. Tive problemas com outro bar.*

Recomendei-lhe ir conversar com um advogado. Ele me disse que conversaria com o contador. Frisei as limitações de um contador, mesmo legais, e lhe disse para procurar um advogado. O contador tem domínio sobre questões próprias da dimensão escritural da empresa; o Direito é mais vasto, tem alcance e implicações maiores. Não basta ter um dentista, é preciso ter um médico. Não basta ter um contador, é preciso ter um advogado. O melhor eletricista de automóveis não consertará o problema do motor, a não ser que o carro seja elétrico. Mas há os freios, a direção.

Quae sunt Caesaris Caesari

A César o que é de César (Marcos, 12; Mateus, 22; Lucas, 20). A realidade é esta: o profissionalismo permite oferecer ao mercado as benesses da especialização. A assessoria e a consultoria jurídicas regulares são uma barreira que exige ser vencida na cultura empresarial brasileira. Não é sábio. Não é razoável. Mas é próprio dessa cultura empresarial brasileira: o objeto empresarial parece ser a única coisa que importa: se é uma oficina mecânica, importa saber mecânica; se é uma cafeteria e tabacaria, importa saber de café e tabaco; se é um sacolão, apenas o conhecimento dos vegetais é valorizado. O desafio é que não são profissionais; são empresas. O mecânico pode saber apenas de mecânica, o lanterneiro só de lanternagem. A oficina mecânica é uma empresa: é mais do que o seu objeto. Se há empregados, há que saber das regras trabalhistas; há que saber das regras fiscais; há que ter estrutura empresarial apropriada.

> Exemplo de Cláusula – A responsabilidade do único sócio é restrita ao valor do capital social subscrito, não respondendo subsidiária ou solidariamente pelas obrigações após a integralização da(s) quota(s).

E quem deve ser o agente dessa transformação? Essa é uma agenda da advocacia, por suas entidades representativas e por cada um de seus profissionais. As dores no peito que, sentidas por volta dos 35 anos de idade, foram transformadas, pela recomendação firme do cardiologista, em checapes anuais. A consulta para remediar um problema pontual foi transformada numa cultura de prevenção. Esse é um desafio que os médicos assumiram para si e no qual logram sucesso. Esse é um desafio que os advogados devem assumir para si.

Alfim, equivoca-se quem pensa em *holding* familiar como um instrumento próprio para a sucessão *causa mortis*, ou seja, como se fosse exclusivamente um instrumento alternativo ao inventário e ao testamento. Pode servir ao planejamento sucessório, é claro, mas não há relação direta alguma. Há pouco tempo, três irmãos já velhos (talvez eles mesmos a pensar na própria sucessão) constituíram uma *holding* familiar para assumir alguns investimentos cuja oportunidade – com grande perspectiva de ganhos – revelou-se diante de si. Em lugar de se tornarem sócios na condição de pessoas físicas, constituíram uma sociedade empresária que assumiu a condição de sócio naquele negócio (e, depois, em outros). O cenário lhes recomendou isso; as perspectivas de ganhos, os compromissos, a formulação de um plano estratégico para atuar em novo setor, a separação dos investimentos para não se contaminarem, entre outros benefícios estimados. Sua presença na nova corporação se fez como família, mas por meio de uma pessoa jurídica com regras que atendiam às suas necessidades. Detalhe para ilustração: por causa de seus outros negócios, já participavam de outras sociedades *holding*, embora com sócios não familiares.

3

Tipos societários

1 Tipos diversos, estruturas diversas

O Direito Brasileiro oferece um cardápio de possibilidades para aqueles que desejam empreender: podem se apresentar como pessoa natural ou constituir uma pessoa jurídica, vale dizer, uma sociedade. E existem tipos diversos de sociedade, cada qual com características próprias. Como dissemos no capítulo anterior, há uma significativa parcela de profissionais que se utilizam exclusivamente de sociedades limitadas e sociedades anônimas, inclusive para a constituição de *holdings*. Sim, são excelentes tipos societários. Contudo, o profissional que não domine ou não considere como ferramentas úteis ao seu trabalho todos os tipos societários, percebendo que as distinções entre eles são oportunidades que se oferecem para atender às particularidades de cada caso, terá uma avaliação e uma atuação mais pobre.

Quem reduz o seu instrumental a meros dois tipos, duas ferramentas, reduz em igual proporção sua área de manobra, o espaço sobre o qual pode definir suas estratégias. Vira e mexe, aferimos a excelência desse ou daquele advogado justamente por ter percebido que a melhor solução era aquela que ninguém pensaria: alguém que tem mais ferramentas conceituais jurídicas, por certo. Ainda assim, a esmagadora maioria das sociedades constituídas no país é limitada ou anônima, ou seja, são tipos societários em que não há responsabilidade subsidiária pelas obrigações sociais e isso está se tornando insustentável e criando uma reação perigosa que gera uma insegurança jurídica que deve ser considerada e alardeada para as partes envolvidas, como desenvolveremos ao final deste capítulo.

O certo é: não seria correto compreender o universo societário a partir do binarismo simplista que opõe sociedade limitada *versus* sociedade anônima como duas únicas soluções aceitáveis, recomendáveis. E sendo essa a regra de fato, verificada na realidade cotidiana, passou a ser desacreditada. É tolo, embora seja isso o que atualmente aconteça entre nós, sem grande possibilidade de variação prática. E disso resulta uma problemática específica que trataremos adiante: a expressão já se tornou de uso corriqueiro e precisa ser reiterada: *insegurança jurídica*.

> Exemplo de Cláusula – Aos sócios Fulano de Tal e Ciclana de Tal, na qualidade de patriarcas da família e fundadores desta *holding* patrimonial *intuitu familiae*, assegura-se o direito de veto[1] a qualquer deliberação da (reunião ou assembleia), desde que tal veto não caracterize ato ilícito (artigos 186 e 187 do Código Civil).[2]

> Exemplo de Cláusula – Havendo penhora de quotas ou ações desta sociedade, pertencentes a qualquer de seus sócios, a própria sociedade, além dos demais sócios, terá preferência na arrematação dos títulos societários, em iguais condições ao arrematante e/ou credor-adjudicante.[3]

Os institutos jurídicos descrevem situações ideais que devem se encaixar no real cotidiano: é preciso *que a coisa funcione* e, mais do que é isso, é preciso trabalhar para que funcione. E isso deve abarcar a realidade como um todo, e não apenas o interesse desse ou daquele. Não basta afirmar ou pretender que o limite de responsabilidade é inerente às atividades negociais (simples e empresárias), porque os demais tipos (nos quais há responsabilidade subsidiária de todos ou de alguns) não são usados. O Direito Societário atual, em seu plano concreto (o que é vivido nos tribunais) está se aprisionando – se é que não se encontra já completamente aprisionado – num paradoxo de descrédito. Desconsiderar tornou-se usual. Não só desconsiderar a personalidade, mas desconsiderar o sistema como um todo.

Mas vamos ter uma ideia dos tipos societários antes de nos aprofundarmos nesse desafio atual do Direito e da sociedade brasileiros. Não nos aprofundaremos, contudo, remetendo os interessados para as obras em que damos tratamento

---

[1] A atribuição de um direito de veto em função da pessoa (*ex personae*) do sócio é matéria controversa, encontrando oposição entre alguns. Por isso, a cláusula apresenta-se motivada: procura justificar a benesse no fato de se tratar de uma *holding* familiar. Ainda assim, é possível julgamento desfavorável pelo Judiciário.

[2] A norma sugerida toma o cuidado de deixar claro que o exercício do poder de veto não pode ser exercido como meio para a prática de ato ilícito, como privar o sócio de direito que a lei lhe assegura, bem como abusos de direito (artigo 187 do Código Civil).

[3] A previsão está baseada em disposição análoga do Código de Processo Civil.

mais profundo ao tema.[4] A narrativa aqui terá finalidade meramente ilustrativa para ajudar na compreensão do que se pode lançar mão para atender a esse nicho de mercado advocatício. O principal foco deverá ser a identificação, entre tais possibilidades, daquela que melhor atenderá à família-cliente, assinalando maior sucesso para a intervenção contratada.

> Exemplo de Cláusula – As quotas são indivisíveis e sua cessão a terceiros pressupõe aprovação unânime dos demais sócios, salvo quando se tratar de sucessão *causa mortis* em favor de descendente ou de quem já seja sócio.
>
> Parágrafo único – A ressalva disposta no caput desta cláusula não se aplica a colaterais de qualquer grau, cônjuges ou conviventes, herdeiro testamentário.[5]

2 Sociedade em nome coletivo

A sociedade em nome coletivo só pode ter pessoas físicas como sócios (ou pessoas naturais), sendo que o nome da sociedade será composto a partir do nome civil de um, algum ou todos os sócios, no todo ou em parte (obrigatoriamente, o *patronímico*, isto é, o *sobrenome*); se não estão presentes os nomes de todos, emprega-se a expressão *e companhia* ou sua abreviação (*e Cia.* ou *& Cia.*) ao final da razão social. Aliás, é desse sistema de participação societária e de composição da firma social que resulta a expressão *sociedade em nome coletivo*. Somente os sócios podem administrar uma sociedade em nome coletivo: um, alguns ou todos (administração coletiva).

> *Sociedade em nome coletivo*: composta apenas por pessoas físicas, sendo administrada por sócio ou sócios. Os sócios respondem solidária e ilimitadamente pelas obrigações sociais.

A sociedade em nome coletivo é regida pelos artigos 1.039 a 1.044 do Código Civil, que lhe definem normas específicas, aplicando-se supletivamente as normas

---

[4] Conferir:
MAMEDE, Gladston. *Teoria da Empresa e dos Títulos de Crédito:* direito empresarial brasileiro. 14. ed. São Paulo: Atlas, 2022.
MAMEDE, Gladston. *Direito Societário:* direito empresarial brasileiro. 14. ed. São Paulo: Atlas, 2022.
MAMEDE, Gladston. *Falência e recuperação de empresas*: direito empresarial brasileiro. 13. ed. São Paulo: Atlas, 2022.
MAMEDE, Gladston; MAMEDE, Eduarda Cotta; MAMEDE, Roberta Cotta. *Manual de Redação de Contratos Sociais, Estatutos e Acordos de Sócios*. 8. ed. Barueri: Atlas, 2024.

[5] Ainda que óbvio, não custa destacar que a lista pode ser reduzida ou ampliada em conformidade com a vontade das partes.

dos artigos 997 a 1.038. Para este tipo societário, os mútuos reconhecimento e aceitação são elementos essenciais. Assim, é indispensável haver voto favorável de todos os sócios, mesmo dos que tenham participação societária ínfima, para que haja cessão de quotas entre os sócios (mudando a composição societária) ou mesmo dos sócios para terceiros, aplicados os artigos 997 e 999 do Código Civil, bem como seu artigo 1.003, embora possa o contrato social trazer regra diversa, incluindo a livre circulação dos títulos societários, independentemente da aprovação dos demais sócios, ou qualquer quórum específico de aprovação, como visto.

Na sociedade em nome coletivo não há limite de responsabilidade entre as obrigações sociais e o patrimônio dos sócios. Portanto, os sócios são responsáveis subsidiariamente, em relação à sociedade, pelas obrigações dela. A obrigação deve ser exigida da pessoa jurídica e, somente se esta não puder satisfazê-la, nascerá para o credor o direito de voltar-se contra um ou mais sócios, recorrendo ao seu patrimônio pessoal, de forma ilimitada, para a satisfação de seu crédito. Essa obrigação dos sócios, de adimplir as obrigações não satisfeitas pela sociedade, é solidária entre si, alcançando a totalidade do patrimônio de todos. Portanto, cada um responde com a totalidade do patrimônio pela totalidade das dívidas sociais não pagas. Aquele ou aqueles que pagarem podem voltar-se contra os demais sócios para repartir, proporcionalmente, os ônus desse adimplemento.

> Exemplo de Cláusula – A sociedade adotará a razão social Fulano de Tal & Filhos, e o seu uso é exclusivo do administrador societário, sócio Fulano de Tal, a quem se atribui a representação exclusiva da sociedade, sem prejuízo da atuação pessoal dos demais sócios na condução das atividades negociais e realização do objeto social.

Como já visto, o tipo é raro no Brasil. No exterior, nem tanto. Afinal, no Direito Societário estrangeiro, cuida-se da forma mais simples, barata e com menos exigências contábeis, de capital etc. O Direito brasileiro renunciou a tal gradiente entre ônus e bônus, o que justifica seu pouco uso.

3 Sociedade em comandita simples

A sociedade em comandita simples é um tipo societário de verificação muito rara no Brasil. Não é tão incomum no exterior: há mais requisitos, exigências, burocracias que a sociedade em nome coletivo, mas é mais barata, simples e fácil de implementar e manter que a sociedade limitada. Reiteramos: o legislador brasileiro infelizmente não lançou mão de tal gradiente entre ônus e bônus, o que, também aqui, implica o baixo número de casos dados em concreto.

Seu quadro social deve ser composto por sócios de dois tipos diversos: o chamado *sócio comanditário* é aquele que investe na sociedade, mas não a administra; essa administração é uma atribuição do(s) *sócio(s) comanditado(s)*. Como são apenas investidores, os sócios comanditários não têm responsabilidade subsidiária pelas obrigações societárias não adimplidas; seu patrimônio pessoal está preservado. O mesmo não se diz do comanditado: é sua obrigação administrar a empresa, respondendo pessoalmente pelo inadimplemento da sociedade, regra que alcança mesmo o sócio ou os sócios comanditados que sejam admitidos na sociedade quando o débito já estava constituído, contratual ou extracontratualmente, respeitado o artigo 1.025 do Código Civil.

> Exemplo de Cláusula – A administração societária será exercida exclusivamente pelo sócio comanditado, Fulano de Tal[6]. Aos demais sócios, comanditárias[7], assegura-se o direito de deliberação e de fiscalização das operações, sendo-lhes vedado praticar qualquer ato de gestão.

O contrato social deve discriminar quem são os comanditários e os comanditados, sendo que estes últimos só podem ser pessoas físicas, já que assumem a representação da sociedade e sua administração. Aliás, os sócios comanditários não podem praticar qualquer ato de gestão, nem ter seu nome na firma social, sob pena de ficarem sujeitos às mesmas responsabilidades de sócio comanditado. Entretanto, os comanditários não estão impedidos de participar das deliberações da sociedade, nem de fiscalizar as operações sociais, o que não se interpreta como ato de gestão, administração ou representação. Mas, segundo o parágrafo único do artigo 1.047 do Código Civil, o comanditário pode ser constituído procurador da sociedade, para negócio determinado e com poderes especiais.

Na medida em que preserva o limite de responsabilidade dos sócios que são meramente investidores de capital (os comanditários) e expõe o administrador(es), os comanditados, a uma responsabilidade pessoal subsidiária, as sociedades em comandita oferecem uma alternativa negocial muito interessante, designadamente para situações de maior desconfiança, vale dizer, estados familiares que recomendem ampliar os ônus da administração como expressão de uma maior segurança para os demais sócios. É situação não muito rara no exterior, mas bissexta no Brasil.

> Exemplo de Cláusula – Os sócios José da Silva, João da Silva e Maria da Silva, na condição de comanditários, têm responsabilidade limitada ao valor das quotas que subscreveram e integralizaram totalmente. Não respondem, subsidiária ou solidariamente, pelas dívidas sociais.

---

[6] Pode ser mais de um: *"... exclusivamente pelos sócios comanditários, Fulano de Tal e Ciclano de Tal..."*.

[7] Pode ser apenas um: *"Ao sócio comanditário assegura-se..."*.

4 Sociedade limitada

A sociedade limitada pode ser constituída por uma ou mais pessoas (§ 1º do artigo 1.052 do Código Civil), naturais ou jurídicas. Alterações produzidas pela Lei 13.874/19 trouxeram para o Direito Brasileiro essa nova figura de sociedade unipessoal que, portanto, funcionará como uma espécie de conjunto unitário: sociedade de um só sócio, um só quotista. Na sociedade limitada, a responsabilidade do(s) sócio(s) pelas obrigações da sociedade é restrita ao valor não integralizado de suas quotas (artigo 1.052 do Código Civil), embora todos sejam solidariamente responsáveis pela integralização total do capital social; assim, se um sócio já integralizou suas quotas, mas há sócios que ainda não o fizeram, todos poderão ser solidariamente demandados por esse valor em aberto. Realizado todo o capital, finda-se a possibilidade de se voltar contra os sócios – e seu patrimônio – para a satisfação de créditos contra a sociedade limitada, salvo a desconsideração da personalidade jurídica. Também é possível haver responsabilidade civil do administrador e/ou sócio(s) quando haja prática de ato ilícito por meio da pessoa jurídica, isto é, quando haja ato ilícito praticado pelo membro, ainda que se usando da pessoa jurídica. Curiosamente, a jurisprudência brasileira é pobre em casos relativos a tal situação jurídica.

> Exemplo de Cláusula – A responsabilidade pessoal de cada sócio é restrita ao dever de integralização das quotas que subscreveu, embora responda solidariamente com os demais pela total integralização do capital social, na forma do artigo 1.052 do Código Civil.

> Exemplo de Cláusula – Todo o capital social foi integralizado no ato de criação da sociedade, razão pela qual os sócios não respondem, nem subsidiária, nem solidariamente, por qualquer obrigação societária.

Esse tipo societário é um incentivo jurídico ao investimento em atividade negocial: os que aceitam participar da sociedade sabem que, agindo licitamente, seu patrimônio pessoal estará protegido; assim, se o negócio não der certo, perderão apenas o que investiram (o valor de suas quotas), não mais. A sociedade limitada é regida pelos artigos 1.052 a 1.087 do Código Civil. Havendo lacuna nessas normas, aplicam-se as normas dos artigos 997 a 1.038 do Código Civil, embora seja possível aos sócios, por meio de cláusula expressa no contrato social, estabelecerem a regência supletiva da Lei 6.404/76, ou seja, das regras aplicáveis às sociedades por ações.

A sociedade existe e funciona em conformidade com o respectivo contrato social (mesmo se for uma sociedade limitada unipessoal) que deverá atender a todos os requisitos especificados em lei. O contrato social obriga o sócio, tanto quanto obriga a sociedade, perante o restante da comunidade. Seu capital social é dividido em quotas, iguais ou desiguais (conforme defina o contrato social), indivisíveis em relação à sociedade. Essa indivisibilidade, todavia, não impede a constituição de condomínio sobre quota ou quotas. Constituído um condomínio sobre quota, os direitos inerentes a ela serão exercidos por um condômino representante; em se tratando de espólio de sócio falecido, o inventariante exercerá os direitos da quota.

A administração da sociedade limitada será atribuída a uma ou mais pessoas naturais, sócios ou não sócios, designadas no contrato social ou em ato separado, desde que não se trate de pessoa que esteja impedida de empresariar. Pode ser atribuída, inclusive, à totalidade dos sócios (administração *coletiva* ou *simultânea*), o que pode ser interessante para uma *holding*, como também será visto na sequência. Nesse caso, o poder de administrar e representar a sociedade não se estenderá, de pleno direito, aos que posteriormente adquiram essa qualidade, tornando necessária uma alteração contratual para estender-lhes o respectivo poder (artigo 1.060, parágrafo único, do Código Civil). Atente-se para o fato de que a sociedade limitada comporta a instituição de conselho fiscal (artigos 1.066 a 1.070 do Código Civil), previsto em seu contrato social, figura que pode servir bem às *holdings*, nomeadamente em ambientes de baixa confiança mútua. Ademais, aos sócios minoritários, que representarem pelo menos um quinto do capital social, assegura-se o direito de eleger, separadamente, um dos membros do conselho fiscal e o respectivo suplente.

> Exemplo de Cláusula – A sociedade se regerá pelas normas do Código Civil[8], com regência supletiva das normas da Lei 6.404/76[9].

---

[8] Há quem prefira esclarecer "... *artigos 1.052 a 1.087 do Código Civil...*", pretendendo, assim, afastar a aplicação das normas dos artigos 997 a 1.038 do mesmo Código. Há mesmo casos em que, com tal intuito, encontra "... *excluídos os artigos 997 a 1.038 do Código Civil...*". Entrementes, não se pode olvidar que tais previsões normativas privadas (normas dispostas num contrato social) não afastam o poder de recorrer àquelas normas se detectado alguma lacuna normativa, o que, sabe-se, decorre do princípio da indeclinabilidade da jurisdição. Melhor será quando o contrato for minucioso, completo e inteiramente lícito.

[9] É possível, e mesmo salutar, que a cláusula explicite quais os pontos ou assuntos ou artigos da Lei de Sociedade Anônima farão tal regência supletiva. Afastar dúvidas sempre evita aventuras hermenêuticas.

> Exemplo de Cláusula – A administração societária será exercida...[10], a ele [eles] cabendo a representação ativa e passiva da sociedade, judicial e extrajudicialmente, podendo praticar todos os atos compreendidos no objeto social, embora sempre no interesse da sociedade, sendo vedado o uso da pessoa jurídica para fins estranhos ao objeto social.

Na sociedade limitada, como nas demais sociedades, o poder supremo é dos sócios, deliberando em reunião ou assembleia. Nas sociedades limitadas, cabe ao contrato social estabelecer se as deliberações serão tomadas em reuniões (forma mais simplificada) ou assembleias (procedimento formal), embora essa última via seja obrigatória quando o número dos sócios for superior a dez (artigo 1.072, § 1º, do Código Civil). Mais usual, a reunião dispensa formalismos. O que se decidir constará de instrumento assinado pelos presentes, em número suficiente (quórum) para a sua validade, sendo levada ao registro público quando se deseje a sua publicidade.

As deliberações que sejam tomadas em conformidade com a lei e o contrato social, em reunião ou em assembleia, vinculam todos os sócios, ainda que ausentes, desde que não tenha havido falha na convocação. Vinculam, até, os sócios que se abstiveram de votar e aqueles que votaram em sentido diverso. Interpretam-se, portanto, como deliberação da coletividade social e, como tal, da sociedade. O exercício do direito de voto nas deliberações sociais, em reunião ou assembleia, faz-se sempre no interesse da sociedade, caracterizando voto abusivo aquele que sobrepõe os interesses individuais ao da coletividade social. Isso não importa dirigismo na deliberação; o sócio pode votar como quiser, desde que tenha por fim específico o bem da sociedade e não o seu bem individual em prejuízo da sociedade. Justamente por isso, nenhum sócio, por si ou na condição de mandatário, pode votar matéria que lhe diga respeito diretamente (artigo 1.074, § 2º, do Código Civil). O voto abusivo, incluindo aquele que reflete conflito de interesses com a sociedade, é ato ilícito que determina o dever de indenizar pelos danos decorrentes. Aliás, as deliberações infringentes do contrato ou da lei tornam ilimitada a responsabilidade dos que expressamente as aprovaram (artigo 1.080).

> Exemplo de Cláusula – As deliberações sociais só se consideraram aprovadas se obtiverem os sequentes quóruns de aprovação:

---

[10] Alternativas: "... *pelo sócio Fulano*..."; "... *pelos sócios... e*..."; "... *por Fulano de Tal* [administrador não sócio: qualificar]..."; "...*pelos sócios conjuntamente*..."; "... *pelos sócios, em conjunto ou separadamente*...". Também é possível prever que o administrador será escolhido em reunião ou assembleia de sócios, sendo nomeado por documento em apartado, levado a registro (Junta Comercial, se sociedade empresária; Cartório de Registro de Pessoas Jurídicas, se sociedade simples).

> i -...[11] para aprovação das contas da administração;
>
> ii -...[12] para designação ou destituição do(s) administrador(es) societário(s);
>
> iii -...[13] para definição da remuneração do(s) administrador(es) societário(s);
>
> iv -...[14] para modificação do contrato social;
>
> v -...[15] para aprovação de incorporação, fusão ou dissolução da sociedade, bem como para cessar o estado de liquidação societária;
>
> vi -...[16] para nomear ou destituir liquidante(s) e aprovar suas contas;
>
> vii -...[17] para aprovar o ajuizamento de pedido de recuperação judicial da empresa;
>
> viii -...[18] para aprovar o ajuizamento de ação para exclusão de sócio; e
>
> ix -...[19] para exclusão extrajudicial de sócio por justa causa, nas hipóteses da cláusula [...][20].

O grande desafio oferecido pela sociedade limitada está nas previsões inscritas no Código Civil, nomeadamente quóruns de votação e características de administração. São cânones genéricos, pensados para a eventualidade de os sócios não terem sido cuidadosos na definição contratual desse regramento. A tragédia é que habitualmente usam-se modelos (ou formulários) de contrato que não refletem a realidade da coletividade social e se tornam um problema em si. Melhor será a sociedade limitada quando os parâmetros legais de administração e quóruns deliberativos sejam explicados aos sócios e, em sequência, lhes seja perguntado

---

[11] O Código Civil prevê maioria de votos, recebidos pela participação no capital votante, tomada entre os que estiverem presentes em reunião ou assembleia de sócios (artigo 1.076, III).

[12] O Código Civil prevê que a nomeação e a destituição do administrador sócio demandam votos que correspondam a mais da metade do capital social; em se tratando de administrador não sócio, dois terços, se o capital não estiver totalmente integralizado e mais da metade, se estiver.

[13] O Código Civil prevê votos correspondentes a mais da metade do capital social (artigo 1.076, II, do Código Civil).

[14] O Código Civil, artigo. 1.076, II, prevê mais da metade do capital social, salvo quando se trate de matérias sujeitas a quórum legal ou contratual diverso.

[15] A regra geral é aprovação por sócios que representem mais da metade do capital social, segundo o artigo 1.076, II, do Código Civil.

[16] Sem previsão contratual, aplica-se o artigo 1.076, III, do Código Civil: maioria dos presentes à deliberação, com votos tomados de acordo com a participação no capital social.

[17] Sem previsão contratual, aplica-se o artigo 1.076, II, do Código Civil: mais da metade do capital social.

[18] Se não há regra específica, aplica-se o artigo 1.030 do Código Civil: maioria dos demais sócios.

[19] Além da maioria dos demais sócios, o artigo 1.085 do Código Civil estabelece ser prevista a exclusão por justa causa no contrato social.

[20] Será preciso redigir cláusula que preveja a exclusão por justa causa e, mais do que isso, que a regulamente. Do contrário, a questão será judicializada.

se desejam manter ou contratar algo diverso. Não o fazer é deixar uma falha na estrutura jurídica da pessoa jurídica (da *holding*, no caso do objeto focado por este estudo).

5 Sociedade anônima

Na sociedade anônima (ou *companhia*), o capital social divide-se em ações. Seus sócios (*acionistas*) não têm responsabilidade subsidiária pelas obrigações sociais. Pelo contrário, sua responsabilidade está limitada ao dever de integralizar o valor das ações que subscreveram. Assim, integralizadas as ações titularizadas pelo acionista, não terá ele responsabilidade alguma, nem mesmo subsidiária, pelas obrigações sociais não satisfeitas pela companhia. Diferenciam-se as companhias em abertas e fechadas, sendo que naquelas, as abertas, as ações e outros títulos da sociedade anônima podem ser negociados mediante oferta pública, isto é, no chamado mercado de valores mobiliários, sob responsabilidade da Comissão de Valores Mobiliários (CVM), hipótese em que se terá uma *companhia aberta*. Em contraste, há a *companhia fechada*, cujos títulos não estão admitidos à oferta pública no mercado de valores mobiliários.

Qualquer que seja o objeto social de uma sociedade anônima, bem como qualquer que seja a forma de estruturação de suas atividades, sempre se tratará de uma sociedade empresarial, regida por um estatuto social, registrado na Junta Comercial, e pelas normas da Lei 6.404/76. Ao contrário do contrato social, o estatuto social não traz o nome dos sócios da empresa, mas apenas registra aqueles que estavam presentes à sua fundação, dispensando alterações quando haja cessão de ações e, com ela, da condição de sócio; essa transferência será feita em livro próprio. Mas o estatuto deve definir, de modo preciso e completo, o objeto da companhia, que pode ser qualquer empresa de fim lucrativo, desde que não seja contrária à lei, à ordem pública e aos bons costumes. Esse objeto pode ser, inclusive, participar de outras sociedades: ser uma *holding*. Também sociedades que tenham outros objetos sociais podem ter participações em outras sociedades, ainda que isso não esteja previsto no seu ato constitutivo.

> Exemplo de Artigo – O Capital Social é de R$... (...reais e... centavos), dividido em... ações nominativas, sem valor nominal, sendo... (...) ordinárias e... (...) preferenciais. As ações ordinárias conferem aos seus titulares os direitos e vantagens previstos em lei. As ações preferenciais não terão direito a voto, embora confiram aos seus titulares, os seguintes direitos e vantagens:
>
> a) prioridade no reembolso do capital social, em caso de liquidação da companhia;

> b) dividendos 10% (dez por cento) maiores que os atribuídos às ações ordinárias;
>
> c) inclusão em oferta decorrente de eventual alienação do controle da companhia, sendo assegurado aos seus titulares o recebimento do preço igual a 80% (oitenta por cento) do valor pago por ação ordinária, integrante do bloco de controle.

É um tipo societário com maior complexidade, desde a constituição até o seu funcionamento. O estatuto social fixará, em moeda nacional, o valor do capital da sociedade anônima, bem como o número de ações em que se divide. As ações, conforme a natureza dos direitos ou vantagens que confiram a seus titulares, são ordinárias, preferenciais, ou de fruição. As ações ordinárias conferem a seus titulares todos os direitos sociais; já nas ações preferenciais, determinadas faculdades (nomeadamente o direito de voto) são trocadas por algumas preferências ou vantagens, conforme regência da Lei 6.404/76. O estatuto da companhia com ações preferenciais declarará as vantagens ou preferências atribuídas a cada classe dessas ações e as restrições a que ficarão sujeitas, e poderá prever o resgate ou a amortização, a conversão de ações de uma classe em ações de outra e em ações ordinárias, e destas em preferenciais, fixando as respectivas condições. Mesmo uma *holding* familiar pode ter ações ordinárias e preferenciais, desde que respeitadas as regras legais.

As ações são títulos de livre circulação, ou seja, seus titulares podem vendê-las para qualquer pessoa, sócio ou não sócio, sendo que a admissão desse terceiro na sociedade não depende de aprovação dos demais acionistas, nada disciplinando a Lei 6.404/76 a esse respeito. No entanto, na companhia fechada a circulação das ações pode sofrer limitações impostas pelo estatuto. Tais limitações, para serem válidas, deverão estar minuciosamente reguladas no estatuto e não podem traduzir impedimento de negociação, nem sujeição do acionista ao arbítrio dos órgãos de administração da companhia ou da maioria dos acionistas. O mais comum é a previsão do direito de preferência dos acionistas para a aquisição das ações, cumprindo àquele que as quer vender oferecê-las em primeiro lugar – e em igualdade de condições – à coletividade social.

> Exemplo de Artigo – Caberá à...[21] indicar aqueles que atuarão e/ou representarão a *holding* nas sociedades de cujo capital participar, inclusive na qualidade de administrador e/ou membro de conselho, instruindo voto a ser dado em reuniões ou assembleias.

---

[21] Escolher: Presidência, Diretoria, Conselho de Administração, Assembleia Geral.

A administração da companhia está a cargo de um conselho de administração e de uma diretoria; as companhias abertas e as de capital autorizado deverão ter ambos os órgãos, mas as companhias fechadas podem ter apenas diretoria, conforme previsão de seu estatuto social. A diretoria terá a composição, atuação e funcionamento previstos pelo estatuto, respeitadas as regras da Lei 6.404/76. Podem ser criados, ainda, quaisquer órgãos com funções técnicas ou destinados a aconselhar os administradores. A ata da assembleia geral ou da reunião do conselho de administração que eleger administradores deverá conter a qualificação e o prazo de gestão de cada um dos eleitos, devendo ser arquivada no registro do comércio e publicada.

O conselho de administração é um órgão de deliberação colegiada, sendo composto por, no mínimo, três pessoas físicas, eleitas pela assembleia geral entre os acionistas, podendo ser por ela destituídos a qualquer tempo. O estatuto da companhia deverá estabelecer: (1) o número de conselheiros, ou o máximo e mínimo permitidos, e o processo de escolha e substituição do presidente do conselho pela assembleia ou pelo próprio conselho; (2) o modo de substituição dos conselheiros; (3) o prazo de gestão, que não poderá ser superior a três anos, permitida a reeleição; (4) as normas sobre convocação, instalação e funcionamento do conselho, que deliberará por maioria de votos, podendo o estatuto estabelecer quórum qualificado para certas deliberações, desde que especifique as matérias. Serão arquivadas no registro do comércio e publicadas as atas das reuniões do conselho de administração que contiverem deliberação destinada a produzir efeitos perante terceiros. A representação da companhia é privativa dos diretores. No silêncio do estatuto e inexistindo deliberação do conselho de administração, competirão a qualquer diretor a representação da companhia e a prática dos atos necessários ao seu funcionamento regular; mas o estatuto pode estabelecer que determinadas decisões, de competência dos diretores, sejam tomadas em reunião da diretoria. Nos limites de suas atribuições e poderes, é lícito aos diretores constituir mandatários da companhia, devendo ser especificados no instrumento os atos ou operações que poderão praticar e a duração do mandato, que, no caso de mandato judicial, poderá ser por prazo indeterminado. A Diretoria será composta por um ou mais diretores (pessoas naturais), eleitos e destituíveis a qualquer tempo pelo conselho de administração, ou, se inexistente, pela assembleia geral, devendo o estatuto estabelecer: (1) o número de diretores, ou o máximo e o mínimo permitidos; (2) o modo de sua substituição; (3) o prazo de gestão, que não será superior a três anos, permitida a reeleição; (4) as atribuições e os poderes de cada diretor. Os membros do conselho de administração, até o máximo de 1/3 (um terço), poderão ser eleitos para cargos de diretores.

> Exemplo de Artigo – Vagando qualquer Diretoria, o Presidente indicará um dos demais diretores para substituição provisória, acumulando funções, até a eleição de um substituto pela Assembleia Geral.

O administrador da companhia (membro do conselho de administração ou da diretoria) deve empregar, no exercício de suas funções, o cuidado e diligência que todo homem ativo e probo costuma empregar na administração dos seus próprios negócios. Isso implica exercer as atribuições que a lei e o estatuto lhe conferem para lograr os fins e no interesse da companhia, satisfeitas as exigências do bem público e da função social da empresa. Mesmo que o administrador seja eleito por grupo ou classe de acionistas, ele tem, para com a companhia, os mesmos deveres que os demais, não podendo, ainda que para defesa do interesse dos que o elegeram, faltar a esses deveres. Não se lhes permite praticarem atos de liberalidade à custa da companhia, como fazerem doações, empréstimos gratuitos etc. Note-se, porém, que o conselho de administração ou a diretoria podem autorizar a prática de atos gratuitos razoáveis em benefício dos empregados ou da comunidade de que participe a empresa, tendo em vista suas responsabilidades sociais. Não podem, ademais, tomar por empréstimo recursos ou bens da companhia, ou usar bens, serviços ou crédito da sociedade, em proveito próprio, de sociedade em que tenha interesse, ou de terceiros; somente com autorização prévia da assembleia geral, conselheiros ou diretores poderão fazer uso de tais empréstimos, bens, serviços ou créditos, sendo que, para os membros da diretoria, essa autorização pode ser dada pelo conselho de administração. Também é vedado aos administradores receber de terceiros, sem autorização estatutária ou da assembleia geral, qualquer modalidade de vantagem pessoal, direta ou indireta, em razão do exercício de seu cargo. Se recebem importâncias, desrespeitando tal vedação, os valores pertencerão à companhia (artigo 154, § 3º, da Lei 6.404/76).

Os administradores também estão submetidos a um dever de lealdade, ou seja, o administrador deve servir com lealdade à companhia e manter reserva sobre os seus negócios. Não podem usar, em benefício próprio ou de outrem, as oportunidades comerciais de que tenham conhecimento em razão do exercício de seu cargo, com ou sem prejuízo para a companhia. Também rompe com o dever de lealdade aquele que se omite no exercício ou proteção de direitos da companhia ou, visando à obtenção de vantagens, para si ou para outrem, deixar de aproveitar oportunidades de negócio de interesse da companhia. É comportamento desleal, igualmente, adquirir, para revender com lucro, bem ou direito que sabe necessário à companhia, ou que esta tencione adquirir. Atente-se, ademais, para os conflitos de interesses. É vedado ao administrador intervir em qualquer operação social em que tiver interesse conflitante com o da companhia, bem como na deliberação que a esse respeito tomarem os demais administradores, cumprindo-lhe cientificá-los do seu impedimento e fazer consignar, em ata de reunião do conselho de administração ou da diretoria, a natureza e a extensão do seu interesse. Mais que isso, o administrador só pode contratar com a companhia em condições razoáveis ou equitativas, idênticas às que prevalecem no mercado ou em que a companhia contrataria com terceiros. Se não o faz, o negócio celebrado com a companhia poderá ser anulado, e o administrador interessado será obrigado a transferir para a companhia as vantagens que dele tiver auferido. O ato praticado pelo administrador em nome da companhia, quando não exceda os poderes outorgados pelo estatuto, nem desrespeite a lei, é ato que se interpreta como tendo sido praticado pela própria sociedade. Se o administrador procede com violação da lei ou do estatuto, e mesmo se, dentro de suas atribuições ou poderes, atua com culpa ou dolo, responderá civilmente pelos prejuízos que causar, devendo indenizá-los. Contudo, o juiz poderá reconhecer a exclusão da responsabilidade do administrador se convencido de que este agiu de boa-fé e visando ao interesse da companhia (artigo 159, § 6º, da Lei 6.404/76). Em relação aos outros administradores (conselheiros ou diretores), o administrador não é responsável por atos ilícitos por eles praticados, exceto: (1) se for conivente com eles, (2) se negligenciar em descobri-los ou (3) se deixar de agir para impedir a sua prática quando tenha conhecimento do ato ilícito.

> Exemplo de Artigo – A realização de atos jurídicos que impliquem responsabilidade de qualquer natureza para a sociedade demanda a assinatura, em conjunto, de...[22]...[23]. A prática de atos de mero expediente poderá ser feita por qualquer um deles, isoladamente.

Quando o ato ilícito decorra de deliberação da diretoria ou do conselho de administração, o administrador dissidente exime-se de responsabilidade se fizer consignar sua divergência em ata de reunião do órgão de administração ou, não sendo possível, dela dê ciência imediata e por escrito ao órgão da administração, no conselho fiscal, se em funcionamento, ou à assembleia geral. Diferente será a hipótese de se tratar de prejuízos causados em virtude do não cumprimento dos deveres impostos por lei para assegurar o funcionamento normal da companhia; neste caso, como se trata de obrigações legais da administração, todos os administradores são solidariamente responsáveis pelos danos, ainda que, pelo estatuto, tais deveres não caibam a todos eles. Nas companhias abertas, essa responsabilidade está restrita aos administradores que, por disposição do estatuto, tenham atribuição específica de dar cumprimento àqueles deveres. No entanto, torna-se solidariamente responsável pelos prejuízos alheios o administrador que, tendo

---

[22] Todos, dois, três, metade...

[23] Administradores, diretores, sócios...

conhecimento do não cumprimento dos deveres pelo seu antecessor ou pelo administrador competente para o ato, deixa de comunicar o fato à assembleia geral.

O ajuizamento da ação de responsabilidade civil contra o administrador, pelos prejuízos causados ao patrimônio da sociedade, deverá ser feito pela própria companhia, a partir de prévia deliberação da assembleia geral ordinária ou extraordinária; neste último caso, se expressamente prevista na ordem do dia ou se for consequência direta de assunto nela incluído. Na mesma assembleia, serão substituídos o administrador ou administradores contra os quais deva ser proposta ação, já que se tornam impedidos de exercer suas funções a partir da deliberação. Se a ação não for proposta no prazo de três meses da deliberação da assembleia geral, qualquer acionista poderá ajuizá-la. Se a assembleia deliberar não promover a ação, poderá ela ser proposta por acionistas que representem 5%, pelo menos, do capital social. Se tais acionistas se saírem vencedores, os resultados da ação por eles promovida deferem-se à companhia, mas esta deverá indenizá-los, até o limite daqueles resultados, de todas as despesas em que tiverem incorrido, inclusive correção monetária e juros dos dispêndios realizados.

A sociedade anônima tem, obrigatoriamente, um conselho fiscal, composto de, no mínimo, três e, no máximo, cinco membros, e suplentes em igual número, acionistas ou não, eleitos pela assembleia geral. Mas cabe ao estatuto dispor se seu funcionamento será *permanente* ou *eventual*, ou seja, se funcionará apenas nos exercícios sociais em que sua instalação for pedida pelos acionistas. O conselho fiscal, quando o funcionamento não for permanente, poderá ser formulado em qualquer assembleia geral (ordinária ou extraordinária), ainda que a matéria não conste do anúncio de convocação, bastando que o peçam que representem, no mínimo, 10% das ações com direito a voto, ou 5% das ações sem direito a voto; na mesma assembleia, seus membros serão eleitos e o conselho instalado, funcionando até a primeira assembleia geral seguinte.

> Exemplo de Artigo – A Companhia terá um Conselho Fiscal que funcionará em caráter não permanente. Quando instalado, o Conselho Fiscal deverá ser composto de três membros, e até o mesmo número de suplentes, todos eleitos em Assembleia Geral, a quem cabe fixar sua remuneração.
>
> Parágrafo único – Os membros do Conselho Fiscal serão investidos nos cargos mediante termo de posse, lavrado no livro próprio, prestando as informações exigidas por lei, dentro dos 30 dias que se seguirem à sua eleição.

As atribuições e os poderes conferidos pela lei ao conselho fiscal não podem ser outorgados a outro órgão da companhia. Os órgãos de administração são obrigados, através de comunicação por escrito, a colocar à disposição dos membros em exercício do conselho fiscal, dentro de 10 dias, cópias das atas de suas reuniões e, dentro de 15 dias do seu recebimento, cópias dos balancetes e demais demonstrações financeiras elaboradas periodicamente e, quando houver, dos relatórios de execução de orçamentos. O conselho fiscal, a pedido de qualquer dos seus membros, tem, ainda, o poder de requerer aos órgãos de administração esclarecimentos ou informações, desde que relativas à sua função fiscalizadora, assim como a elaboração de demonstrações financeiras ou contábeis especiais. Ademais, os membros do conselho fiscal assistirão às reuniões do conselho de administração, se houver, ou da diretoria, em que se deliberar sobre os assuntos em que devam opinar.

Se a companhia tiver auditores independentes, o conselho fiscal, a pedido de qualquer de seus membros, poderá solicitar-lhes esclarecimentos ou informações e a apuração de fatos específicos. Em oposição, se a companhia não tiver auditores independentes, o conselho fiscal poderá, para melhor desempenho das suas funções, escolher contador ou firma de auditoria e fixar-lhes os honorários, dentro de níveis razoáveis, vigentes na praça e compatíveis com a dimensão econômica da companhia, os quais serão pagos por esta. Acresça-se que o conselho fiscal poderá, para apurar fato cujo esclarecimento seja necessário ao desempenho de suas funções, formular, com justificativa, questões a serem respondidas por perito e solicitar à diretoria que indique, para esse fim, no prazo máximo de trinta dias, três peritos, que podem ser pessoas físicas ou jurídicas, de notório conhecimento na área em questão, entre os quais o conselho fiscal escolherá um, cujos honorários serão pagos pela companhia.

O conselho fiscal atua a bem da companhia e dos acionistas. Assim, no âmbito das matérias de sua competência, deverá fornecer informações ao acionista, ou grupo de acionistas que representem, no mínimo, 5% do capital social, sempre que solicitadas. Nas reuniões da assembleia geral, os membros do conselho fiscal, ou ao menos um deles, deverão comparecer e responder aos pedidos de informações formulados pelos acionistas. Nesse sentido, os pareceres e as representações do conselho fiscal, ou de qualquer de seus membros, poderão ser apresentados e lidos na assembleia geral, independentemente de publicação e ainda que a matéria não conste da ordem do dia.

> Exemplo de Artigo – As ações preferenciais[24] conferirão aos seus titulares a faculdade de conversão em ações ordinárias, na proporção de uma por uma, direito que poderá ser exercido, a qualquer tempo, a critério do titular, mediante notificação à companhia.[25]

---

[24] Pode-se atribuir o direito a todas, assim como pode ser a determinada classe específica.

[25] Pode-se regular o exercício por meio de parágrafos, estabelecendo requisitos, forma, prazo etc. Nada impede que tal regulação conste de plataforma secundária (acessória: acordo dos sócios, que poderá ou não ser levado a registro) ou terciária (lateral, vale dizer, normas da administração societária).

Os membros do conselho fiscal têm os mesmos deveres dos administradores, respondendo pelos danos resultantes de omissão no cumprimento de seus deveres e de atos praticados com culpa ou dolo, ou com violação da lei ou do estatuto. A responsabilidade por omissão no cumprimento de seus deveres é solidária, mas dela se exime o membro dissidente que fizer consignar sua divergência em ata da reunião do órgão e a comunicar aos órgãos da administração e à assembleia geral. Mas o membro do conselho fiscal não é responsável pelos atos ilícitos de outros membros, salvo se com eles foi conivente, ou se concorrer para a prática do ato. Devem exercer suas funções no exclusivo interesse da companhia; considerar-se--á abusivo o exercício da função com o fim de causar dano à companhia, ou aos seus acionistas ou administradores, ou de obter, para si ou para outrem, vantagem a que não faz jus e de que resulte, ou possa resultar, prejuízo para a companhia, seus acionistas ou administradores.

6 Sociedade em comandita por ações

A sociedade em comandita por ações também tem seu capital social dividido em ações, sendo regida pela Lei 6.404/76. Contudo, há uma distinção entre os sócios que investem e sócios que administram, sendo certo que os diretores devem ser, obrigatoriamente, sócios, sendo nomeados por meio de cláusula disposta no estatuto social, sem limitação de tempo, só havendo destituição por deliberação de acionistas que representem no mínimo dois terços do capital social. O princípio alcança mesmo a gerência social, a exigir, igualmente, nomeação pelo estatuto social e mesmo quórum especial para destituição.

Os acionistas investidores (comanditários), que não exercem a administração social, não respondem subsidiariamente pelas obrigações sociais. Em oposição, os acionistas que exercem a administração assumem a condição de comanditados, respondendo com seu patrimônio pessoal, ilimitadamente, pelas obrigações sociais. Essa responsabilidade é subsidiária em relação à sociedade e solidária entre os diretores. Mesmo o diretor destituído ou exonerado, por força do artigo 1.091 do Código Civil, continua, durante dois anos, responsável pelas obrigações sociais contraídas sob sua administração.

> Exemplo de Artigo – A companhia será administrada por uma diretoria composta de... (...) membros, eleitos pela assembleia geral de fundação, que desempenharão suas funções por tempo ilimitado, respondendo pessoal e subsidiariamente pelas obrigações sociais, com solidariedade entre si.

Nesse tipo societário, não se admite que a assembleia geral, sem o consentimento dos diretores, mude o objeto essencial da sociedade, prorrogue-lhe o prazo de duração, aumente ou diminua o capital social, crie debêntures ou partes beneficiárias, bem como delibere a participação em grupo de sociedade.

7 Crise do Direito Societário

Quanto à responsabilidade pessoal dos membros pelas obrigações sociais não satisfeitas, como se dividem, em tese, as sociedades? A resposta nos empurra para uma taxonomia equilibrada, coerente e razoável que, a meu ver, deve ser preservada para que o sistema seja lógico e, mais do que isso, aceitável:

Responsabilidade ilimitada	Empresário (firma individual)
	Sociedade em Nome coletivo (responsabilidade subsidiária)
Responsabilidade mista: subsidiária de um(uns) e limitada de outro(s)	Sociedade em comandita simples (contratual)
	Sociedade em comandita por ações (estatutária)
Responsabilidade limitada	Sociedade limitada (contratual)
	Sociedade anônima (estatutária)

Em outros sistemas jurídicos, definem-se ônus menores para bônus menores, ônus maiores para bônus maiores. Isso faz com que, dependendo do tipo de atividade negocial, composição societária, composição de capital etc., os investidores acabem por optar por constituir uma sociedade em nome coletivo ou em comandita. Infelizmente, isso não ocorre entre nós. Assim, o sistema praticamente recomenda que os interessados constituam sociedades de tipos mais protegidos, ou seja, sociedades limitadas ou anônimas, nas quais, como visto, não há responsabilidade subsidiária de sócios e administradores pelas obrigações sociais.

Então, a que servem as sociedades em comandita (simples e por ações). Servem a algo? Afinal, por que não usar logo as sociedades limitada e anônima, nas quais o limite de responsabilidade beneficia a todos os sócios? Por que manter uma sociedade em que há sócios com responsabilidade pessoal, subsidiária, os comanditados; e apenas alguns, os meramente investidores (comanditários), protegidos por um limite entre as obrigações sociais não satisfeitas e seu patrimônio pessoal? Eis porque muitos entendem que tais sociedades não servem para mais nada e deveriam ser varridas do cenário jurídico. Então, sobrariam apenas sociedade em que há limite de responsabilidades, vale dizer, em que não há responsabilidade subsidiária dos sócios. Assim, perdem a razão de ser as sociedades em nome coletivo e em comandita (simples e por ações): são inúteis. Nada menos. A pergunta é: isso se sustenta? Isso é crível? Não responder civilmente seria inerente à situação societária?

> Exemplo de Cláusula – A sociedade poderá outorgar procurações *ad iudicia* para atuação de advogados em processos judiciais, administrativos e arbitrais, com validade até o final da respectiva demanda. Todas as demais procurações, com poderes de qualquer natureza e para qualquer outra finalidade, não poderão ter prazo de validade que ultrapasse o do exercício social em que foram outorgadas, salvo se a outorga ocorreu no último trimestre do exercício social, hipótese em que poderá ter validade até o fim do exercício seguinte.

O jurista precisa estar atento para o risco da incoerência da regra e, mais do que isso, para o benefício do sistema. A criação na prática social de um império do limite de responsabilidade, resultado da ampla e generalizada utilização exclusiva de dois tipos societários – sociedade limitada e sociedade anônima – disseminou um ambiente de insegurança jurídica: se a regra é o limite, passa-se a buscar a exceção; a quebra da regra torna-se um objetivo em si. E isso é uma realidade a ser considerada: normas legais e regulamentares do Direito Tributário, do Direito Ambiental, do Direito Consumerista, assim como a prática cotidiana do Direito Bancário e o *tsunami* das decisões trabalhistas. O limite de responsabilidade definido pelo tipo societário e pelo ato constitutivo deixou de ser uma segurança que se possa oferecer para o cliente. E isso precisa ser considerado no âmbito do planejamento jurídico.

Parece-nos que a sociedade limitada e o limite de responsabilidade, vulgarizando-se, fizeram-se desacreditados em sua essência e, assim, passaram a ser figuras e institutos que são cada vez mais desrespeitados por normas especiais (consumeristas, ambientas, tributárias etc.), regulamentos e decisões judiciárias e administrativas (nomeadamente autuações). Há uma massa vasta de enunciados jurídicos a partir dos quais a dúvida se faz reiterar: a sociedade limitada é para valer? Está viva? Normas definidas em abstrato, positivadas, não dizem tudo em Direito. As leis falam, as decisões administrativas falam, as normas regulamentares falam, as decisões judiciais falam. Por órgãos diversos, o aparelho de Estado enuncia-se juridicamente.

Portanto, estamos diante de um desafio (um impasse?): não é razoável que às atividades produtivas exercidas por meio de sociedades, face à reiteração generalizada do recurso às sociedades limitadas e anônimas, corresponda como regra geral a ausência absoluta de responsabilidade pessoal: um bônus de parcos ônus. O restante do Direito e da sociedade em geral ampliam sua resistência a isso e criam um desafio para advogados que trabalham na consultoria, assessoria e mesmo no contencioso societário. Não há mais como esconder a verdade: a solução típica mente, dizem jurisprudência judiciária e administrativa. Não basta recorrer ao tipo (sociedade limitada ou sociedade anônima); é preciso ir além.

Vivemos o reconhecimento, pelo uso, de que o limite de responsabilidade é inerente às sociedades negociais (simples e empresárias). E essa hegemonia do limite de responsabilidade subsidiária está levando a uma degeneração do instituto. Isso explica a impressionante onda de pretensões e determinações de desconsideração de personalidade jurídica, bem como afirmações ou determinações de responsabilização pessoal solidária ou subsidiária, entre outras que a criatividade jurídica possa enunciar. Vamos mudar a pergunta: a afirmação de que toda sociedade empresária implica um limite de responsabilidade entre membros (sócios e administradores) é possível? Sim, é. Claro que é. É juridicamente possível que o legislador assim o disponha. Será eficaz? Ou melhor: conseguiria ser eficaz? Não só eficácia num plano teórico, isto é, eficaz na pureza dos conceitos; refiro-me à eficácia real, concreta, histórica. O Estado assegurará de fato essa eficácia? Não é o que se vê hoje; podem atestá-lo centenas de milhares de advogados. Como se pode dizer algo de jurídico – exemplo: em toda a sociedade limitada há um limite de responsabilidade entre membros (sócios e administradores) e as obrigações da pessoa jurídica (da azienda negocial) – se não se está simultaneamente afirmando algo histórico. Fora da proposição epistemológica kelseniana, o direito deveria ser compreendido como um fenômeno citacional (ou referencial): os modelos hipotéticos inseridos nas normas jurídicas (o *dever-ser*) alimentam-se do amplo manancial dos fatos preexistentes e presentes (que a história registra, a sociologia e a economia estudam etc.): *o-que-foi* e *o-que-é* como material para a definição d'*o-que-deve-ser*.[26]

O Direito Societário está corroído e segue se corroendo. Se a sociedade limitada é um morto em si – ou um morto entre nós –, o que é o sistema jurídico societário no qual ela se insere? E o Direito Empresarial no qual se insere o Societário? E o Direito, em sua totalidade, que tem no Direito Empresarial uma de suas partes, vale dizer, um dos órgãos de seu corpo?

> Postulado: *Se a massa de relações que são inerentes a uma estrutura jurídica se torna, ela própria, uma variante que trabalha (ou atua) contra a essência ou funcionalidade da estrutura, será necessário considerar que a estrutura é defeituosa e, assim, corrigi-la.*

A alternativa (o limite de responsabilidade de sócios e administradores) que se tornando mais e mais vitoriosa cria estruturas/mecanismos adjacentes para fazer frente às falhas excepcionando a higidez do instituto. E, falando em *holding* (familiar ou não), é preciso atentar para os movimentos do legislador fiscal (legal e regulamentar) e, quando o patrimônio controlado é formado por empresas,

---

[26] MAMEDE, Gladston. *Semiologia do Direito*: tópicos para um debate referenciado pela animalidade e pela cultura. 3. ed. São Paulo: Atlas, 2009.

os movimentos do legislador ambiental, consumerista, trabalhista. E, para além desses, os movimentos judiciários em todas essas áreas. A questão é: como crer no contemporâneo se o presente não é o mestre de seu próprio tempo? O Direito que está posto – legislado e teorizado (doutrinado) – deveria ao menos parecer pertencer ao mesmo plano das relações sociais e econômicas vivenciadas em sua época para assim convencer que reina. Noutras palavras, se não funciona, não serve. O princípio pragmático.

> Exemplo de Cláusula – As quotas (ou ações) da sociedade dividem-se em três classes, cada qual com um terço do capital social, correspondendo às participações de seus fundadores e herdeiros. A classe A corresponde à participação original de Beltrano de Tal; a classe B, à participação de Ciclano de Tal; e a classe C, a Fulano de Tal. As deliberações sociais deverão ser aprovadas não apenas considerando o quórum respectivo, mas pela maioria das classes, em deliberações apartadas de cada classe.

O que devemos fazer diante desse quadro? Antes de mais nada, reconhecer que as posições contrárias têm razão em apontar pesadamente alguns paradoxos mesmo lógicos nas balizas hoje positivadas em lei e vivenciadas na realidade jurídico-societária. Dessa postura se afere a necessidade de repensar o instituto, reconhecendo e que, sim, é conveniente reconstituir o sistema e lhe dar coerências interna e externa. Reconhecer que não dá para se refugiar atrás de certas páginas (normas e teorias constitucionais, legais, regulamentares) para recusar todos os livros de outras disciplinas (igualmente normas e teorias constitucionais, legais, regulamentares).

Sim, uma reforma legislativa urge. Até que venha, os profissionais que se ocupem da constituição de sociedades – nomeadamente de *holdings* – precisam considerar os riscos das extensões de responsabilidade, fruto de desconsideração ou outra ferramenta jurídica, desenvolvendo mecanismos para afastar seus efeitos nefastos: normas éticas (*compliance*), normas de bom governo societário (ou boa governança corporativa), maior clareza e precisão no registro dos atos de administração, atos de deliberação societária, contabilidade etc. Eis a grande fronteira de desenvolvimento do Direito Empresarial no momento.

4

Eventos societários

1 Dimensão escritural das sociedades

Não dá para sequer estimar o amplo espaço disponível para uma atuação estratégica lícita. São inúmeras variações que estão à disposição para moldar uma sociedade, inclusive uma *holding*. Os que dominam a teoria jurídica e os meandros dessa arte da estruturação jurídica de empresas se empolgam. São profissionais indispensáveis e há amplo espaço para novos advogados nesse mercado. Aliás, estamos num campo em que a inteligência e o conhecimento humanos produzem excelência. A empresa é uma criação humana, um somatório de realidades concretas (bens materiais imóveis e móveis) e intangível (bens imateriais, como marcas e patentes, direitos, procedimentos, rotinas etc.). Mas esse é uma dimensão própria das Ciências da Administração e do Mercado. Nossa dimensão está na definição da estrutura jurídica que lhe dá suporte: a sociedade, vale dizer, a pessoa jurídica: a expressão de plataformas normativas em níveis diversos: primário (ato constitutivo), secundário (pactos parassociais) e terciários (instrumentos de regência empresarial), cobrindo as dimensões de existência, de funcionamento e de atuação da corporação.[1]

---

[1] MAMEDE, Gladston; MAMEDE, Eduarda Cotta. *Estruturação Jurídica de Empresas*: alternativas da tecnologia jurídica para a advocacia societária. Barueri: Atlas, 2024.

> Exemplo de Cláusula – É vedado à sociedade conceder empréstimo a qualquer pessoa física ou jurídica[2], mesmo seus sócios.[3]

> Exemplo de Cláusula – É lícito à sociedade conceder empréstimo a seus sócios.[4]

Quem examina o contrato social de limitadas de grande porte – por exemplo: Ford Motor Company Brasil Ltda., Facebook Serviços Online do Brasil Ltda. ou Amazon Serviços Varejo Brasil Ltda. – constata que, apesar de serem sociedades limitadas como o Bar do Peru Ltda. ou a Quitanda Arrelia Ltda., a tecnologia jurídica empregada é impressionante, como se fossem universos jurídicos diversos. Não são. É a mesma figura: a sociedade limitada, embora tratada com maior ou menor qualidade. Dir-se-á que são portes diversos. No entanto, quem examina o ato constitutivo de uma jovem empresa promissora (uma *startup*), vê esmero e sofisticação jurídica pois isso é indispensável para contribuir com o crescimento do negócio. E, sim, redes de supermercados – não uma, mas várias – surgiram de quitandas e mercadinhos. Infelizmente, muitos acham que basta um ato constitutivo elementar para, assim, obter o CNPJ. Um erro grave: esse formulário simples que se reitera (contrato ou estatuto social), mitiga a definição jurídica individual da sociedade: cuidando de qualquer sociedade, não cuida de nenhuma em particular. Assim, larga tudo para o generalismo da lei, abrindo espaço para que, na dúvida, o Judiciário seja chamado para colmatar a lacuna. Como já tivemos ocasião de demonstrar, há nisso uma renúncia ao poder de autorregulamentação que a Constituição e leis atribuem aos particulares, ainda que sob certos cânones.[5] É uma bomba-relógio: aparecendo um problema, a solução não estará no ato constitutivo! Um erro grave, mas primário.

---

[2] Em lugar de vedar, é possível condicionar à aprovação pela unanimidade dos sócios ou por outra proporção do capital social votante, inclusive por dois critérios diversos (por participação no capital social e, simultaneamente, por cabeça).

[3] Pode-se excepcionar o empréstimo à sociedade controlada, quando existam: "... *salvo sociedades sob o seu controle...*". Em lugar de controle, pode-se ampliar: *sociedades em que tenha participação societária* ou de *cujo capital participe*. É possível, ainda, dar limitação à hipótese: *sociedade de que participe com, no mínimo,...% (... por cento) do capital social*". Por fim, nada impede que o ato constitutivo traga limitação quanto ao valor do empréstimo ressalvado; valor absoluto: R$... (... reais); ou relativo: até o valor máximo de...% (... por cento) do... (capital social, ativo patrimonial, lucro líquido do último balanço, ativo imobilizado, reservas de capital etc.).

[4] Pode-se disciplinar as condições para tanto, como aprovação pela reunião/assembleia (especificando o quórum). É preciso particular atenção para as normas e condições fiscais nessas operações.

[5] MAMEDE, Gladston; MAMEDE, Eduarda Cotta. *Estruturação Jurídica de Empresas*: alternativas da tecnologia jurídica para a advocacia societária. Barueri: Atlas, 2024.

As possibilidades e os méritos da constituição de uma *holding* familiar (e não só, mas também de todo e qualquer planejamento societário) estão no próprio artifício jurídico que é a pessoa jurídica. Sua existência (da pessoa jurídica) reflete uma evolução instrumental e conceitual da humanidade. Cunhada ao longo da evolução jurídica milenar, essa figura é admirável por sua realidade e por suas potencialidades. Parte da percepção antiga da existência de grupos sociológicos que transcendiam os indivíduos que eram seus membros. Atentou-se para o fato de que era possível falar do grupo, de reconhecer-lhe a condição de ente social. Não é Fulano, Beltrano, Ciclano e não sei mais quem. É a Ordem dos Alfaiates, como exemplo. Está neste reconhecimento social a semente do que, muito depois, irá merecer a atribuição de personalidade jurídica, ou seja, irá se tornar a pessoa jurídica, com personalidade, patrimônio e existência distintos de seus membros. Assim, nossa realidade jurídica, social e econômica não é mais constituída apenas por seres humanos (pessoas físicas ou pessoas naturais), mas igualmente por seres meramente jurídicos (pessoas jurídicas ou pessoas morais) que funcionam e atuam, nos limites legais, em conformidades com as regras dispostas em seus atos constitutivos. Regras como essas que estamos exemplificando ao longo deste livro.

> Exemplo de Cláusula – É dever do administrador societário trabalhar para que todos os sócios tenham tratamento isonômico e respeitoso, atuando em prol de harmonia interna que corresponda à natureza *intuitu familae* da corporação, podendo recorrer à participação de consultores ou colaboradores externos para prevenção ou resolução de conflitos internos.[6]

Houve um tempo em que se defendia que uma *existência de fato* era pressuposto para a existência da pessoa jurídica: para além do registro, contabilidade e acervo documental, seria preciso manifestação social e/ou econômica: atividade perceptível. Essa questão já está superada: a mera existência jurídica (e escritural) basta e, sim, sociedades de participação societária, assim como sociedades patrimoniais, são exemplos disso. Isso se consolidou na última virada de séculos: uma nova dimensão que se deu à *entificação* jurídica, ao ponto de ganhar um neologismo: *pejotijação*. E isso ocorreu como resultado da transformação das relações econômicas, de sua evolução, a demandar um nível maior de organização corporativa, do que a *holding*, inclusive familiar, é um exemplo claro. E nem se pense que se chegou ao máximo dessa evolução: não dá para prever um desfecho: as alterações no Direito Empresarial refletem – ou são influenciadas – pelo caminho do mercado, suas carências, suas oportunidades. O mercado é internacional, é *mundializado* (ou *globalizado*, se preferir) e, assim, cada vez mais os sistemas

---

[6] Mais uma norma que melhor ficará em acordo de sócios do que em ato constitutivo levado a registro.

jurídicos dos países influenciam-se mutuamente. É um grande risco para o jurista *perder o bonde* em meio a tais avanços, como se apenas institutos (e ferramentas) do Direito Romano e do Direito Liberal (séc. XIX) ainda pudessem ser usadas por cidadãos e seus advogados.

Em sua expressão atual, a pessoa jurídica exibe exuberância. Focando nas sociedades (objeto deste livro), há que se destacar sua utilidade como um meio mais eficaz para a consecução das finalidades da atuação econômica. Se a empresa é uma organização de patrimônio (estabelecimento empresarial) e de procedimentos (atividade empresarial) que permite mais do que simplesmente atuar no mercado (empreender), os regramentos da pessoa jurídica (suas plataformas normativas) lhe definem uma infraestrutura normativa que pode se traduzir em melhores condições para o sucesso mercantil, inclusive no que diz respeito à administração, à prática de atos jurídicos e à participação e supervisão pelos sócios. Poucos se dão conta disso: não é a ausência de regras que oferece liberdade, mas a existência clara e segura de parâmetros próprios (de cada sociedade, mirando a si mesmo) a partir dos quais a sua atividade jurídica se concretiza. A melhor estruturação jurídica trabalha como elemento de segurança do negócio e, consequentemente, como fator essencial não só para o lucro, como para a conservação empresarial. Por isso, temos enfatizado que não há boa corporação, boa empresa, sem que se faça o investimento em bom(ns) advogado(s).

> Exemplo de Cláusula – A administração societária deverá conduzir as atividades e os negócios da pessoa jurídica[7] com atenção para evitar impactos ambientais adversos, engajando a atuação corporativa no esforço de melhores práticas sociais e ecológicas.[8]

> A sociedade, que está por trás da empresa, é um ente que pode ser objeto de planejamento jurídico que otimize sua estrutura. Essa intervenção será melhor quando revele *tecnologia jurídica* atual e esteja focada na necessidade de buscar *sustentabilidade jurídica*.

Esteja-se atento ao que estamos frisando: uma boa estruturação normativa, constituída em respeito às normas positivadas, ao entendimento jurisprudencial e mesmo normas regulamentares pertinentes, refletida (concretizada) numa prática empresarial que se consolide como respeitosa àqueles parâmetros, define um trilho, senão um plano, de segurança para o investimento, o patrimônio e a

---

[7] Pode-se incluir: "... *bem como das sociedades em que tenha participação societária*...".

[8] Muitas sociedades recorrem a cláusulas como essa, ou mesmo mais amplas, em seus atos constitutivos para aclarar seu compromisso ESG (meio ambiente, respeito às diversidades sociais e boa governança corporativa). Isso pode ter efeito mercadológico estratégico.

atividade corporativa. Esse é o âmbito para a expressão da excelência do advogado: tornar lícita, ou melhor, constituir os parâmetros que expressem, antes de mais nada, a liceidade da pessoa jurídica que se deve expressar normativamente (ato constitutivo, regulamentos internos) e em atos reiterados, como contabilidade, negócios etc. Cabe-lhe definir a régua, considerando o mínimo (o que é proibido por lei e, pelo anverso, o que é exigido por lei) e avançando para o que é facultativo: o plano do que pode ser melhor. Isso tudo é estudado, planejado, arquitetado. A lógica improvisada do assalto serve aos criminosos e, não raro, não consegue sobreviver por muito tempo. No plano das *holdings* familiares, a situação é ainda mais grave, como mostraremos adiante. Afinal, a intervenção determinada pela criação da pessoa jurídica alcança uma família. É preciso cautela, sensibilidade e capacidade de dar melhor tradução ao específico de cada célula doméstica.

Na esmagadora maioria das sociedades, as possibilidades oferecidas por essa dimensão escritural não são exploradas. São micro, pequenas e médias atividades negociais, não raro sustentadas por *atos constitutivos* simples, seguindo fórmulas dispostas na Internet ou reiteradas em fotocópias. O que lhes salva é que essa fragilidade escritural corresponde a uma estrutura operacional simples. Entrementes, é um vício que cobra seu preço na preservação da atividade negocial e no seu desenvolvimento/crescimento: mais cedo ou mais tarde, as falhas cobrarão seu preço em problemas, litígios, limitações à ação, à conservação e à expansão da azienda. Sempre houve uma desproporcionalidade jurídica grande entre bons e maus empreendimentos. E à sombra disso há um vasto mercado a ser explorado.

> Exemplo de Cláusula – Anualmente[9], a administração deverá apresentar à reunião (ou assembleia) de sócios um relatório de gerenciamento de performance da *holding*, análise de riscos corporativos[10] e possibilidades estratégicas,[11] com respectivas recomendações, para deliberação e aprovação[12].[13]

---

[9] Claro que o período pode ser diverso, maior ou menor, dependendo da vontade dos envolvidos.

[10] Eventos com maior ou menor probabilidade de ocorrência e que possam afetar o patrimônio familiar, o desempenho de atividades de sociedades controladas etc.

[11] Pode-se acrescer, sendo o caso: "... a incluir todas as empresas em que haja participação societária, fundos dos quais haja quotas...".

[12] Pode-se acrescer: "... podendo recorrer à participação de consultores ou colaboradores externos para sua elaboração".

[13] Essa previsão não precisa estar no ato constitutivo e, assim, ser levada a registro público. Afinal, não é obrigatória, nem precisa produzir efeito sobre terceiros. Pode constar de plataforma normativa secundária, a exemplo de um acordo de sócios, deliberação da reunião ou assembleia de sócios. Pode mesmo constar de plataforma normativa terciária, isto é, norma emanada da administração societária.

2 Arquitetura societária

Eis por que utilizamos da expressão *arquitetura jurídica societária*. Imagine um arquiteto diante de sua prancheta ou computador, considerando os limites objetivos do terreno. Um universo de possibilidades se coloca para o seu projeto. Não é diverso na constituição da pessoa jurídica. Os limites objetivos são definidos pela Constituição e leis. Daí para frente, está um espaço de liberdade que, contudo, deve considerar particularidades de cada caso dado em concreto, ou seja, as particularidades de cada atividade negocial, de cada patrimônio familiar e, mesmo, de cada família. Em muitos casos, como ilustração, o desenho societário é alterado para acomodar os membros de uma nova geração. Noutras, a decisão de retirar os parentes da gestão, de um modo radical, implica uma completa reformulação do desenho societário, alterando a sua lógica: a engenharia societária familiar habitualmente não se amolda confortavelmente à engenharia da gestão profissional, mormente quando exercida por gestores absolutamente estranhos ao clã.

Nesse sentido, o domínio da teoria e da tecnologia do Direito Societário licencia ao especialista compor estruturas corporativas simples (uma pessoa jurídica) ou complexas (grupos de sociedades) que podem atender a finalidades múltiplas, como a reengenharia da atividade produtiva. O fundamento dessa *maleabilidade jurídica* está no fato de que as pessoas jurídicas são entes cuja existência se desenha a partir de atos constitutivos, vale dizer, o contrato social ou o estatuto social, construídos nos limites licenciados pela lei. Quando se trata de investimentos maiores, negócios maiores, patrimônios maiores, recomenda-se usar as possibilidades oferecidas pelo sistema jurídico, que permitem o manejo lícito das estruturas societárias para que se ajustem, da melhor maneira possível, às necessidades dos investidores (sócios) e da própria empresa.

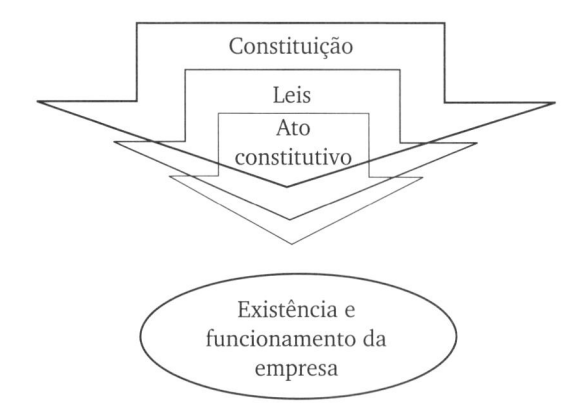

```
         Constituição
            Leis
             Ato
         constitutivo
              ↓
        Existência e
       funcionamento da
           empresa
```

Assim, evitando-se o que a lei proíbe e acatando-se o que a lei determina (ou seja, respeitando o *princípio da legalidade,* inscrito no artigo 5º, II, da Constituição da República), os fundadores e, nos momentos posteriores, os acionistas ou quotistas das sociedades podem definir os parâmetros jurídicos que pautam a sua subsistência. É quanto basta para que se definam vias lícitas e legítimas para o planejamento societário e, até, para planejamento patrimonial e tributário, como já tivemos ocasião de demonstrar. E, para tanto, há uma ampla gama de alternativas, vale dizer, tecnologias diversas que são oferecidas por disposições normativas, precedentes jurisprudenciais e, mesmo, pelas análises doutrinárias. Empresas – por seus advogados – podem estudar esse material e os adaptar às suas realidades e necessidades. Sim, é possível começar do zero, embora seja raro: o Direito é uma disciplina dialogal: suas soluções constroem-se no debate, no amadurecimento do agir comunicativo. É fundamental ter isso em destaque: planejamento societário é meio para soluções técnicas para equações dadas. E uma solução só é juridicamente técnica se é lícita.

Planejamento societário, antes de mais nada, para estabelecer uma arquitetura corporativa que atenda às demandas como funcionalidade, eficiência, segurança etc., organizando adequadamente o amplo leque das atividades e do patrimônio de alguém, compreendidas as características da empresa, suas necessidades e possibilidades. Por isso é indispensável oferecer confiabilidade, permitir uma compreensão intuitiva de que efetivamente se está atendendo ao desafio, compreendendo sua origem e garantindo transparência sobre os efeitos esperados. Não é pouco. Como se está assessorando a terceiros, é preciso não apenas tomar decisões inteligentes, mas demonstrar a excelência da resposta correta, adequada, própria e específica para cada caso. E isso se faz, principalmente, por meio da redação de plataformas normativas (principal, acessórias e/ou laterais) que permitam dar à corporação um regramento o mais preciso possível. O advogado que planeja precisa ter a capacidade de redação propositiva que se concretiza por meio de normas (cláusulas e/ou artigos) que definem como a pessoa jurídica deve ser, como deve funcionar, como deve atuar. Uma estruturação jurídica adequada viabilizará que a pessoa jurídica cumpra sua vocação.[14] É isso o que justifica o investimento feito pelo(s) cliente(s).

> Exemplo de Cláusula – Competem à reunião (assembleia) de sócios a revisão da estrutura de capital, as necessidades de financiamento, a tomada de empréstimos. A contratação de empréstimos ou financiamentos... dependerá[15] de aprovação por... (...) do capital votante, em reunião (assembleia) convocada expressamente para essa finalidade, com um prazo mínimo de... (...) dias úteis de antecedência.

---

[14] MAMEDE, Gladston; MAMEDE, Eduarda Cotta. *Estruturação Jurídica de Empresas*: alternativas da tecnologia jurídica para a advocacia societária. Barueri: Atlas, 2024.

[15] Essa norma precisa estar no ato constitutivo para que possa produzir efeitos perante terceiros, nomeadamente instituições financeiras que, por dever de ofício, devem pedir a última versão arquivada na Junta Comercial ou no Cartório de Registro de Pessoas Jurídicas.

O mesmo se passa na constituição e manutenção de uma *holding* familiar. Há quem se preocupe apenas com o CNPJ: o que importaria seria a "pejotização" (sic). A verificação de problemas resultantes desse foco equivocado está consolidando uma reação: um cuidado maior com a estrutura normativa da pessoa jurídica, com a arquitetura da *holding*. Em aziendas que experimentaram o efeito dos anos, quiçá das décadas, avança-se para procedimentos técnicos de auditoria, revisão, constituição de fundos, transações entre os membros para readequação normativa (ato constitutivo e acordos parassociais, regimentos etc.). Esses esforços para consertar, contudo, são a afirmação de erros de raiz que, sim, poderiam e deveriam ter sido evitados.

Estudo de Caso

> Nunca vamos nos esquecer do telefonema de um amigo paulista, professor de Direito, afirmando que precisava de *umas dicas* para constituir uma *holding* para a sua família. Nossas perguntas o assustaram:
>
> – O que vocês esperam com isso? Qual é o sonho? Qual é a razão da avaliação?
>
> – Seus pais (os patriarcas) vivem bem entre si? Seu pai trai a sua mãe? Há risco de divórcio?
>
> – Como está a saúde de seus pais? Há risco de morte eminente? Qual a expectativa?
>
> – Seus pais mantêm boas relações com os filhos? Os filhos (irmãos) mantêm boas relações entre si? Se dão bem? Se toleram? Como é o diálogo e a convivência?
>
> – Qual a extensão familiar que seria alcançada? Rusgas de qualquer natureza, mesmo as que possam envolver cunhados, genros, noras etc.?
>
> – Os casados são fiéis? Há risco concreto de separação conjugal de qualquer um dos sócios? Há doenças ou problemas graves de saúde nas gerações mais jovens?
>
> – Que tipo de bens há? Querem conservar ou pretendem vender? Há alguma atividade produtiva? Qual a natureza? Há demandas judiciais? Há dívidas? Do que vocês têm medo?
>
> São exemplos, apenas. Ao longo dessa conversa – que nada mais é do que uma identificação – outras perguntas sempre surgem a partir das respostas. Ele foi anotando tudo e, a certo ponto, disse que estava bom e voltou a pedir as dicas.
>
> – Estas são a dicas, respondemos.
>
> Novo susto!
>
> – Ao responder a tais perguntas, você fará um roteiro que deverá orientar-lhe na escolha da natureza jurídica, do tipo societário e das cláusulas do ato constitutivo. Veja que as perguntas aqui listadas são meramente exemplificativas. O roteiro do que perguntar resulta das primeiras entrevistas.

Claro que o questionário acima está simplificado. Os próximos capítulos oferecerão uma compreensão maior da ferramenta (*holding*), permitindo-lhe captar possibilidades e, mais do que isso, valores: o que se pode fazer e o que se pode proteger. Apesar de ser um ambiente extremamente heterogêneo (famílias, patrimônios, empresas etc.), essa diversidade é interligada por um fio comum, uma inteligência afim, definível tanto no plano dos desafios a se atentar quanto nos benefícios que se pode agregar na estrutura que se constituirá para cada caso. O advogado responsável deve se compreender (e preparar-se arduamente para ter condições de assim se compreender) como um agente de excelência na organização das situações interindividuais e jurídicas que compõem o *corpus* sobre o qual irá trabalhar. Apesar de certa timidez dos profissionais para construir estruturas normativas mais ousadas, mais detalhadas, é a produção de tais documentos mais elaborados que viabiliza uma expansão dos benefícios societários da iniciativa, ou seja, é por aí que a pessoa jurídica ocupa o lugar de equipamento com maior impacto e não mera entificação do patrimônio: não mais que um CNPJ ou pouco mais do que isso.

Por exemplo, verificando que há conflitos comuns, o ato constitutivo precisa dedicar-se a seções em que são dispostas normas sobre prevenção de conflitos e solução de conflitos. Afinal, disputas internas reverberam em toda a estrutura e podem desarranjar toda a cadeia de medidas pensadas para o planejamento jurídico, familiar e patrimonial. Obviamente é difícil fazer projeções. Mas isso é parte do trabalho de criar normas, sejam leis, sejam cláusulas de um contrato ou artigos de um estatuto. O expert deve construir previsões normativas que permitam à coletividade reestabelecer a normalidade logo após o surgimento de algum desentendimento (o que é próprio dos grupos). O que há de pior é uma escassez de soluções institucionais (cláusulas previamente estabelecidas), impedindo o acionamento de procedimentos pensados para a retomada do equilíbrio interno. Claro que tudo isso requer equipe qualificada; planejamento jurídico e redação de pactos sociais e parassociais implicam mentalidade proativa, atenção à prevenção de riscos (comuns a todos os casos ou específicos de cada caso), troca de informações com os envolvidos, além da sempre fundamental criação de vínculos de confiança.

– Mas você fez perguntas pessoais para o seu amigo! Coisas como fidelidade etc.!

Sim. Afinal, a possibilidade de separações (divórcios ou dissoluções de convivências) demanda prever soluções (lícitas! Não estamos falando ou propondo passar ninguém para trás! Esse não é o objetivo deste livro, nem de nossos estudos) para a partilha de bens, a considerar o regime de bens de cada relacionamento e assim por diante. Estamos falando em organização: estabelecer os pilares jurídicos (em atos constitutivos, acordos, atos parassociais outros) que determinem uma evolução qualitativa em cadeia, permitindo que recursos materiais e pessoais sejam alocados para proteção das partes e otimização do ecossistema que se mantém entre elas (relações intergrupais familiares). Por exemplo, pactos nupciais que reconheçam a preferência, em caso de partilha de patrimônio comum, por certos bens e não outros, preservando incólume a coletividade social (da *holding* familiar) e evitando a necessidade de apuração de haveres para atender à meação.

> Exemplo de Cláusula – A sociedade tem compromisso com a Constituição, leis e princípios jurídicos, devem suas atividades se pautarem pelos valores da ética, integridade e transparência. O(s) administrador(es) societário(s) responderá(ão) pessoalmente por fraudes, corrupção e atos ilícitos definidos como crime, sendo direito da sociedade exercer o direito de regresso por quaisquer valores que tenha que dispender, a qualquer título, por atos ilícitos dolosos de qualquer natureza.
>
> Parágrafo único – Fica expressamente reconhecida a legitimidade de todo e qualquer sócio de ajuizar, em nome da sociedade, embora às suas expensas, ação para efetivar o direito de regresso previsto no *caput*, se a sociedade, por deliberação favorável da maioria dos demais sócios, excluído o(s) responsável(is), não o fizer em até... (...) do efetivo desembolso.

Esses esforços fazem-se melhor quando refletem uma tecnologia jurídica refinada e atualizada, compreendendo-se como expressão inovadora. De fato, a tecnologia jurídica também experimenta inovações de ordens diversas, como mudanças legislativas, alterações jurisprudenciais, evolução da teoria jurídica (doutrina), novas práticas e procedimentos estabelecidos pelos advogados no exercício de sua profissão, além de inovações que resultem dos próprios atores mercantis: empresários, investidores, gestores etc., no exercício da constante procura por meios mais eficazes de apresentarem-se ao mercado. Noutras palavras, depois de investigar o que se passa com os membros e com o patrimônio, passa-se à redação e, em cada cláusula, recomenda-se recorrer à doutrina, examinar a jurisprudência sobre o tema, atentar para a qualidade do texto que se redige etc.[16]

Mais do que isso, reiteramos o que afirmamos outrora, a manutenção ou a alteração das estruturas societárias devem sempre considerar o parâmetro da *sustentabilidade jurídica*. Não basta pensar a empresa com fins a realizar seu objeto social, visando à verificação de lucro. É indispensável que empresa e sociedade sejam estruturadas e orientadas para uma estabilidade, ou seja, que se busque a preservação da empresa, o que inclui comportamentos para a preservação do patrimônio produtivo. A *sustentabilidade jurídica* compõe a *boa administração* (*boa governança*) empresarial, estabelecendo uma atuação consciente dos parâmetros jurídicos e, assim, capaz de evitar problemas como multas, condenações etc. E a base de tudo isso são as regras que estão dispostas nos atos constitutivos, sendo ainda possível elaborar outros documentos em nível inferior, como regulamentos internos, acordos de sócios etc. Tudo em conformidade com o que se mostra necessário.

---

[16] MAMEDE, Gladston; MAMEDE, Eduarda Cotta. *Manual de redação de contratos sociais, estatutos e acordos de sócios*. 4. ed. São Paulo: Atlas, 2019.

2.1. Sustentabilidade jurídica

O melhor advogado empresarialista é aquele que está sempre atento para a necessidade de garantir sustentabilidade jurídica para as empresas que são objeto de sua atuação. A expansão das implicações jurídicas das atividades negociais que há muito já não revelam práticas técnicas simplistas, como as próprias do pequeno negócio (a quitanda, a tasca, a birosca, o armarinho etc.), amplia demandas e riscos que precisam ser considerados para uma boa estruturação jurídica da corporação;[17] *uma estruturação que seja sustentável. Não se trata apenas da indispensável atenção às normas jurídicas do Direito Empresarial, mas de áreas afins, conforme as implicações corporativas: recomenda* expressão proativa, o que se faz a partir da utilização dos instrumentos mais modernos disponibilizados pela tecnologia jurídica, a incluir, em alguns casos, atenção especial para eventuais impactos ambientais e sociais de atividades exercidas pela própria *holding* (se mista) ou por sociedade(s) em que participe ou tenha o controle.

O plano por excelência da sustentabilidade jurídica é o que se convencionou chamar de *boa governança corporativa* ou, ainda, *bom governo societário* e pode se expressar em normas jurídicas, dispostas no ato constitutivo (plataforma normativa principal), em acordo de sócios (plataformas normativas acessórias) ou em regulamentos e regimentos e outras normas da administração e/ou gerência corporativas (plataformas normativas laterais). Obviamente, o bom governo corporativo vai além do desenho normativo, passando por comportamentos objetos do estudo de outras disciplinas, como Contabilidade, Administração Financeira etc. Numa empresa, tudo se interliga. Tudo se enfeixa. No entanto, o âmbito de atuação do advogado é restrito e, assim, sua função é trabalhar por sustentabilidade jurídica no plano das definições normativas; não lhe cabe fazer a contabilidade ou o planejamento financeiro ou a administração empresarial etc. Há um limite, o que não quer dizer que o espaço seja restrito. É o que se pode aquilatar lendo dois exemplos de normas corporativas:

> Exemplo de Cláusula – A reunião (assembleia) de sócios elegerá,[18] anualmente, um comitê de integridade financeira, composto de... (...) membros, com atuação permanente e com autonomia,[19] cuja função é monitorar a qualidade e a integridade dos atos societários, identificar deficiências e falhas, atuando em favor da integridade patrimonial da sociedade, podendo recomendar medidas

---

[17] Conferir: MAMEDE, Gladston; MAMEDE, Eduarda Cotta. *Estruturação Jurídica de Empresas*: alternativas da tecnologia jurídica para a advocacia societária. Barueri: Atlas, 2024.

[18] É possível enunciar critérios de composição que protejam minorias, núcleos familiares diversos etc.

[19] Sendo o caso: "... compreendendo as sociedades controladas...".

> para proteger o interesse da corporação e de seus sócios. O comitê constitui órgão permanente de controle, devendo ter acesso a todos os documentos que julgue necessário para o cumprimento da função.
>
> Parágrafo primeiro – Nenhum dos membros poderá ser administrador societário, todos devem atuar com diligência e lealdade para com a sociedade e o interesse de todos os sócios, nomeadamente minoritários.
>
> Parágrafo segundo – Em caso de vacância, será convocada reunião (assembleia) extraordinária de sócios para substituição, sem prejuízo da continuidade das atividades pelos membros remanescentes.
>
> Parágrafo terceiro – Identificadas deficiências, irregularidades ou ilícitos, os sócios deverão ser informados, sob pena de responsabilidade dos membros do comitê.

> Exemplo de Cláusula – Assegura-se a todos os sócios a faculdade de monitorar a qualidade e integridade dos atos societários, identificar deficiências e falhas, atuando em favor da integridade patrimonial da sociedade, podendo recomendar medidas para proteger o interesse da corporação e de seus sócios.
>
> Parágrafo primeiro – O administrador societário, o contador e o advogado da sociedade devem dar a todos os sócios pleno acesso a todos os documentos corporativos a fim de exercer a faculdade prevista no *caput*.
>
> Parágrafo segundo – No exercício dos direitos acima, o sócio poderá fazer-se acompanhar de advogado, contador, auditor ou outro profissional que o auxilie no monitoramento dos atos societários.[20]

É recomendável um olhar mais atento aos riscos internos (de relacionamento) e externos (Estado, mercado, comunidade etc.), criando respostas normativas que possam evitá-los ou, pelo menos, que permitam remediar problemas recorrentes. As medidas variam em conformidade com a família e com o tipo de patrimônio. Por exemplo, em *holdings* focadas em múltiplas participações societárias (controle de várias empresas), definição de mecanismos para controle das afiliadas, definição de limites de alavancagem, incorporação de técnicas e arranjos de fiscalização gerencial e contábil etc. Para *holdings* focadas em patrimônio imobiliário será outro contorno, podendo dispor, inclusive, sobre normas que disciplinem formação de fundos ou reservas para reformas, consertos, impostos, critérios para uso etc. É preciso calcular como será a evolução societária e definir cânones (regras

---

[20] As duas cláusulas têm função similar. A primeira foi pensada para uma sociedade de maior porte, que, diz a experiência, sofre os efeitos de um monitoramento pessoal constante. A segunda foi pensada para sociedades menores, permitindo o monitoramento pelo próprio sócio. Questão relevante é saber se a previsão deve constar de plataforma normativa primária (ato constitutivo), merecendo ciência pública, ou de plataforma secundária (pacto parassocial), sem arquivamento. Importa considerar estrategicamente os efeitos da publicização (*disclosure*).

corporativas) que deem suporte a esse desenvolvimento, com foco principal na prevenção e/ou pronta resolução de conflitos familiares que, por óbvio, são presumíveis. *Holdings* familiares têm esse desafio específico de transformar familiares em sócios, e isso deve ser tratado, tema ao qual voltaremos reiteradamente em momentos posteriores. Entre os exemplos listados neste livro, há várias previsões que refletem tal preocupação.

Melhor será, claro, quando os mecanismos societários forem acompanhados, em funcionamento, pelo advogado para que, assim, sejam feitas correções que se revelem desafios próprios de cada caso. Mas, como já dissemos, infelizmente não temos uma cultura de *manutenção jurídica*, o que é temerário. No melhor cenário, as partes aprenderiam com a convivência corporativa e permitiriam alterações no respectivo sistema normativo (ato constitutivo, acordos e regulamentos), para ajustar o mecanismo e contornar falhas e desafios detectados. Sem essa possibilidade, o trabalho do advogado pode se ver limitado ao momento da constituição, devendo cruzar os dados que obteve na colheita de informações junto aos envolvidos (sintomatologia jurídica) com seu conhecimento e experiência jurídicas, a fim de ajustar a estrutura da *holding* ainda em seu nascedouro. Daí a importância da melhor análise daqueles dados e, se possível, de se ajustar com os clientes uma renovação do trabalho após certo tempo de funcionamento da corporação. Aproveitar ao máximo os dados obtidos nas entrevistas e investigações preliminares é o maior desafio do advogado que busca sustentabilidade jurídica.

Por fim, é preciso atenção para outro aspecto também relacionado à sustentabilidade jurídica: de nada adianta constituir equipamentos jurídicos sofisticados se os envolvidos não os compreendem e/ou não sabem como os utilizar. E não é raro constatar que problemas resultam exclusivamente do fato de um ou alguns dos envolvidos se sentir perdido, sem entender o que se passa, como funciona, o que pode e o que não pode, o que é visado, quais as vantagens, quais as possibilidades. Em suma, o advogado deve compreender que a informação é um ônus profissional e, assim, oferecer uma visão geral do que fez, apontando cláusulas e suas funções, benefícios, desafios, possibilidades, fazendo os alertas que julgue recomendáveis, a exemplo de atos que podem comprometer a estruturação (a exemplo da possibilidade de desconsideração da personalidade jurídica em razão de confusão patrimonial). É uma forma de reduzir a pressão por resultados irreais: deixar claro como funciona, o que se pretende obter e como isso deverá ocorrer com a constituição da sociedade (simples ou empresária). Treinar (preparar para a vida societária) deve ser compreendido como parte da operação: explicar como se usa a tecnologia, por que foi adotada, para que serve. De resto, insistimos, deixar aberta a porta para eventuais assistências técnicas.

3 Metamorfoses societárias

Falamos na arquitetura societária e, mais do que isso, na necessidade de manutenção jurídica das estruturas. O tempo passa e produz seus efeitos sobre as coisas, inclusive sobre as pessoas jurídicas e, claro, sobre *holdings*. Já o dissemos e vamos repetir (agora e depois): manutenção jurídica é um conceito que precisa ser assimilado e apregoado. Essa manutenção pode fazer-se em cláusulas (uma, algumas, todo um conjunto normativo), mas pode implicar algo maior, como a transformação societária. É possível que uma sociedade transforme o seu tipo societário. Uma sociedade anônima pode se tornar limitada, ou o reverso, entre outras hipóteses, o que não demanda a dissolução da sociedade, não havendo falar, consequentemente, em sua liquidação. Esse procedimento se concretiza obedecendo os preceitos que regulamentam a constituição e inscrição do tipo societário em que vai converter-se, principiando pela aprovação da medida pelos sócios.

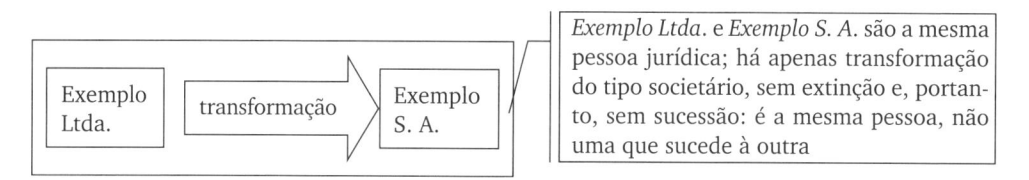

Exemplo Ltda.	transformação ⟶	Exemplo S. A.	*Exemplo Ltda.* e *Exemplo S. A.* são a mesma pessoa jurídica; há apenas transformação do tipo societário, sem extinção e, portanto, sem sucessão: é a mesma pessoa, não uma que sucede à outra

Não é só. Uma pessoa jurídica pode incorporar outra pessoa jurídica. Focando no alvo do presente estudo, uma sociedade pode incorporar uma outra sociedade (artigos 1.116 do Código Civil e 227 da Lei 6.404/76). Essa operação pode concretizar-se entre sociedades de mesmo tipo ou entre sociedades de tipos diversos (artigo 223 da Lei 6.404/76). Assim, uma sociedade em nome coletivo pode incorporar uma sociedade anônima, ou vice-versa, como exemplo. Se a sociedade incorporadora e/ou a sociedade incorporada forem uma sociedade anônima com títulos admitidos à negociação no mercado aberto (*companhias abertas*), dessa operação deverá resultar uma companhia aberta (artigo 223, § 3º, da Lei 6.404/76). Aliás, a regra não é específica para a incorporação, aplicando-se também para outras mutações societárias, ou seja, à fusão e à cisão, que serão tratadas nas seções seguintes deste capítulo. De outra face, embora não se trate de uma limitação, não se deve olvidar que, se a sociedade incorporadora e/ou a sociedade incorporada forem uma sociedade por ações (sociedade anônima ou sociedade em comandita por ações) deverão ser aplicadas as normas que constam da Lei 6.404/76.

> Exemplo de Cláusula – *Sociedade A* ("incorporadora") [qualificar] e *Sociedade B* ("incorporada") [qualificar] celebram o presente protocolo de incorporação, nos termos do artigo 223 da Lei 6.404/76, devidamente acompanhado da respectiva justificativa, nos seguintes termos e condições.

> Exemplo de Cláusula – O presente Protocolo e Justificação propõe as regras e as condições para a incorporação de *Sociedade A* ("incorporada") [qualificar] pela *Sociedade B* ("incorporadora") [qualificar], caso seja aprovada pelos sócios de ambas, nos seguintes termos.

Para que uma sociedade incorpore outra ou outras, a operação deverá ser aprovada por todas as envolvidas, incorporadora e incorporada(s). Essa aprovação tem quórum de deliberação que varia conforme o tipo societário. Essa deliberação será tomada à vista de uma justificação que será apresentada aos sócios (artigo 225 da Lei 6.404/76), trazendo as bases da operação (artigo 1.117 do Código Civil). Sendo aprovada a operação, os sócios autorizarão os administradores a seguirem no procedimento, praticando os atos necessários, incluindo a assinatura de um protocolo com as condições gerais do evento. Como resultado da incorporação, os sócios da sociedade incorporada passarão a ser sócios da sociedade incorporadora, na mesma medida em que o patrimônio da incorporada irá se acrescer ao patrimônio da incorporadora. Isso implicará uma redefinição da participação societária na incorporadora.

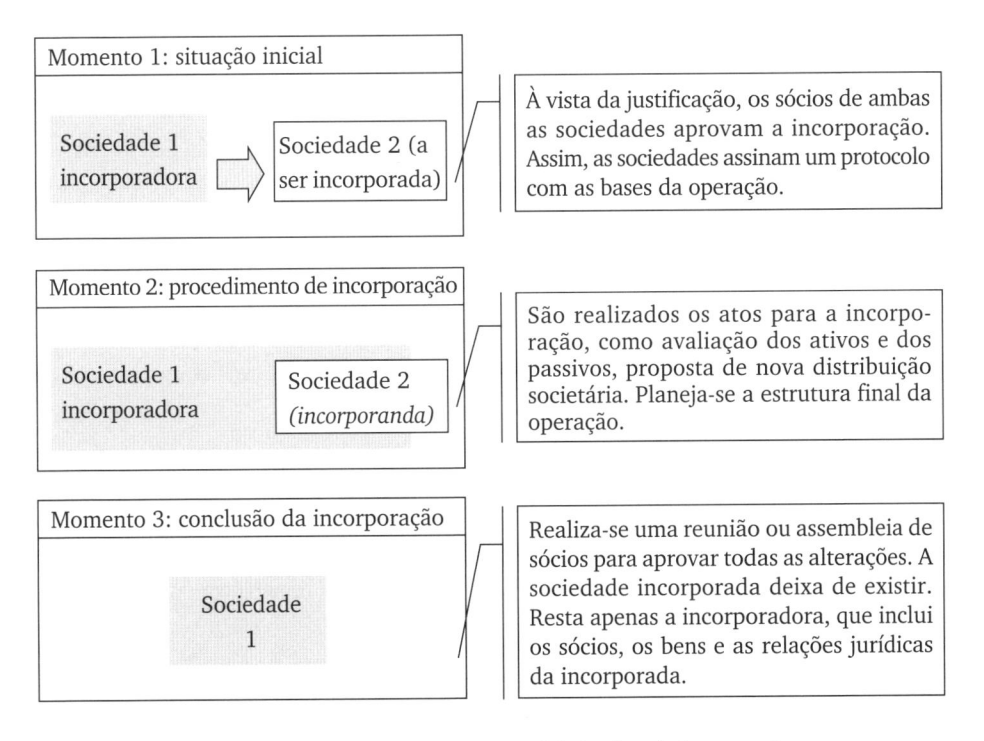

Momento	Esquema	Descrição
Momento 1: situação inicial	Sociedade 1 incorporadora → Sociedade 2 (a ser incorporada)	À vista da justificação, os sócios de ambas as sociedades aprovam a incorporação. Assim, as sociedades assinam um protocolo com as bases da operação.
Momento 2: procedimento de incorporação	Sociedade 1 incorporadora — Sociedade 2 *(incorporanda)*	São realizados os atos para a incorporação, como avaliação dos ativos e dos passivos, proposta de nova distribuição societária. Planeja-se a estrutura final da operação.
Momento 3: conclusão da incorporação	Sociedade 1	Realiza-se uma reunião ou assembleia de sócios para aprovar todas as alterações. A sociedade incorporada deixa de existir. Resta apenas a incorporadora, que inclui os sócios, os bens e as relações jurídicas da incorporada.

Enfim, convoca-se nova reunião ou assembleia de sócios, conforme o caso, para aprovação do laudo de avaliação e finalização dos atos de incorporação. Atente-se para o fato de que, ao final da operação, as relações jurídicas que compunham a sociedade incorporada, então já inexistente, passarão a compor o universo da sociedade incorporadora. São diversas as decisões do Superior Tribunal de Justiça que reconhecem haver sucessão empresarial não apenas na incorporação, mas também na fusão e na cisão, reconhecendo que o sucessor mantém a responsabilidade empresarial do sucedido, o que compreende, além dos tributos, as multas moratórias ou punitivas; essas verbas são compreendidas como dívida de valor, acompanhando o passivo do patrimônio objeto da incorporação, fusão ou cisão.

> Exemplo de Cláusula – Nas hipóteses de exercício de direito de retirada, por previsão em lei ou por previsão deste (contrato social ou estatuto social), o valor do reembolso terá por base o valor econômico da sociedade apurado em avaliação feita por auditoria contábil especializada.

Também é possível a duas sociedades fundirem-se, dando origem a uma outra sociedade. Embora também aqui se tenha um somatório de patrimônios e coletividades sociais, a operação não se faz sob a forma da absorção de um corpo social (incorporado) por outro (incorporador), mas pela *fusão* desses corpos, a implicar um somatório no qual fazem um mesmo movimento: os dois corpos sociais somam-se a bem da constituição de uma terceira pessoa. Somam-se os patrimônios (ativo e passivo) e as coletividades sociais (sócios quotistas e/ou acionistas), mas a bem de um novo corpo social são extintas as nominações (razão social ou denominação) anteriores (artigos 1.119 do Código Civil e 228 da Lei 6.404/76).

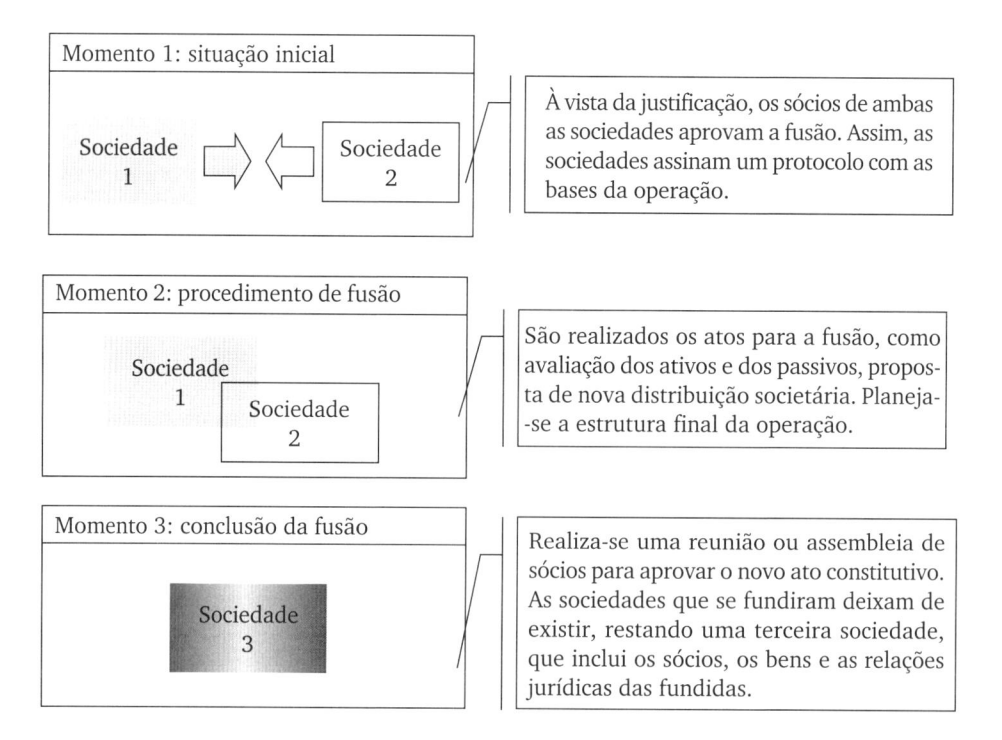

Momento 1: situação inicial	
Sociedade 1 ⇨ ⇦ Sociedade 2	À vista da justificação, os sócios de ambas as sociedades aprovam a fusão. Assim, as sociedades assinam um protocolo com as bases da operação.

Momento 2: procedimento de fusão	
Sociedade 1 / Sociedade 2	São realizados os atos para a fusão, como avaliação dos ativos e dos passivos, proposta de nova distribuição societária. Planeja-se a estrutura final da operação.

Momento 3: conclusão da fusão	
Sociedade 3	Realiza-se uma reunião ou assembleia de sócios para aprovar o novo ato constitutivo. As sociedades que se fundiram deixam de existir, restando uma terceira sociedade, que inclui os sócios, os bens e as relações jurídicas das fundidas.

Podem se fundir sociedades de tipos iguais ou diferentes, sendo que a sociedade fruto da fusão poderá tomar qualquer tipo societário, mesmo diferente daqueles que caracterizavam as sociedades que se fundiram. Em suma, as mesmas balizas vistas para a incorporação, o que inclui a aprovação pelos sócios das corporações envolvidas, a partir de uma justificação que delineie, de forma confiável, uma projeção das bases do negócio, mas que, para a fusão, deverá vir acrescida do projeto do ato constitutivo (contrato social ou estatuto social) da nova sociedade, bem como o plano de distribuição do capital social (artigo 1.120, § 1º, do Código Civil). O procedimento é também igual no alusivo à assinatura do protocolo e no que diz respeito ao periciamento dos patrimônios sociais envolvidos.

> Exemplo de Cláusula – Em decorrência da operação, o capital social da sociedade resultante passará a ser de R$... (... reais), dividido em... (quotas/ações), resultando na seguinte estrutura:[21]

Como resultado da fusão, somam-se os patrimônios sociais, ou seja, faculdades e obrigações jurídicas, em termos análogos àqueles estudados, na seção anterior, para a incorporação, sendo que a sociedade resultante da fusão sucederá aquelas que se fundiram (artigos 1.119 do Código Civil e 228 da Lei 6.404/76). Portanto, não há transferência, nem transmissão de bens, da mesma maneira que não se perdem as obrigações das sociedades extintas, já que a sociedade resultante da fusão as assumirá todas, com seus respectivos acessórios.

Ainda é possível uma sociedade cindir-se, ou seja, dividir-se, criando novo ou novos corpos sociais. A operação implica a transferência de parcelas do patrimônio da sociedade para uma ou mais sociedades, constituídas para esse fim ou já existentes, extinguindo-se a companhia cindida, se houver versão de todo o seu patrimônio, ou dividindo-se o seu capital, se parcial a versão. Essa definição, inscrita no artigo 229 da Lei 6.404/76, acaba por permitir quatro situações diversas:

---

[21] Se quotas, valor nominal e distribuição nominativa entre os sócios. Se ações, há que se optar entre ações com ou sem valor nominal, bem como cuidar de eventual qualificação entre ordinárias e preferenciais, se for o caso. É necessário esclarecer os critérios para a recomposição, vale dizer, esclarecer como se partiu do que cada sócio tinha antes da operação e as razões pelas quais passará a ter *isso ou aquilo*. Protocolos mais completos chegam a apresentar a alteração que se fará nos atos constitutivos das envolvidas: *"Em função de tais operações, a cláusula (ou o artigo)... do contrato social (ou estatuto social) passará a ter a seguinte redação:..."*.

Operações de cisão
(1) Cisão total da sociedade em duas ou mais sociedades, criadas na operação, extinguindo-se a sociedade cindida.
(2) Cisão parcial da sociedade, que se mantém, sendo criada uma ou mais sociedades novas.
(3) Cisão parcial da sociedade, que se mantém, sendo transferidos parte de seu corpo social e patrimônio para outra ou outras sociedades preexistentes, que a incorporam.
(4) Cisão total da sociedade, que se extingue, sendo transferidos parte de seu corpo social e patrimônio para outras sociedades preexistentes que incorporam tais partes do patrimônio cindido.

Obviamente, havendo cisão combinada com incorporação, nos moldes das hipóteses 3 e 4 do quadro acima, deverão ser aplicadas, conjuntamente, as normas que regulam ambos os institutos. Frise-se ser também possível que tais operações envolvam transformações de tipo societário, que poderá dar-se na sociedade cindida, quando se mantenha existente, ou nas sociedades incorporadoras. Essa transformação concomitante apenas exigirá o respeito aos preceitos reguladores da constituição e inscrição próprios do tipo para o qual se dará a conversão (artigo 1.113 do Código Civil). Já no alusivo às sociedades criadas, não há qualquer dúvida de que poderão adotar um tipo societário original que seja distinto da sociedade de que provieram, embora se deva ter cuidado para que, nas companhias abertas, essa operação não se concretize em prejuízo do mercado de valores mobiliários.

> Exemplo de Cláusula – O objeto deste protocolo é definir termos, justificativas e condições da cisão de Sociedade A ("cindida"), havendo incorporação da parcela cindida pela Sociedade B ("incorporadora"), nos termos do artigo 229, § 3º, da Lei 6.404/76, bem como seus artigos 223 e seguintes, assumindo a cindida a condição de sócia da incorporadora, em conformidade com as tabelas abaixo enunciadas, explicitando a nova estrutura de capital da incorporadora e respectiva composição societária. Não haverá alteração de capital ou de participação societária na sociedade cindida.

A cisão deverá ser aprovada pelos membros da sociedade cindida, respeitados os percentuais de aprovação que são os mesmos aplicáveis à incorporação e à fusão. Mas é lícito ao contrato ou ao estatuto social prever quórum específico para tal deliberação, hipótese em que será respeitada a previsão do ato constitutivo, não padecendo de qualquer defeito. Essa deliberação se fará em face da justificação (artigo 225 da Lei 6.404/76), sendo que, se a operação incluir a criação de uma nova sociedade, será apresentado o projeto de ato constitutivo da nova sociedade (contrato ou estatuto social). Aprovada a proposta, serão nomeados os peritos que avaliarão a parcela do patrimônio a ser transferida; se essa sociedade for adotar a forma de sociedade por ações, a assembleia que aprovar a justificação e nomear peritos funcionará como assembleia de constituição da nova companhia (artigo 229, § 2º, da Lei 6.404/76).

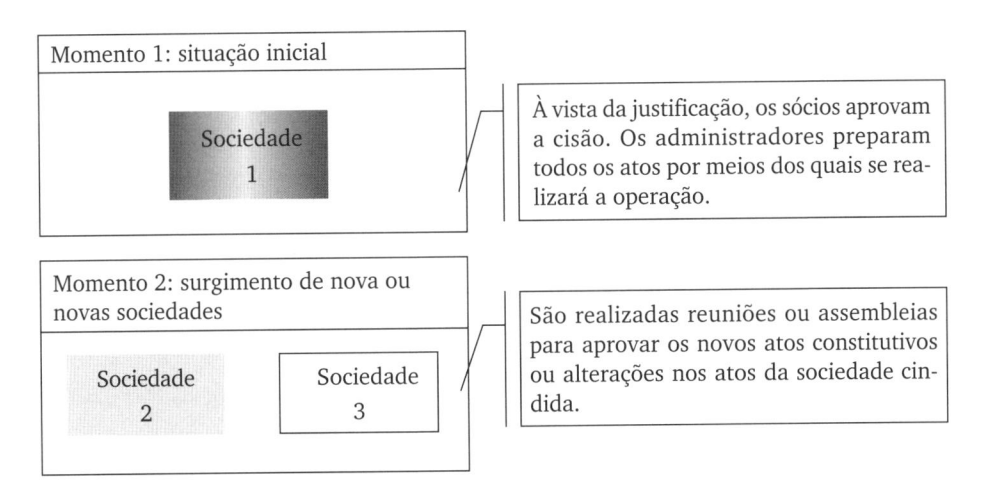

Momento 1: situação inicial	
Sociedade 1	À vista da justificação, os sócios aprovam a cisão. Os administradores preparam todos os atos por meios dos quais se realizará a operação.

Momento 2: surgimento de nova ou novas sociedades		
Sociedade 2	Sociedade 3	São realizadas reuniões ou assembleias para aprovar os novos atos constitutivos ou alterações nos atos da sociedade cindida.

Nas parcelas cindidas do corpo social e na parcela que se mantenha, na hipótese de cisão parcial, a participação societária no capital social guardará proporção com a participação originária. A instituição de distinções demanda aprovação unânime pelos demais sócios, já que o ato implica disposição de direito (artigo 229, § 5º, da Lei 6.404/76). Os sócios da sociedade titulares de cada parte do patrimônio que foi cindida receberão as ações ou quotas que lhes cabem diretamente da sociedade incorporadora, se a parcela for incorporada por sociedade previamente existente, ou da nova sociedade, se à parcela corresponder a criação de uma nova personalidade jurídica. Com a aprovação, pelas reuniões e/ou assembleias de sócios das sociedades objeto da operação, os atos constitutivos e, havendo, as alterações contratuais ou estatutárias, serão levadas ao Registro Público.

4 Justificação e protocolo

As deliberações dos sócios, quotistas ou acionistas, sobre a proposta de realização de incorporação, fusão ou cisão, fazem-se à vista de uma justificação, viu-se acima. Nesse estudo sobre as bases do negócio, deverão estar expostos os motivos ou finalidades da operação proposta, e o interesse de cada sociedade na sua realização (artigo 225, I, da Lei 6.404/76). Exige-se, ademais, uma descrição minuciosa sobre como ficará o capital social da sociedade ou sociedades quando concluída a operação, bem como a participação societária dos sócios, incluindo a hipótese de ser necessária a emissão de quotas ou ações em substituição aos títulos anteriores (artigo 225 da Lei 6.404/76). Se são muitos sócios, como ocorre com as sociedades anônimas de capital aberto, essa projeção poderá ser feita por classe de ação, estimando-se a proporção. Por exemplo: cada grupo de 1.075 quotas da sociedade incorporada corresponderá a 2 ações da sociedade incorporadora.

Como essa proposição faz-se antes da avaliação do(s) patrimônio(s) líquido(s) da(s) sociedade(s) envolvida(s), a justificação não precisa ser exata na descrição das bases do negócio. Será apenas uma estimativa que levará em conta os últimos balanços patrimoniais. Ainda assim, é essencial que a justificação projete, em conformidade com estimativas confiáveis, a situação final da operação, ou seja, qual será o estado do patrimônio da sociedade incorporada ou fundida, ou das sociedades objeto da cisão, bem como a participação dos sócios nestas, permitindo que os sócios tenham uma compreensão adequada da medida sobre a qual devem deliberar. A justificação não tem a obrigação de ser exata, mas de ser confiável, leal, retratando o conhecimento que efetivamente se tem dos elementos envolvidos, mesmo aqueles que destoem do balanço, mas que, sabidos, irão impactar a operação.

> Exemplo de justificação
>
> 1. Os relatórios apresentados em anexo demonstram que a fusão será vantajosa para as sociedades e, por decorrência, para os seus sócios. As estimativas são de um somatório das receitas corporativas, vez que não há sobreposição de mercados e/ou clientes, ao passo que a unificação de operações permitirá um significativo corte em custos e despesas.
>
> 2. Especial atenção merece a proposta de um cronograma (também em anexo) de unificação de atividades, com racionalização nas áreas de gerência operacional, estoque e distribuição, com projeções sobre a economia potencial a ser obtida em cada fase.
>
> 3. Foi elaborada uma projeção de fluxo de caixa, que, partindo do mero somatório das situações atualmente experimentadas pelas sociedades, demonstra potencialidades de aumento no faturamento em virtude de se alcançar uma economia de escala.
>
> 4. A sociedade resultante da fusão prosseguirá dedicando-se à mesma atividade negocial, embora um mercado maior possa indicar alternativas para uma ampliação em segmentos avizinhados, com significativa melhora nos resultados financeiros.

Ainda devem ser especificadas eventuais modificações nos direitos e deveres dos sócios quotistas ou acionistas (artigo 225, II, da Lei 6.404/76). Essas modificações podem resultar, antes de mais nada, de alterações que venham a ser produzidas no ato constitutivo da sociedade ou sociedades envolvidas, incluindo a elaboração de contrato ou estatuto social para sociedade(s) que seja(m) criada(s). Outra hipótese é a transformação de tipo societário, implicando direitos e deveres distintos, sejam por força de lei, sejam por força do novo ato constitutivo, atribuído à sociedade transformada.

Por fim, a justificação deverá dar aos sócios uma medida confiável sobre a liquidação de suas quotas ou ações, na hipótese de votarem contra a operação e serem nela vencidos. Com efeito, sempre que não se fizer necessária a unanimidade do capital social para a aprovação da operação, como se passa nas sociedades limitada, anônima e em comandita por ações, os sócios vencidos terão o direito de se retirar da sociedade (*direito de recesso*), com a liquidação de suas quotas ou o reembolso de suas ações. Dessa forma, para orientar a decisão dos sócios, inclusive sobre esse aspecto, a justificação deverá projetar o valor que seria atribuível, por quota ou ação, na hipótese de recesso.

> Exemplo de Cláusula – A efetivação da operação está condicionada às seguintes aprovações:[22] ... [23]-[24]

É muito comum, entre os profissionais do Direito e da Contabilidade, concluir operações de incorporação, fusão e cisão *numa só tacada*, ou seja, num só ato, não confeccionando justificação e não assinando protocolo. Embora essa estratégia seja lícita, quando não haja discordância dos sócios, acaba por revelar um risco, considerando a possibilidade de desentendimentos futuros e, a partir deles, da alegação de que um ou alguns sócios foram induzidos a erro, o que pode conduzir à anulação da operação. Justamente por isso, parece-nos que o respeito ao procedimento inscrito no Código Civil e na Lei 6.404/76, com exposição das bases do negócio (justificação), assinatura de protocolo, além da realização da adequada avaliação dos ativos, trabalha a favor da higidez da operação, sendo de todo recomendável seguir esses trâmites.

Aprovada a realização da operação (incorporação, fusão ou cisão), à vista da justificação, será assinado um protocolo pelos órgãos de administração ou sócios das sociedades, estipulando as bases do evento social. Esse protocolo está previsto no artigo 224 da Lei 6.404/76 e conterá, a exemplo da justificação, uma ampla descrição da situação societária que resultará da operação.

---

[22] Conforme o caso, isso irá variar. Sendo duas sociedades por quotas, é simples: "... *condicionada às aprovações de ambas reuniões (ou assembleias) de sócios*". Obviamente, pode haver particularidades nos contratos sociais, o que, contudo, é raro. Em se tratando de sociedades por ações, a lista poderá ser maior ou menor, considerando os respectivos estatutos sociais: conselho fiscal, comitês (auditoria, financeiro etc.), conselho de administração, assembleia geral extraordinária.

[23] Nos melhores protocolos, especificam-se quais matérias deverão ser aprovadas. Exemplo: termos e condições do protocolo, avaliadores do patrimônio e/ou laudo de avaliação, grupamento de ações, extinção ou criação de ações, tipos ou classes de ações, autorização para a prática dos respectivos atos perante órgãos competentes.

[24] É possível que o protocolo defina um cronograma com prazos (ou termos) máximos para cada uma das fases, evitando que o processo seja dilargado e, assim, prejudique os interesses das partes.

Muitos dos elementos que devem constar do protocolo não poderão ser afirmados com certeza. Justamente por isso, os valores que estejam sujeitos a determinação pela avaliação a ser promovida nos patrimônios das sociedades envolvidas na operação serão indicados por estimativa (parágrafo único do artigo 224 da Lei 6.404/76).

> Exemplo de Cláusula – Os custos e despesas decorrentes da operação deverão ser suportados igualmente pelas partes.[25]

Não se pense que o protocolo é uma formalidade vazia, sem efeitos. Trata-se de um contrato firmado entre as partes, ou seja, entre as sociedades, por seus órgãos de administração, ou pelos sócios, na cisão ou na hipótese de terem, eles mesmos, firmado o protocolo. Cuida-se de um contrato preliminar, embora de tipo específico: não é uma promessa de contratar, mas uma promessa de negociar, ou seja, de conduzir o processo visando a sua concretização, embora haja a possibilidade de que não se ultime, se presentes elementos relevantes para tanto, designadamente uma distorção entre as estimativas que constavam da justificação/protocolo e os valores efetivamente encontrados na auditoria e na avaliação das empresas.

---

[25] Nada impede que se convencione que certa parte assuma custos e despesas. É possível especificar o alcance da responsabilidade pelos desembolsos, excluindo *isso ou aquilo*.

5

Planejamento patrimonial

1 Patrimônio

Patrimônio é uma palavra forte. Muitos se gabam do seu patrimônio ou se espantam com o patrimônio alheio: eu tenho isso, tenho aquilo, tenho aquilo outro. No entanto, para o Direito, o vocábulo tem significado próprio: patrimônio é o complexo formado por todas as relações jurídicas de uma pessoa: a universalidade das relações jurídicas (*universitas iuris*). Portanto, patrimônio é tanto o que se tem quanto o que se deve: faculdades e obrigações; direitos e deveres. Vamos desenvolver isso um pouco adiante: a divisão do patrimônio econômico entre ativo, passivo e líquido, em que, aliás, partem a lógica e a mecânica das chamadas sociedades (ou *holdings*) patrimoniais. Mas há uma distinção anterior cujo estudo se recomenda: patrimônio econômico *versus* patrimônio moral.

Habitualmente, usa-se o termo *patrimônio* para se referir exclusivamente às relações jurídicas com expressividade econômica, ou seja, o patrimônio econômico (ativo, passivo e/ou líquido). Aliás, para os objetivos desta obra, é preciso realçar que é justamente desse patrimônio econômico que falamos, vale dizer, aquele que pode ser adquirido e alienado, aquele sobre o qual se dará a sucessão causada pela morte do titular. No entanto, para além desse patrimônio econômico, passivo de sucessão, temos nos batido pela existência de um patrimônio moral. O reconhecimento desse conjunto de relações jurídicas de natureza bem peculiar revela uma evolução jurídica fantástica: a percepção dos direitos que resultam da condição humana, sem nada mais ser necessário: adquire-se apenas por ser humano e as possibilidades de alienação ou mitigação são parcas.

> Exemplo de Cláusula – Após a apresentação do balanço patrimonial,[1] os sócios que não exercem cargos na administração da sociedade poderão indicar auditores para verificarem a regularidade contábil da sociedade. Tais profissionais terão acesso a todos os registros contábeis e documentos, podendo formular questionamentos aos administradores.

O patrimônio moral é, a seu modo, inseparável de cada pessoa, designadamente dos seres humanos, apesar de já ter caminhado para estender sua existência às pessoas jurídicas, embora com contornos próprios, específicos. Cuida-se do conjunto de direitos que guarnece cada ser humano apenas por ser humano, ou seja, por mais miserável que seja no plano econômico. Uma criança recém-nascida, da família mais pobre que vive na desolação material e moral, é titular de um patrimônio moral: ninguém lhe pode tirar – nem ela mesma, quando for absolutamente capaz – seus direitos personalíssimos físicos (a vida, o corpo – em sua totalidade e em suas partes, eventualmente seu cadáver, sua imagem ou efígie, seu tom de voz etc.), seus direitos personalíssimos psíquicos (sua integridade psicológica, sua integridade emocional, sua intimidade, sua liberdade de crença religiosa, filosófica e política, como exemplos) e seus direitos personalíssimos morais (seu nome, sua honra, sua privacidade, suas criações intelectuais entre outras). No entanto, não há sucessão no patrimônio moral (relações jurídicas que não implicam valor monetário, como a paternidade, o casamento, o direito ao bom nome, à honra etc.). Dessa maneira, iremos nos focar no patrimônio econômico, ele sim passível de transferência *inter vivos* e *causa mortis*, permitindo iniciativas de planejamento sucessório.

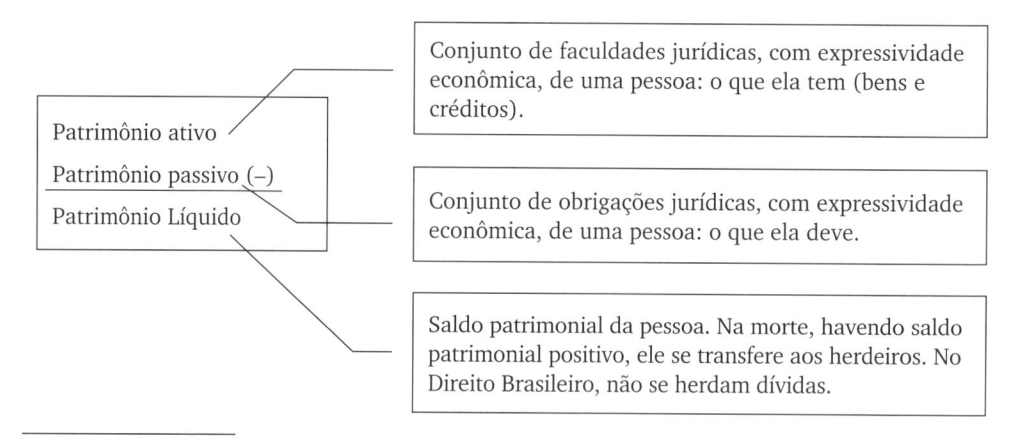

Patrimônio ativo — Conjunto de faculdades jurídicas, com expressividade econômica, de uma pessoa: o que ela tem (bens e créditos).

Patrimônio passivo (–) — Conjunto de obrigações jurídicas, com expressividade econômica, de uma pessoa: o que ela deve.

Patrimônio Líquido — Saldo patrimonial da pessoa. Na morte, havendo saldo patrimonial positivo, ele se transfere aos herdeiros. No Direito Brasileiro, não se herdam dívidas.

---

[1] Pode-se trocar por: "*A qualquer tempo...*". Também é possível parametrizar de outra forma: *semestralmente, trimestralmente* etc. Isso entre outras variações lícitas.

Segundo o artigo 91 do Código Civil, *constitui universalidade de direito o complexo de relações jurídicas, de uma pessoa, dotadas de valor econômico*. Portanto, o conceito inclui todas as *relações jurídicas dotadas de valor econômico*, formando o que os teóricos clássicos chamam de *universitas iuris* (universalidade jurídica). Em outras palavras, ao contrário da compreensão leiga, patrimônio é tanto *o que se tem* quanto *o que se deve*, isto é, *os haveres (a pagar e a receber)*. É quanto basta para que, diante da morte de alguém, seja necessário fazer-lhe o inventário: levantar seus direitos e deveres e, enfim, verificar se há saldo positivo que possa ser transferido aos herdeiros.

Seguindo essa lógica, o patrimônio econômico pode ser compreendido em partes distintas: patrimônio ativo, patrimônio passivo e patrimônio líquido. Assim, chama-se de *patrimônio ativo* ou *patrimônio positivo* ou, simplesmente, de *ativo*, o conjunto das faculdades jurídicas nas quais a pessoa ocupe a posição de titular do direito ou de credor, ou seja, relações jurídicas em que ocupe a posição ativa, podendo exigir o cumprimento da faculdade. O conceito coloquial (não técnico e, assim, usual entre a sociedade leiga) de patrimônio identifica-se com esse, considerando apenas o *patrimônio bruto*, sem a incidência dos débitos. Do lado oposto, considerando isoladamente as obrigações, chega-se ao *patrimônio passivo* ou *patrimônio negativo* ou simplesmente *passivo*, como é corrente nos meios jurídicos e empresariais. O passivo envolve a porção negativa do patrimônio, como tal compreendidas as relações jurídicas em que a pessoa ocupe a posição de devedor, estando obrigada a realizar a prestação, a adimpli-la. O ajuste entre o *patrimônio ativo* e *patrimônio passivo* da pessoa, compensando-se, leva à aferição de um valor final, o qual se denomina *patrimônio líquido*, que poderá ser, conforme o resultado da conta, *positivo* ou *negativo*.[2]

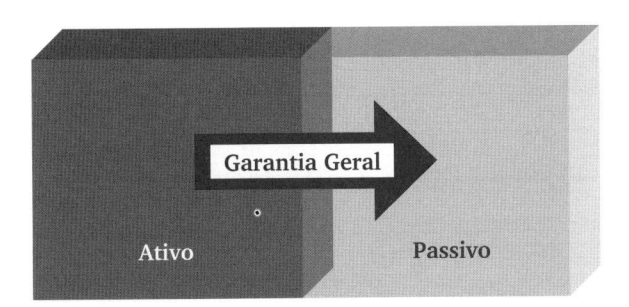

Essa compensação sustenta-se na disposição que está inscrita no artigo 391 do Código Civil, segundo o qual todos os bens do devedor respondem pelo inadimplemento das obrigações. É o que se chama de *princípio da garantia geral*, parâmetro que orienta as relações jurídico-econômicas de todas as pessoas, físicas ou jurídi-

---

[2] RODRIGUES, Silvio. *Direito civil*. 32. ed. São Paulo: Saraiva, 2002. v. 1, p. 117.

cas: por determinação legal, os bens e créditos de uma pessoa garantem o pagamento de todas as suas dívidas. Se o devedor não cumpre voluntariamente com uma obrigação, ou seja, se não paga uma dívida, o credor poderá pedir ao Judiciário para tomar-lhe bens (dinheiro, ainda que por meio do bloqueio de contas bancárias, ou outros bens, móveis ou imóveis, materiais ou imateriais) para que o pagamento seja feito.

Essa execução forçada das obrigações jurídicas – ainda que sejam obrigações privadas, ou seja, obrigações oriundas de contratos e títulos de crédito privados – é uma expressão do poder soberano do Estado (artigo 1º, I, da Constituição da República) e, como facilmente se constata, trabalha em favor do Estado Democrático de Direito, na medida em que dá eficácia ao sistema jurídico vigente. Noutras palavras, é parâmetro elementar que orienta o Direito que as obrigações legais ou convencionais devem ser voluntariamente cumpridas, ou coercitivamente executadas, realizando-se as consequências (sanções) previstas. Sejam obrigações de direito público (tributárias, previdenciárias etc.) ou de direito privado (contratos, responsabilidade civil etc.), sua eficácia tem alicerce no poder coercitivo do Estado.

Trata-se de regra geral, comportando exceções específicas, como os bens de família, as verbas alimentares etc. Mas são situações raras. Na maior parte das vezes, como resultado de uma execução judicial, na qual o credor peça ao Judiciário para efetivar o seu crédito em face do inadimplemento voluntário do devedor, a atuação do Estado não se fará sobre a pessoa do devedor, mas sobre os seus bens: quaisquer bens (coisas ou direitos pessoais de caráter patrimonial, com expressão econômica), tantos quantos bastem à satisfação do crédito, submetendo-se, dessa maneira, à: (1) constrição; (2) praça (hasta pública); e (3) arrematação e/ou adjudicação. É o caminho processual da satisfação coativa das obrigações que não mereceram adimplemento voluntário. Todo o *patrimônio econômico* (não o *patrimônio moral*), indistintamente e no limite de suas forças (nos limites do *patrimônio bruto* ou *patrimônio ativo*), responde por cada obrigação e por todas elas (*patrimônio passivo* ou *patrimônio negativo*), ressalvados direitos que eventualmente se alojem em separado do patrimônio jurídico.

| Inadimplemento da obrigação | → | Execução | → | Constrição de bens | → | Adjudicação/ Hasta Pública | → | Satisfação do credor |

O *princípio da garantia geral* avizinha-se de outra metanorma jurídica fundamental, qual seja o *princípio geral da solvabilidade presumida*. A sociedade em geral, incluindo o mercado e até a Administração Pública, tem plena consciência de que as obrigações de todas as pessoas jurídicas estão garantidas por suas faculdades (*princípio da garantia geral*). Sabe-se, igualmente, que a eficácia dessas relações jurídicas é garantida pelo poder coercitivo do Estado, a partir dos processos executivos com trâmite no Poder Judiciário. Dessa maneira, partindo da contemplação do patrimônio ativo de cada pessoa, pressupõe-se a sua capacidade de solver obrigações. Há uma *presunção de solvibilidade* a alicerçar a constituição de relações jurídicas em que haja prestação(ões) a ser(em) executada(s) no futuro e nisso o mercado encontra um motor fundamental para o seu amplo movimento de transações variadas. Entretanto, a presunção pode frustrar-se, nunca é demais destacar. A obrigação pode vencer sem ser voluntariamente solvida, e o patrimônio sobre o qual se estende a pretensão executória pode se revelar insuficiente, caracterizando insolvência (que, entre sociedades empresariais, tem expressão específica: falência).

> Exemplo de Cláusula/Artigo – O capital subscrito foi inteiramente integralizado no ato de criação da sociedade. Os sócios não responderão subsidiariamente pelas obrigações da *holding*, ainda que haja inadimplemento.
>
> Parágrafo único – A sociedade é pessoa jurídica diversa das pessoas de seus sócios, não respondendo, solidária ou subsidiariamente, pelas obrigações deles, sendo indiferente a natureza do débito ou dever. É vedado à *holding* oferecer garantia real ou fidejussória em favor de qualquer pessoa, sócio ou terceiro.

Como visto, o princípio geral da solvabilidade jurídica pressupõe que o patrimônio positivo (ativo) tenha capacidade de suportar as obrigações constantes do patrimônio negativo (passivo). A isso se chama *solvabilidade*. É claro que, no âmbito dinâmico das relações cotidianas, essa questão é complexa, chegando mesmo a transcender a simples investigação matemática do valor do patrimônio líquido. Com efeito, a solvibilidade pode resultar do crédito que a pessoa tem na praça e, assim, da sua capacidade de *alavancar-se*, ou seja, de financiar suas operações para, assim, estar sempre em dia com suas obrigações, apesar de ter um patrimônio líquido negativo. Coloca-se, aqui, a questão da confiabilidade da pessoa, sua imagem econômica, permitindo-lhe gerar crédito. Muitos trabalham altamente endividados, com patrimônio líquido negativo, mas são solventes: conseguem adimplir suas obrigações em dia, preservando a confiança dos demais. Também a liquidez do patrimônio é fator que não pode ser deixado em segundo plano: há pessoas cujo patrimônio líquido é positivo – e significativamente positivo –, mas que não conseguem transformá-lo em pecúnia tempestivamente, tornando-se inadimplentes e, assim, perdendo sua solvabilidade. De nada adianta ter um patrimônio ativo de R$ 1.000.000,00 e não conseguir pagar uma obrigação de R$ 10.000,00.

> Exemplo de Cláusula/Artigo – Compete à reunião/assembleia de sócios, por quórum não inferior a ...% (... por cento), estabelecer níveis máximos de endividamento, bem como restrições a empréstimos e financiamentos.

> Exemplo de Cláusula/Artigo – Compete à reunião/assembleia de sócios, por quórum não inferior a ...% (... por cento), aprovar a contratação de qualquer dívida, linha de crédito ou financiamento. Somente à vista da ata assinada por sócios, em percentual suficiente para a aprovação, tais negócios poderão ser realizados pela sociedade e vincularem seu patrimônio.

> Exemplo de Cláusula/Artigo – As partes signatárias deste acordo se comprometem a utilizar seu poder de voto para garantir que a dívida líquida da sociedade não supere o valor do seu patrimônio líquido.

2 Planejamento jurídico

Até aqui, já estabelecemos uma série de premissas que são fundamentais para que avancemos. (1) A cada pessoa um patrimônio (moral e econômico) correspondente. Eis a premissa. Sim, a cada pessoa natural. Mas, (2) por igual, a cada pessoa jurídica. No plano específico das sociedades, simples ou empresárias, (3) com a sua constituição haverá não só a constituição de uma pessoa jurídica, mas do respectivo patrimônio, que (4) é distinto do patrimônio de seus membros, sejam os sócios, sejam eventuais administradores não sócios. São pessoas e patrimônios diversos: sócio(s) e sociedade. (5) São existências diversas: morre(m) o(s) sócio(s), a sociedade segue. Dissolve-se a sociedade, mas os sócios seguem vivos. Mais do que isso: a existência da pessoa natural (ou física) é biológica – principal com o nascimento e finda com a morte. (6) A existência da pessoa jurídica principia com o registro de seus atos constitutivos (contrato social ou estatuto social) e vai até a baixa no registro; é uma existência que se define [não pela biologia, mas] pelo Direito: o que está ato constitutivo (plataforma normativa primária), em eventuais pactos parassociais (plataformas normativas secundárias) e normas laterais, como regimentos, regulamentos, códigos internos etc. (plataformas normativas terciárias).[3]

Tais premissas são simples, mas, observe, sobre elas se assenta a possibilidade de se fazer planejamento patrimonial por meio de sociedades, a incluir a figura da *holding* e, mais especificamente, da *holding* familiar. Sob tal prisma (e apenas a partir dele), o planejamento patrimonial se confunde com o planejamento societário. Uma ou mais pessoas (uma família, por exemplo, já que essa é a tôni-

---

[3] Conferir: MAMEDE, Gladston; MAMEDE, Eduarda Cotta. *Estruturação Jurídica de Empresas*: alternativas da tecnologia jurídica para a advocacia societária. Barueri: Atlas, 2024.

ca deste livro) podem constituir uma ou mais sociedades para, assim, distribuir seus bens entre elas, conforme uma arquitetura que foi pensada e calculada para otimizar as respectivas relações patrimoniais, como se estudará neste e nos próximos capítulos. E não se pense que se trata apenas de uma questão de transferir bens da pessoa natural para a pessoa jurídica; isso é um nada e, no mor das vezes, pode não ter função alguma, constituindo uma perda de tempo e gasto desnecessário de dinheiro. Lembre-se dessa equação: *fazer algo para obter algo*: criar uma sociedade para obter uma vantagem lícita (que não precisa ser pecuniária, atente-se): segurança jurídica, organização (de bens, negócios, créditos, das relações entre os interessados/sócios), especialização etc. E a equação acima comporta a questão: é viável fazer isso para obter aquilo? Viabilidade jurídica, inclusive. Quer mais? Então: *vale a pena fazer isso para obter aquilo?* Nem sempre as respostas são positivas.

A partir do momento em que relações jurídicas (propriedade de bens móveis e/ou imóveis, créditos, contratos etc.) são transferidas para a sociedade (sejam incorporados para a integralização do capital, sejam doados ou vendidos, ocorre algo óbvio, que, contudo, poucos conseguem ver e aceitar: passam a ser relações jurídicas (bens, créditos, direitos e deveres) da sociedade, e não mais de fulano ou beltrano. Caminhando pelo irritante terreno do óbvio que deve ser frisado, grifado, temos: os bens da sociedade são bens da sociedade: o patrimônio da sociedade é o patrimônio da sociedade; não só um truísmo, mas uma tautologia fundamental: há milhares de atos jurídicos, incluindo sentenças e acórdãos, infelizmente, que não compreendem e não expressam isso.

– *Essa loja é minha!*

– *Não! É da pessoa jurídica tal!*

– *Mas sou sócio.*

– *As quotas ou ações da sociedade são suas. A loja é da sociedade.*

Repetiremos: o patrimônio da sociedade é o patrimônio da sociedade; não é patrimônio dos sócios. Os bens da sociedade são bens da sociedade; não são bens dos sócios. Um óbvio que ulula (ou seja, salta e grita), mas que não é percebido: em nossa cultura, o administrador e/ou sócios agem como se os bens da sociedade fossem seus. E o resto da sociedade vê tudo com os mesmos olhos. Um erro *infantil*, com o perdão da referência. Amadorismo inaceitável e, não raro, trágico. Basta recordar, no exemplo do diálogo acima, que o direito de propriedade é um direito real; a titularidade de quotas e ações é um direito pessoal. Se imóveis são da sociedade, quem recebe os aluguéis ou o valor da venda é a sociedade; quem paga o imposto (IPTU) é a sociedade. Os sócios recebem dividendos se, após levantado o balanço patrimonial da sociedade, houver lucro. E isso se faz em conformidade com regras contábeis precisas, a incluir a proibição de haver distribuição de lucros em prejuízo do capital social.

> Exemplo de Cláusula/Artigo – O(A) ...[4] está autorizado(a) a declarar dividendos intermediários[5] à conta dos lucros acumulados ou de reservas de lucros, apurados em demonstrações financeiras anuais ou semestrais.[6]

> Exemplo de Cláusula – O imóvel [descrever], utilizado para a integralização do capital no valor de R$ ... (... reais), mantém sua função de bem de família, utilizado para a residência dos sócios Fulano e Beltrana de Tal, merecendo a proteção do artigo 1º da Lei 8.009/90.[7]

Esteja-se atento: um dos maiores desafios é justamente fazer com que os envolvidos nessas operações compreendam o que é uma sociedade, como se estrutura, funciona e atua, e qual é o seu papel nessa história: sócios, ou seja, titulares de quotas ou ações, conforme seja sociedade contratual ou sociedade estatutária, em conformidade à participação no capital social: o que foi subscrito e, enfim, integralizado. As quotas ou ações sociais são bens do(s) sócio(s). As quotas ou ações sociais compõem o patrimônio do(s) sócio(s). Isso é elementar e não pode ser perdido de vista. Isso é ainda mais difícil de ser compreendido e vivido nas situações de *holding familiar*: fazer entender que se é sócio, não se é dono, proprietário, com todas as implicações resultantes que, como temos demonstrado, não são poucas. A começar pelo fato de que, nas sociedades, os parentes são sócios, com os respectivos deveres e direitos. Daí insistirmos para a necessidade de explicar – quiçá treinar – os envolvidos, para que compreendam a *holding* e se compreendam na *holding*. Um carro não serve para nada quando não se sabe como funciona: dar a partida, acelerar etc. Temos uma forte demanda por inclusão jurídica: saber o

---

[4] O administrador societário, o Presidente, o Diretor, a Diretoria, o Conselho de Administração; sempre em conformidade com o caso em concreto.

[5] A possibilidade de distribuição de dividendos intermediários constitui mecanismo estratégico para atender a certas conveniências sem que isso caracterize uso irregular do patrimônio societário e/ou confusão patrimonial.

[6] Quando o contrato/estatuto social trouxer previsão de dividendo obrigatório, recomendável acrescer: "*Havendo distribuições antecipadas, serão elas abatidas do dividendo mínimo obrigatório previsto na cláusula/artigo ...*".

[7] A questão surgiu em julgamento pelo Superior Tribunal de Justiça, podendo merecer alteração jurisprudencial (o que, infelizmente, é assustadoramente comum no país, espalhando insegurança jurídica). Nada impede acrescer-se ao final do texto: "... à sombra do que decidiu o Superior Tribunal de Justiça ao julgar o Recurso Especial 1.935.563/SP". É incomum a citação de precedentes em normas privadas (contratos, estatutos, convenções), mas não é vedado fazê-lo.

mínimo para agir de forma adequada. Em diversos escândalos envolvendo celebridades e sociedades empresarias, percebe-se que a vítima não tinha sequer noção de direitos e deveres societários.

A *holding* familiar é, por certo, uma ferramenta para o planejamento patrimonial, vale dizer, planejamento do conjunto das relações jurídicas econômicas de uma família. Obviamente, uma ferramenta que tem o seu custo e que é mais recomendável quanto maior e/ou mais diversificado for o patrimônio envolvido. Pessoas ou famílias com patrimônios vastos e compostos por bens de natureza diversa, a incluir participações em sociedades diversas, encontram na constituição de um organograma racional de sociedades uma forma de manter uma conexão interna, embora num sistema aberto para dar sustentabilidade, segurança e desenvolvimento para cada parcela de seu patrimônio. Isso inclui, *verbi gratia*, optar pela aceleração de certas aziendas, inclusive com a assunção de riscos mercantis maiores, sem afetar e/ou comprometer o restante da estrutura patrimonial. São muitos os casos, por igual, em que são constituídas *holdings* para manter um núcleo patrimonial comum, na mesma toada em que os familiares mantêm patrimônios próprios. Por exemplo, manter todos os ativos com expressividade mercantil numa *holding* familiar, ao passo que outros bens e relações jurídicas são titularizados pessoalmente pelos sócios. Importa considerar que há vantagens inquestionáveis em manter sociedades capitalizadas para geração de renda em benefício de todos os sócios; aliás, renda que não seria igual, que não teria a mesma pujança, se houvesse fragmentação econômica.

> Exemplo de Artigo – A companhia constitui equipamento jurídico de estruturação patrimonial familiar a justificar a limitação de circulação das respectivas ações, na forma do artigo 36 da Lei 6.404/76.[8] A alienação das ações somente é livre entre os próprios acionistas. Faculta-se ao acionista oferecer suas ações à companhia, aplicando-se o procedimento previsto no artigo ...[9] deste estatuto.

Não se pense em nada ilícito. Não estamos sugerindo ou insinuando nada de ilícito. Estamos falando do uso de instrumentos legais e de uma forma legal, lembrando-se que a limitação da responsabilidade pessoal, em certos tipos societários, foi criada e é sustentada pelo Direito positivado. E isso se faz, inclusive, considerando todos os capítulos que serão analisados no restante deste livro. No

---

[8] "Art. 36. O estatuto da companhia fechada pode impor limitações à circulação das ações nominativas, contanto que regule minuciosamente tais limitações e não impeça a negociação, nem sujeite o acionista ao arbítrio dos órgãos de administração da companhia ou da maioria dos acionistas. Parágrafo único. A limitação à circulação criada por alteração estatutária somente se aplicará às ações cujos titulares com ela expressamente concordarem, mediante pedido de averbação no livro de 'Registro de Ações Nominativas'."

[9] O exemplo está adiante.

entanto, não se pode jamais deixar de considerar aquelas afirmações tautológicas citadas acima: no planejamento patrimonial concretizado por meio de sociedades, quem era dono de certo patrimônio usado para a integralização de uma sociedade, (1) será dono (titular) apenas das quotas ou ações dessa sociedade, ao passo que (2) verá aqueles bem passarem a pertencer à sociedade. Ela será a dona, a titular. Isso implica avisar e explicar ao cliente sobre as alterações em sua situação (de proprietário a sócio) e no respectivo regime jurídico. Uma das maiores fontes de insatisfação com planejamento societário e com *holdings* resultam justo do inconformismo com a condição de sócio. Isso demanda uma adaptação e, sim, o profissional que cria a *holding* é agente necessário nesse processo, programando a família para assimilar os efeitos das medidas que tomou e das ferramentas que utilizou.

Mutatis mutandis, já há farto noticiário de *holdings* que fracassaram justamente em virtude de os sócios não conseguirem assumir essa estruturação corporativa de seu patrimônio. A *holding* patrimonial só funciona se todas as pessoas e peças estão devidamente posicionadas e trabalhando em conformidade com suas respectivas funções. O descompasso leva a um conflito que será, simultaneamente, societário e familiar. Assim, em lugar de conter conflitos – tema da próxima seção –, a estruturação societária passa a ser motor deles. A hipótese mais comum é de patrimônios de um ou poucos bens, incapazes de gerar receita, situações que resultam habitualmente de planejamento tributários porcos que empurram os incautos para estratégias heterodoxas e arriscadas. E o pior – que deve ser frisado e para o qual se deve estar atento – é que desfazer uma *holding* não é tão simples: há que se respeitar o procedimento, judicial ou extrajudicial, de dissolução e liquidação de sociedades.

Dito de outra forma, pode ser que o melhor planejamento patrimonial seja aquele que, pelas características dos bens e das pessoas envolvidas, recuse a *holding* por não se tratar de mecanismo adequado para aquele caso. Retroescavadeiras são ótimas para abrir valas, mas terrivelmente inapropriadas para fazer uma viagem de Belo Horizonte a Fortaleza. São múltiplos os caminhos jurídicos, cada qual adequado para certas situações, e possivelmente inadequados – quiçá imprestáveis – a outras. Consequentemente, a *holding* familiar pode ser desvantajosa em incontáveis hipóteses.

3 Sintomatologia jurídico-patrimonial da família

Não nos parece tarde demais para um comentário: há um corte no título e na análise desenvolvida neste livro. Mas não se preocupe. Não é nada demais: apenas uma questão epistemológica que, de resto, é própria de todo trabalho acadêmico:

definir o objeto de sua pesquisa. Fala-se em corte [ou recorte] epistemológico. No caso, houve uma opção por examinar a utilização da *holding* para o planejamento jurídico-patrimonial das famílias. Esse constituiu o *corpus* de questões sobre o qual nos debruçamos. Mas há um aspecto conexo a essa escolha que demanda destaque: a *holding* é uma *ferramenta jurídica* que serve não apenas à família. Aliás, seu uso mais largo está alhures: na arquitetura societária de grupos econômicos e, sim, nos projetos de estruturação e reestruturação societários. Assim, uma empresa de construção pesada (estradas, pontes etc.) pode constituir uma *holding* para cuidar exclusivamente de concessões públicas: rodovias privatizadas, por exemplo. Pode constituir outra *holding* para cuidar exclusivamente de construção civil (incorporações: condomínios fechados, *resorts*, edifícios). E pode admitir um ou outro sócio nessa ou naquela, por esse ou por aquele motivo, visando a isso ou aquilo. Raramente, essas razões são jurídicas;[10] são estratégias negociais; ao advogado cabe dar-lhe forma jurídica: e isso é mais do que criar a pessoa jurídica: é dar-lhe adequada estruturação.[11]

Eis o ponto de partida: *holding* é uma *ferramenta jurídica*; quiçá seja melhor defini-la como um *mecanismo jurídico*. E, como sói acontecer com todo o instrumental jurídico, cuida-se de *ferramenta ou mecanismo conceitual* (*abstrata, ideal*), embora com a capacidade de produzir resultados materiais, isto é, de determinar mudanças dadas no plano físico, nomeadamente das relações interindividuais. Resultados sociais, econômicos. Nada que seja estranho ao Direito, obviamente. Embora o sistema jurídico, em sua totalidade, diga respeito ao plano ideológico (o *logos*, como diriam os gregos), reflete-se na prática social (*práxis*), que, por seu turno, é parte da realidade concreta, física (a *phisis*, voltando aos gregos). Pode parecer lenga-lenga. Não é. Compreender essa relação entre o ideológico e a prática social é a raiz da melhor compreensão do Direito e, sim, da melhor realização jurídica.[12] É próprio do jurista agir no plano conceitual (nomeadamente normativo) visando produzir resultados no plano dos atos e fatos. Não dominar a arte desse trajeto que vai da previsão normativa ao reflexo comportamental é ser ineficiente. E usamos norma, aqui, em sentido amplo: da norma abstrata (que diz respeito às ações de Esta-

---

[10] Pode ocorrer. Por exemplo, o edital de concessão de uma rodovia ou trecho rodoviário pode prever que o vencedor deverá constituir uma pessoa jurídica específica para a concessão. Exemplo, a CCR S/A é titular de 100% do capital da Nova Dutra – Concessionária da Rodovia Presidente Dutra S.A, da Concessionária do Sistema Anhanguera-Bandeirantes S.A., da Concessionária de Rodovias do Oeste de São Paulo – Viaoeste S.A., entre outras.

[11] MAMEDE, Gladston; MAMEDE, Eduarda Cotta. *Estruturação Jurídica de Empresas*: alternativas da tecnologia jurídica para a advocacia societária. Barueri: Atlas, 2024.

[12] MAMEDE, Gladston. *Semiologia do direito*: tópicos para um debate referenciado pela animalidade e pela cultura. 3. ed. São Paulo: Atlas, 2009.

do: parlamentares e regulamentares) à norma individual privada: a cláusula, o contrato, o estatuto.

> Exemplo de cláusula – Os atos constitutivos e demais documentos regulatórios de sociedades controladas, inclusive acordos de sócios assinados por esta sociedade, deverão obedecer às normas e princípios deste contrato/estatuto social, devendo, ainda,[13] ser previamente submetidos à deliberação e aprovação da reunião/assembleia de sócios.[14]

> Exemplo de Cláusula – Cabe à reunião/assembleia de sócios desta *holding* a definição de uma política financeira a ser respeitada pelo administrador societário, a incluir as sociedades controladas, devendo orientar o exercício de voto e negociação de acordo de sócios nas demais sociedades, bem como para os demais ativos empresariais, nomeadamente imóveis.
>
> Parágrafo único – O desrespeito aos parâmetros financeiros fixados, inclusive, mas não exclusivamente, no alusivo a endividamento, é hipótese de destituição da administração societária e responsabilização civil, a ser deliberada pelos demais sócios.

Há que sublinhar a importância de tal equação para a chamada advocacia privada não contenciosa, justo o setor das operações jurídicas a que foi destinado este livro. Embora não se possa reduzir a relevância que têm os processos de negociação e processamentos administrativos, parte significativa do mister diz respeito à capacidade de redação de previsões normativas que, pretende-se, devem produzir os resultados almejados na realidade social: *na vida do cliente*. Daí nossa crítica recorrente ao uso de modelos fechados:[15] abdica-se da construção de estruturas jurídicas que atendam ao caso concreto, isto é, que podem refletir-se em atos e fatos e, mais do que isso, dar-lhes componentes que abasteceram os envolvidos com soluções para desafios prováveis. O modelo fechado, copiado reiteradamente, diz respeito a qualquer caso; portanto, produz efeitos genéricos, nunca específicos. É ferramenta de baixa tecnologia jurídica. *Dá para o gasto*, se tanto. Não raro, sua generalidade foge aos contornos do caso em concreto, criando desafios que não seriam necessários. Há casos em que sua inadequação cria problemas graves. *É um horror*, simplesmente: torna o exercício advocatí-

---

[13] Veja que esse "ainda" faz cumular requisitos: deve respeitar o ato constitutivo e deve ser aprovado pela reunião/assembleia. É possível optar por um requisito, apenas, entre estes.

[14] Essa é uma norma que engessa as sociedades controladas, e nisso há um risco. No entanto, quando os sócios da *holding* são excessivamente desconfiados, disposições tais podem afastar ou, pelo menos, atenuar os seus temores.

[15] MAMEDE, Gladston; MAMEDE, Eduarda Cotta. *Manual de redação de contratos sociais, estatutos e acordos de sócios*. 6. ed. Barueri: Atlas, 2022.

cio um mister de tecnicidade reduzida: *uma advocacia que tenta resolver tudo a golpes de marreta*. Não deveria ser assim; ferramentas e mecanismos jurídicos devem contribuir para a manutenção do bom ritmo de funcionamento das relações em que interveem.

Voltando à *holding*, seu emprego e seu estudo podem se dar num enfoque mais aberto ou mais focado. A figura corporativa em si ou o seu uso para certa finalidade. Vamos usar uma analogia: pode-se aprender genericamente sobre o uso de uma retroescavadeira ou, de forma mais específica, focar em seu uso em plantas de mineração: especificidades, manejo apropriado, cuidados, sinergias e otimizações etc. O mesmo fizemos neste livro. Tratamos da ferramenta no contexto específico do planejamento jurídico das famílias. Por isso, buscamos demonstrar diversas situações em que se pode lançar mão da estratégia para que se alcancem resultados específicos. Em outros contextos, situações diversas se apresentam, igualmente interessantes e valiosas. Em resumo: não há legislação especial para *holding* familiar. É a legislação ordinária do Direito Societário. O que importa em seu estudo e em sua utilização específica é manter-se atento às possibilidades – de *arquitetura jurídica* e de *engenharia jurídica* (e são perspectivas diversas, ainda que complementares) – que são oferecidas para os profissionais (do Direito, da Contabilidade, da Administração de Empresas) e para os clientes que buscam o seu socorro.

É nesse contexto que se coloca um dos aspectos práticos mais cruciais que devem anteceder o manejo, ou não, da *holding* a bem de uma família: a indispensabilidade de procedimentos voltados à percepção da *sintomatologia jurídico-patrimonial* específica de cada situação dada para (1) definir se a ferramenta adequada é efetivamente uma *holding*, e (2) estabelecer as balizas que deverão ser atendidas na arquitetura corporativa a se projetar, incluindo elementos específicos de engenharia jurídica, levando em conta eventuais variantes e condicionantes de maior dimensão. Em oposição ao modismo reinante, é preciso deixar claro que *holding* não é instrumento que sirva a qualquer caso, que resolva qualquer situação. Então, o primeiro passo é fazer um levantamento dos sintomas que trazem o cliente ao especialista. Noutras palavras, o primeiro passo é perscrutar o que *ele sente*: o que o preocupa, o que o incomoda, o que lhe *dói*, o que almeja, o que sonha, o que pretende etc. Daí falamos em *sintomatologia*: quais são os sintomas jurídicos do cliente (ou, se preferir, do *paciente jurídico*); afinal, a *sintomatologia* é a disciplina que se ocupa do levantamento de sinais e sintomas, bem como de sua interpretação. E não se pode olvidar que sintoma é palavra de origem grega que se forma a partir de duas ideias: *tómos* (parte, pedaço) e *sin* (em conjunto, unido). Chega ao português a partir do latim: *symptoma* é a junção das partes, dos múltiplos sinais que, unidos, permitem aquilatar o que se passa e, de resto, qual a intervenção adequada.

> Exemplo de Cláusula – Do lucro líquido do exercício, descontados impostos, será destinado no mínimo 25% para a formação de uma reserva de investimentos que será utilizada, conforme aprovação da reunião/assembleia de sócios, para aquisição e/ou reforma de bens ou direitos, ampliando o patrimônio societário.

> Exemplo de Cláusula – Os sócios terão direito de receber, em cada exercício, como dividendo mínimo obrigatório, ...% (... por cento) do lucro líquido respectivo, observadas e eventualmente ressalvadas as disposições legais.

É um passo, um momento, uma fase indispensável para que efetivamente haja planejamento patrimonial. Do contrário, o trajeto será ineficaz. Não só o que já destacamos, mas ainda mais. É imprescindível questionar sobre aspectos para os quais, mui provavelmente, o cliente sequer atinou. Não se pode perder de vista tratar-se de um leigo em Direito e, assim, alguém que não domina os saberes que estão – ou devem estar – envolvidos numa operação desse tipo. Não é apenas o que o cliente acha que quer: há que se procurar o que o cliente tem necessidade, o que melhor lhe atenderá. Uma expressão de racionalidade e excelência que, sim, identifica-se em médicos, geólogos, engenheiros, educadores físicos e, obviamente, deveria se identificar entre advogados, contadores, economistas, administradores de empresa. Se é para reorganizar, é preciso melhorar. Não se pode aceitar, de jeito maneira, que o cliente, que a família, saia em situação pior. Isso seria uma falha profissional repreensível. Justo por isso é fundamental preocupar-se com um eventual descompasso entre o conjunto de ações implementadas e a sintomatologia mais precisa do cliente e sua família.

Essa fase de investigação do que se passa com a família e seu patrimônio é crucial: saber o que se deve resolver e, mais do que isso, tudo o que está implicado na operação. Isso se faz por meio de entrevistas com os envolvidos que, sugerimos, tenham momentos diversos: antes de mais nada, um ou mais momentos de descontração: papo solto. Muitas verdades fundamentais surgem nesses dedos de prosa que podem ser mais sinceros que a resposta a questionários. Depois, momentos formais de questionamento que devem abarcar ao menos duas perspectivas: (1) questionamento do que a pessoa espera da operação; e (2) questionamento de aspectos técnicos já listados pelo profissional. Facilmente se percebe a lógica por trás da dualidade: a primeira perspectiva permite ao interessado abrir e confessar horizontes (projeções, ambições, medos, preocupações); a outra lhe traz horizontes que, talvez, não tenha contemplado.

Em fato, pode haver restrições operativas, podem ser identificados eventuais problemas de ordens diversas, dificuldades a serem vencidas (ou custosas demais para que sejam vencidas), necessidade de criar ou manter certos privilégios (situação muito comum em relação aos pais ou avós), busca por equilíbrios, preparação para conflitos possíveis e/ou prováveis (em maior ou menor grau), problemas com inadimplência, cisões (indispensáveis, recomendáveis, eventuais, aceitáveis). Esse mapa de investigação, de sondagem, tem que ser o paradigma que o profissional usa para aquilatar corretamente sua intervenção. Escassez de dados é o caminho mais curto para o fracasso na implantação do planejamento jurídico: é falha que mitiga sua capacidade transformadora, frustrando as expectativas legítimas do cliente.

Profissionais e bancas com nível mais sofisticado de atuação podem trazer para a investigação variantes ainda mais sutis, como aferição de impactos sobre a liquidez patrimonial, estimativa de geração de superávit transformável em receita renovável para os envolvidos (a *holding* ou suas controladas produzindo receita que, sob a forma de dividendos, seja distribuída aos interessados), arquitetura societária mais complexa para distinguir sociedades controladoras de sociedades operacionais e/ou divisões por setor de atuação (entre outras), separação de parcelas destinadas a negociações já encetadas ou antevistas (exemplo: alienação, arrendamento, investimento por terceiros, metamorfoses societárias) já antevistas ou submetidas a marcos regulatórios específicos (infraestrutura corporativa específica). Aliás, uma pesquisa bem-feita pode detectar conjunções de impacto próximo e que, sim, não podem ser jamais descartadas pelos responsáveis pela operação. Exemplos? Planos de ampliação e/ou diversificação patrimonial (aquisições empresariais, como exemplo fácil; novas propriedades rurais produtivas, por igual) e/ou mercadológica (atender a um mercado maior, seja em número de consumidores, região ou em número de bens e/ou serviços oferecidos), planos de modernização, expansão ou melhoria, chegando mesmo a implicações de conduta e ética societária (*compliance*), boa governança, metas ESG, dependendo do que está em jogo.

Quanto maior a competência do profissional e/ou do escritório (jurídico ou multidisciplinar) envolvidos, maior é a excelência na realização dessa fase de diagnóstico e, consequentemente, mais dinâmico será o avanço do projeto e, mais do que isso, maior será a geração de benefícios para os envolvidos. É o caso de rotinas voltadas para assegurar sustentabilidade jurídica e social da arquitetura jurídica pensada, nomeadamente sustentabilidade familiar, lembrando haver casos em que uma boa estrutura, ao ser corretamente implementada, pode conduzir a uma benfazeja repontencialização de relações familiares esmaecidas. Não é incomum. A segurança oferecida por uma estrutura societária que posicione adequadamente papéis e funções individuais, na mesma toada em que regre com sabedoria as relações interindividuais, tem, sim, esse condão de determinar um ambiente propício para uma maior harmonia familiar.

> Exemplo de Cláusula – Os acordos de acionistas que regulem a compra e venda de ações, o direito de preferência na sua compra ou o exercício do direito de voto e do poder de controle serão sempre observados pela sociedade, por seus administradores e pela assembleia geral, desde que registrados nos livros da companhia, não se computando voto que seja proferido em contrariedade aos seus termos.

Alfim, talvez para a surpresa do leitor, não nos furtaremos ao dever de destacar que, nessa fase de diagnósticos, os levantamentos produzidos podem alcançar mesmo questões do escritório que está sendo contratado. Não é realidade comezinha, obviamente. Contudo, em organizações maiores (a exemplo das grandes bancas de advocacia) e/ou naquelas em que há uma atuação mais dinâmica, a envolver multiplicidade simultânea de casos a resolver, aquilatar o que é necessário permite definir não só o que fazer, mas quem poderá/deverá fazer e quais os respectivos custos, com ecos diretos nos honorários a serem definidos. Há equipes, aliás, que trabalham interdisciplinarmente, o que também cria a necessidade de refletir tais fontes nas sondagens preliminares. Será necessária a intervenção de contadores ou apenas de advogados? A existência de conflitos entre os interessados implica a atuação de conciliadores e/ou mediadores? Há registro de consultorias que recomendam e estimulam a instalação de terapia familiar (com excelentes resultados, aliás). Não é só. Verificam-se casos, já mais distantes dos Escritórios de Advocacia, em que o trabalho avança sobre uma reengenharia da organização: administração, gerência, logística, mercadologia, finanças. Tomada por esse viés, a sintomatologia jurídico-patrimonial da família indicará equações internas, como custos operacionais, horas-trabalho, profissionais afetados, tecnologia jurídica necessária, fluxos de trabalho interno (mesmo aqueles que resultem de sazonalidade), tudo a desembocar na precificação do serviço a ser prestado.

Na atual conjuntura, marcada por uma maior pressão econômica e financeira, a formulação de estruturas jurídicas otimizadas é uma estratégia para mitigar riscos de ordem diversa e acelerar projetos pessoais e familiares, levar a cabo transições, garantir maior eficiência para atividades produtivas e investimentos. Em fato, um conjunto de soluções está disponível, e sua aplicação vai se tornando mais e mais corriqueira para atender a tais exigências contemporâneas. Há filtros técnicos para análise das situações colocadas: organizações, pessoas, grupos (a exemplo da família), bem como alternativas para reformulações, remoção de entraves, criação de adaptações, bom desfecho de conflitos. Noutras palavras, a otimização da logística jurídica é algo que pode ser comezinho quando se recorre a profissionais qualificados.

Para fechar, voltaremos ao rame-rame de nossas advertências habituais. A *holding* não é um milagre, não é um elixir que resolve todo e qualquer problema, nem tem serventia universal. Trata-se apenas de *uma das ferramentas da caixa*.

Mais uma das ferramentas da caixa. Daí a importância de se estudar a família, seu patrimônio, suas características específicas para, assim, definir qual é a melhor solução, a melhor estratégia, qual tem maior potencial de sucesso em planos (ou prazos) diversos (curto, médio ou longo), qual revela maior flexibilidade para o manejo, qual apresenta maiores riscos, restrições, qual permite usos ou benefícios múltiplos. Outras referências úteis: maior ou menor capacidade de modulação, maior ou menor multidirecionalidade (fundamental em patrimônios de emprego econômico, como participações societárias, fazendas, lavras minerárias etc.). A tudo isso se pode chamar de sintomatologia jurídico-patrimonial da família e, sim, é a primeira e indispensável fase de um processo de planejamento jurídico, envolva ou não a utilização de uma *holding*.

4 Manutenção de força patrimonial

A sociedade econômica brasileira vai ganhando maturidade, mesmo que a passos lentos, conscientizando-se de algumas particularidades do mercado. Não é algo simples, já que a lógica mercadológica tem suas particularidades. Por exemplo: 60 pode ser mais valioso do que 3×20; 100 pode ser mais valioso do que 4×25. Em alguns casos, é justamente o contrário. Manter a família em uma participação em 60% do capital social de uma sociedade tende a ser melhor do que três filhos detendo 20% cada qual. Manter uma fazenda com 100 hectares tende a ser melhor do que quatro propriedades com 25 hectares, considerando modelos agroindustriais mais intensivos. Em oposição, embora fora do objeto da presente análise, operações de securitização propõem-se sob a lógica inversa: a maior valorização da fração em contraste com o menor valor do todo. É preciso compreender a lógica do mercado para tirar o melhor proveito dessas perspectivas opostas. Para o que nos interessa nesta altura de nosso estudo, importa a compreensão da *holding* como equipamento jurídico de manutenção de controle societário sobre empresa(s). Uma alternativa entificada aos acordos de controle, podendo se optar por um ou por outro, considerando os detalhes implicados.

No plano das empresas, concentrados todos os títulos societários (quotas ou ações) numa *holding*, mantém-se uma unidade da(s) participação(ões) societária(s), evitando que a fragmentação entre os herdeiros afaste o controle que a família exerceu, até então, sobre a(s) sociedade(s). Trata-se de uma vantagem fantástica. A constituição da *holding*, dessa maneira, constitui-se numa estratégica jurídica para manter a força da participação familiar, dando expressão unitária a participações fragmentárias. Se o patriarca e/ou matriarca detinham, até seu falecimento, 51% das quotas ou ações de uma sociedade, não é inevitável ver três filhos com singelos 17%, cada um, ficando à mercê dos demais sócios. Por meio da *holding*, mantém-se o poder de controle, por meio da titularidade dos mesmos 51%, assegurando a cada herdeiro um terço da participação na sociedade de participações. Uma alternativa a ser considerada é o acordo de sócios, havendo que discutir com os envolvidos qual o caminho lhes parece melhor, considerando prós e contras. A existência de opções recomenda sejam feitos estudos comparativos para, assim, subsidiar a decisão. Não há um melhor em si; há um melhor para cada caso. São estratégias diversas e implicam escolhas que são feitas pelas partes; advogados apenas oferecem informações, dados, estimativas, para auxiliar na formação da consciência e, enfim, a decisão.

Essa estratégia jurídica é ainda mais eficaz quando se prepara para enfrentar o risco de *ataques de terceiros*, resultado das opções de vida tomadas por cada herdeiro, sócio da *holding*, e a possibilidade de, apesar delas, manter o controle societário da(s) sociedade(s) operacional(is). É o caso da penhora da participação de um dos sócios na *holding*, quando inadimplente. Um exemplo é o julgamento – pela Vigésima Câmara de Direito Privado do Tribunal de Justiça de São Paulo do Agravo de Instrumento 7.393.883-1 –, versando sobre a penhora de quotas que uma devedora detinha numa *holding*, a Avaré Participação e Administração Ltda., então com mais de dez anos de atuação. Nesses casos, a virtude da sociedade de participação estará em seus atos constitutivos, contemplando a situação e oferecendo solução para esse desafio, entre outros. O ato constitutivo é uma plataforma de normas (plataforma primária) com ciência presumida pelo restante da comunidade (a sociedade em geral, o mercado, o Estado); isso permite, nos limites da Constituição, leis e princípios jurídicos, dotar a pessoa jurídica de uma infraestrutura refinada sobre o que é, como funciona e como atua.[16]

Se a *holding* foi constituída sob a forma de sociedade por quotas, inclusive a sociedade limitada, a previsão de um quórum para a aprovação da cessão de quota(s) para terceiros ou, pelo ângulo inverso (se assim optar o contrato social), a previsão de um quórum para o exercício do direito de oposição ao ingresso de terceiros impedem o ato voluntário de cessão e constituem, mesmo, requisito de validade para a constituição de gravame (penhor) sobre os títulos societários. Lembre-se de que a própria lei já prevê que a cessão da condição de sócio depende da concordância da unanimidade dos sócios, na sociedade em nome coletivo e sociedade em comandita simples. Ademais, o próprio legislador outorgou a sócios que representem mais de 25% do capital de uma sociedade o direito de obstarem o ingresso de um estranho na sociedade (artigo 1.057 do Código Civil). Esse percentual pode ser elevado, sendo lícito ao contrato social prever a concordância da unanimidade dos sócios.

---

[16] MAMEDE, Gladston; MAMEDE, Eduarda Cotta. *Estruturação Jurídica de Empresas*: alternativas da tecnologia jurídica para a advocacia societária. Barueri: Atlas, 2024.

Obviamente, essas limitações não impedem a prática de atos de império pelo Estado, a exemplo da desapropriação das quotas ou, mais comum, a sua penhora em processo executivo. No entanto, a possibilidade de penhorar e, consequentemente, leiloar e/ou transferir quota ou quotas para outrem não traduz transferência da condição de sócio, mas mera transferência da expressão patrimonial dos títulos, se há cláusula de aprovação ou de oposição. Diante dessas cláusulas, aquele que adjudicou as quotas precisará ser aceito como sócio pela coletividade social; não o sendo, terá o direito à liquidação das quotas para, assim, apurar o seu valor patrimonial. A vantagem, nesse caso, é que o pagamento do valor dessa participação faz-se preferencialmente em dinheiro, permitindo que a sociedade, por si ou por seus sócios, pague ao adjudicante o valor apurado da participação societária, conservando intacto o acervo de ações e/ou quotas por meio do qual a *holding* mantém sua posição nas sociedades controladas, filiadas ou nas quais tenha simples participação. O sócio devedor, por seu turno, perderá a participação societária que tinha na *holding*, no montante da penhora/leilão.

> Exemplo de Cláusula/Artigo – O sócio Fulano de Tal doa ... (...) quotas para o ingresso do sócio Fulano de Tal Júnior, gravadas com usufruto vitalício em favor do doador. A estrutura de participação no capital social passa a ser a seguinte:
>
> ...
>
> Parágrafo único – As quotas recebidas em doação são incomunicáveis a terceiros, sendo vedada a sua alienação sem anuência expressa dos demais sócios, incluindo os usufrutuários.

> Exemplo de Cláusula/Artigo – Se um (quotista/acionista) desejar alienar suas (quotas/ações), mas nenhum outro sócio as quiser adquirir, proceder-se-á a liquidação dos títulos, com reembolso correspondente a valor apurado em avaliação procedida por ...[17], mantendo-se o *intuitu familiae* da sociedade.[18]

Nas sociedades por ações, a defesa do acervo societário, ou seja, das ações que garantem o controle de algumas sociedades e/ou a mera participação em outras, faz-se por meio da busca do exercício do direito de adjudicá-las em juízo, requerido pela própria sociedade ou seus sócios. Se a *holding* ou outros de seus sócios adjudicarem os títulos, o sócio devedor perderá sua participação, mas o restante da família manterá intacta a *holding* e seu patrimônio societário. Nesse sentido, é fundamental destacar que, mesmo diante da previsão legal de que as ações são

---

[17] Contador, auditor(es), empresa de auditoria etc.
[18] É possível criar disposição (cláusula, artigo, parágrafo) disciplinando a forma de pagamento do reembolso para impedir a descapitalização da empresa. Por exemplo: parcelar em 12 vezes mensais, em quatro parcelas semestrais.

títulos societários de circulação ampla, é possível a estipulação, no estatuto social (devidamente registrado para que a previsão seja eficaz em relação a terceiros), que sua circulação é restrita, a bem da coerência societária. Ainda que possa haver certa controvérsia jurídica sobre a desnaturação da natureza *intuitu pecuniae* das sociedades por ações, diante de tais previsões, o próprio Judiciário tende a compreender a finalidade da *holding* e a necessidade de proteção a ela, sociedade, e a seus sócios (os familiares), desde que isso não traduza em prejuízo para os credores do sócio inadimplente. É quanto basta para se pretender junto ao Juízo da execução que as ações sejam conservadas com a *holding* e os demais sócios, evitando o ingresso de um estranho, o credor ou o terceiro adjudicante, desde que satisfeitos seus direitos ao correspondente valor patrimonial dos títulos adjudicados.

5 Desenvolvimento de negócios

A opção pela constituição de uma *holding* não é estratégia que se preste apenas para conter o patrimônio familiar, conservando-o. Também serve à própria condução otimizada dos negócios, constituindo-se num valioso instrumento que, conforme o interesse de seus sócios, pode funcionar para a expansão, concentração, diversificação etc., como já insinuado em momentos anteriores deste livro. Em suma, a *holding* familiar deve ser encarada como um *instrumento jurídico* que serve a uma estratégia empresarial. E, a partir da definição dessa estratégia, sua execução pressuporá, uma vez mais, o recurso a outros mecanismos e institutos jurídicos, sempre no esforço de alcançar vantagens duradouras e seguras para os empreendimentos e investimentos. O domínio da tecnologia do Direito Societário e do Direito Empresarial permite ao profissional multiplicar-se em proposições alternativas a bem da infraestrutura jurídica da(s) atividade(s) negocial(is). Uma simples olhada no organograma de grandes grupos nacionais dá uma noção clara das possibilidades e, mais, das potencialidades desta tecnologia. E seu emprego tornou-se vital num mercado cada vez mais competitivo e dinâmico. Não surpreende que profissionais que dominam tal conhecimento tenham passado a catalisar o interesse de grandes bancas ou diretamente de empresas de portes diversos.

Para arrematar, importa destacar as possibilidades desse aspecto do tema. Com a constituição da *holding* familiar, cria-se um núcleo patrimonial e organizacional, um centro de poder personalizado (uma pessoa jurídica) que, mantendo uma coerência própria, poderá buscar vantagens econômicas lícitas em âmbitos diversos, conforme se apresentem as oportunidades, no mesmo setor ou em outro, na mesma região ou em outra, mantendo a condição de controlador ou aceitando a mera participação. Serve, até mesmo, para a concretização de uma engenharia de riscos, criando uma instância distanciada entre algumas operações e o patrimônio investidor. E isso de forma lícita, sem que seja necessário desrespeitar normas ou princípios jurídicos, embora haja, sim, quem se arrisque a arquitetar estruturações corporativas com motivos ilícitos e/ou desonestos, abusando das possibilidades jurídicas legítimas. Contudo, o abuso no exercício de uma faculdade jurídica é ato ilícito, define o artigo 187 do Código Civil, podendo mesmo caracterizar ilícito penal, ou seja, crime. A tecnologia jurídica não deve servir à prática de atos ilícitos, nem de atos que tenham por fim fraudar a lei.

Portanto, mais do que simplesmente manter a participação societária na(s) empresa(s) controlada(s), ou seja, na(s) sociedade(s) operacional(is), é possível, por exemplo, adquirir participações societárias em sociedades que são consideradas estratégicas para os planos presentes ou futuros do núcleo familiar. Não há um conteúdo exclusivo. Pelo contrário, operações diversas como grupar sociedades (fusão ou incorporação) ou desagrupar atividades em sociedades diversas (cisão) estão colocadas à disposição para que sejam tomadas conforme as circunstâncias que se apresentem. As balizas para a eleição, entre os múltiplos caminhos possíveis, são a necessidade e as oportunidades que se revelem ao olhar atento e hábil dos atores econômicos. Essas balizas podem recomendar a mera conservação do patrimônio, das participações societárias e das atividades negociais, ou a busca de aquisições. A *holding* permite a conservação de uma unidade entre os investidores (seus sócios), mesmo quando se faz necessário segmentar mercados, unidade essa que se mantém quando, em oposição, é preciso concentrar em determinado nicho, fugindo dos riscos e ameaças.

> Exemplo de Cláusula – Em caso de divórcio, separação ou término de união estável, falecimento ou interdição de qualquer dos sócios, não será permitido, em qualquer hipótese, o ingresso do respectivo cônjuge, ex-cônjuge, convivente, ex-convivente ou viúvo na sociedade, devendo ser suas quotas liquidadas em conformidade com este contrato/estatuto social.

O Direito serve a tais movimentos. Um exemplo claro é a decisão pela expansão geográfica, que pode ocorrer pela simples abertura de filiais ou pela constituição de outras sociedades controladas. Em outros casos, dependendo do perfil da empresa, a constituição de uma sociedade franqueadora e a franquia de estabelecimentos empresariais para terceiros pode se apresentar como a melhor alternativa. O mesmo pode ocorrer quando a opção é pela expansão no *portfolio* de bens ou serviços negociados ou, em sentido reverso, na especialização em um ou alguns bens ou serviços, permitindo mesmo a alienação para outrem de unidades produtivas autônomas: unidades produtivas (maquinário e instrumental de linha de produção), estabelecimentos ou conjunto de estabelecimentos (trespasse), alienação de participação societária etc. A preservação do núcleo representado pela *holding*, ademais, permite mesmo negócios com terceiros que se concretizarão exclusivamente nas sociedades operacionais, desde a fusão societária, até o estabelecimento de consórcios (*joint ventures*) para aproveitamento de sinergias, exploração de certo empreendimento, compartilhamento de vantagens empresariais (*goodwill of trade*) diversas: clientela, logística, tecnologia, investimentos em publicidade e promoção etc.

Para corresponder adequadamente à possibilidade estratégica oferecida pela *holding* no que diz respeito à força econômica da família (ou de outro grupo de pessoas, não se pode esquecer), é preciso destacar que não se trata de alternativa limitada ao planejamento sucessório. Não é incomum a formação de *holdings* familiares bem após a sucessão, quando os parentes (por vezes, somando-se a outros investidores) pretendem investir em algo e precisam de uma organização jurídica mais complexa. Isso pode parecer estranho para muitos que se acostumaram a pensar em investimentos como sendo algo que se faz exclusivamente por meio do mercado financeiro e/ou dos mercado de valores mobiliários. Nem todos, entretanto, optam por tais caminhos. Alguns optam por investir em atividades produtivas. E, havendo fragmentação das figuras empresariais – o que pode responder a situações diversas –, a constituição de uma sociedade *holding* pode ser interessante. Um exemplo: há algum tempo, um grupo de três sócios investiu numa granja. A logística que implementaram foi a razão de um pronto sucesso, surgindo a oportunidade de investir em outras, junto a outros sócios. Para não embolar as relações, constituíram uma *holding*, que, então, passou a ser sócia de outras granjas. Familiar? Não precisava ser, mas calhou de serem, os sócios, dois irmãos e um primo. Mas, veja, isso é um detalhe: um tipo específico de *affectio societatis*. A aceitação de um não parente não alteraria nada.

Ninguém desconhece que empresários enfrentam grandes obstáculos para manter seus negócios. Nem sempre há muito o que escolher, razão pela qual muitos simplesmente aceitam os perrengues pelos quais vão passando. Quem pensa que a prioridade é simplesmente tocar adiante, pode estar se mantendo numa marcha de moribundo: o doente que, sem ir ao médico, apenas caminha, cada vez mais trôpego e claudicante, cada vez mais fraco, até cair morto. Mas, sim, há médicos. E, sim, há advogados. Aliás, há especialistas em mercadologia, em logística, em finanças. E, mantendo o sarcasmo: há cardiologistas, há ortopedistas, há dentistas. A pretensão empresarial de dar conta de tudo – e não apenas do mister: o(s) objeto(s) da empresa – é insana. Mas é endêmica, e nisso se explica muito da fragilidade econômica do país: um amadorismo generalizado para os aspectos acessórios e laterais das atividades negociais, mesmo em empresas de bom porte: colossos de pé de barro. Sim, um Deus-nos-acuda; ainda não evoluímos para agregar valor jurídico ao mercado; mas a coisa vai além: valor logístico, mercadológico, financeiro. Sinceramente? É de dar dó, quando não dá vontade de rir: "eu faço as coisas do meu jeito", dizem muitos. Como se diz por aqui, nas Gerais, "então tá, então". Só que o mundo está se profissionalizando e, pior, já veio competir aqui. É bom ter isso em perspectiva. O empresário deve ter cautela e ser proativo para continuar na atividade. É preciso ter equilíbrio financeiro, investir em gestão e tecnologia, controlar custos, adequar (inclusive juridicamente) as operações, procurar ganhos de tempo e eficiência (inclusive jurídica).

Holdings são meios de organização jurídica que podem ser utilizadas a bem da preservação de atividades negociais, de empresas, de patrimônios produtivos. Servem a isso. E não só para preservar: para ampliar. São equipamentos jurídicos de aglutinação de capital (evitam dispersão e seus efeitos deletérios), permitindo aquisição de ativos de valores mais elevados ou aquisição mais rápida. Devem ser compreendidas e usadas como meio propulsor de investimentos. E não se pense que tudo se resume a ter uma pessoa jurídica, ou seja, um CNPJ. É preciso redobrada atenção para o ato constitutivo e demais plataformas normativas. As cláusulas e artigos desses documentos são as peças desse equipamento. Bons carros são feitos com boas peças. Boas pessoas jurídicas são feitas com boas normas que definam o que são, como devem funcionar e como devem atuar. As possibilidades são numerosas e demandam desenhos jurídicos específicos. O compromisso do advogado é atender ao interesse lícito de seus contratantes e lhes fornecer um equipamento jurídico que beneficie suas intenções.

6

Planejamento das relações familiares

1   Contenção de conflitos familiares

A constituição de *holdings* tem sido usada, há muito, para o planejamento sucessório, o que se mostra meritório em contextos patrimoniais específicos, nomeadamente ativos que se desvalorizam ou perdem a rentabilidade quando fragmentados: participações societárias, grandes imóveis destinados à exploração econômica específica (galpões, plantas fabris etc.) propriedades rurais produtivas, entre outros exemplos. Um planejamento que resulta de avaliação, levada a cabo por forma objetiva e segundo critérios e procedimentos adequados, sobre a existência de ganhos com a manutenção, total ou parcial, da unidade patrimonial (um ou mais bens, podendo alcançar certa *universalidade jurídica*). Em fato, há casos em que os dispêndios com a constituição e a manutenção da pessoa jurídica (a *holding*) são compensados com a manutenção do valor do(s) bem(ns) em face da conservação de sua unidade ou universalidade, senão da rentabilidade que resulta dessa conservação: as partes resultantes do fracionamento não renderiam tanto quando a totalidade. Considerando aspectos relacionados a tais critérios objetivos que se avalia o mérito de investir recursos na criação e na condução da *holding*.

Ainda nesses mesmos casos, há outro grande benefício: poupar as famílias de imbróglios que habitualmente decorrem do encontro a que todo ser humano não pode faltar, preparando seus diversos aspectos, inclusive seus impactos fiscais, civis e, eventualmente, de outra natureza. Entrementes, para aquém da morte, importa dar atenção à vida cotidiana das famílias e, nesta, para a possibilidade de eclodirem conflitos. Lamentavelmente, as disputas entre familiares são conhecidas por se aproximarem de um *vale tudo*, com episódios lamentáveis que podem se limitar a um ódio calada, embora possa evoluir para bate-boca, via de fato, lesões corporais e mesmo assassinatos. A crônica policial é infelizmente repleta de casos, alguns com planejamento frio, a envolver matadores de aluguel e coisas parecidas. Uma tristeza. Não dá para confiar *no sangue*; ele não é um bom fiador do comportamento de cada um. Qualquer penalista lhe dirá o horror que se esconde atrás da confiança cega no *sangue do seu sangue*: uma miríade assustadora de crimes abjetos. Não é o sangue que faz o homem. É a ética. E o Direito, no fim das contas, é a última barreira de civilidade.

Como se não bastassem tais mazelas pessoais, não se pode jamais olvidar de seus ecos sociais. Basta que tais situações se verifiquem para que, vencendo a resistência das paredes e dos muros, como se a brisa carregasse a notícia, venham a conquistar a atenção de *fofoqueiros* e *maledicentes*, ervas daninhas que dominam endemicamente todas as paisagens. Dessa maneira, famílias respeitáveis podem ser lançadas no lamaçal dos boatos, das futricas, dos escândalos que fazem a alegria daqueles que se divertem noticiando as desavenças que se verificaram no seio *dessa ou daquela* família. E, em se tratando de famílias empresárias, isso pode chegar a repercutir no mercado, mormente quando não haja mecanismos eficazes para evitar que rinhas familiares contaminem os negócios. O pior é quando se observa que essas desavenças acabam por colocar em risco a hegemonia (o controle) da família sobre determinado negócio (sociedade ou grupos de sociedades). Os envolvidos, cegos por impulsos primitivos de luta, acabam por não perceber que se enfraquecem mutuamente, além de enfraquecer o poder que a família tem sobre empresa(s) ou grupo de empresas. Na busca de uma vitória imediata, todos perdem num cenário mais amplo.

> Exemplo de artigo – A companhia constitui equipamento de estruturação patrimonial familiar a justificar a limitação de circulação das respectivas ações, na forma do artigo 36 da Lei 6.404/76. O acionista que desejar alienar ações deverá fazê-lo para outro acionista ou poderá notificar a companhia que as oferecerá aos demais sócios.
>
> § 1º O valor de cada ação será determinado por avaliação elaborada por ...[1] O alienante poderá concordar com valor a menor, assim como o(s) adquirente(s) poderá oferecer valor a maior.
>
> § 2º Se mais de um acionista manifestar-se pela aquisição, far-se-á distribuição proporcional[2] à respectiva participação no capital social, evitando-se desequilíbrio na proporção até então havida.

---

[1] Contador, auditor(es), empresa de auditoria etc.
[2] É possível adotar outro critério, é claro.

O Direito de Família não cometeu o erro de criar regras para controlar o comportamento e o relacionamento dos conviventes familiares: irmãos, primos, tios e sobrinhos etc. Há um conjunto específico de previsões que se dirigem a situações de hipossuficiência (o incapaz, a pessoa idosa), para além de normas penais que se ocupam de agressões físicas, morais, sexuais, psicológicas. Uma sábia regência do mínimo indispensável; para além dele, o Estado não entra nas casas e, sim, o ambiente familiar é, daquele ponto em diante, privado. Gosto deste primo, não gosto daquele. Há irmãos favoritos, tios preferidos, maior ou menor convivência, alguns desgastes, alguns distanciamentos. A regência jurídica da vida familiar encontraria um desafio – quiçá uma impossibilidade – na carga eminentemente afetivas dos elos entre parentes.

Contudo, a existência de um patrimônio em comum cria uma variação e um desafio, designadamente quando se está diante de bens que não comportam divisão fácil e rentável ou, ainda mais, bens cuja vantagem está justamente em não serem partilhados, como quotas ou ações que permitem o controle em empresa ou grupo de empresas. Aquela carga emocional do ambiente doméstico pode criar embaraços, empurrando os envolvidos para um enredo desafiador e muito delicado, que, sabe-se, nem sempre chega a bom termo. Há uma dificuldade inquestionável em tratar negócios em meio a conjunturas de desarranjo emocional: é difícil fazer ou tocar negócios em cenários de sentimentos e ressentimentos. O coração não oferece uma boa métrica para temas empresariais, econômicos, financeiros. Paixões, ciúmes, ressentimentos conduzem a uma potencialidade conflitiva aumentada. Recomendam-se, consequentemente, normas que ampliem o trato objetivo dos comportamentos (comissivos ou omissivos) dos envolvidos.

Se não há regras que pautem o comportamento em família, é recomendável que haja regras para o comportamento dos familiares em relação ao patrimônio em comum. Mesmo condomínio, ainda que de um bem menor (um sítio, uma chácara, uma casa na praia), tende a ter melhor resultado quando são acordadas e respeitadas regras, o que pode incluir até a previsão de sanções, nos limites permitidos pelo Direito. Se o patrimônio, por suas características, justificar a criação de uma *holding*, irá se encontrar entre as ferramentas do Direito Empresarial uma alternativa para contornar tal desafio. Sentimentos e emoções são material humano estranho ao Direito Empresarial (embora possam não o ser em relação à prática, o que é, de resto, justo o objeto da presente análise). A razão *jusempresarialista* não se atrela aos assuntos do coração, por assim dizer. Ainda que se tratem de amantes ou mesmo de familiares (pais, filhos, irmãos etc.), se o ponto de partida é a constituição, existência e funcionamento de uma sociedade, simples ou empresária, serão tomados como sócios. As peculiaridades extracorporativas são estranhas ao Direito Societário e sempre que essa linha é rompida, caminha-se por terreno perigoso: emoções surpreendem por sua baixa racionalidade. Mesmo crises mais moderadas oferecem material suficiente para a combustão. Daí o mérito de um conjunto normativo voltado para evitar, minimizar ou resolver o mais rapidamente conflitos societários, regras essas que se aplicarão mesmo quando a motivação for extracorporativa.

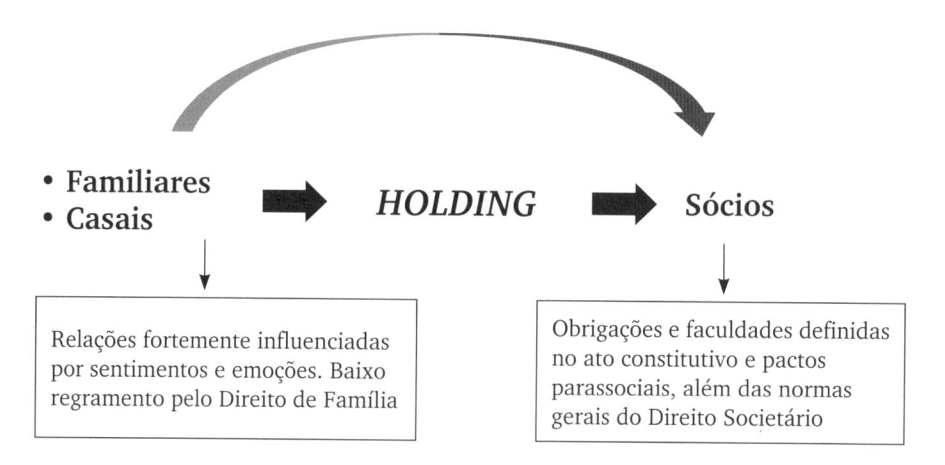

```
• Familiares
• Casais            ━▶   HOLDING   ━▶   Sócios
      │                                     │
      ▼                                     ▼
┌─────────────────────────┐      ┌─────────────────────────┐
│ Relações fortemente     │      │ Obrigações e faculdades │
│ influenciadas por       │      │ definidas no ato        │
│ sentimentos e emoções.  │      │ constitutivo e pactos   │
│ Baixo regramento pelo   │      │ parassociais, além das  │
│ Direito de Família      │      │ normas gerais do        │
│                         │      │ Direito Societário      │
└─────────────────────────┘      └─────────────────────────┘
```

Noutras palavras, a criação de uma *holding* familiar pode tornar-se numa oportunidade de ouro para estabelecimento de regramento comportamental para os familiares/sócios, afastando pressões e danos que resultem de *elevações da temperatura grupal*, com o perdão da metáfora. Obviamente, a eficácia está restrita a assuntos societários (e do patrimônio titularizado pela *holding*), mas é o suficiente para conter movimentações alteradas que possam se refletir no patrimônio familiar, agora titularizado pela sociedade. Afinal, no que diz respeito a tais assuntos, a convivência entre as pessoas se faz na condição de sócios e regrada pelo pacto social (contrato ou estatuto social) e eventuais pactos parassociais (acordo de sócios, regimento interno, manual de redação etc.). E isso é um diferencial e tanto.

Resulta daí uma outra grande vantagem para a constituição de uma *holding* familiar, na medida em que a submissão de familiares ao ambiente societário acaba por atribuir regras mínimas à convivência familiar, no que se refere aos seus aspectos patrimoniais e negociais: ao menos em relação aos bens e aos negócios, os parentes terão que atuar como sócios, respeitando as balizas erigidas não apenas pela lei, mas igualmente pelo contrato social ou estatuto social. Isso estimula posturas menos patéticas, menos afetadas: podem produzir efeitos no ambiente familiar, mas são de baixo impacto corporativo, principalmente quando haja regime de boa governança, a incluir preceitos éticos (*compliance*) que trabalhem por uma despersonificação dos movimentos societários. Isso para não se falar que, em ambientes de assessoria/prestação continuada de serviços, há escritórios que ofereçam serviços destinados à gestão de sócios/investidores, embora seja algo dispendioso e, assim, distante de algumas famílias/empresas.

Mais do que isso, a eclosão de conflitos familiares, no alusivo àqueles temas (bens e negócios), terá que se resolver pelas regras do Direito Empresarial, nas quais estão definidos não apenas procedimentos, mas até instrumentos de prevenção e de solução. E regras suplementares podem ser estabelecidas no ato constitutivo e em normas regulamentares inferiores, para atender ao desafio de reduzir a carga eminentemente explosiva que é inerente às relações humanas, nomeadamente em contextos influenciados por sentimentos e emoções. Um exemplo fácil é o compromisso de prévia submissão de todos os conflitos e mesmo meros desacordos a procedimentos formais de conciliação e mediação. A simples necessidade de se submeter a tais foros alternativos de tratamento de disputas desestimula excessos infundados, como as histerias injustificadas e as chantagens emocionais. Uma solução simples e cada vez mais fácil e barata, considerando a multiplicação de profissionais e entidades que se dedicam ao trabalho de conciliar e mediar.

> Exemplo de Cláusula/Artigo – Todos os sócios devem atuar a bem da sociedade, permitindo que se realizem as suas funções jurídica, econômica e social. No âmbito dos assuntos e negócios societários, os sócios estão obrigados a manter comportamento (comissivo e omissivo) compatível com a fidúcia societária, devendo respeitar e manter a *affectio societatis*.

> Exemplo de Cláusula/Artigo – O desrespeito, por qualquer sócio, ao dever de fidúcia e comportamento social coerente constituirá ato ilícito do qual poderá decorrer, segundo deliberação dos demais sócios, resolução da sociedade em relação à sua participação, sem prejuízo, em qualquer caso, do dever de indenização pelos danos causados à sociedade ou a qualquer um dos demais sócios, sejam materiais, morais ou resultantes da perda de uma chance.

> Exemplo de Cláusula/Artigo – Os conflitos societários serão obrigatoriamente antecedidos pela instauração de procedimento extrajudicial de conciliação e/ou mediação, à cargo da ...[3], comprometendo-se os sócios a preservar sigilo sobre seu conteúdo e suas discussões.

---

[3] A precisão do órgão responsável pelo procedimento dá maior eficácia à previsão. É recomendável, porém, analisar o regulamento do ente para ver se atende às necessidades daquela sociedade e demais envolvidos.

Não iremos nos cansar de dizer: a excelência da advocacia está na redação e instituição de tais instâncias normativas infralegais[4], pensadas e estabelecidas considerando as particularidades de cada conjunto de sócios, patrimônio e atividade(s) econômica(s) envolvidos. E não se pode esquecer nunca de que essa estrutura normativa pode ser alterada, respeitadas as regras do Direito Societário, para fazer frente a eventos que se verifiquem posteriormente. Via de consequência, uma assessoria contínua permite a manutenção de uma política de boa convivência que não irá beneficiar apenas a corporação, o patrimônio e as atividades negociais, mas igualmente produzirá vantagens reflexas na família. Ou seja, há neste aspecto uma prioridade que deve ser realçada para o cliente: mais uma medida simples que se encarta no que temos chamado como sustentabilidade jurídica. A *holding* familiar, em sua qualidade de equipamento jurídico, pode proporcionar também tal ganho: a mitigação de brigas familiares: em lugar de alinhar a empresa aos problemas familiares, alinhar a família aos equilíbrios e boas práticas da corporação.

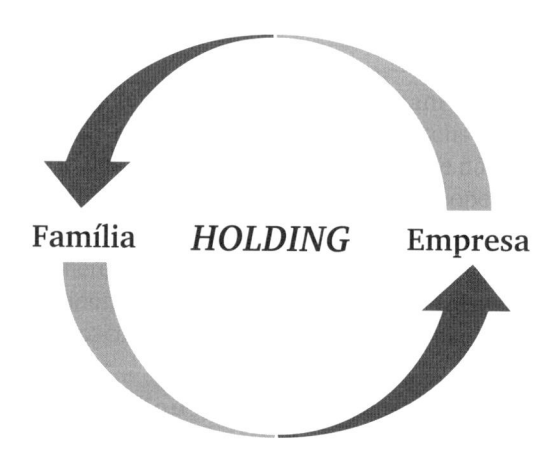

Família   *HOLDING*   Empresa

Não se trata de um aspecto menor. É preciso se atentar para o fato de que a constituição de uma *holding* familiar implica uma transmutação da natureza jurídica das relações mantidas entre os familiares. Relações que estavam submetidas ao Direito de Família passam a estar submetidas ao Direito Societário, no qual há instrumentos mais eficazes para a regência do comportamento dos indivíduos, a exemplo da necessidade de se respeitar o dever de fidúcia que é inerente à condição de sócio, ou seja, a obrigação de atuar a bem da sociedade, de seu sucesso, convivendo em harmonia com os demais sócios. Mais do que isso, o contrato social (sociedade por quotas) ou o estatuto social (sociedades por ações) viabiliza

---

[4] Usamos a expressão "plataformas normativas", distinguindo-as em primárias (ato constitutivo: contrato ou estatuto social), secundárias ou laterais (pactos parassociais: acordos de quotistas ou de acionistas) e, por fim, terciárias ou laterais (normas de gestão, a exemplo de Código de Ética, Regimento Interno de Trabalho, Regulamento de Bom-Governo Societário etc.).

a instituição de regras específicas para reger essa convivência, dando ao instituidor, nos limites licenciados pela lei e pelos princípios jurídicos, uma faculdade de definir as balizas que orientarão a convivência dos parentes em sua qualidade de sócios quotistas ou acionistas da *holding*. Mais do que isso, nos conflitos que mantenham entre si, os sócios terão no Direito Societário instrumentos para a solução das disputas, podendo submetê-las ao Judiciário ou, havendo cláusula compromissória, a árbitros.

Mas atenção para o anverso da moeda. Já o dissemos e iremos repetir em face da gravidade do tema: nem todas as famílias se comportam bem em condições societárias. Mais do que isso: nem todo patrimônio está em condições de justificar uma *entificação* e, assim, os envolvidos enfrentarão obstáculos para o pleno desenvolvimento de seus interesses e direitos patrimoniais, bem como haverá condições de sustentabilidade corporativa. Dito de outra forma, usada de maneira equivocada, a *holding* pode não ser um remédio, mas um veneno. O cliente que chega com expectativas sobre a figura, na maioria dos casos, deverá ser desaconselhado diante dos impactos catastróficos que o uso do mecanismo pode ter sobre aquela situação em especial. A convivência em condições de sócio pode ser um risco em muitos cenários e isso precisa ser avaliado, quiçá mensurado. E isso é uma responsabilidade profissional do advogado.

1.1. *Instâncias societárias diversas*

Ainda sobre o tema conflito entre familiares e seu efeito sobre o patrimônio comum e respectivas atividades negociais, há uma situação que merece tratamento em apartado, tamanha a sua importância. Vamos nos referir em especial às sociedades de participação, ou seja, quando se atribui a uma *holding* o controle de uma ou mais sociedades ou grupo de empresas. Se observamos com cautela, veremos que se está diante de duas instâncias corporativas diversas: a sociedade de controle (onde os familiares são sócios) e a(s) sociedade(s) operacionais(s), da(s) qual(is) a *holding* é a sócia controladora. Pode haver nessa distância organográfica uma vantagem: uma outra barreira para abrandar os efeitos de eventuais conflitos familiares sobre o ambiente de produção. Os conflitos familiares ficam confinados à *holding*, expressando-se, ali, sob a forma de conflitos societários, ou seja, sob a forma de conflitos que merecem a regência legal das normas do Direito Societário, disciplina do Direito Empresarial.

O regime jurídico empresarial e, mais especificamente, o regime jurídico societário foram desenvolvidos, ao longo dos séculos, para atender aos desafios da convivência entre os indivíduos, evitando que as inevitáveis desavenças eventuais possam pôr em risco a organização produtiva. É testemunho dessa evolução o *princípio da preservação da empresa* (ou *princípio da preservação das atividades negociais*), princípio esse que, no contexto das sociedades, traduz-se como princípio da preservação societária. Some-se princípios voltados para garantir a preservação da *affectio societatis* ou, preferindo-se, princípios que demandam comportamento societário coerente, como o atendimento ao dever de fidúcia. Como se só não bastasse, se a prioridade é essa, se a análise da situação familiar revela ser essa uma fragilidade a merecer atenção, há a alternativa de fortalecimento das normas legais (Código Civil e/ou Lei de Sociedades por Ações) com autorregulação *interna corporis*, conforme temos reiterado à exaustão.

> Exemplo de Cláusula – A sociedade tem por objeto social o exercício do controle de outras sociedades, como quotista ou acionista.[5]

> Exemplo de Cláusula – A sociedade tem por objeto social o plantio, cultivo, beneficiamento e comércio, inclusive exportação, de café, podendo participar de outras sociedades, como quotista ou acionista, com ou sem controle, que se dediquem às mesmas atividades.[6]

Em virtude dessa distância organográfica, se atentarmos para a *holding*, em sua atuação como sócia, haverá sempre ação uniforme e coerente: ela exercerá seus direitos societários na plenitude de sua condição de (uma!) pessoa jurídica. Por outro lado, no âmbito de suas reuniões ou assembleias (internas a ela, *holding*), as eventuais disputas familiares terão palco obrigatório e de regramento particular, como já destacado. Funciona como um dique. Não é só. Justo por ser *holding* familiar pura, torna-se instância específica, onde se pode procurar e promover ambiente colaborativo com mais facilidade do que nas situações híbridas (*holdings* mistas). Claro que o modelo ideal será sempre algo a se estabelecer; mas a *holding* pura pode ser arquitetada para ser foro de equilíbrio entre o pessoal e o patrimonial. Nisso haverá um fator fundamental para o pleno exercício das posições de controle (sobre outras sociedades): seguindo os parâmetros dos atos constitutivos e pactos parassociais, a expressão patrimonial da vida familiar terá que se resolver no âmbito da *holding*; a decisão tomada será a decisão da *holding* que atua sobre as sociedades controladas como um indivíduo: a pessoa jurídica controladora.

---

[5] Eis um exemplo de artigo ou cláusula que se colocará numa *holding de controle*, supracitada.

[6] Neste caso, uma *holding* mista: tem por objeto atividade produtiva/negocial (*o plantio, cultivo, beneficiamento e comércio, inclusive exportação, de ...*) e de sociedade de participação (*... podendo participar de outras sociedades, como quotista ou acionista, com ou sem controle, que...*), embora com limitação temática.

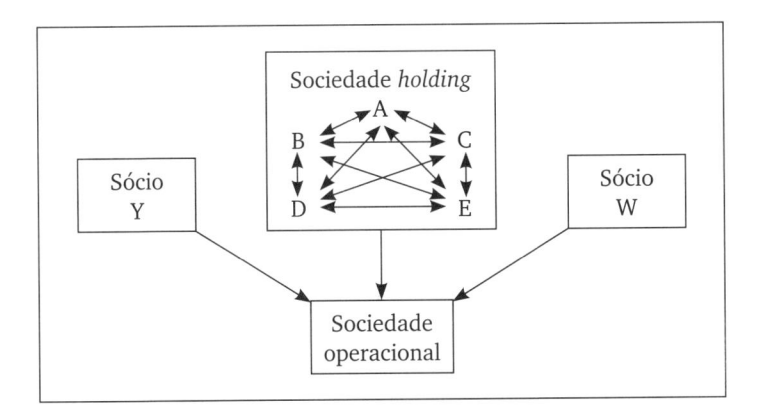

Os benefícios da constituição dessa *instância societária*, com a respectiva contenção dos conflitos familiares no âmbito da *holding*, são múltiplos. A principiar pelo fato de não enfraquecer o controle sobre a sociedade produtiva. Aqueles que eventualmente sejam vencidos nos conflitos havidos no plano da *holding* não podem associar-se a outros sócios para, assim, enfraquecer a posição familiar. Isso preserva o poder da família sobre a empresa ou empresas que controla. Imagine-se na figura acima que a *holding* familiar detenha 52% da sociedade operacional, ao passo que os sócios Y e W detenham, cada qual, 24%. Se a participação societária no âmbito da *holding* é igualitária, cada sócio votará com 20% nas deliberações societárias; ainda que E seja vencido, ou mesmo se A e E forem vencidos, no âmbito da sociedade operacional, a *holding* votará com seus 52% e, assim, manterá o controle. A e E sequer podem alegar que os 20%, detidos por cada um, correspondem a 13% da sociedade controlada para, assim, juntando-se com Y e W, fazerem a maioria na deliberação societária, deixando vencido os demais sócios-familiares. Reiteramos: são duas instâncias diversas e, assim, não há confusão entre a deliberação havida no âmbito de uma instância (a *holding*) e aquela havida no âmbito da outra (a sociedade produtiva, controlada pela *holding*).

Note-se que essa vantagem se preserva mesmo diante da decisão de qualquer sorte de apartar-se da sociedade. Nas sociedades por ações, essa retirada conhece poucas hipóteses; a Lei 6.404/76 restringe as situações nas quais o sócio pode pedir para se retirar da sociedade, levando o valor de sua participação societária, o que é justificado pela compreensão institucional da sociedade. Embora a jurisprudência tenha ampliado essas hipóteses, mormente no âmbito de sociedades familiares, aproximando da situação das sociedades contratuais, resta a compreensão de que, para permitir que a *holding* cumpra a sua finalidade, a retirada de um sócio deve fazer-se por meio do pagamento, em dinheiro, de sua parte na sociedade, em conformidade com a lei, se o contrato social não trouxer regra diferente. Assim, sendo possível efetuar o pagamento em dinheiro, preserva-se integral a participação nas sociedades controladas ou filiadas, mantendo o poder familiar sobre aquelas empresas.

Caso para ilustração

> R.W. Empreendimentos Agropastoril LTDA.
>
> Examinando o Recurso Especial 302.366/SP, a Quarta Turma do Superior Tribunal de Justiça se deparou com uma sociedade de participações (*holding*), R.W. Empreendimentos Agropastoril LTDA., que fora constituída sob a forma de sociedade limitada, constituída com a exclusiva finalidade de deter 50% das ações de um grupo empresarial (Tanac S.A.). No entanto, os sócios se desentenderam de forma tal que rompeu-se a mútua confiança e disposição para atuar em sociedade (*affectio societatis*), motivando um pedido judicial de dissolução parcial da sociedade, ou seja, resolução da sociedade em relação ao sócio que pretendia sua retirada (uma outra sociedade de participações); mais do que isso, pediu-se que, como resultado da retirada do sócio, lhe fossem transferidas ações da sociedade controlada em percentual correspondente à participação do retirante no capital social da *holding* controladora. Citadas para o feito, a *holding* e os demais sócios pediram a improcedência da ação, pretendendo que a sociedade continuasse com a mesma finalidade e participações societárias. Destacaram que a *holding* fora constituída com a finalidade de exercer o controle social de um grupo societário e, com a retirada de um sócio, esse controle se perderia. Alternativamente, se o Judiciário considerasse possível a dissolução, pediram que essa se fizesse não pela transferência da proporção que o sócio deteria nas participações societárias, mas pelo valor correspondente, após regular apuração de haveres (liquidação do valor das quotas), devendo o pagamento ser efetuado pela forma constante no contrato social.
>
> Os magistrados do Superior Tribunal de Justiça entenderam que a ação deveria ser julgada procedente em parte: decretaram a dissolução parcial da *holding*, mas indeferiram a pretensão de que houvesse a divisão das participações societárias detidas por ela. Assim, determinaram a liquidação das quotas da sócia retirante, reembolsando-a pelo *valor real* (*valor de mercado*) da proporção que lhe caberia nas participações societárias detidas pela *holding*, devendo o pagamento efetuar-se em conformidade com o que previa o contrato social: 36 prestações iguais e sucessivas, devidamente atualizadas. Foi essa a emenda do acórdão:
>
> "COMERCIAL E PROCESSUAL CIVIL. ACÓRDÃO ESTADUAL. NULIDADE NÃO CONFIGURADA. DISSOLUÇÃO PARCIAL DE SOCIEDADE. HAVERES. APURAÇÃO. PRETENSÃO DE ENTREGA EM AÇÕES DE OUTRA EMPRESA QUE COMPÕEM O PATRIMÔNIO DA SOCIEDADE OBJETO DA DISSOLUÇÃO. IMPOSSIBILIDADE. HIGIDEZ DO CONTRATO QUE ESTABELECE A RESTITUIÇÃO EM PARCELAS. CORREÇÃO MONETÁRIA PREVISTA ESTATUTARIAMENTE. DÉBITO JUDICIAL. SUCUMBÊNCIA RECÍPROCA. CRITÉRIO. MATÉRIA DE FATO. SÚMULAS Nº 5 E 7-STJ. INCIDÊNCIA. CPC DE 1939, ART. 668 C/C ART. 1.218, VII, DO ATUAL CPC. EXEGESE.
>
> I. Muito embora não houvesse obstáculo à fixação pelo Tribunal estadual, na fase cognitiva, do índice de correção monetária a ser aplicado e dos juros moratórios, não se identifica motivo à nulificação do acórdão *a quo* por omissão, se

este remete as questões para a liquidação dos haveres societários, buscando-se agora, inclusive, evitar contramarcha processual.

II. A apuração dos haveres do sócio retirante deve se fazer de conformidade com o contrato social, quando disponha a respeito, caso dos autos, inexistindo empecilho a que o pagamento se faça em parcelas mensais e sucessivas, corrigidamente, o que minimiza os efeitos da descapitalização da empresa atingida. Precedentes do STJ.

III. Descabida a pretensão ao recebimento dos haveres em ações que a empresa parcialmente dissolvida – uma *"holding"* – detém em seu patrimônio, porquanto o pagamento, e aqui também por força de determinação do contrato social, se faz em dinheiro, mediante a apuração do real valor da participação do sócio retirante.

IV. Havendo sucumbência recíproca, possível a compensação igualitária, importando o critério de distribuição adotado pela instância ordinária em matéria de fato, obstado o seu exame pelo STJ, ao teor da Súmula nº 7.

V. Incidente a correção monetária das prestações dos haveres, seja porque prevista contratualmente, seja por se cuidar de débito oriundo de decisão judicial, com a finalidade de compensar a defasagem ocorrida na expressão econômica da moeda nacional.

VI. Recursos especiais da autora e das rés não conhecidos" (REsp 302.366/SP, Rel. Ministro ALDIR PASSARINHO JUNIOR, QUARTA TURMA, julgado em 5-6-2007, *DJ* 6-8-2007, p. 492).

Os sócios que pediam a retirada argumentaram que o Judiciário poderia desconsiderar a previsão do ato constitutivo sobre a forma de liquidação da quota, sendo que o justo e o equânime seria o recebimento dos haveres na forma de ações correspondentes ao que a *holding* (sociedade em dissolução parcial) detinha na sociedade controlada. Os julgadores, contudo, entenderam que o artigo 668 do Código de Processo Civil de 1939, ainda aplicável à dissolução de sociedades, deve ser respeitado: a apuração de haveres deve se fazer (1º) pelo modo estabelecido no contrato social, (2º) pelo modo convencionado pelos sócios e (3º) pelo modo determinado na sentença. Assim, havendo regra disposta no contrato social, esta deveria ser respeitada.

Lê-se no voto: "Na espécie em comento, o estatuto prevê o pagamento em trinta e seis parcelas mensais e sucessivas, atualizadamente, de modo que nem é à vista, e tampouco o é em ações de outra empresa. E, por último, nem se pode afirmar, aqui, que o critério estatutário é inteiramente absurdo, lesivo, a justificar, excepcionalmente, uma interferência do Judiciário para coibir abuso manifesto. É que a dissolução parcial, é bastante elementar, causa trauma interno da empresa, a sua descapitalização, de modo que o pagamento parcelado atenua o impacto, desde que, é claro, haja a correção das prestações, para não causar enriquecimento injustificado do sócio remanescente. [...] Especificamente sobre o recebimento em ações, não tem cabimento. Além de não estar previsto no contrato social, não se fracionam os bens concretos de uma sociedade no caso de dissolução parcial. Ou seja, se ela tem uma frota de cem caminhões

> e quinhentos computadores, duzentas mesas, etc., não se faz a repartição de cada um dos bens em si, mas pelo valor correspondente aos mesmos, na proporção da participação societária daquele que se retira. O mesmo ocorre com o patrimônio de uma *holding* em ações de terceira empresa, hipótese dos autos. A dissolvida não perde, em princípio, as ações do grupo *controlado*. Ela tem é de entregar, à sócia retirante, o valor relativo à sua participação minoritária, em dinheiro, e, é claro, na apuração desse montante será considerado o real valor das ações do Grupo, porém, não, a entrega material das aludidas ações, em si. Na verdade, o resultado prático da pretensão da autora seria a extensão da dissolução parcial às demais sociedades."

Claro que casos estão sempre lastreados em horizontes concretos: aquela família, aquele patrimônio. Mas acabam por oferecer ilustrações que permitem chegar a algumas respostas. Para nós, o fundamental em reiterar que o foco deve estar no desenvolvimento de equipamentos que funcionem para melhorar a vida das pessoas envolvidas. Para o expert pode ser apenas mais um trabalho, apenas a produção de mais uma estrutura escritural que se alicerça em seus conhecimentos técnicos. Ele, o profissional, e/ou a equipe podem mesmo desconhecer o destino do que constroem. Mas a partir do que realizarem, influenciarão como as pessoas viverão o seu "todos os dias", como tocarão suas vidas e suas atividades. Elas serão engajadas no que se fizer e, no mínimo por compromisso ético, há que lhes oferecer respostas para os desafios que trouxeram para a banca. Há que estar convicto de que reorganização visa otimização. É a preocupação maior e, para além, é uma questão de integridade profissional. Eficiência é meta inafastável.

2 Distribuição de funções

A *holding* pode ser, em sua melhor expressão (e realização, a depender dos encarregados), um fator de harmonia ou, sendo mais técnico, um mecanismo para estabelecer e preservar harmonia familiar. Vamos trabalhar um outro viés dessa mesma referência: o uso do mecanismo como meio para garantir que cada membro da família realize suas vocações, competências e funções. Afinal, meter todo mundo numa empresa não faz sentido. Muitos nisso verão mais ônus que bônus, mais dúvida que convicção, mais aproveitamento do que proveito. Muitos saem de tais experiências com uma sensação desagradável, demandando reciclagem profissional para, enfim, lançarem-se a carreiras com as quais se identificavam. Isso para não falar de situações de *burnout* motivadas justamente por tal descompasso. Em fato, há uma enorme pressão entre os herdeiros para verificar quem ficará com a empresa, quem será o seu dono (sic), quem irá assumir o controle.

Vamos posicionar melhor a questão. A cultura empresarial brasileira sobrevaloriza a figura do sócio controlador e do administrador societário, a revelar uma dificuldade em superar os contextos econômicos e mercantis anteriores ao século XX. Com efeito, nos séculos XIX e anteriores, predominavam comerciantes individuais, esses sim *donos do negócio*. Curiosamente, após a edição do Decreto nº 3.708/1919, criando a sociedade por quotas de responsabilidade limitada houve uma forte migração do modelo individual para o coletivo (a sociedade), mas não houve a consolidação de uma cultura societária entre nós. Isso porque a perspectiva de não responder pelas dívidas sociais, para além do capital investido, fez com que a maioria desses negócios individuais fosse transformada em atividades societárias. Mas eram situações de direito, ou seja, situações constituídas *apenas no papel*, e não de fato. Na realidade cotidiana da empresa, havia um dono: o sócio majoritário e administrador societário, relegando para um segundo plano a figura dos demais sócios.

> É um equívoco confundir a empresa com o administrador societário ou achar que a administração é a única posição vantajosa na sociedade. É fundamental valorizar a condição de sócio e seus benefícios: ser titular de um capital rentável, remunerado de acordo com os resultados da sociedade, podendo participar das deliberações sociais e fiscalizar a administração empresarial.

A manutenção dessa compreensão distorcida do que seja a sociedade e qual o papel, a função, os direitos e os deveres de seus membros (sócios e administradores) acaba por nos afastar do melhor em matéria de teoria e de prática empresarial e corporativa. Infelizmente, seguimos supervalorizando o indivíduo e minimizando a coletividade, sempre na pressuposição de que o majoritário sabe, conhece, tem o tino, o dom, a benção. E nem sempre é assim. Aliás, raramente, sabem-no os que acompanham feitos falimentares. Pelo contrário, são mais seguras e estáveis as corporações que se fundam não apenas em normas bem definidas para cada um de seus membros, mas por igual no respeito mútuo a alcançar, inclusive, os minoritários. Não é uma surpresa: cuida-se de uma derivação óbvia do princípio de cada cidadão tem direitos (faculdades) e deveres (obrigações) devendo se portar coerente e adequadamente no exercício de suas funções, sem a prática de ilícitos por dolo, culpa ou abuso de direito.

A melhor estrutura societária é aquela que se revela como ambiente propício às múltiplas contribuições, reagindo a crises e desequilíbrios por meio de reajustes flexíveis. No geral, é o diálogo, e não o comando. É preciso saber fazer concessões, saber ouvir, saber incluir, razão pela qual há quem fale em *gestão emocional da empresa*. A liderança infalível e por isso inquestionável é um mito, senão for um tabu, por igual, na mesma toada em que não garante sucesso, não afasta crises e, muito menos, a quebra. Posições pessoais inegociáveis são a assunção de responsabilidades pessoais de toda a ordem e, para sermos verdadeiros, há histórias de suicídio, alcoolismo e toxicomania, entre outras tragédias, calçadas nesse modelo corporativo que anula a coletividade social ao compreendê-la como uma encenação para esconder um comerciante individual. Uma postura atrasada e, salvo casos excepcionais e raros, de repercussões desastrosas.

Essa visão distorcida da sociedade empresária surrupia os méritos, os benefícios e as oportunidades próprias da condição de sócio. Isso, apesar da realidade econômica estar repleta de fundos de investimento, fundos de pensão etc., que são entes estruturados justamente para explorar as vantagens de participar de sociedades, não para administrá-las, mas para auferir as vantagens de ser membro da coletividade social, ou seja, os direitos sociais e patrimoniais que são inerentes às quotas ou ações. Os benefícios de ser sócio de uma empresa não são poucos, nomeadamente quando haja uma estrutura societária que respeite os membros da coletividade social (boa *governança corporativa*). Aliás, todo o movimento em torno da boa governança corporativa está calcado justamente na procura pela recuperação da essência das sociedades empresárias como ambientes de investimento coletivo, parâmetro que será essencial para a consolidação do avanço econômico brasileiro.

> Exemplo de Cláusula/Artigo – Todos os sócios poderão solicitar, por escrito, qualquer informação sobre a sociedade[7], seus atos, bens e direitos, contratos celebrados ou sobre quaisquer outros assuntos. Os administradores estão obrigados a responder em prazo não superior a ... (...) dias.[8]

A escuta ativa de seus sócios, o respeito à sua condição, a seus direitos e interesses, é essencial para ampliar perspectivas e, assim, superar momentos críticos, bem como perceber e aproveitar oportunidades, para não falar da gestão cotidiana das atividades que, sim, pode revelar-se viciada e merecer a contribuição de quem percebe o vício e o aponta. Se isso é Direito Empresarial e Direito Societário? Se não for, as balizas epistemológicas estão equivocadas e precisam ser prontamente alteradas. A melhor corporação é aquela em cuja estrutura jurídica (normativa) encontram-se âncoras para garantir que todos os sócios – e mesmo não sócios (assunto aqui impertinente, contudo) – se sintam à vontade e encontram espaço para trazer questões e contribuir para o sucesso da empreitada conjunta. E isso é uma postura societária honesta, verdadeira, coerente. O resto é corrupção da ideia de controle societário e distorção na compreensão do que seja – ou deveria ser – a

---

[7] É possível acrescer: "... *e suas controladas*...".

[8] Como não se trata de previsão que precisa alcançar terceiros, não é preciso constar do ato constitutivo (plataforma normativa primária), sendo levado ao registro público. Pode ser disposta em acordo de sócios (plataforma secundária, acessória) ou mesmo ser uma concessão da administração, sendo enunciada em plataforma normativa terciária (lateral).

liderança. E o advogado deve estar atento para que o ato constitutivo disponha de elementos que reflitam as melhores virtudes societárias.

Portanto, é preciso encarar com restrição um fenômeno que lamentavelmente se repete nas empresas familiares, qual seja a disputa fratricida para se tornar o sucessor no comando da sociedade ou, no mínimo, a busca frenética pela chance de ocupar postos na administração societária. O exagerado apetite pela administração e, consequentemente, a grande frustração quando *resta apenas* a condição de sócio é uma distorção da cultura empresarial brasileira. A situação é bizarra. O herdeiro não se pergunta se tem ou não capacidade técnica para administrar a empresa, nem se está disposto a assumir todos os ônus decorrentes da gestão, como dedicação de seu tempo, disposição para reuniões e para enfrentar desafios e, mesmo, obrigações acessórias próprias do mercado brasileiro, como a exigência feita pelas instituições financeiras de que os administradores societários sejam avalistas dos empréstimos feitos pela sociedade. Parece que ser administrador é o único cenário viável, relevante, o único lugar de mérito na sociedade.

Nesse contexto distorcido, a administração societária não é almejada como expressão de uma disposição por lidar com desafios e empreender um ofício de condução negocial que, como se sabe, é árido e custoso, podendo consumir a maior parte do tempo diário do gestor. Almeja-se o cargo pela sua projeção social e familiar, como se fosse uma coroação, um ato de unção, uma conquista de um título, e não a assunção de um encargo. Um grande erro, portanto. É preciso empreender grande esforço para deixar claro haver amplos benefícios de ser sócio de uma empresa: aproveitar os benefícios da manutenção do investimento na empresa e da construção coletiva de suas diretrizes.

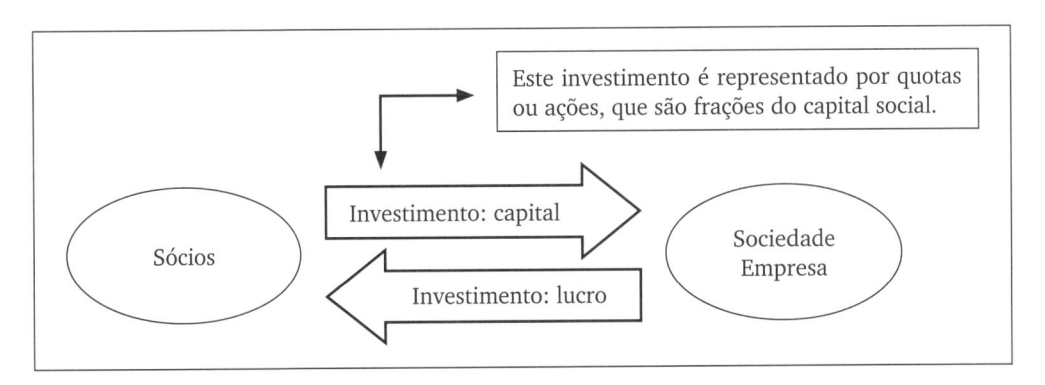

```
                    ┌─────────────────────────────────────────────┐
                    │ Este investimento é representado por quotas │
                    │ ou ações, que são frações do capital social.│
                    └─────────────────────────────────────────────┘
                                    │
                                    ▼
                        ┌──── Investimento: capital ────▶
            ╭───────╮                                        ╭────────────╮
            │ Sócios│                                        │ Sociedade  │
            ╰───────╯                                        │ Empresa    │
                        ◀──── Investimento: lucro ─────┘    ╰────────────╯
```

Eis por que sustentamos que, no plano das famílias empresárias, é preciso diferenciar a sucessão em dois planos distintos: (1) na titularidade das quotas ou ações da empresa e (2) no exercício da administração empresarial. E, como a tradição brasileira sobrevaloriza a sucessão na administração da empresa, é preciso deixar claras as armadilhas que decorrem desse equívoco. O sócio é titular de um patrimônio produtivo e, nessa condição, tem direito a ser remunerado, por meio da distribuição de dividendos, não precisando, para isso, trabalhar na empresa: a titularidade de quotas e ações, por si só, garante-lhe o direito àquela renda. Assim, podem se dedicar às suas atividades pessoais: podem ser médicos, donas de casa, psicólogos, cineastas, artistas plásticos, benfeitores públicos, políticos etc. Podem dedicar-se às suas atividades pessoais, sabendo-se *donos* legítimos de um patrimônio produtivo que, mais do que lhes garantir uma renda anual, quando da distribuição dos dividendos, garante-lhes o direito de participar das deliberações societárias, fiscalizar a administração da empresa e outros tantos que serão aqui examinados.

Aliás, um dos graves desafios das empresas familiares está na capacidade que os membros das novas gerações revelam, ou não, para a atividade negocial ou atividades negociais desenvolvidas pela empresa ou empresas controladas. É comum ouvirem-se narrativas de pais que *fizeram de tudo* para que seus filhos dessem certo na empresa, mas acabaram sendo obrigados a reconhecer que não revelavam qualquer pendor para a atividade. Noutro giro, embora acabe-se por alocar todos os herdeiros, alguns mostram vontade e capacidade para dirigir, outros para funções menores, criando o desafio das diferenças de remuneração. Em todos os casos, a melhor solução é aquela que compreende e respeita, antes de mais nada, a coerência das funções corporativas (e suas respectivas remunerações), devendo a família – os membros da família – adequarem-se a isso. Ser sócio (e ser remunerado com dividendos: distribuição de lucros e, se for o caso, juros sobre o capital próprio – JLP), ser administrador (e ser remunerado com *pro labore* e eventuais bônus e participações dispostas no ato constitutivo), ser empregado (remunerado com salário compatível com a função) ou prestador terceirizado de serviços (sendo remunerado pelo que faça, em conformidade com o contrato; tudo isso independente de ser marido ou esposa ou filho ou neto ou sobrinho ou irmão ou primo).

> Exemplo de Cláusula/Artigo – O exercício da administração societária está restrito àqueles que tenham mais de 35 (trinta e cinco) e menos de 65 (sessenta e cinco) anos de idade.[9]

> Exemplo de Cláusula/Artigo – A sociedade não poderá contratar, sob qualquer modalidade e natureza de contrato, inclusive, mas não só, relação de emprego e prestação de serviços, seus sócios ou seus descendentes, colaterais até quarto grau, cônjuge ou convivente.[10]

---

[9] Como não se trata de previsão que precisa alcançar terceiros, também não é preciso constar do ato constitutivo (plataforma normativa primária), sendo levado ao registro público. Pode ser disposta em acordo de sócios (plataforma secundária, acessória).

[10] Idem: pode ser disposto em acordo de sócios para evitar publicação desnecessária da restrição.

Não é recomendável para o sucesso e o futuro de qualquer atividade negocial, familiar ou não, que os sócios pretendam ter o direito de empregar-se na empresa ou fazer empregar esposa, companheiras, filhos, cunhados, genros, noras, amigos etc. Esses *trens da alegria privados* descarrilam com muita facilidade, certo não contarem com o suporte dos cofres públicos, abastecidos por um leão faminto, como ocorre com os cabides públicos de empregos na vergonhosa tradição da política e da Administração Pública brasileira. Justamente por isso as novas gerações devem ser preparadas para compreender a empresa não como uma fonte de emprego, mas como um investimento que, adequadamente conduzido, será rentável, com benefícios para todos os titulares de quotas ou ações.

Com a constituição de uma *holding* familiar, todos os herdeiros, junto com seus pais, são colocados na mesma condição: são todos sócios. Se a *holding* não tiver atividade operacional, a administração pode ser atribuída a todos os sócios ou, se atribuída a algum em especial, pode-se prever um *pro labore* estipulado em valor mínimo. Em se tratando de sociedade de participação, cuja receita é composta pela distribuição de lucros e juros sobre o capital próprio, pagos pelas sociedades nas quais tem participação, independentemente da função desempenhada pelos sócios, estejam ou não trabalhando nas empresas, *nessa ou naquela* função, a participação nos resultados se fará de acordo com a participação no capital social da *holding*. Isso não é alterado, sequer, se há autorização no contrato social ou estatuto social, ou autorização dada pela reunião ou assembleia de sócios, para que a receita também resulte de operações realizadas com os títulos que tenham em carteira, como o aluguel de ações, aquisição e alienação de participações societárias, debêntures etc. Diga-se o mesmo com as receitas advindas das sociedades patrimoniais, titulares de bens imóveis e móveis alugados, marcas e patentes licenciadas etc.

Divisão funcional dos membros da família	
	Holding → todos os familiares tornam-se, indistintamente, sócios da holding, cuja receita provém das sociedades controladas e filiadas. Cada sócio recebe dividendos proporcionais à sua participação societária, independentemente de trabalhar, ou não, nas empresas.
	Sociedades operacionais → aqueles que mostram disposição e vocação para atuar nas empresas ocupam cargos de direção ou funções no organograma das sociedades produtoras, sendo remunerados por este trabalho, por meio de *pro labore*, se diretores, ou salário, se funcionários.

A conclusão necessária é simples: no âmbito de uma *holding pura*, os sócios se nivelam. Mesmo uma filha que tenha optado por se dedicar às prendas domésticas terá a mesma retirada de um filho executivo: a receita obtida a partir do patrimônio familiar (quotas, ações, títulos, imóveis, móveis etc.), partilhada na proporção da participação societária. Em oposição, aqueles que mostrem pendor para atuar nas sociedades operacionais, nelas tomarão lugar, sendo remunerados por esse trabalho, segundo as regras do Direito Empresarial (administradores societários, que são remunerados por meio de *pro labore*) ou do Direito do Trabalho, se desempenharem funções ao longo dos níveis operacionais da organização empresarial: jornalistas, engenheiros, relações públicas etc.

O sucesso da assessoria e do planejamento jurídico para uma empresa familiar passa, comumente, pela capacidade de ensinar aos familiares as vantagens da condição de sócio, acompanhada da implementação de medidas que protejam e valorizem essa condição. Mas é preciso saber ser sócio. Isso passa, inclusive, pela percepção de que as quotas ou ações que se têm constituem um investimento valioso, mas um investimento que tem seu retorno limitado, por maior que seja a empresa. Não é sequer razoável que o sócio/parente se torne dependente financeiramente da empresa. Cada um deve ter sua profissão, seus negócios, sua fonte de renda, nela incluídos, como uma parte, os lucros eventualmente distribuídos pela(s) sociedade(s) de que participa. Herdeiros inteiramente dependentes da empresa familiar tendem a ser um problema grave.

> Exemplo de Cláusula – Caberá a ...[11] definir como serão usados os bens que compõem o patrimônio societário, incluindo uso próprio, por um dos sócios, bem como eventual locação ou cessão temporária (onerosa ou gratuita). A alienação em definitivo depende da aprovação por votos correspondentes a ...% (... por cento) do capital social.

Dessa maneira, pode ser recomendável que a sociedade tenha um programa de formação de sócios, ou seja, que tenha políticas internas, incluindo cursos e seminários para os familiares, voltados para a compreensão das faculdades e das obrigações dos sócios, sua importância para a sociedade e os benefícios dessa condição, independentemente de ocuparem postos na administração societária. Isso pode ser feito pela própria sociedade, embora devendo abrir a participação para os demais sócios (ou seja, ato que não beneficia exclusivamente o bloco de controle, caracterizando conflito de interesses, mas a toda a coletividade social), pelos membros da família em si ou, havendo, pela *holding* familiar que mantém o controle da(s) sociedade(s) operacional(is). Essencialmente, andarão melhor as coisas quando cada um entender como adequar-se e, assim, sentir-se confortável em sua função na empresa familiar. Sociedades são isso: estruturas jurídicas para a conexão entre pessoas (naturais ou jurídicas) e os rituais para assegurar isso podem – quando não devam – constar de seus regramentos, suas normas privadas válidas e de eficácia *interna corporis*.

Há sociedades que preveem, em seus organogramas, a figura do conselho familiar, com essa finalidade, entre outras. É positivo haver uma cultura empresarial

---

[11] Escolher: Presidência, Diretoria, Conselho de Administração, Assembleia Geral.

na família, voltada para a percepção e valorização e desenvolvimento de talentos, conter pressões pessoais ilegítimas (e contrárias aos interesses corporativos), discussão sobre parâmetros objetivos de remuneração, sucessão ou alternância no desempenho de certas posições, conservação (ou mudança) em parâmetros de comportamento empresarial, atenção aos limites aceitáveis (ou não) de autonomia individual e flexibilidade de iniciativas, entre tantas outras medidas. Tal órgão pode estar regido por normas inscritas nos atos constitutivos (contrato ou estatuto social), o que implica conhecimento público (*disclosure*), mas pode por igual estar disposto num pacto parassocial, como um regimento interno aprovado pela coletividade social. Tais conselhos afastam um tratamento improvisado das implicações mútuas entre família e empresa.

Neste contexto, reiteramos, pela importância, que o direito à participação nos lucros em nada se confunde com o trabalho na sociedade. A remuneração pelo trabalho se faz por meio do *pro labore*, para os administradores, ou por meio de salário, para os trabalhadores, destacando-se que um sócio pode, sim, ser empregado pela própria sociedade, certo que a personalidade jurídica do sócio é distinta da personalidade da sociedade. O direito aos dividendos nasce da titularidade das quotas ou ações, ou seja, da participação societária. Não mais que isso. O lucro é a remuneração do capital investido na sociedade, tenha havido integralização pelo próprio sócio, tenha havido integralização por terceiros em seu favor. Essa realidade ficou patente no julgamento Agravo 1.0024.02.790738-5/001 pela 11ª Câmara Cível do Tribunal de Justiça de Minas Gerais, no qual a relatora, Desembargadora Selma Marques, confirmou decisão que determinara o pagamento a um dos sócios, por ocasião da dissolução parcial da *holding*, da quantia correspondente aos lucros que não lhe foram distribuídos nos exercícios entre 1992 e 2003, incluindo indenização pela respectiva mora, destacado seu direito a receber os dividendos *em face de sua participação da sociedade*. Esse direito, destacaram os julgadores, em nada se confundia e em nada fora prejudicado pela apuração do valor que lhe cabia no acervo patrimonial, resultado de sua retirada da coletividade social.

Lê-se no acórdão:

> "Cumpre ressaltar que cabe aos administradores encarregados da gestão da sociedade promover a apuração contábil dos resultados obtidos pela sociedade em dado período totalizando os créditos e débitos acumulados. Terminadas as operações contábeis, caso o resultado seja positivo o lucro será reinvestido na própria atividade social ou distribuído entre os sócios, que terão a sua disposição um acréscimo patrimonial. A violação das regras contábeis e a elaboração de lançamentos sem vinculação exata com as operações concretizadas geram lucros ilícitos e fictícios, constituindo verdadeira gestão fraudulenta que vincula os responsáveis ou beneficia-

dos. Por isso, ainda que exista acordo judicial homologando a dissolução parcial da sociedade extinguindo parcialmente o mérito, persiste a lide em relação aos pedidos relacionados à não distribuição correta dos lucros ao autor pelos demais sócios".

Adiante, fez constar a relatora:

"A participação nos resultados da empresa representa a principal motivação para a existência da sociedade. A repartição dos lucros entre os membros da sociedade corresponde no plano jurídico a direito inerente à titularidade da quota social. Frise-se que a dissolução parcial da sociedade implica não apenas na retribuição pelas quotas, mas também na busca pelo reestabelecimento da participação dos lucros com as respectivas perdas que porventura tenha sofrido o sócio retirante em detrimento do favorecimento dos demais sócios".

Facilmente se percebe, depois da leitura desse precedente, que essa característica da *holding* é essencial e, portanto, mais do que uma possibilidade, a adequada distribuição de dividendos, bem como o emprego correto do acervo patrimonial da *holding* é uma obrigação de seus administradores. Não se trata, portanto, de uma fantasia ou de um caminho para engodos. Os sócios da sociedade de participação deverão demonstrar maturidade para compreender os direitos de todos, mesmo dos minoritários, respeitando-os.

3 Proteção em relacionamentos amorosos

Amor e dinheiro não deveriam se misturar. Mas não é assim. O amor esteve à venda talvez desde sempre e não pense que estamos usando de metáforas; não estamos caindo na tentação de falar de amor para nos referirmos a sexo. Não nos importa, nesta análise, falar de prostituição. Estamos trazendo ao debate a questão dos relacionamentos amorosos e seus efeitos sobre o patrimônio de uma pessoa. Se preferirem tomar a questão por outro ângulo, também será possível dizer que estamos colocando em foco os efeitos sobre o patrimônio familiar do envolvimento de um membro da família num relacionamento afetivo. Obviamente, isso implica considerar a terrível figura do golpe do baú, ou seja, da ação sentimental oportunista, calçada no interesse financeiro e não em afeto verdadeiro. Mas não é preciso tanto. Não é matéria que se contenha no âmbito das situações ardilosas. Vai além e alcança mesmo os relacionamentos verdadeiros, constituídos por manifestação verdadeira de amor, mas que acabam por encontrar seu fim e, com ele, produzindo efeitos patrimoniais, conforme as disposições do Direito de Família.

> Exemplo de Cláusula – As quotas/ações doadas são gravadas com cláusulas vitalícias de incomunicabilidade e impenhorabilidade absolutas, que se estenderão aos títulos resultantes de qualquer operação de mutação societária, a incluir de fusão, incorporação ou cisão, grupamentos e desdobramentos de quotas/ações, emissão de quotas/ações por capitalização de lucros, fundos, reservas e afim, além de qualquer outra operação que envolva a participação societária ora doada com os gravames listados de incomunicabilidade e impenhorabilidade.[12]

Neste contexto, cumpre investigar a utilidade da constituição de *holdings* familiares para fazer frente aos desafios que resultam da desagregação familiar de nossos dias, nomeadamente ao impressionante número de divórcios. Comumente, as opções afetivas constituem um grande desafio e um enorme risco para o patrimônio pessoal e familiar. Raramente as pessoas estão dispostas, enquanto estão apaixonadas ou enamoradas, a aceitar a simples possibilidade de que alguns enredos desagradáveis venham a dar cabo de seus sonhos de felicidade. Planejam e ajustam um futuro comum sem considerar situações adversas, reveses. A maioria entrega-se a uma casa comum sem ser mais exigente com *a qualidade jurídica do relacionamento* e a possibilidade de sofrer os efeitos do tempo. Mais uma vez, é recomendável destacar a peculiaridade do que estamos falando: não queremos nos referir à qualidade sentimental, emotiva, psicológica do relacionamento amoroso. Estamos, sim, chamando a atenção para uma referência pouco usual: *a qualidade jurídica do relacionamento*. E tal qualidade é o resultado, ela também, de um planejamento jurídico que será melhor quando conduzido com tecnologia jurídica sofisticada. Algo bissexto na sociedade brasileira mas comezinho na sociedade norte-americana, como exemplo fácil: a imprensa especializada no *show business* não se cansa de dar notícias dos pactos nupciais, suas cláusulas, seus efeitos.

A verdade nua e crua é que desfechos desagradáveis são comuns e não há qualquer forma de *blindagem afetiva* que garanta a perenidade do grande (e verdadeiro) amor. Por isso, pessoas conscientes se preparam para a possibilidade do fim, como quem coloca o sinto de segurança ainda que não pretenda acidentar-se. Por conseguinte, tais aspectos devem compor o exame frio que o operador jurídico faz da realidade: está sempre presente o risco de o casal vir, um dia, mais cedo ou mais tarde, a se desentender e, assim, terminar num processo litigioso de separação, onde o ódio substitui o amor e o desejo de vingança empurra as partes para um perde/ganha que é, na maioria das vezes, terrível para aquele que tem mais posses. Melhor será se tudo for pensado e previsto, planejado, previamente acordado e, sim, a isso pode servir, conforme o caso, a

---

[12] A redundância é voluntária e consciente, tendo por objetivo afastar quaisquer dúvidas sobre o ato.

ferramenta da *holding*. Mas, veja: é apenas um dos instrumentos entre os tantos que se pode usar para tanto.

Essencialmente, importa a maturidade para recorrer ao planejamento jurídico-patrimonial do matrimônio. E nisso se definirá um benefício para o dia a dia do casal e da família. A mágoa financeira – a percepção da perda potencial – impacta negativamente nas crises, faz crescer os sentimentos adversos, dá impulso aos desentendimentos podendo trazer à mesa acusações nem sempre justas, mas sempre afiadas e pontiagudas. A experiência mostra que a desconfiança agiliza o fim, coloca obstáculos para o melhor diálogo, remunera os ressentimentos e sugere aleivosias nem sempre existentes. O planejamento jurídico matrimonial é meio para assegurar dignidade às crises conjugais eventuais. A precarização jurídica é um risco em si; como se vê, não serve apenas às situações de dissolução do vínculo; trabalha por sua manutenção.

> Exemplo de Cláusula[13] – As quotas/ações doadas são gravadas com cláusulas vitalícias de incomunicabilidade e impenhorabilidade, gravames esses que se estenderão aos frutos, rendimentos, a incluir dividendos (distribuídos ou pendentes), lucros, juros sobre capital próprio, bonificações, benefícios e afins, diretos ou indiretos, a incluir os que provenham de sociedade em que haja controle ou mera participação societária.

Como se só não bastasse, ainda é preciso enfrentar um assunto ainda mais desagradável e, ainda assim, muito comum: o oportunismo daqueles que investem sobre herdeiros ingênuos e ingênuas, fazendo, à larga, juras de amor, enquanto mantêm seus olhos fixos *no baú* que, acreditam, lhes dará vida confortável sem esforço. O golpe é antiquíssimo mas, lamentavelmente, ainda em voga. O pai ou mãe que, do alto de seus anos de vida e de sua experiência, percebe o engodo em que se deixa cair seu filho ou filha terá, uma vez mais, na constituição de uma *holding* familiar, uma alternativa para evitar que ao naufrágio sentimental de seu filho ou filha corresponda um proporcional naufrágio econômico que, mais do que a ele, vitime a família e o patrimônio familiar.

As soluções para o combate desse fenômeno são múltiplas. Como se verá no Capítulo sobre o planejamento sucessório, é possível, no ato de constituição da *holding*, fazer doação de quotas ou ações gravadas com a cláusula de incomunicabilidade, evitando sejam alvo de uma partilha resultante de uma separação ou divórcio, ou, ainda mais amplo, gravar os títulos com a cláusula de inalienabilidade que, na forma do artigo 1.911 do Código Civil, implica impenhorabilidade e incomunicabilidade. A matéria será desenvolvida adiante, mas importa antecipar que, se a participação doada compõe a *legítima*, ou

---

[13] Essa cláusula é complementar à anterior.

seja, se compõe o mínimo a que o herdeiro tem direito (sua proporção em 50% do patrimônio do *autor da herança*), será preciso atender à limitação do artigo 1.848 do Código Civil: a *clausulação* deverá estar fundamentada, demonstrando haver causa justa para impedir a alienação, penhora ou comunicação patrimonial. Cria-se, assim, uma situação constrangedora e, ademais, passível de discussão judicial.

Para além dessa situação clássica, se a *holding* é constituída sob a forma de sociedade contratual, ainda que limitada, o próprio Código Civil, em seu artigo 1.027, impede o cônjuge ou *convivente* (*sociedade de fato*) de *exigir desde logo a sua parte* em face da separação. Terá que pedir a liquidação das quotas, o que permite aos demais sócios (membros da família) entregar-lhe dinheiro e não participação societária, sendo que o(a) sócio(a) ex-cônjuge perderá *um naco* de sua participação: aquilo que a sociedade ou os demais sócios indenizaram ao seu *meeiro* será retirado de sua parte e transferido para a parte dos demais.

Nas sociedades por ações, não há essa limitação posta na lei. O caminho para a proteção dos interesses familiares é colocar a limitação no estatuto social: prever que o ingresso de qualquer sócio depende da anuência unânime dos demais e que, diante da recusa, aquele que adquiriu as ações em virtude de penhora/leilão/adjudicação, separação judicial ou herança, terá o direito ao reembolso de seu valor, calculado nos moldes previstos na Lei 6.404/76. Dessa maneira, embora não se possa impedir que o ex-cônjuge (casamento) ou ex-convivente (*sociedade de fato* ou *união de fato*) tenha uma vantagem patrimonial com a separação, impede-se que ele ingresse na *holding* (e, assim, no bloco de controle das sociedades operacionais) ou que obtenha participação societária proporcional, enfraquecendo a *holding*.

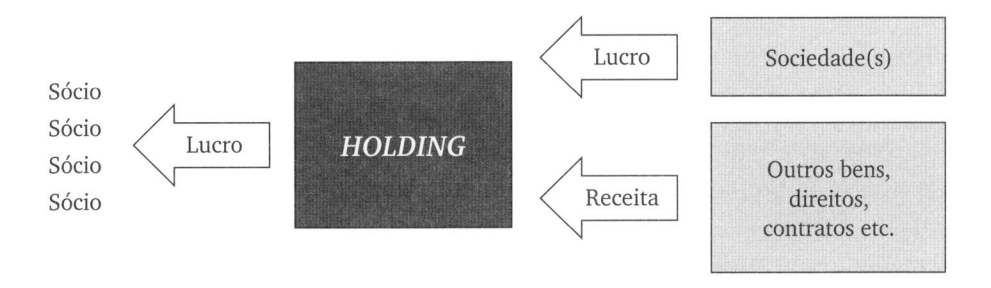

Sócio Sócio Sócio Sócio	⇐ Lucro	**HOLDING**	⇐ Lucro	Sociedade(s)
			⇐ Receita	Outros bens, direitos, contratos etc.

De qualquer sorte, o fato de a pessoa já trazer as quotas ou ações de uma *holding* no seu patrimônio, antes da constituição da sociedade, tem proveito direto nos regimes de comunhão parcial de bens e ainda mais nos regimes de separação de bens. Ela conservará a mesma participação societária e não haverá dúvida de que os movimentos de alienação e aquisição feitos pela *holding* em nada dizem respeito ao patrimônio do casal. Isso não é relevante apenas em se tratando de grandes patrimônios e/ou grandes empresas, mas alcança mesmo patrimônios e empresas médias. Importa, aqui, tirar vantagem dos elementos de existência das pessoas jurídicas. Como prevê o artigo 49-A do Código Civil, incluído pela Lei 13.874/2019, a pessoa jurídica não se confunde com os seus sócios, associados, instituidores ou administradores. Não é só. A cada pessoa corresponde um patrimônio e, dessa maneira, a sociedade tem um patrimônio próprio, em nada se confundindo com o patrimônio do sócio ou dos sócios. Ora, como patrimônio em direito é a *universitas iuris*, vale dizer, o conjunto de relações jurídicas, *positivas* (também ditas *ativas*: *direitos*, *faculdades*, *créditos*) e *negativas* (ainda ditas *passivas*: *deveres*, *obrigações*, *débitos*), fica claro que os direitos da pessoa jurídica não se confundem com os direitos de um, alguns ou todos os sócios, regra que se aplica igualmente aos deveres.

Somente os dividendos societários que forem distribuídos pela *holding*, em conformidade com a deliberação da reunião ou assembleia de sócios (quotistas ou acionistas), ingressarão no patrimônio do sócio da *holding*. Ao criar um sistema assim, permite-se mesmo a manutenção da higidez econômico-financeira dos diversos patrimônios implicados. Em fato, há quem encare toda e qualquer receita como algo a se gastar, o que não é de bom alvitre e, no geral, não conduz a bom cabo. A constituição e manutenção de riquezas geralmente não está calçada em amplo movimento de receitas e de gastos, mas na capacidade de poupança e reinvestimento. Noutras palavras, conservação de capital como garantia de segurança: manter o *status* e ter chances de avançar. Isso para não falar de reveses que, sendo ordinários, recomendam reservas, fundos, provisões. Impactos diversos podem vitimar, econômica e financeiramente, pessoas e empresas; ganhar e manter é muito mais difícil do que perder. Aliás, perder dinheiro é fácil e não há escassez de exemplos para tanto.

Esse mecanismo é tão eficaz que não é raro verificarem-se hipóteses de estruturas escalonadas: *holding* com participação em *holding*. Em fato, pessoas mais conscientes dos reflexos de receitas periódicas vultosas podem usar uma outra *holding*, inclusive uma sociedade limitada unipessoal, para funcionar como equipamento jurídico-contábil de contenção: somente os dividendos cuja distribuição for liberada por tal sociedade será transferido para o seu patrimônio. Dessa maneira, o patrimônio pessoal não acompanha diretamente o fluxo econômico e financeiro da *holding* que, como visto, tem personalidade jurídica e patrimônio próprios. A *holding* pode fazer investimentos próprios, gerir seu patrimônio, contraí-lo ou expandi-lo, sem qualquer reflexo no patrimônio da pessoa natural onde continuará existindo participação societária tal ou qual. Se a estruturação é bem feita e bem cuidada, em todos os seus aspectos, é possível conferir o máximo de segurança para o(s) interessado(s), impedindo que se venha a pegar carona indevidamente pela simples condição de marido, esposa, companheiro.

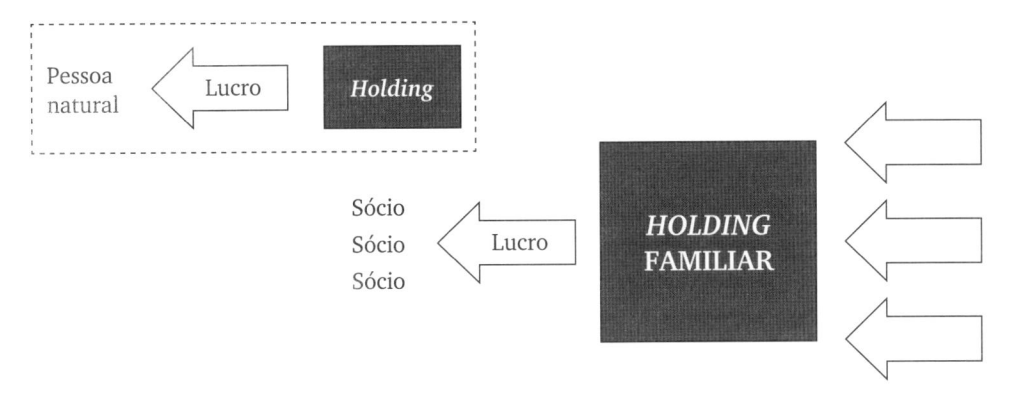

```
┌─────────────────────────────────────┐
│  Pessoa    ⇐ Lucro    Holding       │
│  natural                            │
└─────────────────────────────────────┘

        Sócio                    ⇐
        Sócio  ⇐ Lucro   HOLDING
        Sócio            FAMILIAR  ⇐
                                  ⇐
```

O fato de se ter despesas pessoais em nada interfere nessa realidade; se não se quiser receber tudo e aplicar em nome da pessoa natural, a distribuição mensal dos juros (verificados num exercício e distribuídos ao longo do exercício seguinte) é lícita e demanda apenas o respectivo provisionamento. Aliás, a tecnologia societária e contábil é riquíssima e oferece alternativas variadas para uma gestão patrimonial e financeira de excelência. O uso combinado de todas essas ferramentas permite manter o patrimônio de forma lícita, sem interferir no direito fundamental a ter uma vida afetiva. Não é uma realidade distante: muitos já a descobriram e a vivenciam. E não nos vexaremos de apontar o caminho: tecnologia jurídica. Não se pode depreciar os méritos do estudo, da pesquisa, do empenho, da formação e atualização. Não há segredos herméticos, nem fórmulas ocultas, procedimentos esotéricos. O caminho está escancarado nas prateleiras de qualquer boa biblioteca.

> Exemplo de Cláusula – As quotas/ações doadas são gravadas com cláusulas vitalícias de incomunicabilidade e impenhorabilidade, gravames esses que se estenderão a bens, direitos ou valores que resultem de operações societárias, a exemplo de descapitalização e reembolso pelo exercício de retirada, sendo expressa hipótese de sucessão real ou sub-rogação.

# 7

Planejamento negocial

1 Estruturação empresarial

Este é um capítulo para situações específicas: quando o patrimônio a ser alocado numa *holding* é formado por atividade ou atividades negociais. O agir advocatício muda por completo quando se tem famílias empresárias. O patrimônio produtivo, por suas demandas de investimento e administração, pela concorrência, revela minudências que não são estranhas ao Direito. Basta lembrar que vender um imóvel é ato absolutamente diverso de ceder uma posição contratual. Justo por isso, titulares de patrimônios empresariais tendem a ser mais ávidos por planejamento jurídico. A própria tendência de expansão e contração, resultante das variações de mercado, dão uma faceta distinta a tais casos. Nesse cenário, o planejamento jurídico-familiar demandará modelo de estruturação diferente, projetado para contribuir positivamente para a dinâmica mercantil do patrimônio. E a postura do advogado deve ser outra.

Contudo, precisamos de cautela para não se extrapolar o que é jurídico e, derrapando, pretender avançar sobre áreas que são próprias de outras ciências. Definir estratégias empresariais, logísticas, mercadológicas, é coisa para administradores empresariais. Do tipo de negócio, bens ou serviços oferecidos, passando pela estruturação do estabelecimento, processos, equipes, apresentação dos produtos e marcas, publicidade e tudo nesta direção: esse é um território onde o papel do jurista é auxiliar. Não é inexistente, mas auxiliar: suplementa, dá suporte e, eventualmente, pode ser decisivo: *isso não pode, isso é ilegal, isso é crime* etc. Obviamente, havendo espaço para tanto – e quem o dá é o cliente – pode-se adotar uma postura proativa: *assim há tais objeções legais; mas se fizéssemos assim ou assado, não há qualquer ilícito*. São melhores as equipes que dialogam: multiplicam referências e contribuições. E isso alcança mesmo as equipes multidisciplinares.

> Exemplo de Cláusula/Artigo – O(s) administrador(es) está(ão) obrigado(s) a elaborar, anualmente, um planejamento estratégico para a sociedade, com respectivo orçamento, submetendo-o para aprovação, por maioria simples[1] entre os presentes[2] à [reunião ou assembleia].

Equipes multidisciplinares ou diálogos multidisciplinares, incluindo advogados, permitem o estabelecimento de inovação em toda a cadeia empresarial. São meios para a construção de soluções mais sólidas na medida em que os desafios são encarados por ângulos diversos; noutras palavras, especialidades e habilidades diversas sustentarão um resultado que tende a revelar maior eficiência. Curiosamente, o profissional da advocacia não está habituado a agregar-se nessas forças-tarefa que envolvem diversos olhares e etapas, muitas vezes com participantes de nível de formação variados, menos qualificados. É uma limitação que acaba por se refletir numa redução de oportunidades de trabalho. É preciso atender à demanda da organização para a qual se foi contratado, admitindo-se num diálogo de abrangência maior no qual se ouvem proposições e para o qual se oferece o parâmetro jurídico.

A evolução das rotinas de administração empresarial demanda uma revisão do agir profissional advocatício. Mesmo deixar o terno em casa para se assentar com o restante da equipe e construir caminhos que melhorem a empresa. Quiçá, embora trajando o terno, assentar-se com a equipe. Essencialmente, ser capaz de interagir, de compor processos plurais, de aceitar oferecer a contribuição do Direito para assuntos como armazenagem e distribuição, relacionamento com os clientes, ampliação de mercados, novos modais logísticos ou de vendas, sustentabilidade, logística e tantos outros. Afinal, a corporação ganha com a união das expertises para obter o que haja de mais tecnológico, sob referências diferentes, mas feitas complementares. Pode mesmo ocorrer que não se identifiquem reflexos jurídicos no que está sendo debatido e construído. Mas deve haver disposição para ouvir e trabalhar pelo desenvolvimento de soluções, ainda que o foco no Direito possa

---

[1] Da maioria simples à totalidade, é preciso verificar o que interessa aos envolvidos. Detalhe: a totalidade é quórum que sempre implica um engessamento corporativo, podendo levar – e geralmente levando – à formação de impasses.

[2] Veja que, no caso deste modelo, utilizamos, como referência para aprovação, os presentes à reunião ou assembleia; é possível usar a universalidade dos sócios, tornando ainda mais rígida a previsão.

concluir-se no reconhecimento de que lei está sendo atendida, que a solução é lícita e que não se conhece algo juridicamente melhor para propor.

É uma nova advocacia, por certo. Mas já é, há muito, uma nova empresa, uma nova economia e um novo modelo de família. E, infelizmente, a advocacia não acompanhou o salto na gestão empresarial. Não dá para esperar fornecer defesa em processos, quando o mercado reclama por engenharia e logística jurídicas. Hoje, qualidade, satisfação e segurança estão no centro das atenções empresariais. Demandas, processos, defesas nada mais são do que resultados de falhas. Há que corrigir ou, melhor, há que prevenir, que evitar. Há boas perspectivas para uma advocacia de assessoria empresarial mais próxima e constante. E isso pode dar fôlego ao mercado de advocacia que, no âmbito contencioso, já mostra inegável exaustão. Empresas estão mais seletivas na definição de seus colaboradores, mais interessadas em trabalho proativo, que vai além dos modelos clássicos de atuação. Sabem que assim irão reforçar seus procedimentos e agregar valores extras, vantagens não usuais. E isso é vital numa economia altamente competitiva e mundializada.

É claro que há operações que, por sua natureza, merecem uma atenção e uma participação maiores do advogado, quando não sejam exclusivamente jurídicas. Não estamos falando de processos administrativos e judiciários, embora não os vá descartar. Mas estamos falando, por exemplo, da constituição de uma *holding* ou do planejamento societário. E, mesmo aqui, é preciso estar atento para considerações em paralelo, vinculadas a outros misteres, a exemplo da Contabilidade e mesmo da Administração de Empresas. Senhor da tecnologia jurídica, o advogado nem sempre se mostra feliz nos juízos de conveniência, de competitividade, lucratividade, logística não jurídica, gerenciamento de atividades etc. Isso para não falar da constituição de mecanismos e equipamentos jurídicos com função específica, entre os quais a *holding* é um exemplo fácil. Some-se o planejamento jurídico estratégico em geral, definição e redefinição de contratos, projetos de parceria e afins.

> Exemplo de Cláusula – É expressamente vedado à administração societária[3] alienar ou onerar os bens, móveis e imóveis, bem como direitos de qualquer natureza, de titularidade da sociedade, salvo deliberação favorável da...[4] dos sócios.

Muitos experienciaram isso durante a pandemia de covid-19, nomeadamente entre 2020 e 2022. As restrições à circulação de pessoas exigiram adaptação de muitos titulares de negócios e atividades profissionais, a exemplo de vendas *on-line*

---

[3] Há quem acresça para justificar: "... face à sua natureza patrimonial...".
[4] Alternativas: totalidade, maioria simples (mais da metade do capital social) ou outro critério: 83,57%, 57,83%, maioria (ou mais) do capital social e, simultaneamente, maioria *per capita*.

(e-comércio: comércio eletrônico)[5], digitalização de serviços, prestação remota de serviços etc. O movimento envolveu diversos aspectos não jurídicos: tecnologia da informação, mercadologia (*marketing*), desenho gráfico (*design*), engenharia, logística etc. Mas terá sido melhor quando checados ou desenvolvidos em conjunto com advogados: contratos-padrão, manuais e advertências, meios de pagamento, terceirizações (transporte etc.), canais de venda e plataformas de internet (*marketplaces*), condomínios logísticos. É preciso nunca se esquecer que parcerias são contratos e, se defeituosos, desaguarão em problemas jurídicos, em litígio. A modernidade, o progresso, a inovação não dispensam conformidade com normas e princípios jurídicos. Sempre haverá uma tensão entre o que se quer fazer e, de outro lado, a definição legal de proibições e obrigações. Por isso o parecer jurídico atrai a atenção dos gestores: são os limites à sua criatividade.

Não é diverso quando se está diante de processos de reestruturação empresarial, ou seja, no plano da reengenharia empresarial. Abrir e fechar lojas, centralizar a produção ou terceirizar parte ou partes, venda direta ou por meio de representantes ou revendedores e questões afins tocam o direito apenas por reflexo: precisam se amoldar ao que é lícito. Noutras palavras, a partir que os administradores e/ou sócios, auxiliados por seus especialistas e consultores, concluem seu esboço do que consideram ser a melhor arquitetura para as atividades produtivas, será preciso fazer uma revisão jurídica do que pretendem e, infelizmente, não temos uma cultura que reflita essa necessidade: nem advogados que ofereçam esse serviço, nem o hábito empresarial de recorrer a eles. O resultado? Se a sorte bafejar, o que foi planejado e posto em execução será lícito e pronto: tudo bem. O preço do erro varia conforme o ilícito caracterizado: autuação (tributária, trabalhista etc.), multa, caracterização de crime etc.

Eis por que temos sido repetitivos na afirmação de que é preciso estabelecer no Brasil uma cultura da consultoria jurídica, superando a compreensão do advogado como um causídico: um mero tocador de demandas. Definidas estratégias e movimentos empresariais para fazer a revisão. Não mais se aceitam visitas bissextas ao advogado. Os consultores jurídicos devem estar presentes no cotidiano da empresa, como os administradores e os contadores. Isso para não falar que já está na hora de perceber que, em se tratando de atos societários, designadamente os atos normativos, não se deve recorrer a despachantes ou qualquer outro profissional que não seja um advogado para dar-lhe execução.

---

[5] Não nos passa despercebido que a expressão usual é *e-commerce*; mas exclui e despretigia o vernáculo; se a partícula *e-* tem por função descrever o meio eletrônico, nada nos impedirá de usar e-comércio, e-livro e mesmo e-mensagem. Isso inclui, considerando que o inglês não é dominado pela maioria dos cidadãos e, sim, comungam da mesma estrutura social e de Estado que os anglófilos. Há que proteger a última flor do Lácio.

> Exemplo de Cláusula – Caberá à...[6] definir como serão usados os bens que compõem o patrimônio societário, incluindo uso próprio, por um dos sócios, bem como eventual locação ou cessão temporária (onerosa ou gratuita). A alienação em definitivo depende da aprovação por votos correspondentes a...% (...) do capital social.

E isso não deve ser encarado como um desafio que esteja ligado às grandes corporações. Uma infinidade de pequenas e médias empresas experimentam a necessidade de adequada expressão de regras de existência e funcionamento, vale dizer, refazimento de seus atos constitutivos, para não falar de revisão e refazimento de seus contratos com fornecedores e clientes, revisão de rotinas e práticas trabalhistas, fiscais, administrativas, empresariais. A cultura do jeitinho jurídico faz vítimas à torto e à destra; é preciso contar isso, explicar isso, mostrar isso. Faturamento com segurança jurídica, lucro com sustentabilidade e regularidade. Parcerias adequadamente ajustadas, convenientemente reduzidas a termos, obrigações e faculdades definidas com clareza. Quem economiza com fundação e muro de arrimo irá se sufocar em terra e escombros; afinal, o desmoronamento é sempre uma questão de tempo quando se tem problemas estruturais. E não é diverso com a estrutura jurídica.

2 Planejamento societário

Em se tratando de planejamento societário, está-se numa área essencialmente jurídica, embora seja tolo não ouvir (consultar) administradores e contadores, evitando criar problemas contornáveis. Infelizmente, a compreensão da utilidade do planejamento societário para o sucesso das organizações produtivas, incluindo empresas e grupos empresariais familiares, foi enfraquecida pela proliferação pelo mercado de falsos especialistas, oferecendo fórmulas milagrosas, inclusive a famigerada *blindagem patrimonial*, rótulo sob o qual foram elencadas promessas diversas, como uma vertiginosa redução de encargos fiscais, proteção dos bens contra iniciativas de credores, inclusive a fazenda pública etc. Esses oportunistas e suas promessas ardilosas são os responsáveis por lamentáveis naufrágios empresariais, quando não acabam por conduzir empresários respeitados para o noticiário policial. Esse enredo trágico repetiu-se algumas vezes: apenas com a chegada da polícia, acaba-se por descobrir que a *fórmula mágica*, na qual se confiou um dia, incluía a prática de atos que são definidos como crime pela legislação brasileira.

---

[6] Escolher: Presidência, Diretoria, Conselho de Administração, Assembleia Geral.

Em oposição, é possível e mesmo recomendável que as organizações produtivas, principalmente as empresas familiares, reconheçam os benefícios de uma análise séria de sua organização, sua estrutura, seus métodos de funcionamento etc. Dessa análise pode resultar a concepção de uma arquitetura societária que, incluindo, ou não, a constituição de uma *holding* (conforme o caso que se apresente e suas características individuais), melhor atenderá à realidade atualmente vivenciada pela(s) empresa(s), bem acolherá e expressará seus planos e desejos futuros. É um enredo proveitoso para que se prepare o ingresso das novas gerações na organização. Dessa maneira, não se pode pesquisar o tema sem considerar esse viés: as oportunidades que, à luz da ciência da administração empresarial, podem ser percebidas e aproveitadas. Pense em *holding* como um mecanismo societário de organização: serve para dar ordem à estrutura, quando essa ordem é necessária.

Os horizontes são variados, com numerosas alternativas de posturas administrativas que podem conduzir os resultados comerciais para níveis mais satisfatórios. Um exemplo fácil é a adoção de uma estrutura multissocietária (a multiplicação da quantidade de pessoas jurídicas utilizadas para realizar os negócios), cada qual ocupando-se de determinada parcela das operações, permitindo níveis maiores de descentralização administrativa que, conforme conste das cláusulas dispostas nos contratos sociais e dos estatutos sociais, poderá ser maior ou menor. Pelo lado oposto, há grupos de empresa que, pelas qualidades que revelam, recomendam um esforço inverso, ou seja, a incorporação ou fusão de sociedades com a finalidade de centralizar a administração, eliminando divergência, reduzindo custos etc. Não há solução que, em tese, seja melhor ou pior. Há diversas opções que, conforme as condições verificadas em cada organização, se mostraram mais ou menos recomendáveis.[7]

> Exemplo de Cláusula – Os sócios poderão participar da reunião/assembleia presencialmente ou por meio de plataforma digital, que deverá ser disponibilizada, pela administração societária, para acesso no dia e horário da convocação.
>
> Parágrafo único – Na hipótese de representação do sócio, o original da procuração[8] deverá ser apresentado na sede da sociedade com o mínimo de 48h (quarenta e oito horas) de antecedência da reunião/assembleia.[9]

---

[7] Conferir: MAMEDE, Gladston; MAMEDE, Eduarda Cotta. *Estruturação Jurídica de Empresas*: alternativas da tecnologia jurídica para a advocacia societária. Barueri: Atlas, 2024.

[8] É possível especificar quais poderes mínimos devem ser outorgados ao representante.

[9] Em sociedades menores, a previsão pode constituir um excesso; pode-se, então, emendar: "ressalva-se a participação presencial por representante que apresente ao administrador a original da procuração".

A constituição de sociedades (sob o guarda-chuva de uma *holding*) pode ser recomendável para abrigar certas atividades negociais específicas, já exploradas ou em cuja exploração se vá investir, considerando não apenas as demandas da organização administrativa das empresas, fluxos procedimentais internos, controle operacional, mercados específicos (incluindo públicos-alvo), parceiros negociais comuns, como também outros fatores essencialmente, a exemplo dos reflexos fiscais, regulamentares, coparticipação corporativa (incluindo estabelecimento de alianças estratégicas). Aliás, a concentração de atividades numa só sociedade ou a sua distribuição entre sociedades diversas são medidas diversas que, conforme as particularidades de cada caso, podem resultar em economia fiscal lícita. Exemplo? O caso real de uma construtora pesada (estradas), uma empresa familiar; por demanda de brita, adquiriu uma sociedade mineradora dedicada ao minério e, em face dos resultados, procurou outros ativos (incluindo areia) e, em certo momento, constituiu uma *holding* para suas mineradoras (e eventuais outras).

Nas empresas familiares, essa reestruturação societária pode ser utilizada para acomodar os valores das novas gerações, permitindo-lhes demonstrar sua capacidade (além de ganhar experiência) no desenvolvimento de algum projeto específico. É o caso de setores, até então subdimensionados na organização, mas em relação aos quais algum ou alguns jovens depositam esperança, desejando explorá-los. A constituição da sociedade acomoda-os, dá-lhes a oportunidade pedida, na mesma medida em que preserva o tronco principal da empresa ou grupo de empresas, evitando problemas de ordem diversa, incluindo a possibilidade de fracassos e, até, de falência. Basta recordar que, adotando tipo societário em que haja previsão da responsabilidade limitada dos sócios, nomeadamente a sociedade limitada e a sociedade anônima, não haverá responsabilidade subsidiária da sociedade *holding* pelas obrigações da sociedade controlada. Desse modo, o eventual fracasso dessas iniciativas não contaminaria a sociedade controladora, bastando encerrá-los.

Por outro lado, como cada sociedade mantém relações comerciais e jurídicas próprias, carrega individualmente o risco de sua atuação, evitando que haja uma contaminação dos bons negócios por aqueles que se mostram deficitários. Assim, pode-se assistir a uma "expansão de negócios rentáveis, apesar do insucesso de outras associadas, pois cada empresa afiliada pode ser considerada isoladamente", como ensina Djalma Oliveira, sendo que, concomitantemente, pode-se assistir a um "enxugamento das estruturas ociosas das empresas afiliadas, relativamente aos serviços comuns a todo o grupo", além da "centralização de alguns trabalhos, com possibilidade de redução das despesas operacionais".[10] A razão de ser do limite de

---

10   OLIVEIRA, Djalma de Pinho Rebouças de. Holding, *administração corporativa e unidade estratégica de negócio*: uma abordagem prática. 4. ed. São Paulo: Atlas, 2010. p. 19-20.

responsabilidade subsidiária presente em sociedades em comandita (simples e por ações), limitada e anônima é justamente essa: uma contenção dos riscos mercantis.

Mas insistimos, as respectivas investigações de conveniência devem ser feitas considerando os parâmetros de outras ciências, como a Administração de Empresas, a Economia e a Contabilidade. Sob tal perspectiva, o Direito traz apenas normas instrumentais: define limites lícitos e práticas ilícitas, define procedimentos, requisitos e elementos. A perspectiva jurídica para as conveniências empresariais é meramente instrumental. Ainda assim, o operador do Direito é indispensável para que, redigindo de forma adequada cláusulas, alterações e documentos, possa garantir movimentos seguros. Justamente por isso, o diálogo entre os especialistas das diversas áreas ainda é o meio mais confiável para o sucesso de tais intervenções: uma integração centrada na empresa, no esforço de maximização de sua eficiência, na ampliação de seus horizontes, tornando seu panorama mais promissor.

Ainda nesse contexto, nunca é demais realçar que a melhor postura administrativa é aquela que pesquisa os efeitos jurídicos das decisões tomadas, verificando não apenas sua licitude, mas igualmente os impactos que terá, a exemplo de encargos fiscais e trabalhistas, além dos melhores caminhos para que sejam concretizadas. Isso vale para a contratação da atuação conjunta entre sociedades (*joint venture*), a incorporação de outras sociedades, a fusão com outras sociedades, a aquisição ou a alienação de estabelecimentos, a terceirização de fases produtivas, entre tantos outros. Tecnologia é a base do desenvolvimento contemporâneo. Tecnologia jurídica não é uma exceção nesse cenário. E a equação correspondente ainda deve levar em conta a transformação constante e frenética no mundo empresarial, exigindo *investimentos jurídicos*. Sim! É preciso encarar a consultoria e assessoria jurídicas como um *investimento*. O processo de transformação econômica, da quitanda ao *marketplace*, requer incluir metas jurídicas entre as demais na agenda das corporações. Há que desenvolver ambientes juridicamente sustentáveis para permitir o protagonismo da empresa num contexto de concorrência acirrada, assegurando a confiabilidade de seus resultados. Esse é o próximo nível que deve ser construído no mercado brasileiro. Um fator-chave em face da tolerância cada vez menor aos erros, às falhas e os prejuízos deles decorrentes.

3 Uniformidade na administração

Quando se tenha não apenas uma empresa, mas um grupo de empresas, a constituição de uma *holding* pode ser recomendável para centralizar a administração das diversas sociedades e as diversas unidades produtivas. Por essa via, a *holding* deixa de ser apenas a depositária das participações societárias, mas assume um papel primordial de governo de toda a organização, definindo parâmetros, estabelecendo metas, definindo processos funcionais uniformes ou autorizando a excepcional adoção de fórmulas alternativas *nessa ou naquela* unidade, entre tantas outras possibilidades vantajosas. A *holding*, por essa perspectiva, torna-se (e deve tornar-se) um núcleo de proatividade, avaliando o desenrolar dos fatos empresariais e trabalhando para oferecer diretivas que melhorem o desempenho dos atores produtivos. Em patrimônios maiores, há diversos casos de várias *holdings*, cada qual enfeixando um grupo de atividades negociais e ativos afins.

> Exemplo de Cláusula – Os sócios serão convocados para reunião/assembleia prévia,... (...) dias antes da realização de qualquer reunião ou assembleia a ser realizada em sociedade ou fundo de que participe a *holding*, para debater o que a pauta, formular a posição que será adotada e orientar o voto de seu representante no evento.[11]

Ainda sob esse prisma, percebe-se um quadro curioso: a *holding* nasce de um esforço de planejamento mas, uma vez constituída, acaba por poder se tornar, ela própria, um centro gerador de planejamento organizacional e mercadológico. Dessa maneira, principalmente em negócios que surgiram e se desenvolveram a partir da filosofia de uma família, torna-se viável expandir as atividades, diversificando a atuação empresarial, sem perder o jeito de fazer as coisas. Deve-se realçar que essa influência administrativa não se manifesta apenas sobre as sociedades controladas, mas também sobre aquelas nas quais a *holding* tenha mera participação societária, embora relevante. Nessas corporações, embora a cultura da *holding* (seu *benchmarking*) não se afirme como uma simples expressão do seu poder de controle, pode resultar da influência positiva que ela exerce, como sócia, junto a seus pares. Essa influência empresarial positiva, proporcionada por sociedades de participação, é uma realidade comum e proveitosa para o mercado.

> A *holding* pode centralizar a administração das diversas sociedades e unidades produtivas, dando-lhes unidade, estabelecendo metas e cobrando resultados. Dessa maneira, torna-se núcleo de irradiação de uma cultura empresarial (*benchmarking*) que pode, até, influenciar sociedades nas quais tem simples participação societária e não o controle.

---

[11] Outra disposição que ficará melhor em plataforma secundária (pacto parassocial). Há casos em que são previstos mecanismos de exercício de voto a partir do que conste da ata de tal reunião/assembleia, comunicada diretamente à sociedade de que participa. Nessa hipótese, melhor será usar o ato constitutivo (plataforma primária) para se beneficiar da ciência ficta perante terceiros.

Não é só. Numa estrutura multissocietária, vale dizer, quando se tenham várias sociedades sob o controle ou com a participação de uma mesma família, a *holding* pode assumir não apenas o papel de núcleo de liderança, mas de núcleo de representação. Com efeito, a *holding* pode se tornar a sociedade que representa o conjunto das sociedades controladas, na mesma proporção em que também representa a família que a controla. Isso permite obter uma vantajosa *unidade de discurso* nas relações com o mercado e a sociedade: fala pelas sociedades, assim como eventualmente fala pela família, o administrador da *holding* ou, ainda melhor, a sua assessoria de imprensa. Esse aspecto tem muita relevância hodiernamente, quando vivemos numa sociedade de informação e opinião, com efeitos econômicos diretos. Não é só. Pode, também, "atuar como procuradora de todas as empresas do grupo empresarial junto a órgãos de governo, entidades de classe e, principalmente, instituições financeiras, reforçando o seu poder de barganha e sua própria imagem".[12]

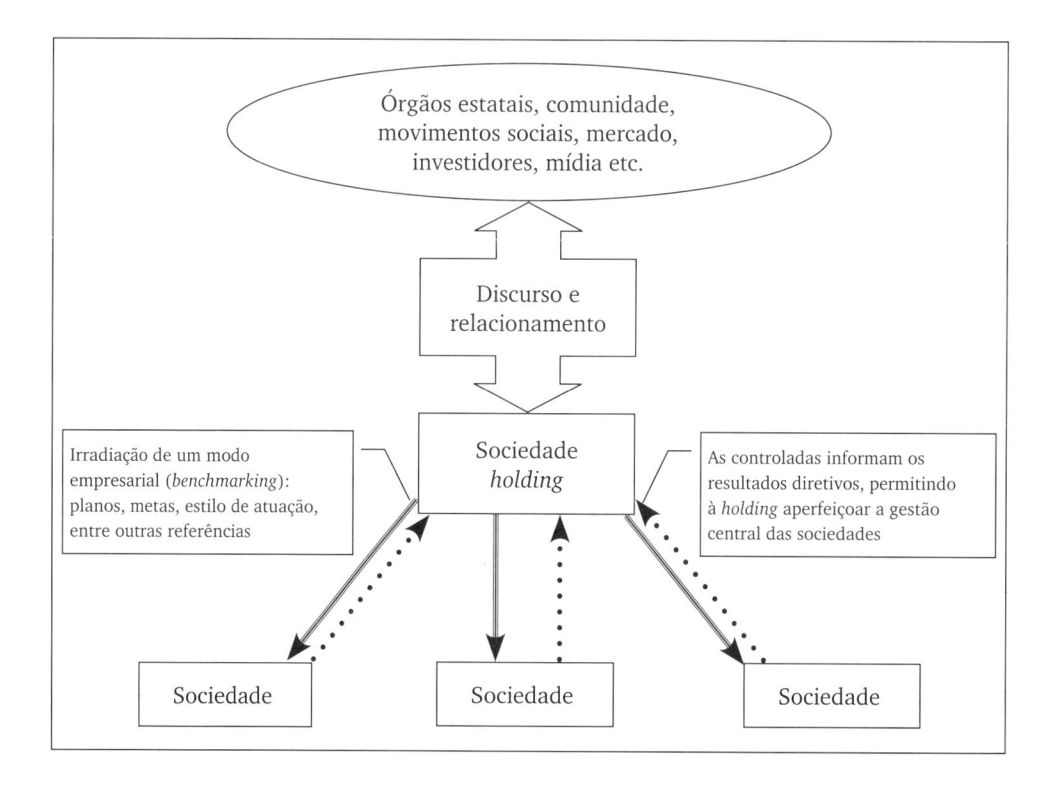

```
┌─────────────────────────────────────────────────────────────────┐
│                   ╭─────────────────────────╮                   │
│                  │  Órgãos estatais, comunidade, │               │
│                  │  movimentos sociais, mercado, │               │
│                  │    investidores, mídia etc.   │               │
│                   ╰─────────────────────────╯                   │
│                              ⇅                                  │
│                      ┌───────────────┐                          │
│                      │  Discurso e   │                          │
│                      │ relacionamento│                          │
│                      └───────────────┘                          │
│                              ⇅                                  │
│  ┌──────────────────┐   ┌──────────┐   ┌──────────────────────┐│
│  │ Irradiação de um │   │ Sociedade│   │ As controladas informam os│
│  │ modo empresarial │───│ holding  │───│ resultados diretivos,     │
│  │ (benchmarking):  │   └──────────┘   │ permitindo à holding      │
│  │ planos, metas,   │                  │ aperfeiçoar a gestão      │
│  │ estilo de atuação│                  │ central das sociedades    │
│  └──────────────────┘                  └──────────────────────┘  │
│              ↓       ↓       ↓                                  │
│       ┌──────────┐ ┌──────────┐ ┌──────────┐                    │
│       │ Sociedade│ │ Sociedade│ │ Sociedade│                    │
│       └──────────┘ └──────────┘ └──────────┘                    │
└─────────────────────────────────────────────────────────────────┘
```

Alfim, um aspecto essencial precisa ser destacado: todas essas proposições constituem mera possibilidade organizacional. Da centralização administrativa

---

[12] OLIVEIRA, Djalma de Pinho Rebouças de. Holding, *administração corporativa e unidade estratégica de negócio*: uma abordagem prática. 4. ed. São Paulo: Atlas, 2010. p. 18.

à unidade de discurso têm-se apenas metas, possibilidades, proposições. Há um largo espaço entre a proposição e a realidade. Esse movimento de realização preenche-se de formas diversas, realçada a capacidade do(s) administrador(es) em implementar uma cultura empresarial de respeito à liderança da *holding* sobre as sociedades. No entanto, para além desse poder e capacidade de liderança, importa dar destaque aos instrumentos jurídicos que podem – e devem – ser utilizados pelo operador do Direito para garantir a seus clientes a conquista de uma tal condição. Isso se faz por meio de cláusulas dispostas no ato constitutivo da *holding* e das sociedades controladas, bem como por meio de documentos apartados que assegurem, juridicamente, a predominância da sociedade controladora sobre as unidades produtivas. A existência dessas cláusulas, nos contratos sociais e nos estatutos sociais, permitirá que sejam tomadas, se necessário, medidas judiciais para assegurar a predominância da *holding* sobre todos as corporações que deveriam estar submetidas a ela. Esteja-se atento a isso: não se foque apenas na criação e na existência da(s) pessoa(s) jurídica(s); é vital atentar para as suas plataformas normativas: primária, secundárias e terciárias.[13]

Não se perca de vista, quando se fala em uniformidade administrativa, para a importância que têm os atos normativos inferiores ao contrato social ou estatuto social. Eis uma terra a ser desbravada pelo Direito: muito pouco avançamos, na teoria e na prática, sobre normas jurídicas internas à(s) sociedade(s) e/ou empresa(s). As demandas legais contra corrupção, a exigir políticas internas de *compliance* (agir em conformidade com as leis e os princípios éticos) levou à redação de programas ou regulamentos de prevenção de corrupção e práticas ilícitas. É uma dessas instâncias normativas inferiores ao ato constitutivo. Mas o espaço e a oportunidade são muito maiores, com reflexos trabalhistas, consumeristas, ambientais, societários etc. É preciso teorizar sobre isso. É preciso trabalhar com isso: oferecer a empresas e empresários os benefícios dessa tecnologia jurídica.

4 Administração profissional

Uma questão que paira perenemente sobre empresas que adotam gestão familiar é a conveniência de se recorrer a uma *administração profissional*. Em muitos casos, percebe-se haver mesmo uma pressão da comunidade em geral pela contratação de gestores estranhos à família, como se o simples fato de se contratar um profissional que não pertença à família fosse a garantia de melhorias na atividade negocial. Não se trata, contudo, de uma verdade, demonstra a realidade. Há casos

---

[13] Sobre as três dimensões e os três níveis das plataformas normativas, conferir: MAMEDE, Gladston; MAMEDE, Eduarda Cotta. *Estruturação Jurídica de Empresas*: alternativas da tecnologia jurídica para a advocacia societária. Barueri: Atlas, 2024.

de sociedades que não experimentaram, com gestores profissionais, estranhos à família, o mesmo sucesso que experimentavam quando tinham à sua frente um parente. Noutras palavras, recorrer a administradores profissionais não é garantia de um sucesso maior, nem mesmo de maior segurança para a empresa. Há incontáveis casos de empresas que surgiram, cresceram e se consolidaram no mercado sendo administradas por membros de uma família, preservando suas posições e seu vigor sem se utilizar de gestores profissionais.

> Exemplo de Cláusula – A indicação de pessoas para ocupar cargos e/ou desempenhar funções nas sociedades controladas deverá ser objeto de deliberação em reunião/assembleia de sócios, exigindo-se quórum mínimo de aprovação de... (...).[14]

A constituição da *holding* serve a tal desafio: manter o controle que a família exerce sobre a empresa ou grupos de empresas, mas afastar os seus membros da condução dos negócios para, assim, garantir uma administração profissional e, com ela, uma série de benefícios. A administração familiar nem sempre é meritória. Em incontáveis casos, afirma-se como mera expressão de um direito hereditário: *herdei a empresa e, assim, tenho o direito a ela e posso administrá-la*. Não se pesquisa se há, ou não, *capacidade técnica para administrar*, se há tino comercial, se as virtudes reveladas pelo fundador ou por aquele que consolidou e expandiu a empresa estão efetivamente presentes no(s) herdeiro(s). Simplesmente se afirma, como assessório do direito à empresa (tomada como bem herdado), o direito à administração da empresa.

> A *holding* familiar também pode servir para afastar a família da direção e execução dos atos negociais, embora mantendo o controle das sociedades operacionais.

Há sociedades que decidiram afastar os membros da família da administração empresarial, conservando-os apenas como sócios da corporação ou, mesmo, sócios de *holding* controladora. Essa opção da família por constituir uma administração profissional traz para o advogado uma responsabilidade profissional específica: construir a estrutura normativa que sustentará a relação entre os membros da família e os gestores contratados para a condução da empresa. Mas é preciso reconhecer que se registram diversos casos de famílias que, após experimentarem uma administração profissional, recorrendo aos serviços de um ou mais gestores

---

[14] De "maioria simples entre os presentes" à "totalidade dos sócios" (o que caracteriza perigoso engessamento da matéria, potencializando situações de impasse), passando por proporções diversas, seja "entre os presentes", seja "dos sócios".

contratados no mercado, por breve ou longo período, optaram por retornar familiares ao comando do negócio. Aliás, mesmo quando a gestão profissional tenha se mostrado profícua, há casos em que a sucessão do administrador se faz em benefício de um membro da família, expressão da confiança que os sócios/parentes depositam nele, considerado tão capaz quanto um administrador profissional.

Não temos nenhuma dúvida de que a sobrevivência de empresas, no ambiente econômico atual, no qual se destaca uma competição estremada, depende da profissionalização de sua administração. Mas é um equívoco confundir *gestão profissional* com gestão feita por administradores profissionais, pessoas estranhas à(s) família(s) controladora(s). É, sim, possível haver administração profissional desempenhada por um membro da família; dito d'outro jeito, administrar-se de *forma profissional* não é obrigatoriamente administrar-se por não familiares. Apesar de ser membro da família, a pessoa pode revelar capacidade técnica para desempenhar a gestão empresarial de *forma profissional*. Na base dessa equação está a percepção, já generalizada, de que o nível alcançado pelo mercado brasileiro já não deixa muito espaço para o sucesso empresarial calçado no amadorismo, vale dizer, na simples intuição (*tino*) comercial, no aprendizado prático do dia a dia, no *achismo*. O estudo da ciência da administração é uma necessidade, permitindo assimilar os instrumentos modernos de gestão que, sabe-se, envolvem administração de capital, sistemas de controle, gestão de processos etc. Entretanto, nada impede que os membros de uma família empresária se habilitem nesse conhecimento técnico e o exerçam na sociedade, dando-lhe uma administração profissional, apesar de familiar.

> Exemplo de Cláusula – A indicação de pessoas para ocupar cargos e/ou desempenhar funções nas sociedades controladas não se fará em favor dos sócios, seus cônjuges ou conviventes, descendentes e colaterais até o quarto grau.[15] Serão escolhidos profissionais com formação universitária relacionada às atividades da sociedade, com experiência mínima de... (...) anos no setor.[16]

Importa destacar, portanto, que não há um malefício, em si, no fato de membros da família desempenharem funções de administração. O problema está no fato de que a administração pode ser entregue a alguém que não tem capacidade técnica para tanto, não importa se membro da família ou não. Pior: há, sim, gestores profissionais que, diante do desafio de uma empresa, mostram-se

---

[15] Algumas *holdings* fazem tal opção pela administração profissional, afastando a família da administração das sociedades controladas. Há casos em que se excepciona o voto unânime que, assim, chancelaria a exceção.

[16] Pode haver mais requisitos. O tema habitualmente é tratado em acordo de sócios (plataforma normativa secundária), havendo casos em que consta de regimentos, códigos, manuais de gestão (plataformas terciárias).

incapazes de atender às suas necessidades. Se há uma vantagem na oposição entre administradores familiares e administradores profissionais, ela é estatística: o leque de candidatos estranhos ao clã é, por óbvio, muito maior do que o número de candidatos na própria família. Ainda assim, a referência elementar é a capacidade de ocupar, com excelência, a gestão da empresa. Justamente por isso, diversas empresas familiares que, no passado, proibiram membros do clã de participarem da administração societária, acabaram por rever essa cláusula de seus atos constitutivos, permitindo parentes de ocupar a gestão, desde que demonstrassem capacidade para tanto. Assim, esses parentes competem com gestores profissionais e, se demonstrarem superar a capacidade dos recursos humanos disponíveis no mercado, passam a ocupar cargos no organograma administrativo da empresa.

Por suposto, a gestão profissional com membros da família faz-se por meio da profissionalização dos sócios e/ou herdeiros para que estejam capacitados a desempenhar adequadamente os atos de gestão da atividade negocial. Mantém-se, assim, a percepção de que não há desvantagem alguma na condição de empresa familiar, apesar dos desafios que lhe são próprios. Aliás, insistimos, em incontáveis casos, a vantagem de uma empresa está justamente no fato de ser uma organização familiar e administrada por membros da família, seguindo tradições familiares. E, em muitos casos, o abandono dessa característica familiar culmina na perda de uma vantagem mercadológica, com reflexos diretos nos resultados da empresa. Consequentemente, respeitadas a complexidade do mercado em nossos dias e a indispensabilidade de se estabelecer uma administração técnica, ainda que feita por membros da família. Noutras palavras, na hora de definir um novo administrador, é preciso atribuir aos familiares os mesmos rigores que se atribuem aos executivos profissionais, fazendo uma escolha que esteja focada no melhor futuro para a empresa e, assim, que atenda melhor aos interesses da coletividade de familiares/sócios. Isso inclui, até, considerar a condição de familiar como uma vantagem, acreditamos: fazer parte da história da empresa, estar comprometido com os valores familiares, ter uma visão de longo prazo, sustentada na compreensão de que a empresa é um patrimônio coletivo/familiar.

A sucessão empresarial é questão mais simples quando há um herdeiro universal, ou seja, quando a empresa ou grupo de empresas é herdado por uma só pessoa. Nesses casos, sua insistência em administrar a corporação, mesmo sem revelar virtudes para tanto, produzirá danos exclusivamente no seu patrimônio e sobre seus interesses jurídicos e econômicos. É claro que, para além de si, são diretamente afetados trabalhadores e suas famílias, fornecedores e consumidores etc. Contudo, o Direito não evoluiu para um nível em que se possa dar uma proteção eficaz para esses danos; e chega a ser duvidoso os méritos de uma tal intervenção: muitos que foram tidos como loucos em suas atitudes nada mais foram do que visionários, a reformular os modos de produção, rotinas mercadológicas, produtos, serviços etc., mostrando-se amplamente vitoriosos ao fim de suas gestões. Essa referência não pode ser desprezada pelo Direito e, por si só, recomenda que o Estado se mantenha fora da avaliação sobre o mérito da administração empresarial. O estudo dos sistemas altamente intervencionistas aponta para uma tendência de fracasso pela inabilidade de gerar inovação competitiva.

> Exemplo de Cláusula – As matérias de uma reunião/assembleia, que não sejam deliberadas por não ter se verificado o quórum mínimo de aprovação previsto no contrato/estatuto social, serão retiradas de pauta e poderão ser objeto da pauta de outra reunião/assembleia a ser convocada.

O problema se afirma com mais força quando se tenha uma coletividade de herdeiros. Nesses casos, a pretensão e a insistência em administrar as empresas, manifestada por um ou alguns herdeiros, acaba por produzir resultados diretos sobre os demais, mesmo quando se mantenham afastados dos negócios. Os erros cometidos pelos herdeiros/administradores impactarão o patrimônio familiar e, assim, afetarão negativamente o patrimônio de toda a família. Em se tratando de sociedades por ações, isso não será, segundo a Lei 6.404/76, um motivo suficiente para o exercício do direito de recesso, isto é, o direito de retirar-se da sociedade e receber a sua parte no patrimônio societário, embora a jurisprudência do Superior Tribunal de Justiça tenha evoluído de forma positiva e importante neste sentido, como se verá adiante. Já nas sociedades por quotas, nas quais se admite com mais facilidade o direito de recesso, em muitos casos o seu exercício pode revelar-se interessante: a grande vantagem representada pelo patrimônio societário pode estar na capacidade que a empresa tem de produzir resultados e não no patrimônio a partilhar, sendo melhor conservá-la do que dissolvê-la, ainda que *dissolução parcial* (resolução da sociedade em relação a um ou alguns sócios, com a correspondente liquidação de suas quotas).

Como se só não bastasse, a administração familiar tem uma outra grande desvantagem em relação à administração profissional: é muito mais fácil dispensar o administrador profissional, quando não está funcionando, do que o administrador familiar. A dispensa do administrador familiar é dolorosa, recheada de ressentimentos e deixa feridas na família, por vezes insuperáveis. O processo de discussão sobre a sua continuidade, ou não, à frente dos negócios normalmente envolve considerações nada objetivas, como a afirmação de *preferências parentais*, nem sempre verdadeiras, chantagens diversas: o baú de memórias é aberto para que fatos que deveriam estar há muito superados sejam usados, nessa hora, como armas pontiagudas e afiadas. Qualquer que seja a solução a que se chega, habitualmente a família – e seu patrimônio – sofrem impactos diretos.

O recurso à administração profissional, por seu turno, acaba com esses cenários: todos os membros da família nivelam-se como iguais sócios da *holding* familiar e, ali, discutem os negócios do clã. Na *holding*, a família mantém a participação societária na empresa ou em várias empresas concentrada e indivisa, com os benefícios daí resultantes. Mas em lugar de destacar familiares para ocupar as funções diretivas, são contratados administradores profissionais para assumir as posições de comando. Não obstante esses administradores profissionais sejam os executores dos atos de administração, ocupando-se do dia a dia da empresa, dependem diretamente da família controladora: eles ocupam o cargo de administração (presidente, diretor etc.) em função do voto dado pela sociedade controladora (a *holding*), estando obrigados a preservar os interesses da família na empresa, sob pena de serem afastados pelo mesmo voto. Essa opção pela administração profissional, por seu turno, é reversível a qualquer momento, certo que a *holding* familiar poderá indicar um membro da família para assumir a administração.

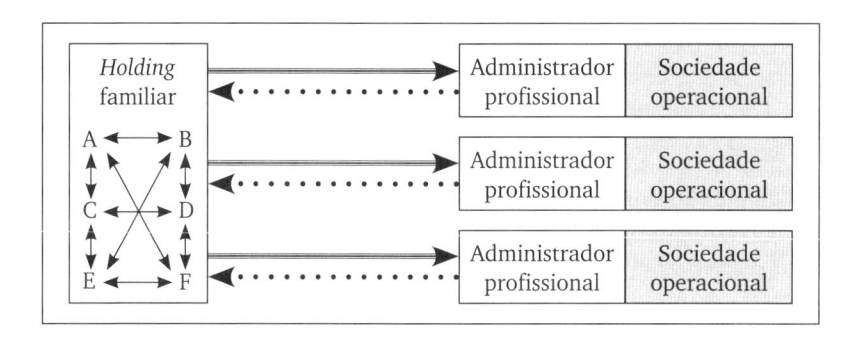

A contratação de um administrador profissional pode ser um sinal para o mercado sobre a intenção de atribuir um melhor governo ao negócio. Isso pode ter reflexos positivos junto a financiadores, parceiros negociais, fornecedores, trabalhadores e mesmo junto aos consumidores. Em incontáveis situações, paira no mercado uma desconfiança sobre os sucessores e sua capacidade de manter o negócio, o que pode levar a um recolhimento desses atores auxiliares: as instituições financeiras podem se mostrar temerosas em conceder financiamento, recusando, reduzindo os valores ou prazos, aumentando os juros; fornecedores podem se recusar a ampliar o suprimento de insumos; entre outros desafios. Em se tratando de companhia com títulos negociados no mercado aberto, a presença da administração profissional habitualmente tem um reflexo sobre o preço e a negociabilidade das ações: é mais difícil para um membro da família demonstrar a sua capacidade como administrador do que para um profissional da gestão que não tem qualquer vínculo com o clã.

Noutras empresas, a opção pela adoção de uma administração profissional deu-se como resposta emergencial a uma crise econômico-financeira, com a sociedade endividada e sem encontrar soluções para superar os desafios apresentados. Mas são raras as situações em que a contratação de um administrador profissional é uma medida de urgência que precisa ser tomada a toque de caixa. No mor das vezes, essa transição da gestão familiar para a profissional pode ser construída como um processo que pode ser conduzido sem pressa e com parcimônia, evitando impactos tanto sobre os sócios/familiares quanto sobre toda a organização – destacados os trabalhadores (empregados, comissionados, terceirizatários etc.) –, e mesmo sobre outros parceiros e, enfim, o mercado consumidor. E é um processo de administração empresarial que, contudo, demanda assessoria jurídica, inclusive para a correta redação e constituição do acervo documental respectivo.

Note-se que, para atender a eventuais vaidades pessoais, é possível constituir um ou mais administradores societários na *holding*, inclusive com cargos de rótulo pomposo (presidente, diretor etc.). Como se trata de uma sociedade de participação, a condição de seu administrador não implica a obrigação de realizar atos operacionais, que estarão sob a responsabilidade dos administradores profissionais contratados para conduzir as sociedades produtivas controladas.

5 Aspectos laterais

Julgamo-nos no dever de recordar que uma das tendências mais modernas é a chamada *gestão mista*, na qual membros da família compartilham a administração da empresa com profissionais de mercado. Esse casamento, por um lado, tem por finalidade manter, por meio de herdeiros/gestores, a cultura e os valores familiares na empresa; de fato, os familiares tendem a compreender a empresa a partir de um olhar de longo prazo, manifestando uma preocupação não só com resultados presentes, mas com a própria preservação da corporação para as gerações futuras. Gestores profissionais, pelo ângulo oposto, podem ter visão curta, voltada para o dia a dia e para resultados imediatos, bem como não compreender o *jeito de fazer as coisas* da família, embora dominem técnicas e ferramentas modernas de condução das atividades produtivas, o que é indispensável para o sucesso da organização, em tempos de alta concorrência.

> Exemplo de Cláusula – As reuniões/assembleias serão realizadas exclusivamente em modo digital e os sócios só poderão participar por meio da plataforma digital disponibilizada.[17]

---

[17] Em pequenas sociedades, pode-se prever: "... junto com a convocação". Assim, o endereço eletrônico já compõe a convocação. Em sociedades com número mais vasto de sócios (quotistas ou acionistas), pode-se prever mecanismo diverso, como o dever de solicitar os endereços e autorizações de acesso para tal ou qual diretor.

> Parágrafo único – A sociedade não se responsabiliza por problemas operacionais experimentados por sócio, nomeadamente falhas de conexão, que resultem em dificuldade ou impossibilidade de participar da reunião/assembleia.

A vantagem da gestão mista, portanto, é a combinação de perspectivas e qualidades diversas entre os participantes da administração empresarial, atuando em conjunto a bem da corporação. A fidelidade do familiar, que se compreende como uma parte da sociedade e raramente imagina-se seguindo carreira fora dela, contrasta com a perspectiva dos profissionais da administração, sempre em busca das melhores oportunidades para trabalhar.

Talvez, a maior vantagem de se ter administradores não familiares, contratados no mercado, é a facilidade com que são substituídos, pela coletividade social ou, mais especificamente, pelos familiares que compõem o bloco de controle, quando não se mostram adequados para a empresa, isto é, quando não são bons. Substituição de administradores acontece todos os dias e há mesmo casos de empresas familiares que transferiram a gestão para executivos do mercado e, pouco depois, verificando que a situação corporativa piorou, voltaram atrás, demitindo-os e voltando à administração por membros da família. A Ford, já citada, foi de familiares para gestores profissionais, voltando a familiares e, enfim, voltando a executivos do mercado.

Quando a sociedade empresarial familiar opta por um gestor do próprio clã, é indispensável que a coletividade social se mostre atenta para o seu desempenho à frente do negócio, sendo erro grave supor qualidades que eventualmente não existam. A bem da precisão, a definição de sucessores deve resultar sempre de uma avaliação correta do caráter e da capacidade das pessoas envolvidas, o que não é tão simples, já que se está falando de parentes, ou seja, de filhos, netos, sobrinhos etc. Muitas vezes, atribui-se a função para quem não tem [ou ainda não tem] condições para desempenhá-la, criando desafios não apenas para a empresa, mas para a própria pessoa.

É preciso ter habilidade e disposição para reconhecer, entre os herdeiros, o talento e, em oposição, a falta de talento, o despreparo, a incapacidade. Não é fácil, por certo. Pode ser doloroso para os pais determinar essas distinções entre seus filhos. Em empresas mais antigas, o desafio é dos irmãos, havendo que considerar, cada um, seus filhos e seus sobrinhos (que são *filhos de outros*). A cada nova geração, a dificuldade e a complexidade desse procedimento ampliam-se, mas é preciso saber escolher, assim como é preciso saber destituir, se necessário, sendo a adoção de administração profissional, por pessoa absolutamente estranha à família, uma solução muito usual, nesses casos.

Essencialmente, a escolha feita pode não se mostrar correta. São diversos os casos de herdeiros (filhos, sobrinhos, netos) que, assumindo a função, não conseguem atender às múltiplas necessidades da gestão empresarial. Infelizmente, é habitual que a percepção desse desajuste seja o resultado de uma queda sistemática no faturamento, nos lucros ou, mesmo, num crescimento do nível de endividamento. A situação é mais comum nas corporações que não implementaram um programa de planejamento sucessório, testando os candidatos em múltiplas funções para aferir, em cada qual, a sua capacidade de liderar a atividade negocial como um todo.

Para situações como essas, é indispensável que a sociedade esteja preparada para reagir a tal cenário adverso. Essa reação será mais segura quando o ato constitutivo (contrato ou estatuto social) tiver previsões que alicercem a necessidade de (1) suplementar o trabalho do administrador (recorrendo a figuras como o *conselho consultivo*, o *conselho familiar* etc.), ou de (2) substituí-lo da forma mais eficaz e menos traumática possível, permitindo que a empresa continue no desenvolvimento normal de seus processos produtivos e negociais.

> Exemplo de Cláusula – Ajustam os sócios, unanimemente, que, pelo prazo de... (...)..., contado a partir de...,[18] não se poderá ceder, direta ou indiretamente, nem dar em garantia, quotas ou ações, sem a concordância de todos[19] os demais.

Por fim, em meio a todas essas considerações técnicas, é preciso chamar a atenção dos profissionais – nomeadamente o advogado – para o drama que naturalmente envolve a discussão sobre recorrer, ou não, à gestão profissional. A frialdade das análises técnicas frequentemente não atenta para as dificuldades pessoais que estão implicadas nesse afastamento do dia a dia da empresa, alterando uma rotina que por vezes remonta há anos, quando não tem suas raízes em gerações passadas. É compreensível que a empresa acabe sendo compreendida como uma parte do espaço doméstico. Nessa toada, é indispensável agir com tato, com cautela, assentando condições para que, paulatinamente, os familiares possam se afastar da vida empresarial para acomodarem-se como sócios.

Por essas razões, parece-nos que a profissionalização deve ser encarada como um processo e não como um evento. O advogado deve compreender que o seu trabalho demanda uma assimilação das dificuldades – e mesmo da dor – experimentadas pelos clientes que se veem na iminência de deixar a empresa. Por isso, os atos jurídicos que devem ser concretizados precisam respeitar o ritmo que é suportado pelos envolvidos, inclusive o que for necessário para sua estruturação emocional. Coerentemente, o profissional do Direito pode se ver envolvido nesse processo de

---

[18] Pode optar por termo: até 31 de dezembro de 2035, por exemplo.
[19] É possível reduzir esse quórum de aprovação.

maturação emocional, excedendo uma participação meramente técnico-jurídica, para atuar no sentido da superação das angústias que antecedem a transição.

6 *Offshore company*

Em sentido próprio, a expressão *offshore company*, ou simplesmente *offshore*, traduz uma sociedade que seja constituída no exterior. Muitos especialistas recorrem a esses entes para o planejamento societário e patrimonial, no que, a rigor, não há nada de ilícito. Não há lei que vede a constituição de sociedade no exterior, desde que seja feito para fins lícitos, respeitada a legislação brasileira. Em muitos casos, essas pessoas jurídicas são vitais para captação de financiamentos externos, realização de negócios internacionais etc. Prova-o o fato de muitas empresas estatais terem, em sua estrutura societária, controladas no exterior, a exemplo do *Banco do Brasil Cayman's* ou da *Petrobras International Finance Company – PIFCO*, também com sede nas Ilhas Cayman.

No entanto, é preciso cuidado quando a criação dessas sociedades estrangeiras tem por finalidade fraudar as leis brasileiras. Em muitos casos, as sociedades são constituídas em determinadas localidades cujo regime fiscal é mais benéfico (ditos *paraísos fiscais*), tendo por finalidade controlar ou participar das atividades negociais no Brasil, para além de mecanismos de proteção à identidade de investidores, incluindo titulares de contas bancárias, quotas em fundos de investimento e, até, sócios e administradores de sociedades negociais. Se não há objetivos ilícitos, dependendo da configuração do planejamento societário, a constituição de *offshore companies* é apenas mais uma estratégia colocada à disposição do especialista para a melhor arquitetura para o patrimônio e as atividades negociais submetidas à sua análise.

Por fim, é preciso ter atenção para o fato de que, apesar de se realizarem no exterior, essas operações, quando usam patrimônio situado no Brasil, designadamente para a integralização de capital, devem respeitar também a lei brasileira. Assim, o desrespeito a essas regras, incluindo o que diz respeito às regras protetivas à meação de cônjuges ou ao direito de herdeiros necessários à legítima, poderá dar azo a contestações judiciais.

8

Planejamento sucessório

1 O desafio da sucessão

Outra função a que se presta a constituição de *holdings* familiares é o planejamento da sucessão. Há, sim, estratégias mais simples e, mesmo, antiquíssimas, como o uso do testamento. A *holding* não as supera. Apenas lista-se como alternativa, permitindo lidar com o cenário da transferência do patrimônio para as gerações seguintes de uma maneira inovadora que, sim, poderá ser um exagero para alguns. No entanto, dependendo do patrimônio, seu valor, sua composição, constitui uma inovação benfazeja, a garantir maior eficiência no processo. A virada de chave resulta na possibilidade não apenas de dispor quem ficará com quanto ou com o quê, mas ir além e disciplinar, por meio de diplomas societários (contrato social, estatuto social, acordo de sócios e outros), outras questões, a exemplo da maneira de condução de atividades e bens. Não se trata, contudo, de uma inovação que só se aproveita a famílias detentoras de participações em conglomerados empresariais, como poderiam achar alguns. Mesmo em patrimônios e/ou atividades de médio porte pode ser extremamente útil, quiçá necessária, sempre a depender dos desafios que estão presentes.

Neste capítulo exploraremos razões pelas quais a constituição e manutenção de uma *holding* pode ser um investimento necessário para adaptar os negócios aos desafios da morte: a visão de longo prazo permite superar a neblina turva dos momentos difíceis, ajuda manter o curso durante as tempestades. É um meio para casar o tradicional com o futuro. Não considerar, permanentemente, a necessidade de sucessão na titularidade da empresa ou dos títulos societários (quotas ou ações), bem como da administração societária, é um erro comum nas corporações e que cobra um preço alto das empresas. Com efeito, quando fatores imprevistos criam a necessidade de substituição do administrador empresarial, forma-se uma situação potencialmente crítica: a sucessão é inevitável, mas aquele que assumirá a gestão da empresa estará diante de um cenário que lhe é absolutamente estranho. O novo responsável pela condução da atividade negocial terá que rapidamente tomar pé de toda a estrutura empresarial, das pessoas envolvidas, da cultura interna de trabalho, clientes, logística etc.

E isso tem validade ampla em outros setores da sociedade e da economia, como famílias ligadas a direitos de propriedade rural e agronegócio, famílias titulares de direitos de propriedade intelectual etc. Não sem razão, para dar uma ilustração eloquente, estão sendo noticiados diversos casos de artistas do *show business* que reúnem seus direitos autorais, entre outros, numa sociedade para dar-lhes melhor gestão. Em diversos casos, eles próprios ou suas famílias (seus sucessores) encarregam-se de estabelecer negócios diversos com tal acervo. As figuras jurídicas disponíveis para tais operações são múltiplas, com variações tecnológicas em largo gradiente: cessão, securitização, antecipação de receita etc.

> Exemplo de Cláusula – Ao herdeiro e/ou meeiro que ingresse(m) na sociedade, em sucessão de sócio falecido, atribuir-se-ão todos os direitos e deveres do *de cujus*.

O grande número de empresas familiares existentes no país, das menores (microempresas) a grandes grupos econômicos, deixa claro os riscos, para as organizações produtivas, de enfrentarem processos não planejados de sucessão empresarial. Não é só. Quando se soma a tal quadro todo o setor do agronegócio, a conta fica simplesmente vultosa, deixando claro ser necessário superar uma cultura do improviso na sucessão das atividades produtivas de toda natureza, bem como de patrimônios com maior representatividade. É preciso que mesmo empreendedores orgulhosos de sua história individual (ainda que individualista), pessoas que *lutaram contra tudo e contra todos* e venceram, percebam que essa vitória pode ser ainda maior com ganhos proporcionados por especialistas de áreas diversas – mesmo o Direito – e as tecnologias que trazem, inclusive para o desafio da continuidade. Não é o que se vê: a despeito de todo o aparato existente para garantir a estabilidade da atividade produtiva ao passar por tais momentos, chama a atenção como verdadeiros impérios ruem por efeito do amadorismo.

Não é só o efeito que a morte tem sobre a família. Do outro lado, a própria empresa experimentará *o tranco* dessa alteração, o baque da substituição abrupta na gestão de suas atividades, o que habitualmente tem efeitos terríveis sobre a organização. São incontáveis os casos de negócios que eram vantajosos até a morte do responsável pelo comando das atividades e, a partir da sucessão, começaram a definhar. Em alguns casos, vê-se claramente que a empresa ingressou na crise já a partir da sucessão não planejada: o caos é concomitante à substituição. Justamente por isso, a Ciência da Administração de Empresas dedica redobrada atenção para o tema, sendo voz corrente a recomendação de que as organizações estejam sempre preparadas para a sucessão de comando. A sucessão é um dos pontos mais críticos na história das empresas. Perde-se, assim, todo o trabalho de uma vida, quando não o trabalho de algumas gerações. Esse amadorismo e seus efeitos nefastos atravancam a expansão do mercado, retiram operadores capazes de atuar com abundante oferta de capital para operações de maior porte e/ou de longo prazo. Também em função desse amadorismo sucessório, temos déficit em relação aos mercados internacionais.

É uma perspectiva não usual, mas útil para a meditação e o debate. Nem todo desenvolvimento nacional resulta de políticas públicas ou atuação estatal. Não em regime capitalista. No capitalismo (ainda que com viés social, chame-o de social-democracia, de Estado Social de Direito, trabalhismo ou, apenas, de políticas socialistas em contextos de garantia de propriedade privada e livre-iniciativa), a economia constrói-se no somatório de vetores públicos e privados (em proporções variadas, conforme cada sistema constitucional). É o que ocorre no Brasil. Há uma malha de decisões privadas, individuais, descoordenadas entre si (já que plurais), mas que tem impacto direto sobre a economia nacional. Dito de outra forma, regimes capitalistas não prescindem de capitalistas, ou seja, de entes privados fortes que atuem como atores (preferindo: *players*) para iniciativas que, no fim das contas, não beneficiam só a si, mas a todo o sistema. A recusa da tecnologia jurídica, do investimento em advogados, é parte desse fenômeno.

Uma das características das atividades negociais é a expectativa de continuidade que lhes é inerente. É usual que as sociedades sejam constituídas com prazo indeterminado de duração, ou seja, que sua instituição se faça sobre a presunção de que se prolongarão no tempo. Só algumas sociedades de propósito específico (SPE) são constituídas com um horizonte determinado para o encerramento de suas atividades; são sociedades constituídas com o objetivo de personificar consórcios empresariais (*joint ventures*) que se ocupam de empreitadas específicas, como a construção de uma usina hidroelétrica ou coisa parecida. São raros os casos de empreendimentos de porte consolidados numa só geração. É a sucessão bem conduzida que lhes dá a oportunidade de continuarem a crescer e a se consolidar ao longo do tempo. É uma tradição – ou característica – humana essa espera pelos aportes que serão feitos pelas novas gerações. Num regime capitalista, insistimos, tais novos aportes refletem a lógica do sistema: a elevação da participação privada na geração de atividades produtivas que, enfim, beneficiariam a toda a sociedade (não sem remunerar o capital investido, é claro). Regulados os desafios sucessórios, há um ganho que transcende a família. Um dos sinônimos de sucessão é renovação.

> Exemplo de Cláusula – Falecendo um dos sócios, seus herdeiros serão notificados para, em... (...), manifestarem o interesse de serem integrados à sociedade. Os nomes daqueles que se manifestarem positivamente deverão ser aprovados, em reunião/assembleia de sócios, por... (...) dos demais sócios. Havendo manifestações negativas ou inadmissões pelos demais sócios, proceder-se-á a liquidação das respectivas quotas, nos termos da cláusula....

Diretamente vinculado à ideia de perpetuidade está o *princípio contábil da continuidade*. Essa baliza, que orienta o trabalho de todos os contadores, assim como dos auditores e consultores, compreende a escrituração contábil como sendo um relato das variações patrimoniais de um ente (a sociedade empresária) cujo funcionamento, pressupõe-se (e deve-se pressupor, é bom frisar), irá se prolongar no tempo. Assim, é uma função da contabilidade oferecer informações uniformes sobre a evolução de atividades negociais da empresa. Diante da expectativa de perpetuidade, a falta de uma reserva técnica de líderes/gestores constitui um risco extremado para a organização, em níveis próximos ao da irresponsabilidade. Isso não bastassem os riscos que já são próprios de todos os setores. Manter empresas nos eixos demanda previsibilidade e o Direito pode auxiliar, na previsão de normas privadas, para assegurar isso. Não são apenas as famílias sócias ou as empresas que vencem com sustentabilidade jurídica. O país e o mercado vencem juntos. Eis a razão pela qual nos mantemos na ladainha de mudar a cultura advocatícia brasileira para incorporar a ideia do uso de tecnologia jurídica a bem da melhor estruturação do que se vai fazer. E são os próprios advogados que devem assumir a divulgação dessa *boa nova*: planejamento e estruturação jurídica para que as coisas sejam melhores. Uso preventivo e não reativo do Direito.

O problema é maior em *empresas familiares*. A falta de uma perspectiva permanente de sucessão está na raiz de crises reiteradamente enfrentadas por atividades negociais familiares, de microempresas a grandes grupos, em boa medida por legar para os parentes, logo após o terrível evento da morte, a função de definir a substituição no comando da empresa. Na maioria das vezes, esse equívoco tem uma origem bizarra: a expectativa que todos nós temos de que apenas com a velhice mais longeva esse problema acometerá a corporação. Mas o tempo é o senhor da razão, não o contrário. O tempo, ele sim, decide o momento de todos os eventos na vida e o administrador empresarial responsável não é aquele que pretende ditar o momento em que os fatos irão se passar, sejam bons ou ruins, mas aquele que prepara a corporação para enfrentar fatos possíveis ou certos que poderão se dar a qualquer momento.

Trabalhar com a ideia da própria morte não é agradável. Ainda assim, a história está repleta de exemplos de homens e de mulheres especiais, cujo caráter altivo e vencedor não se fez perceber apenas pelo que construíram em vida, mas pela capacidade de constituir um legado: sua presença e sua excelência se fizeram sentir por muitos anos, por vezes décadas ou séculos, após a sua morte. Há algo de comum entre esses homens e mulheres: eles não recusaram encarar a ideia de seu fim, mas assumiram-na e conviveram com ela. Por um lado, a certeza de um limite para seus dias lhes ofereceu uma medida e, assim, assinalou as demandas e, eventualmente, a urgência com que deveriam estruturar seus planos e concretizá-los, incluindo seu direito de usufruir as vantagens decorrentes de suas vitórias. Por outro lado, a consideração do próprio fim, mesmo quando não se tem a mínima ideia de quando isso acontecerá, é uma vantagem incontestável para aqueles que se preocupam com a preservação de seu trabalho. A verdade nua e crua é simples: com a morte, os bens são transferidos para os herdeiros. Essa transferência habitualmente se faz sem qualquer planejamento, do que pode resultar uma desordem que cobra o seu preço.

Sucessão intestada

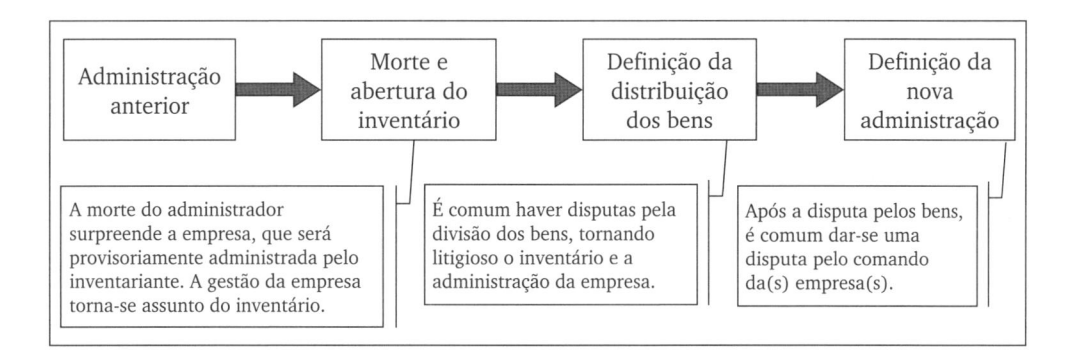

Administração anterior	→	Morte e abertura do inventário	→	Definição da distribuição dos bens	→	Definição da nova administração
A morte do administrador surpreende a empresa, que será provisoriamente administrada pelo inventariante. A gestão da empresa torna-se assunto do inventário.		É comum haver disputas pela divisão dos bens, tornando litigioso o inventário e a administração da empresa.		Após a disputa pelos bens, é comum dar-se uma disputa pelo comando da(s) empresa(s).		

Não se pode deixar de considerar o custo elevado da ausência de um plano sucessório e, mesmo, da preparação de pessoas para que venham eventualmente a ocupar a administração societária a bem da proteção dos interesses familiares. Em outras palavras, repetindo o que já faziam os nossos antepassados, há séculos é preciso *formar sucessores*. Corajosamente, é indispensável preparar a família para a sucessão, ainda que isso implique trabalhar com a ideia da própria morte. É o que sempre fizeram, ao longo da história da humanidade, os grandes homens e mulheres que, assim, protegeram suas famílias, suas comunidades, suas empresas e, em alguns casos, seu povo e seu Estado. A lista de exemplos é larga.

Nunca é demais recordar que os efeitos dessa imprecisão, nas empresas familiares, serão sentidos por entes queridos. A empresa familiar é patrimônio da família. O despreparo de uma organização para a sucessão pode constituir um legado maldito que se deixa para esses entes queridos, retirando-os do conforto em que viviam e remetendo-os para um tempo de agruras. O pior é que, na esmagadora maioria dos casos, não se tem apenas uma empresa familiar, de controle familiar, mas uma empresa de administração familiar. A formação dos sucessores, nesses ambientes, é um processo mais longo e para o qual se deve ter redobrada atenção para evitar que se verifiquem impactos negativos junto à clientela, fornecedores, bem como junto ao corpo de funcionários, resultado de uma completa ausência de vias de comunicação preexistentes.

São incontáveis os casos de empresas familiares que não se recuperaram do baque de uma passagem abrupta entre gerações, indo à falência ou enfrentando crises que se solucionaram com a alienação do negócio para outros, deixando a família em dificuldades. Noutros casos, embora a empresa consiga sobreviver à sucessão improvisada, o processo improvisado cobra um preço elevado, impedindo o empreendimento de seguir o ritmo anterior de ascensão: apesar de o sucessor despreparado revelar uma surpreendente capacidade de gestão, há um gasto de tempo e um volume de erros no processo necessário para entender as rotinas de produção e administração, inteirar-se da logística de funcionamento, reconstituir os canais de comunicação, restabelecer as relações internas e externas etc.

> Exemplo de Cláusula – Falecendo o sócio, caberá ao inventariante a representação do espólio perante a sociedade até que seja resolvida eventual sucessão em suas quotas/ações ou retirada da sociedade.[1]
>
> Parágrafo único – Até tal solução, por suas implicações, não se deliberará, salvo acordo unânime entre todos os envolvidos, sobre designação ou destituição de administrador(es), modificação do contrato social, incorporação, fusão, cisão, transformação de tipo societário.[2]

Nesses casos, assiste-se a uma situação muito próxima à de uma loteria. A preservação e o desenvolvimento da empresa seguirão a reboque da capacidade de superação daqueles que se viram jogados inesperadamente em seu comando e na sua capacidade de surpreender na qualidade de sucessores. Não raro, essa substituição improvisada exibe-se como uma ascensão prematura de um jovem profissional para funções para as quais não foi formado/preparado, ampliando

---

[1] A redação deverá variar em conformidade com o ato constitutivo. Se o contrato social demanda aceitação do novo sócio, a retirada deve ser prevista como resolução da sociedade em relação às respectivas quotas.

[2] Essa previsão é adequada para sociedades por quotas. Há que recordar, sempre, que as cláusulas aqui listadas são meros exemplos. Serão adotas, ou não, em cada sociedade em conformidade com o interesse das partes e as estratégicas jurídicas desenhadas para a corporação. É possível prever o contrário, aliás.

a probabilidade de que incida em erros reiterados e constantes. Isso é um risco não apenas para a empresa, mas igualmente para a própria carreira daquele que, sem o devido preparo, vê-se colocado em postos de liderança ou cargos elevados de gestão.

2 Herança e testamento

Em linhas gerais, com a morte abre-se a sucessão, ou seja, a herança se transmite imediatamente aos herdeiros legítimos e testamentários (artigo 1.784 do Código Civil). A sucessão para os chamados herdeiros legítimos dá-se por força de lei, ao passo que a sucessão para os herdeiros testamentários faz-se por *disposição de última vontade*. Se a pessoa morre sem que haja testamento, ou há problemas neste, a herança se transmite aos herdeiros legítimos, que a dividirão proporcionalmente, segundo as regras do Código Civil. Chama-se isso de sucessão intestada ou sucessão legítima, ou seja, sucessão de quem não deixou testamento (sucessão *ab intestado*). São herdeiros necessários os descendentes, os ascendentes e o cônjuge, a eles pertencendo, de pleno direito, a metade dos bens da herança, o que é chamado de a *legítima* (artigos 1.845 e 1.846 do Código Civil). Quando entre os bens há uma ou mais empresas, o desafio será (1) sua administração durante o inventário, já que os atos de gestão estarão afeitos ao processo de inventário, e (2) eventual disputa entre os herdeiros por suas partes no patrimônio, ou seja, por seus quinhões. Note que, com a divisão dos bens, há uma divisão da participação societária na(s) empresa(s). Se a família detinha 60% das quotas ou ações, quatro herdeiros irão deter, cada um, 15%, o que pode levar a um enfraquecimento do poder de controle. Há, ademais, o risco de que os herdeiros se engalfinhem numa disputa pela administração societária.

Em oposição, há a chamada sucessão testamentária, ou seja, a sucessão que segue as disposições de última vontade do falecido, expressadas por meio de um testamento. O poder de testar, contudo, não é irrestrito. Entre outras limitações, se há herdeiros necessários, o testador só poderá dispor da metade da herança (artigo 1.789). Por exemplo, se uma pessoa tem apenas dois herdeiros (dois filhos), será preciso garantir-lhes 50% da herança, o que nos conduz a 25% para cada um. No entanto, os outros 50% podem ser objeto de disposição de última vontade, por meio de testamento. É preciso realçar que tais afirmações estão feitas nos limites que interessam à presente análise e, para tanto, são rasas. Não levam em conta, por exemplo, o direito que o cônjuge ou convivente possa ter a parte dos bens.

```
                    ┌─────────────────────────────────────────┐
                    │ São herdeiros necessários os descendentes,│
                    │ os ascendentes e o cônjuge.             │
                    └─────────────────────────────────────────┘
                                    │
           ┌── Legítima: 50% dos bens destinam-se, por lei, aos herdeiros necessários
  Herança ─┤
           └── Testamento: 50% dos bens podem ser objeto de disposição de última vontade
```

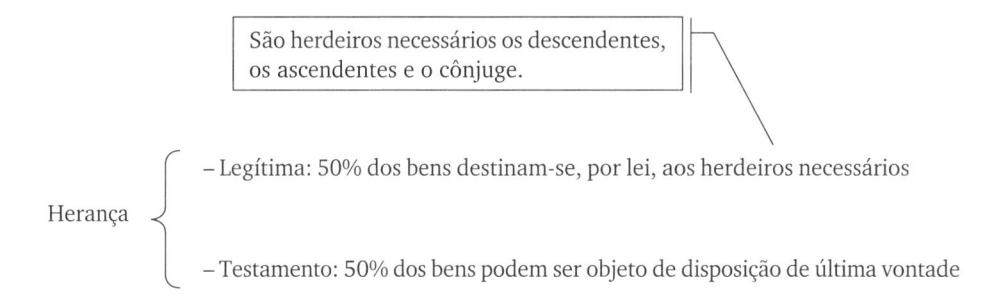

Note que os ascendentes só têm direito à herança se não há descendentes. Se há, não herdam. O mesmo não ocorre com o cônjuge. Mesmo havendo descendente, ele(a) terá direito a participar da herança, salvo (1) se casado(a) com o(a) falecido(a), no regime da comunhão universal de bens; (2) se casado(a) com o(a) falecido(a) no regime da separação obrigatória de bens (atendido o artigo 1.640, parágrafo único, do Código Civil); (3) se casado(a) no regime da comunhão parcial, o(a) falecido(a) não houver deixado bens particulares; (4) se estavam separados judicialmente, ao tempo da morte; ou (5) se estavam separados de fato, há mais de dois anos, ao tempo da morte, salvo prova, neste caso, de que essa convivência se tornara impossível sem culpa do sobrevivente.

> É possível atribuir, por meio de testamento, determinados bens para cada herdeiro, mesmo se, em face dessa distribuição, um herdeiro receber mais do que o outro, desde que respeitada a legítima.

A existência da legítima, contudo, não afasta o direito de livre indicação dos bens que irão compor a parte de cada herdeiro, desde que respeitados os limites legais. Se o patrimônio do testador é de R$ 1.000.000,00 e há quatro herdeiros necessários, R$ 500.000,00 comporão a legítima, ou seja, cada herdeiro necessário terá direito legal a R$ 125.000,00. Os outros R$ 500.000,00 podem ser livremente dispostos. Isso quer dizer que, respeitando o valor da legítima, o testador pode distribuir livremente os bens entre os herdeiros (e, mesmo, para um terceiro). O direito à legítima limita-se ao valor, não alcançando o direito de preferir certo bem e/ou não aceitar outro(s). É possível deixar um imóvel rural para um herdeiro, quotas ou ações para outro, depósitos bancários para outro etc. Essa distribuição será válida mesmo se as partes (os quinhões) não forem absolutamente iguais, desde que se garanta, a todos, a legítima. No exemplo acima, isso quer dizer que todos devem receber bens que, no mínimo, totalizem R$ 125.000,00. Aliás, nada impede que um receba bem(ns) no valor de R$ 125.000,00 e outro bem(ns) no valor de R$ 500.000,00. Aliás, três podem receber apenas R$ 125.000,00 e o outro receber R$ 625.000,00, ou seja, sua parte na legítima e a totalidade da parte testável. É o que se apura do artigo 1.849 do Código Civil.

> Exemplo de Cláusula –...[3] faculta-se à maioria do capital votante deliberar para cisão da sociedade em outras sociedades, com partilha proporcional de faculdades e obrigações,[4] sem solidariedade entre si.[5]

Essa licença foi utilizada, durante décadas, para dar lastro a uma postura hoje inaceitável. Comerciantes e industriais deixavam suas empresas para os filhos, ao passo que, para suas filhas, deixavam *bens de raiz*, ou seja, imóveis, acreditando que não teriam capacidade para tocar os negócios. Sem que pudessem se opor a essa divisão, as filhas acabavam sendo vítimas do fato de que seu quinhão não tinha a mesma capacidade de gerar riquezas que o quinhão atribuído a seu(s) irmão(s). A prática não se justifica mais, embora seja juridicamente possível, respeitando-se o valor da legítima. Ademais, a possibilidade de constituição de uma *holding* familiar permite acomodar todos os herdeiros numa mesma sociedade, todos em igualdade de condições, deixando as funções de administração empresarial para aqueles que revelem essa qualidade.

Sucessão testamentária

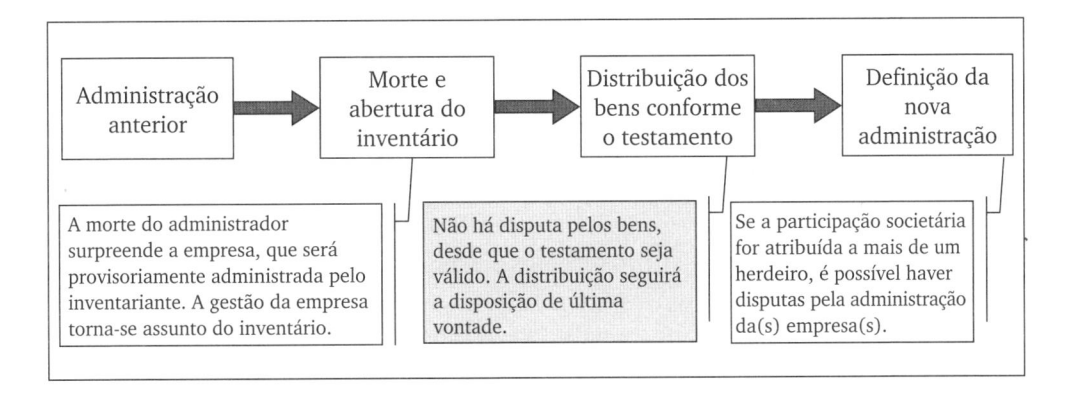

Administração anterior	→	Morte e abertura do inventário	→	Distribuição dos bens conforme o testamento	→	Definição da nova administração
A morte do administrador surpreende a empresa, que será provisoriamente administrada pelo inventariante. A gestão da empresa torna-se assunto do inventário.		Não há disputa pelos bens, desde que o testamento seja válido. A distribuição seguirá a disposição de última vontade.				Se a participação societária for atribuída a mais de um herdeiro, é possível haver disputas pela administração da(s) empresa(s).

De qualquer sorte, o testamento foi o caminho habitualmente utilizado para evitar conflitos entre herdeiros; o testador fazia a prévia distribuição dos bens

---

[3] Perdoe-nos por começar com reticências; elas servem para aclarar que a cláusula pode começar com um condição ou termo: "*Falecendo o(s) sócio(s) patriarca(s)...*", como exemplo fácil. Sem a enunciação de um termo, prazo ou condição, a possibilidade pode ser exercida a qualquer tempo. Aliás, para evitar problemas de interpretação (nomeadamente com credores e outros terceiros), é recomendável colocar após o termo, prazo ou condição: "..., *ou a qualquer tempo, por deliberação unânime dos sócios...*".

[4] Eis uma alternativa para a partilha: em lugar de dividir bens e direitos (então titularizados pela *holding*), cindir a sociedade-mãe em outras sociedades, inclusive sociedade limitada unipessoal.

[5] Obviamente, toda a deliberação sobre a cisão é muito mais complexa do que a simplicidade de um modelo em livro pode traduzir. Pode-se colocar, em plataforma normativa secundária (acordo de sócios), uma ampla definição dos procedimentos para viabilizar a medida.

e, com a sua morte, não havia espaço para a discussão sobre o mérito desse ato, salvo se presentes nulidades ou anulabilidades que, no entanto, fogem ao objeto deste livro. Contudo, o testamento permite apenas a divisão antecipada dos bens, incluindo participações societárias, respeitando o direito de cada herdeiro à sua parte legítima sobre o patrimônio. Não resolve o problema da empresa ou empresas, na medida em que não permite definir uma distribuição de funções no âmbito das unidades produtivas. E se essa distribuição deixou a dois ou mais herdeiros participações na sociedade, mantém-se grande a chance de que a abertura da sucessão seja seguida por uma disputa por poder pelos negócios. Como se só não bastasse, a divisão, entre dois ou mais herdeiros, da participação societária pode conduzir a uma fragmentação das quotas ou ações e, com ela, à perda do poder de controle que a família mantinha sobre o negócio.

Alfim, há ponderação que merece ser destacada. Não se descartam ferramentas. Quanto maior o instrumental jurídico, quanto maior o conhecimento de um jurista, mais alternativas ele terá para (1) compreender as implicações de cada situação submetida ao seu exame, (2) dar organização jurídica aos que se apresentam postos (registros, regularizações, ordenamento documental etc.), (3) apontar o melhor caminho, instrumento ou equipamento jurídico para aquele caso ou (4) aperfeiçoar propostas ou estruturas já existentes, dando incremento jurídico que reclamem, sempre com segurança e sustentabilidade jurídica. Pode ser o testamento, pode ser a *holding* familiar, podem ser diversas outras soluções: a cada um o que é seu em conformidade com o respectivo levantamento de dados. É assim que são obtidos resultados positivos.

3 Sucessão premeditada

Há empresas, sim, que se preparam cuidadosamente para a sucessão de comando, mesmo corporações familiares. Em contraste com os riscos e desafios enfrentados por empresas que não dispõem de mecanismos confiáveis para a sucessão, verificam-se diversos casos nos quais as novas gerações foram levadas, no tempo adequado, para experimentar a organização empresarial familiar, ocupando postos em sua estrutura funcional, sendo preparadas para a sucessão. Noutros, os herdeiros foram preparados, não para a administração/gerência dos negócios, mas para assumir a condição de sócios conscientes e ativos que, assim, podem se beneficiar, com responsabilidade, da atuação de administradores profissionais que se encarregam do dia a dia do empreendimento. Não se pode descartar, ainda, a possibilidade de se arquitetar uma situação mista, na qual sejam combinados quadros familiares e quadros profissionais, o que pode ter excelentes resultados para todos. Não se pense tratar de matéria estranha ao Direito. Não é incomum que as regras para a sucessão no comando de corporações sejam dispostas em regramentos internos, ou seja, que correspondam a um esforço de autorregulação e, mais do que isso, que sejam o resultado de um suporte técnico de profissional(is) jurídico(s), inclusive elencando possibilidades para facilitar a tomada de decisões pela administração societária e/ou pela coletividade dos sócios.

> Exemplo de Cláusula – Deliberando-se pela cisão total da sociedade em outras sociedades e não havendo acordo sobre a partilha de direitos e faculdades entre as cindendas, será contratado...[6] para a determinação de lotes. Não havendo acordo sobre as composições, proceder-se-á a um sorteio[7] por meio do qual se definirá qual lote caberá a cada cindenda.

A sucessão premeditada, como o próprio nome diz, não causa surpresas; pode ser preparada e executada com redobrada cautela. Pode até ser testada, experimentada, escolhendo, não apenas a pessoa certa, mas o momento adequado, quando a empresa vive um momento mais tranquilo, evitando que eventos imponderáveis decidam o instante necessário. Permite, ademais, recorrer a rotinas de preparação, como admitir os pretendentes na organização e submeter-lhes a um rodízio de funções (*job rotation*), fazendo com que conheçam o negócio por diversas perspectivas à medida que alteram cargos e funções na organização. Mais do que isso, sucessão monitorada, que permite acompanhamento dos novos gestores por seus antecessores e, até, a retomada da administração pelos antigos responsáveis, quando se faça necessário para a preservação da atividade negocial, diante dos fatos que tenham se verificado. Pode haver regramento para tanto, como pode resultar apenas das disposições/decisões/de consultorias especializadas em recursos humanos e afins. Interdisciplinaridade está em alta e tem demanda aquecida hodiernamente.

O pior é verificar o amplo leque de efeitos negativos que podem decorrer de uma escolha equivocada. O despreparo, o desinteresse, a incapacidade técnica, entre outros vícios do gestor, contaminam a empresa, espantam valores técnicos, atentam contra o compromisso profissional dos colaboradores (a exemplo dos empregados). Cunha-se, assim, um estado de desalento corporativo que comumente resulta em crise econômica, perda de mercado, problemas financeiros etc. Esse cenário é suficientemente assustador para justificar a institucionalização de mecanismos sucessórios que contribuam para a preservação da empresa. E não há expressão jurídica para isso; quando muito (e infelizmente), os instrumentos para crises financeiras da empresa; o pior deles: a falência.

---

[6] Auditoria contábil, empresa especializada em avaliação, empresa de engenharia ou corretagem (ativos imobiliários), agrimensor (ativos agropecuários) etc.

[7] É possível ser mais específico, estabelecendo quem será o responsável, como será feito etc.

No entanto, ainda que se planeje realizar a sucessão em vida, a simples possibilidade de os fatos anteciparem a necessidade de substituição do administrador societário recomenda edificar soluções jurídicas para o desafio. Observe-se que não se encontram soluções para esse desafio no Direito de Família ou no Direito Sucessório (que cuida da sucessão hereditária). Embora tais disciplinas cuidem das relações que entre si mantêm os familiares e os herdeiros, até que se inventarie o patrimônio do falecido, não oferecem soluções prontas e seguras para o desafio experimentado pelas empresas diante da morte de seu administrador.

> Exemplo de Cláusula – Falecendo o administrador societário[8], ou havendo vacância da função por qualquer outro motivo, a administração societária será exercida por...[9], independentemente de qualquer formalidade, a ele se atribuindo todos os poderes de administração previstos neste contrato/estatuto social.
>
> Parágrafo único – Em até... (...) será convocada reunião/assembleia para eleição do substituto, com arquivamento no...[10]

Ainda fora do âmbito jurídico, é preciso realçar a importância de se dar preparação técnica adequada àquele que se escolheu ou, melhor ainda, àqueles que estão sendo avaliados para uma escolha futura. Essencialmente, administradores qualificados tendem a exibir um leque maior de competências para o desempenho de suas funções, a exemplo de questões elementares como capacidade de delegar funções, desenhar estratégias, fixar metas, monitorar resultados, gerir finanças e, ademais, usar instrumentos modernos de administração empresarial. Existem incontáveis mecanismos para a formação de executivos e para elevar a qualidade e a segurança de sua atuação, a começar por cursos de pós-graduação, escolas de negócios e até o recurso ao acompanhamento por um mentor: um executivo mais experiente que trabalha individualmente com a pessoa, procurando desenvolver habilidades e competências para o exercício de suas funções, incluindo a busca pela constituição de uma base psicoemocional à altura das demandas, bem como virtudes técnicas como a capacidade de avaliação, de crítica, de diálogo, de decisão, bem como prepará-la para situações específicas, como ambientes de alta competitividade, crises financeiras e/ou mercadológicas etc. Para além dessas questões que são mais próprias da ciência da administração e que apenas narramos, importará trabalhar os instrumentos do Direito Empresarial – nomeadamente do

---

[8] Deve-se ser mais específico quando o próprio ato constitutivo o é: Presidente, Diretor, Diretor-Geral etc.

[9] Vice-presidente, se há; o ocupante de determinada diretoria: diretor financeiro, por exemplo; em sociedades pequenas, pode-se nomear: pelo sócio Fulano de Tal. Também: pelo sócio mais velho; pelo sócio com maior participação societária etc.

[10] No Cartório de Registro de Pessoas Jurídicas, se sociedade simples; na Junta Comercial, se sociedade empresária.

Direito Societário – que servirão ao profissional que assessora famílias empresárias. É possível combinar instrumentos societários com os institutos do Direito de Família para assim estruturar condições adequadas para a manutenção da riqueza empresarial, apesar da sucessão, no tempo, de seus titulares. Noutras palavras, a substituição no comando dos negócios, sem o prejuízo da organização empresarial, pode ser planejada por meio de mecanismos jurídicos.

4 *Holding* na sucessão hereditária

O chefe de família desempenha um importante papel social. Por um lado, dele se espera atenção e respeito a todos os seus filhos, dando-lhe tratamento igualitário, ainda que lhe seja possível, nos limites da lei (50% do patrimônio, segundo o artigo), dispor livremente de seu patrimônio. O costume entre as famílias, contudo, é permitir a distribuição de partes iguais entre os herdeiros, sem preferir uns e preterir outros. No entanto, a existência de personalidades, perfis e vocações diversas pode recomendar que essa distribuição se faça de uma maneira mais refinada, compreendendo as necessidades e as potencialidades de cada herdeiro, bem como da própria empresa ou grupo empresarial, cujas existência e atuação repercutem em trabalhadores, fornecedores, consumidores e na comunidade em geral. Infelizmente, os mecanismos ordinários do Direito Sucessório não abrem margem para que se prepare uma sucessão qualitativa, para além da prévia distribuição de certos bens para certas pessoas. Uma compreensão das necessidades e potencialidades, refletindo-se num desenho organográfico prévio e, a partir dele, numa atribuição de funções, não encontra alicerce nas regras sobre inventários, testamentos etc. Mas a combinação do Direito Sucessório com o Direito Societário pode, sim, oferecer uma alternativa mais profícua para o planejamento futuro da família e da corporação empresarial.

Mesmo quando não se está diante dos riscos de disputas entre os herdeiros ou de uma possível incapacidade para gerir eficazmente o patrimônio e os negócios da família, o evento morte, por si só, oferece incontáveis desafios que podem ser, senão evitados, simplificados quando a família recorre a um planejamento prévio. Não se pode esquecer que a morte lança os herdeiros e o patrimônio familiar nas teias burocráticas dos procedimentos de inventário, os quais, por mais competentes que sejam os advogados, podem ser desenrolar por um longo período. Some-se a incidência de tributos que, infelizmente, podem se elevar quando as pessoas agem de forma improvisada. Em muitos casos, a falta de planejamento faz com que sejam praticados diferentes atos, muitos deles considerados hipóteses de incidência tributária, o que conduz à obrigação de pagar mais e mais tributos quando, em oposição, o planejamento pode definir, de forma lícita e legítima, caminhos com menor oneração fiscal.

Constituição de *holding* familiar

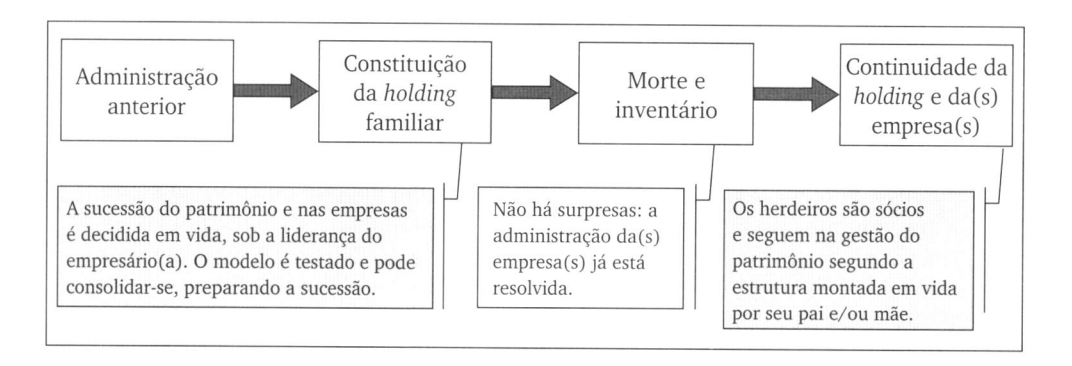

Administração anterior	→	Constituição da *holding* familiar	→	Morte e inventário	→	Continuidade da *holding* e da(s) empresa(s)
A sucessão do patrimônio e nas empresas é decidida em vida, sob a liderança do empresário(a). O modelo é testado e pode consolidar-se, preparando a sucessão.				Não há surpresas: a administração da(s) empresa(s) já está resolvida.		Os herdeiros são sócios e seguem na gestão do patrimônio segundo a estrutura montada em vida por seu pai e/ou mãe.

A constituição da *holding*, em oposição, viabiliza a antecipação de todo esse procedimento e pode, mesmo, evitar o estabelecimento de disputas, na medida em que permite que o processo de sucessão à frente da(s) empresa(s) seja conduzido pelo próprio empresário ou empresária, na sua condição de chefe e orientador da família, além de responsável direto pela atividade negocial. Isso permite que uma nova administração empresarial seja ensaiada e implementada, com a possibilidade, inclusive, de se perceber, em vida, que alguém de quem se esperava capacidade gerencial não a tem. Quando esse trabalho é bem conduzido, a nova estrutura organizacional assenta-se enquanto está viva a geração anterior. A morte causa apenas danos sentimentais e não danos patrimoniais. Já está definido que todos os herdeiros são sócios da *holding* e, assim, participam dos lucros da(s) empresa(s), assim como já está definida a administração das atividades negociais, por herdeiros ou administração profissional.

Alguns instrumentos jurídicos podem ser utilizados para tanto. O primeiro deles, obviamente, é a constituição da sociedade *holding*, constituição essa que se fará nos moldes que serão estudados nos próximos capítulos. Assim, o patrimônio da família, ou a parte eleita pelo interessado, já não mais pertencerá à pessoa natural, mas à pessoa jurídica. A sucessão hereditária, assim, se fará não nos bens ou na empresa ou na participação societária na(s) sociedade(s) operacionais, mas na participação societária que se tem na *holding*. No entanto, será ainda preciso decidir se a transferência das quotas ou ações da sociedade de participação se fará antes ou após a morte. Se antes, a transferência se fará por doação, caracterizando *adiantamento de legítima*, ou seja, entrega antecipada da parte que caberá aos herdeiros necessários após a morte. Aliás, pode haver, mesmo, a doação da parte disponível do patrimônio. Se a preferência é a transferência após a morte, deve-se utilizar do testamento; assim, o controle da *holding* se mantém com os ascendentes, sendo transferido para os descendentes apenas após a morte. Alternativamente, há o recurso ao usufruto: transfere-se aos herdeiros apenas a nua propriedade dos títulos societários (quotas ou ações), mantendo o(s) genitor(es) a condição de usufrutuários, ou seja, podendo exercer os direitos relativos àqueles títulos e, dessa maneira, podendo manter a administração da *holding* e, com ela, o controle das sociedades operacionais e demais investimentos da família.

> Exemplo de Cláusula – É livre a cessão de [quotas ou ações], intervivos ou *causa mortis*, onerosa ou gratuita, entre ascendentes e descendentes, bem como colaterais até o [...] grau. A cessão fora desses casos exige aprovação unânime[11] dos sócios, respeitado o *intuitu familiae* da sociedade.

De outra face, o planejamento sucessório ainda permite aos pais proteger o patrimônio que será transferido aos filhos por meio de cláusulas de proteção (*cláusulas restritivas*). Assim, para evitar problemas com cônjuges, basta fazer a doação das quotas e/ou ações com a cláusula de incomunicabilidade e, assim, os títulos estarão excluídos da comunhão (artigo 1.668 do Código Civil), embora não se excluam os frutos percebidos durante o casamento (artigo 1.669); no caso dos títulos societários (quotas ou ações), esses frutos são dividendos e juros sobre o capital próprio. Aliás, não é preciso ser explícito nas medidas de proteção do(a) herdeiro(a) em face de seu cônjuge. Pode-se simplesmente gravar os títulos com a cláusula de inalienabilidade, certo que, por força do artigo 1.911 do Código Civil, essa cláusula imposta aos bens por ato de liberalidade implica impenhorabilidade e incomunicabilidade. No entanto, é preciso cautela em relação à operação quando alcance a legítima. Com efeito, por força do artigo 1.848 do Código Civil, salvo se houver justa causa, declarada no testamento, não pode o testador estabelecer cláusula de inalienabilidade, impenhorabilidade e de incomunicabilidade, sobre os bens da legítima. É um limite ao poder de disposição de última vontade, podendo criar situações desagradáveis que devem ser calculadas quanto a seus efeitos no ambiente familiar.

Por fim, chamamos a atenção para a necessidade de atender ao artigo 979 do Código Civil, segundo o qual, além de no Registro Civil, serão arquivados e averbados, no Registro Público de Empresas Mercantis, os pactos e declarações antenupciais do empresário, o título de doação, herança, ou legado, de bens clausulados de incomunicabilidade ou inalienabilidade. Esse é, infelizmente, um erro comum cometido por profissionais ligados ao planejamento/gestão empresarial: advogados, contadores, administradores de empresa: olvidar-se que o registro público desempenha a fundamental função de tornar os atos societários eficazes em relação a terceiros. Se o ato não está registrado, não poderá ser oposto aos terceiros (cônjuges, credores etc.).

---

[11] Claro que pode haver adoção de critério diverso. Pode haver mesmo ampla previsão de grande circulação dos títulos societários ou estabelecimento de mero direito de preferência para os sócios, nas mesmas condições da oferta ao terceiro. Há famílias que, para a proteção de minoritários, optam por sistema misto: *aprovação de x% do capital social votante e, simultaneamente, de y% dos sócios, em votação per capita* (*por cabeça*).

5 Perspectiva do sucedido

Não se pode esquecer de que a sucessão é um desafio, também, para aquele que deve ser sucedido na administração societária. É extremamente comum que o administrador de sociedades familiares desenvolva uma *identidade organizacional*, expressão repetida pelos estudiosos do fenômeno empresarial para traduzir um fenômeno que se repete mesmo em organizações não familiares: uma identificação radical entre a pessoa do executivo/funcionário e a empresa. Ele(a) é o *Fulano(a) da Empresa Tal*, fazendo com que a desvinculação implique um drama profissional: a perda da identidade corporativa. Há casos mais extremos nos quais a própria vida pessoal é afetada, já que a pessoa se sente *morta*, pois está privada de sua rotina cotidiana. Não se trata de uma questão essencialmente jurídica mas seria absurdo dizer que os especialistas não podem contribuir para a superação do quadro, ou seja, que não podem oferecer alternativas ou colaborar na construção de alternativas. Insistimos que a proatividade dos advogados é uma demanda da atual cultura corporativa, reforçando a recomendação de interesse e participação para oferecer novos arranjos, customizar estruturas: olhar para a função advocatícia de maneira mais integral, menos limitada. Como se diz no jargão empresarial: assumir os ônus de olhar fora da caixa.

Assim, embora não seja uma questão jurídica, percebemos nos últimos anos que muitas empresas passaram a compreender que o problema sucessório tem duas pontas ou duas perspectivas: o sucessor e o sucedido. Assim, passaram a se preocupar também com aqueles que estão saindo, dos membros da diretoria aos gestores operacionais, certo de que a valorização dessas pessoas, e do seu momento de aposentadoria, pode otimizar o processo de interação com aqueles que irão substituí-los, facilitando a transferência de informações e, assim, a preparação dos novos quadros. Para manter o melhor ambiente societário, também advogados são chamados a atuar para que as pessoas se sintam mais felizes com a vida corporativa. E essa expressão – sentir-se mais feliz com a empresa – ouvimos de um festejado consultor que, num debate, referia-se justo ao que considerava "talentos advocatícios" para uma empresa, focando em ambiente de trabalho, valorização profissional, ambiente saudável, contato humano, participação efetiva na estrutura organizacional e potencialização na prestação de serviços.

> Exemplo de Cláusula – Até resolver-se a sucessão das quotas de sócio falecido, o inventariante, na defesa dos interesses do espólio, terá amplo acesso às contas societárias para aferir sua regularidade e integridade, podendo pedir, por escrito, esclarecimentos ao administrador que, recebendo-as, responderá, por escrito, em até... (...) dias.

Há um drama no afastamento, mesmo quando ele é desejado pelo gestor. Há uma ruptura, um apartamento e, como resultado, uma incerteza. É certo que cada um responde de maneira própria a esse desafio, mas a corporação deve se mostrar interessada em compreender as duas perspectivas e empenhada em atender às duas pontas, até porque, numa eventual falha do sucessor, o antigo ocupante da função pode ser convidado a retomar sua posição, a bem da preservação da corporação. Os casos em que isso ocorre são incontáveis, simplesmente. As contribuições jurídicas para o desafio – os instrumentos e equipamentos jurídicos que podem ser usados para responder ao dilema dos que estão deixando a corporação – são diversas. Muitas empresas mantém com seus ex-gestores contratos de consultoria ou, até, assessoria para determinadas operações, outras mantêm conselhos consultivos para os quais são convidados. Exemplos, apenas.

Nesse ambiente corporativo que compreende os diversos dramas, em suas múltiplas perspectivas, as diversas gerações são estimuladas ao convívio, compreendendo a necessidade da transmissão de funções, afastando suas agruras e facilitando os processos. Mais do que isso, pode-se alargar o tempo do processo de sucessão, aproveitando ao máximo a experiência dos gestores, mormente em ambientes da vigente escassez de talentos enfrentada pelo mercado, constatação reiterada por muitas empresas. O fundamental é não perder de vista que o advogado corporativo não pode, arrogantemente, julgar-se alguém estranho ao esforço de qualidade produtiva, preocupação com o fator humano, com a cultura organizacional, com o estabelecimento e manutenção de relações de confiança e criatividade. Dos juristas também se exige pertencimento.

6 Escolha e indicação do sucessor

A escolha do sucessor é, em si, um problema. Embora sejam muitos aqueles que tenham interesse de estar à frente da empresa, nem todos revelarão as qualidades indispensáveis para fazê-lo. E a família deve estar preparada para enfrentar esse desafio. Afinal, não levar em conta as diferenças pessoais é um erro crasso na estruturação de funções, principalmente quando se trate de líderes e gestores. Os mais diversos critérios são usados pelos fundadores ou, quando já se está nas gerações seguintes, pelos administradores.

Infelizmente, a administração familiar nem sempre é meritória. Em incontáveis casos, afirma-se como mera expressão de um direito hereditário: *herdei a empresa e, assim, tenho o direito a ela e posso administrá-la*. Não se pesquisa se há, ou não, *capacidade técnica para administrar*, se há tino comercial, se as virtudes reveladas pelo fundador ou por aquele que consolidou e expandiu a empresa estão efetivamente presentes no(s) herdeiro(s). Simplesmente se afirma, como acessório do direito à empresa (tomada como bem herdado), o direito à administração da empresa.

A profissionalização e a consolidação da economia brasileira acirraram a demanda por uma alteração na gestão das empresas, familiares ou não. Reduziu-se muito o espaço para o amadorismo, para a improvisação e, até, para a expressão dos instintos empresariais ou *tino comercial*. Uma redução que, no mínimo, pode causar grandes dificuldades, quiçá inviabilizar a sobrevivência do negócio, nomeadamente em setores que experimentam uma competição mais forte, impactando seus números: custos, prazos, resultados etc. Isso para não falar em tecnologia, logística, gestão de estoques, estratégias de *marketing*, sistemas de inovação, elevação dos níveis de qualidade, entre outros elementos mercantis.

> Exemplo de Cláusula – Até resolver-se a sucessão das quotas de sócio falecido, o inventariante, na defesa dos interesses do espólio, terá amplo acesso às contas societárias para aferir sua regularidade e integridade, podendo pedir, por escrito, esclarecimentos ao administrador que, recebendo-as, responderá, por escrito, em até... (...) dias.

Nesse ambiente de disputa mercantil acirrada, observa-se que, em muitos casos, gestores profissionais com larga experiência, representada por algumas décadas de trabalho em determinada área, precisam ser trocados por profissionais mais novos, por vezes contratados em outros setores da economia, mas que apresentam a vantagem de dominar técnicas mais modernas e eficazes de condução dos processos empresariais, com impactos diretos sobre os resultados mercantis, a exemplo da tecnologia da informação (TI ou informática), entre outros.

Por um lado, essa pressão do contexto econômico contemporâneo sobre as empresas não alcança apenas as empresas familiares, mas todas as corporações. Mas, se não é exclusiva das empresas familiares, também não as exclui, e isso é o suficiente para obrigar as famílias empresárias a repensarem sua relação com a empresa, a bem de atender a novas demandas empresariais inadiáveis, como melhor governança corporativa, gestão de pessoas, implementação adequada e moderna dos processos produtivos, gerência de projetos.

Contudo, a escolha do administrador não é, em seu mérito, uma questão jurídica, embora envolva aspectos jurídicos e, mais do que isso, possa merecer tratamento jurídico. Antes de mais nada, importa observar que nem todos podem ocupar a função de administrador societário. Há impedimentos que estão juridicamente previstos. Assim, não podem ser administrador (1) os *magistrados*; (2) os *membros do Ministério Público*; (3) os *servidores públicos*; (4) os *militares da ativa*; (5) o *falido*, se não forem declaradas extintas suas obrigações; (6) os *estrangeiros com visto temporário*.

Ademais, segundo o artigo 1.011, § 1º, do Código Civil, também não pode ser administrador societário quem foi condenado por (1) crimes cuja pena vede, ainda que temporariamente, o acesso a cargos públicos; (2) crime falimentar; (3) crime de *prevaricação*: agentes públicos que, indevidamente, não praticaram ou demoraram a praticar ato cuja iniciativa lhes competia, bem como os agentes que praticaram atos contra lei expressa, para satisfazer interesse pessoal ou apenas para satisfazer sentimento próprio, como paixão, ódio, vingança etc.; (4) crime de *suborno* (também chamado de peita), vale dizer, por *corrupção ativa*: oferecer ou prometer vantagem indevida a funcionário público, para determiná-lo a praticar, omitir ou retardar ato de ofício; (5) crime de *concussão*: o agente público que exige vantagem indevida, para si ou para outra pessoa, direta ou indiretamente, ainda que fora da função ou antes de assumi-la, mas em razão dela; (6) *peculato*, que é o crime praticado pelo funcionário público que se apropria de dinheiro, valor ou qualquer outro bem móvel, público ou particular, de que tem a posse em razão do cargo, ou desviá-lo, em proveito próprio ou alheio; (7) crime contra a economia popular, o sistema financeiro nacional, as normas de defesa da concorrência, as relações de consumo, a fé pública ou a propriedade, enquanto perdurarem os efeitos da condenação.

No plano das intervenções jurídicas sobre o processo de escolha do sucessor, uma alternativa interessante é a constituição de um programa para a formação de gestores familiares, o que pode mesmo passar pelo estabelecimento, anterior, de regras societárias para a matéria. Com efeito, é lícito ao contrato ou estatuto social prever um procedimento, que pode mesmo ser complexo e sofisticado, para a escolha do administrador social. Esses procedimentos podem calhar bem nas coletividades sociais compostas por parentes, mormente quando haja núcleos familiares diversos, resultado de um distanciamento causado pela evolução das gerações. O recurso a esses procedimentos também é comum nas sociedades compostas por muitos profissionais, como grandes firmas de consultores, contadores, além de clínicas (médicas, odontológicas) com vasta equipe de sócios.

O ato constitutivo pode prever, por exemplo, consultas prévias entre a coletividade social, tomando votos por cabeça (e não por participação no capital social), retirando-se uma lista tríplice que será submetida à escolha final, em reunião ou assembleia de sócios, tomados os votos segundo a participação no capital votante. É apenas uma sugestão de procedimento. É preciso discutir com os interessados as alternativas, ponderando sobre eventuais problemas/vícios, até chegar a uma fórmula que deverá ser traduzida por meio de cláusulas dispostas no ato constitutivo.

No entanto, não é obrigatório que essas regras constem do ato constitutivo (contrato social ou estatuto social), criando uma situação na qual serão do conhecimento de todos, em face do Registro Público feito na Junta Comercial. Pode também constar de um pacto parassocial, a exemplo do acordo de quotistas (sociedades contratuais) ou do acordo de acionistas (sociedades estatutárias) ou do regimento interno, instrumentos jurídicos que foram anteriormente estudados.

> Exemplo de Cláusula – A sociedade só se obriga, em qualquer ato, se firmado por...[12], nos limites dos poderes conferidos por este ato constitutivo. Essa previsão inclui, entre outros e expressamente, escrituras públicas e documentos privados, bem como atos meramente verbais, sempre que houver assunção de obrigação, transigência com direitos, renúncia a direito, aquisição ou alienação de bens, dação de garantia de qualquer natureza, entre outros.

Por meio dessas convenções societárias, sejam celebradas por todos os sócios (ato constitutivo ou regimento interno), sejam celebradas pelos membros da(s) família(s) controladora(s) (acordo de sócios), podem ser definidas as regras que serão respeitadas para a sucessão e, mais do que isso, para a preparação e avaliação dos membros das novas gerações que se interessem por trabalhar na empresa. Os mecanismos estabelecidos pelas cláusulas de tais convenções podem ser múltiplos, entre os quais podemos exemplificar: falar mais de um idioma ou certo(s) idioma(s); ter experiência de *certo* tempo em outras empresas do ramo no exterior; ser aprovado em processo de avaliação; iniciar a carreira como estagiário ou *trainee* etc.

Em alguns casos, estipulam-se cláusulas que definem requisitos de qualificação para aqueles que pretendem ocupar postos na administração da sociedade. Ilustra a estipulação de que é necessário mestrado ou doutorado, podendo ser estipuladas as áreas que são admitidas: Administração de Empresas, Contabilidade, Economia, Direito etc., conforme as particularidades da empresa; assim, para uma construtora, pós-graduação em Engenharia e, para um laboratório, em Farmácia ou Ciências Biológicas. Uma alternativa é a estipulação de ser necessária experiência em outras empresas, por determinado período (três, cinco, sete anos), ou em setores da própria empresa, dos mais básicos às gerências.

Há situações em que simplesmente se exige que o sucessor demonstre conhecimento sobre todos os setores da organização, passando por eles e exercitando a atividade e sua gerência. Obviamente, conhecer a empresa é uma virtude, razão pela qual se deve valorizar quem passou por vários setores da organização, mormente quando mostrou competência no exercício das funções, demonstrando capacidade para atividades diversas. Mas são questões cujo mérito foge à função do jurista; seu trabalho é demonstrar a possibilidade e, sendo do interesse do cliente, traduzi-la juridicamente. No entanto, não se lhe furta a oportunidade da sugestão, é claro.

---

[12] Pode ser um ou mais administradores. Pode-se prever mesmo a necessidade de todos os sócios.

Pelo ângulo oposto, o tratamento jurídico da sucessão também pode se fazer pelo estabelecimento de regras sobre o afastamento compulsório dos gestores para permitir o preenchimento dos postos pelas novas gerações. A falta de perspectivas objetivas para a sucessão na gestão negocial pode ter efeitos profundamente deletérios sobre as corporações e suas coletividades sociais, mormente quando se está na segunda geração ou nas posteriores. Embora seja comum compreender o direito do fundador de se manter na empresa que criou até longa idade, quando a empresa já foi assumida por seus herdeiros, a pretensão de retardar ao máximo a transferência do comando pode transmitir a ideia de que há uma apropriação indevida de um bem coletivo: a sociedade e a(s) empresa(s). Essa ansiedade pode determinar efeitos deletérios nas novas gerações, rompendo com a harmonia societária.

Procurando evitar tal cenário, algumas corporações estabelecem, em seus atos constitutivos ou em pactos parassociais, regras objetivas sobre o tempo máximo de permanência na administração societária, como idade mínima e/ou máxima para ocupar certas funções, mandatos certos, com limitação de reconduções etc. A situação mais comum é a previsão, no contrato ou no estatuto, de uma idade máxima para ocupar a função de administrador societário. Essa limitação poderá ser geral, estabelecendo uma idade máxima aplicável a qualquer função de administração. A regra pode ser específica para administradores que sejam sócios, excluindo a figura do administrador profissional, estranho aos quadros sociais.

Também é possível que a previsão de limites de idade compreenda as particularidades do tipo societário e do organograma que o contrato ou estatuto social tenha atribuído à administração societária. Assim, pode-se definir uma idade máxima para o exercício da presidência ou diretoria-geral, outra idade máxima para o exercício de diretorias ou gerências, bem como uma idade máxima para compor os conselhos (administração, consultivo, técnico etc.).

> Exemplo de Cláusula – A sociedade manterá um conselho consultivo com o objetivo de dar orientação sobre boa gestão nas sociedades em que a *holding* detenha participação, auxiliar nos processos sucessórios, ampliar a transparência nos processos decisórios, trabalhar pela eventual conciliação de conflitos, oferecer referências para a segurança e o desenvolvimento estratégico das atividades negociais, sempre propagando os valores familiares que fundaram a empresa.

Outra solução jurídica possível é a estipulação de mandatos com prazo certo, forçando a coletividade social a enfrentar o tema periodicamente. Esse mandato pode ser renovável, permitindo a reeleição para novo mandato, ou não se permitir a recondução por cláusula no ato constitutivo (contrato ou estatuto) ou em *pacto parassocial* (*acordo de quotistas*, nas sociedades contratuais, e *acordo de acionistas*, nas sociedades estatutárias). Isso para não falar na possibilidade de uma solução mista: estabelecer mandatos, com a possibilidade de reeleição, mas limitar o número de reconduções. Por exemplo, prever um mandato de três anos, podendo ser o administrador reconduzido, no máximo, duas vezes. Há atos constitutivos que, para facilitar a sucessão, preveem a possibilidade de uma prorrogação de um ano, ao final do último mandato renovável, permitindo àquele que deve sair organizar a escolha de seu sucessor.

O mérito da cláusula mista está em somar as virtudes das previsões anteriores: por um lado, a previsão de mandato, como visto, força a coletividade social a enfrentar o tema (reeleger ou não o administrador). Por outro lado, a previsão de um limite máximo para a renovação de mandatos proporciona a oportunidade de oxigenação da gestão empresarial, à medida que força a renovação. Destaque-se, por fim, ser possível ao contrato permitir, ou não, o retorno do administrador que já venceu o limite máximo de reconduções, após um mandato exercido por outra pessoa.

Em qualquer caso, é recomendável haver cláusula(s) que contemple(m) regra(s) de exceção para situações de emergência. Imagine-se, por exemplo, que, após completar 65 anos de idade, o administrador se afaste, mas seu sucessor se mostre um desastre ou venha a falecer abruptamente, entre outras hipóteses. A arte da melhor advocacia está na capacidade de estabelecer regras gerais e exceções pontuais, permitindo atender a situações de emergência, na mesma toada em que, pelo ângulo oposto, não permite que a regra de exceção licencie uma perpetuação indevida na administração societária.

Por fim, não se esqueça de que ainda é possível prever vedações, seja para os cargos de gestão, seja mesmo para as demais funções societárias. Há sociedades cujos documentos reguladores, constitutivos ou parassociais, vedam a contratação de descendentes ou de colaterais. Outras sociedades vedam a contratação de cônjuges ou de conviventes (união socioafetiva), o que afasta uma das fontes mais comuns de discórdias entre os parentes/sócios.

7 Consultorias e assessorias *(family offices)*

As dificuldades na escolha de sucessores para a gestão de empresas familiares têm feito muitas famílias recorrerem a consultorias especializadas (*family office* ou *advisors to family enterprises*). É preciso demonstrar maturidade para reconhecer que a melhor solução pode estar justamente em recorrer a especialistas que possam ajudá-las nos esforços de sucessão. São profissionais ou sociedades profissionais especializadas na administração de empresas familiares, na assessoria ao convívio societário, bem como no processo de sucessão. Essas consultorias podem identificar a cultura empresarial e a situação presente da organização para, assim, traduzir seu estilo de gestão (eventualmente, propondo adaptações, evoluções, melhoramentos), na mesma toada em que trabalham pelo estabelecimento de parâmetros objetivos que, uma vez respeitados pela coletividade social (pela família, enfim), viabilizam a conservação do patrimônio societário, a manutenção do vigor dos negócios, o controle eficaz e rigoroso dos atos etc.

Como noticiado no início deste capítulo, foi essa a alternativa a que recorreu a família Gerdau Johannpeter para definir a sucessão em suas empresas. O mesmo fez o empresário e comunicador Silvio Santos (Senor Abravanel): no princípio de 2011, ele recorreu à intervenção de uma firma norte-americana dedicada a preparar famílias empresárias para as transformações decorrentes da transferência do comando negocial, aí incluídos uma nova disciplina para as relações interpessoais, mecanismos eficazes de boa governança corporativa, nomeadamente para a proteção dos minoritários.

> Exemplo de Cláusula – O Conselho Familiar, com a autoridade das ações vinculadas a este acordo, trabalhará em prol de um bom governo corporativo, redução ou adequado calibramento dos perfis de risco, criação de valor corporativo não só para as família dos fundadores, mas para fornecedores, trabalhadores e comunidade em geral. É seu dever tratar com equidade todos os ora pactuantes, independentemente de sua maior ou menor participação no capital social, valorizando sua condição de familiares dos sócios-fundadores.

Embora haja excelentes especialistas estrangeiros para tal tarefa, também os há no Brasil: advogados, consultores empresariais, contadores, economistas; profissionais que detêm todas as ferramentas necessárias para auxiliar uma família empresária a fazer essa transição, incluindo a eventual mediação de conflitos existentes ou potenciais, orientação sobre os desafios inerentes ao processo, treinamento dos parentes, em coletividade ou individual, incluindo o acompanhamento pessoal (*coaching*) de jovens executivos, procedimentos de seleção de novos líderes nas gerações jovens etc. Portanto, escolher profissionais estrangeiros ou nacionais envolve apenas uma questão de conveniência, tendo impacto direto no idioma e na moeda em que serão pagos os honorários.

Aliás, a combinação de especialistas de áreas diversas pode oferecer a vantagem de disciplinar, em planos diversos, a vida empresarial/familiar, preparando as pessoas para um novo momento na sua vida e na vida da empresa, superando a antiga condução para experimentar um novo estágio. Esse movimento evolutivo não prescinde de um esforço de todos e suas chances de sucesso são maiores quando ferramentas modernas e adequadas de gestão das coletividades societárias, bem como de gestão empresarial, são disponibilizadas para as pessoas envolvidas. Não é simples. As pessoas precisam ser preparadas para o novo tempo, para a nova relação, compreendendo o seu papel nesse quadro, seus direitos e seus deveres, o que podem e o que não podem fazer ou pretender.

Contudo, é preciso cautela: essas investigações podem conduzir a conclusões que desagradem uma ou mais pessoas ou, mesmo, todas as pessoas. Pode-se aferir, por exemplo, que nenhum dos herdeiros tem capacidade para assumir o comando das atividades negociais, sendo recomendável atribuir a gestão da empresa a profissionais do mercado. Pode-se aferir, ademais, que o mais habilitado é alguém que não era considerado pelos demais, como um caçula ou uma jovem mulher, o que pode ser surpreendente numa sociedade que ainda se estrutura como um patriarcado. São exemplos apenas, sendo útil destacar, ademais, que o(s) especialista(s) pode(m) estar errado(s). Enfim, como em todos os aspectos da existência humana, nada é irrefutável.

No plano específico do Direito, a atuação no planejamento da sucessão não inclui, obviamente, os procedimentos de identificação de competências individuais para ocupar essa ou aquela função. Mas se colocam questões essenciais, como a engenharia patrimonial, empresarial, societária e fiscal que é subjacente ao processo, sendo essencial para lhe dar eficácia, segurança e economia, como procuramos demonstrar em todo este livro e, também, em outras oportunidades.

9

Planejamento tributário

1 Relevância fiscal

Houve uma grande discussão entre os autores: qual capítulo deveria vir em primeiro lugar? Planejamento sucessório ou planejamento tributário? Sim, briga de família – o que haveria de se evitar, dizemos por aqui – causada por questões de método acadêmico. O imbróglio se definiu assim: Eduarda afirmava que, vindo de um capítulo sobre planejamento empresarial, o mais lógico e coerente seria falar da questão fiscal logo na sequência. Afinal, manteria o foco na condução das atividades empresariais do que é parte a tributação. Mamede pensava o inverso e, como se vê, sua posição prevaleceu. Machismo? Não! Um argumento irrefutável com o qual ela não pode discordar: *primeiro vem a morte e só depois o inferno*. Então, a sucessão primeiro, o tributário depois.

Não se veja nisso uma demonização do Direito Tributário. Não seria justo. Afinal, acreditamos piamente que as contribuições tributárias são essenciais para o Estado Democrático de Direito. Poucos querem se atentar para a relevância do Direito Tributário para a manutenção de estruturas civilizadas e, mais do que isso, de um sistema democrático e que respeita e garante direitos, permitindo o desenvolvimento humano e corporativo. Contudo, a verdade é que a tributação desempenha um papel-chave na constituição e manutenção de coletividades desenvolvidas (desenvolvimento material, econômico e humano). Avanços técnicos experimentados ao longo do II Milênio (1.001 a 2.000) nos conduziram a uma situação de ruptura com o arbítrio (que conduziu a revoluções, não se pode olvidar), emergindo um sistema que se pretende justo e equilibrado, alimentando o Aparelho de Estado, na mesma toada em que garante condições para subsistência, desenvolvimento, competitividade e, mesmo, lucratividade para corporações e pessoas.

Em linhas gerais, o dever de contribuir para a manutenção do Estado tem seus fundamentos, entre nós, na Constituição da República. Respeitado esse alicerce de respeito obrigatório e elementar, editam-se leis que regulamentam todo o Direito de Tributar e seu procedimento. O inferno está abaixo: na criatividade regulamentar que, expressando uma psicopatia administrativa e normativa, abandona a razoabilidade e a proporcionalidade para criar um emaranhado de regras, *sub-regras* e *sobrerregras*, numa teia desalentadora, nem sempre ciosa dos limites constitucional e legais, na qual se perdem e se desesperam pessoas naturais e jurídicas. O sistema tributário brasileiro é histérico. O custo tributário não se mede em recolhimentos (em pagamentos), mas se estende em burocracia.

> Exemplo de Cláusula – A sociedade adotará, em regimento próprio, normas de governança tributária que, em sintonia com o Sistema Tributário Nacional, estabeleçam uma adequada organização no cumprimento das obrigações fiscais e definam rotinas e mecanismos para evitar passivos tributários de toda e qualquer natureza.

Há quem encare a proposta de um planejamento tributário como manifesto de sonegação e elisão. Tolice. Quem sonega ou elide impostos, taxas e contribuições, fiscais ou parafiscais, não precisa se dar ao trabalho de planejar-se. No geral, fá-lo na *cara dura*, na tora, na marra. Planejamento é um esforço de encontrar caminhos lícitos para fazer melhor, não para delinquir. E, num regulamento tributário esquizofrênico, implica usar conhecimento constitucional e legal para romper com a desordem criada por decretos, instruções, consultas etc. Infelizmente, não se assegurou ao contribuinte brasileiro o direito elementar à racionalidade e à razoabilidade.

Há um caso interessante a ser citado: o Recurso em *Habeas Corpus* 155.730/RJ, no qual a Quinta Turma do Superior Tribunal de Justiça debruçou-se sobre caso em que "o Ministério Público apura a possível prática de delitos cometidos por grupo econômico composto de diversas sociedades empresárias (nome fantasia 'Magia dos Pés') que, em tese, exercem ações tendentes a burlar o regime tributário. Detalhou-se, em suma, que a dinâmica do grupo ensejaria a pulverização das receitas brutas das sociedades mediante alteração artificiosa dos contratos de constituição das sociedades e do regime normal de tributação, alcançando com isso um recolhimento menor no ICMS incidente na atividade empresarial de cada empresa. Constou, também, indícios de ocultação e dissimulação dos patrimônios do grupo, com prejuízo estimado aos cofres público de 37 milhões de reais. Além dos delitos de natureza tributária, investiga-se organização criminosa, lavagem de dinheiro, falsidade ideológica e outros conexos". A defesa alegava que não se poderia criminalizar a existência de *holding* familiar, sendo figura empresarial incompatível com os delitos da Lei n. 9.613/98, não havendo falar em lavagem de dinheiro ou em crimes fiscais, a justificar o pronto trancamento da ação.

Veja que o *habeas corpus* não teve acolhimento pela Alta Corte. "Concernente à tese de inexistência de crime antecedente ao delito de lavagem de dinheiro, também sem razão o agravante. Nos termos bem pontuados pela Corte estadual, há existência de indícios de organização criminosa voltada a prática de fraude fiscal estruturada, com delitos tributários e outros, como falsidade ideológica, a demonstrar que os valores ocultados e dissimulados tiveram origem da prática de outros crimes." E citou-se excerto do acórdão fluminense: "*In casu*, investiga-se grupo econômico composto por diversas sociedades empresárias que, em tese, praticam ações tendentes ao indevido enquadramento no regime tributário diferenciado 'simples nacional', visando reduzir, de forma artificiosa, a carga tributária, bem como 'lavagem de dinheiro' e outros delitos conexos, mostrando-se justificado, portanto, o procedimento que investiga, também, o 'branqueamento de capitais' e demais crimes conexos aos delitos tributários".

Foram além os Ministros: "Por fim, sobre a tese relacionada à inexistência de crimes em virtude da natureza do grupo empresarial (*holding*), mantenho o entendimento de que a matéria não foi apreciada no acórdão recorrido. Observe-se que o Tribunal de Justiça analisou suficientemente as alegações de ausência de justa causa, porém, sem traçar nenhuma consideração a respeito da suposta adequação das operações financeiras analisadas em razão da natureza do grupo empresarial. Ressalte-se, ademais, que a via mandamental e o momento prematuro escolhidos, estando o feito ainda em fase investigativa, não permitem incursão fática sobre os autos a fim de concluir que as práticas do grupo são todas normais à espécie das *holdings*, conclusões que dependem do exame dos elementos colhidos no procedimento investigatório e, eventualmente, das provas a serem produzidas no processo".

A constituição de *holdings*, familiares ou não, é apenas uma ferramenta, uma alternativa, como se verá adiante. Há várias outras formas de adaptar o negócio, o patrimônio, a atividade, para melhor posicionar-se dentro das regras tributárias positivadas. Embora alguns setores das Fazendas Públicas (federal, estaduais e distrital, municipais) vejam elisão em tais iniciativas, quando se lida com os cânones positivados pelas normas jurídicas, da Constituição às hierarquicamente inferiores, o que se faz é exercer e concretizar o Direito. E pode ser que, sim, a constituição de *holding*(s) sirva a um melhor posicionamento dessa ou daquela atividade no âmbito do sistema tributário vigente, reduzindo impactos financeiros e/ou burocráticos.

Arremataremos essa abertura com o essencial: planejamento tributário não é ato ilícito e não pressupõe, nem caracteriza (*in re ipsa*) sonegação ou elisão fiscal. É postura jurídica que considera o sistema normativo fiscal, tal qual positivado, percebendo que suas normas definem faculdades e obrigações (proibições e determinações). Assim, partindo do que o Estado dispôs e garante, nomeadamente na Constituição da República e nas leis (normas jurídicas emanadas do Poder Judiciário e sancionadas pelo Poder Executivo, segundo um *devido processo legislativo*)[1], aloca-se a azienda (o patrimônio e/ou a atividade) em situação melhor. Não é mentir, não é fraudar: é jogar com as regras da Fazenda sem o masoquismo de adotar a situação de pior exação. No entanto, não se está falando em blindagem.

Em fato, uma questão acesa nos debates sobre *holdings*, para não dizer uma forte preocupação de advogados, contadores e clientes, diz respeito ao seu emprego com a finalidade de proteger o patrimônio de pretensões de terceiros, nomeadamente passivos fiscais. O que se propõe – e há vários profissionais que oferecem tal "serviço" – é usar a *holding* como uma embalagem para o patrimônio e, assim, blindá-lo das pretensões de credores. Aliás, o termo usado pelo mercado é justamente esse: **blindagem patrimonial**. Já analisamos tais operações – não só a pejotização do patrimônio, como medidas derivadas consideradas suplementares à meta agressiva de criar uma plataforma inacessível às execuções de qualquer natureza, inclusive fiscais e trabalhistas. E o que demonstramos é que implicam na prática de ilícitos de ordens diversas, inclusive penais, com efeitos desastrosos para os envolvidos.[2] Portanto, ao colocarmos o tema da proteção contra terceiros, não estamos apontando minimamente para *blindagem patrimonial*. Pelo anverso, queremos deixar bem claro que a existência de procedimentos fraudatórios não se confunde com, nem macula, a ideia de planejamento jurídico. São coisas absolutamente diversas, da proposta à conclusão, passando pelos procedimentos.

---

[1] E há nisso, na consideração, respeito e celebração do *devido processo legislativo*, uma forma de expressão do *due process of law*, princípio sobre o qual se assenta, como base, a compreensão moderna do Estado Democrático de Direito. Esse menosprezo ao *devido processo legislativo* nada mais é do que uma expressão do arbítrio regulamentar, ou seja, das pretensões de agentes públicos de usurparem da função legislativa e, enfim, desrespeitarem o princípio da legalidade que, ele também, é um dos pilares do Estado Democrático de Direito. Há que resistir firmemente a esses movimentos.

[2] MAMEDE, Gladston; MAMEDE, Eduarda Cotta. *Blindagem patrimonial e planejamento jurídico*. 5. ed. São Paulo: Atlas, 2015. Esse livro foi tirado de catálogo pelo hábito terrível que o brasileiro manifesta de não ler e criticar. Embora o estudo criticasse as propostas de blindagem, na mesma proporção em que indica medidas lícitas de planejamento jurídico, foi alvo de críticas por incentivar fraudes. Noutras palavras, o que era uma crítica, uma denúncia, foi tomado como apologia. Ridículo. Simplesmente ridículo. Mais do que isso, uma demonstração clara de baixo nível intelectual: críticos que sequer sabem o que estão a criticar, que se opõem sem saber a que, que não tomam pé antes de vomitar sua maledicência.

> Exemplo de Cláusula – É dever do administrador societário[3] evitar exposição fiscal da *holding*, nomeadamente sanções fazendárias, cumprindo todas as obrigações tributárias para não afetar o patrimônio societário.[4]

O uso da tecnologia jurídica tem por finalidade determinar o que é correto, o que é devido, qual é o naco do sistema jurídico que se aplica a determinada azienda, ali podendo definir o que é mais seguro, o que é melhor e, até mesmo, o que é mais barato. É possível – possível, insistimos – afastar entraves, encontrar benefícios, buscar eficiência e novos padrões, atender essa ou aquela demanda (e só aqui muito vai e muito pode vir), enfrentar problemas organizacionais ordinários ou extraordinários. É possível criar regras que visem reger (e melhorar) a gestão, dar ordem ao fluxo de recursos, definir prioridades obrigatórias (dispostas mesmo no ato constitutivo), alavancar investimentos próprios (capitalização) ou de externos (empréstimos), facilitar certos modelos de financiamento, limitar algumas despesas e desembolsos (pagamento de administradores, de despesas de administração etc.), criar fundos, reservas e provisões. São todas medidas de planejamento societário, mas não garantirão isenção fiscal ou redução no recolhimento de tributos.

2 Planejamento fiscal ordinário

Aos que perguntam se o *planejamento societário* pode ter serventia para o *planejamento tributário*, a resposta é positiva: sim, a estruturação (ou reestruturação) societária pode ser utilizada para produzir efeitos tributários. Mas são procedimentos diversos que apenas em certos pontos podem se tocar. E desse toque, é bom que se diga, pode não resultar economia tributária, senão manutenção da carga experimentada, quiçá elevação. Exemplo fácil de maior carga: em Minas Gerais (considerando a legislação estadual): a doação de quotas ou ações com instituição de usufruto é operação dispendiosa em sua expressão fiscal; ainda assim, é operação que serve a alguns que, assim, assumem seu custo fiscal. Aliás, há nessa expressão algo extremamente útil: há custos logísticos, há custos de produção, há custos disto e daquilo, há custos fiscais. E não se pode duvidar que a algumas pessoas, por sua situação ou por seus projetos, vale a pena assumir custos fiscais mais elevados. Por economia fiscal, um famoso ator francês transferiu sua residência para a Rússia e uma famosa atriz italiana para a Suíça; outros atores não menos famosos assumiram custos fiscais mais elevados e permaneceram na França

---

[3] Alternativas: dos administradores societários, da diretoria, do Presidente, do Diretor Financeiro etc.

[4] Algo mais forte seria prever a responsabilidade pessoal do administrador, perante a sociedade e/ou a coletividade dos sócios, por prejuízos decorrentes de ilícitos fiscais.

e na Itália. É preciso compreender isso: não são equações rígidas: há uma variante humana que não pode ser descartada.

O ponto de partida de nossa análise é simples: o grosso do planejamento fiscal eficaz e responsável diz respeito à atividade em si que, em conformidade com cada caso dado em concreto, pode ser adequada para melhor se posicionar como fato gerador dessa ou daquela relação tributária, incluindo variantes diversas, podendo criar mudanças em subclasses, como alíquotas e afins. Dito de outra forma, boa parte do que se pretende por planejamento tributário faz-se apesar da estruturação societária, ou seja, não são coisas que dizem respeito à pessoa da sociedade e os atributos de sua personalidade jurídica. Antes de mais nada, toda uma avaliação, proposição e, eventualmente, treinamento para o cumprimento correto das obrigações fiscais que sejam próprias da atividade. Não é incomum que se descubra haver pagamento de impostos que não são devidos ou não recolhimento do que seria obrigatório (com o risco de autuação e punição).

Na maioria das situações reais, o estudo sobre o impacto tributário de uma reestruturação societária não é um antecedente, mas um consecutivo da operação que se planeja. Explicamos: é muito raro proceder-se a um planejamento societário com fins tributários. E nisso: avaliar a existência do benefício fiscal de uma nova estrutura societária para então implementá-la, seria um antecedente: o fator tributário é visado anteriormente ao societário. O mais comum é que se avalie a necessidade de alterações corporativas – criação de filiais, de sociedades coligadas ou controladas, de metamorfoses como a cisão – e, como consequência desse esboço, faça-se um estudo sobre o impacto fiscal decorrente, estudo esse que é melhor quando foque não só no plano imediato – na voz comum, *o curto prazo* –, como trabalhe com projeções sobre o desenvolvimento da atividade negocial e os impactos fiscais de diferentes cenários.

> Exemplo de Cláusula – Políticas Tributárias. Os Acionistas comprometem-se a fazer com que a Companhia, o Conselho de Administração e a Diretoria adotem políticas tributárias conservadoras em relação à tributação aplicável à Companhia e/ou em relação às suas atividades. Qualquer alteração nas políticas e/ou práticas tributárias adotadas pela Companhia, seja em decorrência de uma modificação na legislação e/ou de qualquer dos Acionistas, seja em decorrência de uma modificação na legislação/regulamentação tributária à qual a Companhia esteja submetida, somente poderá ser implementada, ressalvadas hipóteses em que a legislação imponha alterações obrigatórias, se estiver apoiada por um parecer legal favorável de um escritório de advogados brasileiro de ilibada reputação, que somente poderá ser contratado com autorização prévia e expressa do Conselho de Administração.[5]

---

[5] Essa cláusula consta do acordo de acionistas da Flex Contact Center Atendimento a Clientes e Tecnologia S.A, de 18 de dezembro de 2014. Disponível em: https://www.connvert.com.br/wp-content/uploads/2021/03/Acordo-de-Acionistas-18.12.2014.pdf. Acesso em: 16.11.2022.

São atos e questões específicos do planejamento e da reestruturação fiscal, sem repercussão direta no planejamento corporativo, matérias relativas à emissão de notas fiscais e suas obrigações acessórias, regime regular de escrituração contábil, gestão dos recolhimentos tempestivos dos tributos, enquadramento correto e conveniente e, se possível, estratégico (análise sobre fatos geradores, bases de cálculo, alíquotas incidentes), gestão de estoques e atos de circulação interna de mercadorias, atendimento adequado às obrigações fiscais acessórias em conformidade à condição tributária de cada atividade negocial. Exemplos, obviamente. O planejamento tributário se debruçará sobre todas essas questões, procurando estabelecer, no coração da corporação, procedimentos alinhados com o melhor governo fiscal. Eliminação de erros contábeis e na gestão de atos com repercussão fiscal das atividades negociais, evitando autuações e, a partir dela, a imposição de multas por descumprimento de obrigações tributárias acessórias. Noutras palavras, definição de segurança jurídico-fiscal que resulta da prevenção de erros procedimentais. E tais erros são lamentavelmente comuns, nomeadamente em face da complexidade histórica – senão esquizofrênica – da legislação tributária brasileira, nomeadamente no plano infralegal, sem que tal mereça uma recomposição ordenadora e racionalizadora do Poder Judiciário, embora saiba-se que são muitas as iniciativas que a ele clamam por tal manifestação realizadora de suas funções e missão constitucional.

São advogados tributaristas, auditores e contadores, assessores e empresários com especialização na área fiscal, os profissionais que irão concretizar tais coleta e análise de dados, considerando aspectos variados, como tipo societário, faturamento, estrutura organizacional e produtiva, atividades envolvidas (com destaque para quais são os serviços prestados e/ou mercadorias negociadas), rotinas de administração e gerenciamento, registros escriturais, histórico fiscal e contábil, enquadramento tributário atual. E isso considerando sempre questões territoriais: impostos municipais variam entre Municípios; impostos estaduais e distritais, entre Estados e Distrito Federal. Mas não é incomum verem-se organizações que não considerem tais diferenças; tomam o regime fiscal da matriz ou do principal estabelecimento e passam a replicar aquele protocolo em todas as unidades, mesmo em outras Unidades da Federação. De qualquer sorte, não há espaço para milagres, é bom que se diga logo de abertura. Como em todas as demais perspectivas, há espaço para organização e, assim, otimização.

3 *Holding* e economia tributária

É discurso corrente que a constituição de uma *holding*, nomeadamente da *holding* familiar, é uma medida que tem por mérito a obtenção de vantagens fiscais. Não são poucos os profissionais que, aliás, oferecem o serviço (de constituição de uma sociedade, simples ou empresária, para atuar como *holding*) que qualificam a medida como sendo providência para economia fiscal. No entanto, em sua generalidade, essa afirmação é falsa. Aliás, se houvesse uma relação direta, de uma equação absoluta, a Fazenda Pública já teria dado uma solução para impedir uma equação com tal simplicidade: constitua uma *holding* e pague menos impostos. Como se não bastasse, o engodo da afirmação também se revela na multiplicidade de tributos e de hipóteses de incidência tributária, sendo certo que *holding* não é, de jeito maneira, um amuleto contra impostos de toda e qualquer natureza.

Tomando já pelo ângulo da lógica e da razoabilidade, a equação certamente é diversa: múltiplas hipóteses sugerem a verificação de situações variadas. Noutras palavras, o resultado fiscal pode ser vantajoso ou não, conforme o caso e, principalmente, conforme a engenharia que seja proposta para a estrutura societária. Portanto, não é correto ver a constituição de uma *holding* (familiar ou não) como a solução para todos os problemas e, principalmente, uma garantia de recolhimento a menor de tributos. Não é assim. Aliás, o que se assiste no geral é um encarecimento das obrigações fiscais em sentido amplo. Isso pode decorrer, inclusive, da incidência de tributos a que a pessoa natural não está submetida, como a Cofins e o PIS.

Se o foco dos interessados é a redução da carga tributária incidente sobre seu patrimônio e/ou suas atividades, será indispensável que, antes de constituir a pessoa jurídica, proceda-se a um estudo criterioso que parta das condições que são dadas (tipo de bens e/ou de atividades, tributação atualmente incidente etc.) e trabalhe com cenários fiscais diversos para identificar qual será a melhor posição lícita (a mais vantajosa) que poderá ser adotada. Não é algo singelo. No plano federal, a análise é sempre a mesma: são regras que se aplicam a toda a União. Mas há variações nos planos estaduais e municipais. Poucos se atentam a isso, mas a análise de impacto fiscal varia entre Estados, em relação a tributos estaduais e distritais, assim como entre Municípios, na mesma proporção.

É possível que o resultado seja desvantajoso. Não é raro. Pode ser que a recomendação seja de alteração geográfica e não são poucos os casos em que corporações alterem sua localização de um Município para outro, senão entre Estados, a fim de se beneficiar de condições fiscais mais vantajosas. Também pode ocorrer que eventual economia com a constituição da *holding* se mostre desaconselhável por ser mais trabalhosa e onerosa a manutenção da pessoa jurídica. Em suma, não é um caminho único e inequívoco. É uma situação complexa e que demanda cuidado e seriedade na análise. Mais do que isso, demanda tecnologia tributária avançada, incompatível com arroubos profissionais levianos que se aproximam do ilícito. Não é raro, infelizmente, que seja mais do que aproximação. Os casos são múltiplos e, vira e mexe, alcançam a seara criminal.

> Exemplo de Cláusula – A sociedade adotará procedimentos para assegurar a correta gestão tributária das sociedades controladas, direta ou indiretamente, ainda que por meio de acordo de sócios, garantindo pleno controle de todos os aspectos fiscais, devendo atuar para reduzir riscos, recusar estratégias agressivas, bem como garantir boa governança tributária.

Se o intuito dos interessados é fazer economia tributária, melhor será se a constituição ou não da *holding* familiar atenda a um esforço de avaliação mais amplo. Assim, pode-se mesmo chegar a estratégias mistas, com a *holding* assumindo, conforme o caso, a totalidade do patrimônio familiar ou apenas parte dele. E isso deve ainda ter em conta os impactos jurídicos de outra natureza, como os empresariais, nomeadamente havendo sociedades operacionais que venham a ter seu controle transferido para a sociedade de participações. Mesmo impactos laterais positivos, como a facilitação da sucessão, estudada no capítulo anterior.

Também há que ter cuidado com a falsa ideia de que a *holding* permitiria transferir bens sem pagar impostos. Há quem o afirme, o que é falso. No Brasil, essa transferência, entre vivos (*inter vivos*) ou causada pela morte (*causa mortis*), é tributada. E isso acontecerá havendo transferência de quaisquer bens, mesmo quotas ou ações. O caminho é considerar a legislação incidente no caso em concreto, em conformidade com a competência territorial para a exação, e fazer projeções, apresentando-as aos interessados.

Julgando o processo 0005876-60.2020.8.16.0018, o Tribunal de Justiça do Paraná, assim se pronunciou:

> Recurso de apelação cível. Tributário. Ação declaratória. Transmissão de parte ideal de imóvel a pessoa jurídica para integralização do seu capital social. *Holding* familiar. Empresa constituída para fins de planejamento sucessório e tributário. Impossibilidade de reconhecimento da imunidade tributária do ITBI prevista no art. 156, § 2º, inc. I, da Constituição Federal, sob pena de desvirtuamento. Isenção que pressupõe que o imóvel utilizado para integralização do capital da empresa tenha como finalidade a atividade econômica e produtiva. Majoração dos honorários advocatícios. Art. 85, § 11, do código de Processo Civil. Recurso conhecido e desprovido.

Não é precedente único e deixa claro que é preciso redobrada cautela com o manejo de *holdings* (familiares ou não) com mero fim de economia tributária. No caso, foi constituída uma sociedade, Malta Administradora de Bens Ltda., tendo como ramo de atividade "a participação em outras sociedades nacionais ou estrangeiras, na condição de sócia, acionista ou quotista, em caráter permanente ou temporário, como controladora ou minoritária e a administração de bens próprios". Mas a Fazenda entendeu que a única finalidade da sociedade era o planejamento sucessório de um dos sócios, então com 87 anos de idade, havendo integralizado sua participação com bem imóvel, pretendendo que, na transmissão de bens imóveis para a integralização de capital social de pessoa jurídica não houvesse incidência da cobrança de ITBI. Destacou o fisco, inclusive, que a sociedade não possuiria movimentação contábil nem receita, o que seria suficiente para afastar a isenção do ITBI. A Corte Paranaense entendeu que o artigo 156 da Constituição da República "não possibilita o reconhecimento da imunidade tributária quando a transferência de imóveis a uma empresa tiver por finalidade apenas o planejamento tributário de uma família, a qual constitui uma empresa, não para desempenhar uma atividade produtiva e econômica, mas apenas para que o patrimônio da família seja transferido à pessoa jurídica, com todos os benefícios fiscais daí decorrentes. O objetivo da imunidade prevista no artigo 156, § 2º, da Constituição Federal é facilitar e incentivar a atividade econômica e produtiva, sendo certo, em vista disso, que a mencionada imunidade não incide nas hipóteses em que a transferência de bens a uma empresa não tenha por finalidade impulsionar a sua atividade econômica. Isso ocorre quando, por exemplo, a constituição da empresa, com a integralização do seu capital com imóveis, tem por finalidade apenas o planejamento patrimonial de uma família". No mesmo sentido, entre outros, os processos 0005378-79.2015.8.16.0004, 0002606-12.2016.8.16.0004, entre outros.

Não nos parece a melhor solução, mas foi a decisão do Tribunal paranaense. E é preciso considerar tais possibilidades. Em suma, a constituição da *holding* familiar se encarta numa compreensão maior dos desafios relativos ao patrimônio e às atividades negociais, observando os respectivos impactos fiscais e examinando-lhes a adequação e, mais do que isso, as oportunidades existentes no sistema legal vigente. Essas oportunidades não são poucas. Em verdade, em muitos casos (e não em todos) a legislação fiscal oferece balizas que podem definir cenários mais ou menos onerosos, definidos a partir da conformação adotada pelo contribuinte. Essas oportunidades justificam que a opção pela constituição de uma *holding* familiar se faça acompanhar de um planejamento tributário que, de resto, pode justificar mesmo a adoção de uma estrutura societária mais complexa, multissocietária. Isso quando a criação da sociedade de participação (ou sociedade patrimonial) não tiver por mérito a adequação da família e seu patrimônio à linha adotada no planejamento tributário da(s) sociedade(s) ou grupo de sociedades controlados ou nas quais tenha participação societária relevante.

De qualquer sorte, voltamos a frisar, as situações são múltiplas. Por exemplo, há impactos favoráveis diretos quando se contrasta a legislação tributária aplicável à pessoa física daquela aplicável às pessoas jurídicas. A principiar pelo fato de que, para muitas situações, os mesmos fatos estão submetidos a alíquotas diversas quando o contribuinte seja uma pessoa jurídica ou uma pessoa física, a exemplo da tributação de rendimentos, nomeadamente na incidência do imposto de renda sobre a vantagem auferida na venda de bens imóveis. Isso para não falar na própria caracterização do que seja renda para efeitos de tributação. A pessoa jurídica tem a faculdade de provisionar valores, para além de formar reservas de lucros (com rubricas diversas, como *reserva de contingências*) e fundos contábeis. Por essa via, sobrevalores auferidos pela companhia não se tornam imediatamente disponíveis e, portanto, não se sujeitam a tributação pelo imposto de renda. Some-se a faculdade de simplesmente incorporar lucros ao capital social.

Não é só. Em relação às pessoas físicas, a legislação fiscal não prevê grandes variações ou hipóteses para verificação do fato gerador, identificação de base de cálculo e, até, enquadramento na alíquota determinada para a exação. Um exemplo claro é o imposto de renda: a definição de alíquotas se faz em função do valor dos rendimentos auferidos; não há variação de alíquotas em função do tipo de atividade desempenhada pelo contribuinte. Em oposição, para as pessoas jurídicas, a mesma legislação tributária contempla uma gama de elementos diversos, a principiar por uma maior variabilidade de regimes tributários. Como se só não bastasse, a legislação tributária contempla uma série de fatores que, de acordo com o regime tributário eleito, criam uma maior variabilidade na definição do valor final do tributo que deverá ser recolhido. Isso é suficiente para tornar mais útil, senão recomendável, o recurso constante ao planejamento societário.

De qualquer sorte, não há espaço para improvisações e negligência. O Direito Tributário tornou-se uma das disciplinas jurídicas mais dinâmicas, constantemente impactado por novas regras, legais ou regulamentares, para além de uma frenética sucessão de interpretações judiciárias que, infelizmente, podem experimentar guinadas inacreditáveis: posições já pacificadas nos Tribunais são simplesmente invertidas. Nesse sentido, o planejamento fiscal de qualquer empresa ou grupo de empresa tornou-se um processo constante, uma iniciativa continuada. Embora ainda se possam traçar balizas de médio e longo prazo, cada vez mais são necessárias intervenções para fazer frente a mudanças imediatas, para não falar, mesmo, em possibilidades momentâneas, como incentivos fiscais, refinanciamentos tributários etc.

4 Análise fiscal

Para que se possa avaliar se há vantagens fiscais, ou não, na constituição de uma *holding*, o primeiro passo é obrigatoriamente conhecer a realidade apresentada, certo que não há fórmula única, ideal, mágica, aplicável a todo e qualquer cliente. Atenção particular deve ser dada à situação fiscal já apresentada para, então, verificar se existem alternativas lícitas para estabelecer uma situação melhor.

> É preciso compreender a realidade vivida pela empresa e seus sócios (a família) para aferir se a constituição de uma *holding* é uma vantagem. Em muitos casos, simplesmente não é.

Em incontáveis casos, observa-se que corporações mantêm práticas fiscais equivocadas, não raro resultantes da má compreensão da legislação e dos regulamentos tributários que, no Brasil, constituem um emaranhado assustador de normas, editadas à rédea solta pelos órgãos fazendários. Incapaz de acompanhar a evolução dessas normas, os contribuintes vivenciam *rotinas fiscais* viciadas que podem, inclusive, envolver a não observação de formalidades essenciais, tornando possível uma autuação fiscal. Chega-se a encontrar contribuintes que revelam *ambiguidades fiscais*, isto é, posturas e procedimentos tributários distintos, para as mesmas hipóteses, adotados por funcionários ou setores diferentes. Essas ambiguidades precisam ser levantadas e uma solução apresentada para atingir um estágio de uniformidade fiscal. Isso demandará, inclusive, o treinamento de pessoal para a adoção de novas rotinas fiscais.

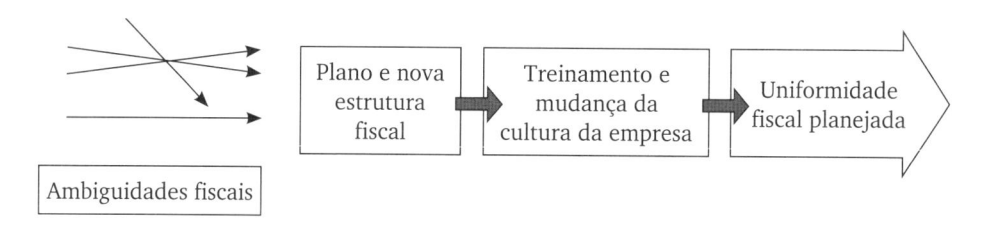

Ambiguidades fiscais → Plano e nova estrutura fiscal → Treinamento e mudança da cultura da empresa → Uniformidade fiscal planejada

Nesse sentido, a própria constituição de uma *holding* pode constituir uma medida alvissareira, pois, ao centralizar a administração das diversas sociedades e as diversas unidades produtivas assume um papel primordial de governo de toda a organização. Consequentemente, a *holding* pode se tornar um polo para a consolidação de posturas uniformes, definidas em conformidade com as melhores práticas tributárias, não só visando a economia no recolhimento de impostos, taxas e contribuições, mas também evitando a verificação de erros e os respectivos prejuízos que podem causar ao caixa. Trata-se apenas de uma possibilidade. Em muitos casos, constata-se a existência de uma política empresarial centralizada que convive com práticas descentralizadas que são diversas, senão incompatíveis, entre si. O pior é que a dispersão legislativa tornou-se uma realidade muito forte, razão pela qual as atividades negociais, dependendo de seu objeto, podem ser submetidas a um *regionalismo tributário* muito forte. Isso quer dizer que a manutenção da atividade pode ser mais vantajosa em certo Estado ou Município do que em outros. Em muitos casos, vantagens de tal ordem que recomendam mudar a sede de uma unidade produtiva ou, mesmo, abrir uma filial.

Por outro lado, por vezes há oportunidades tributárias que simplesmente não foram percebidas e, dessa maneira, não estão sendo aproveitadas, para não falar nos casos de recolhimento indevido de tributos e contribuições e parafiscais, para maior, permitindo o aproveitamento de créditos. Mas pode haver, igualmente, recolhimento a menor, a exigir imediata confissão e recolhimento da diferença apurada, evitando os custos de uma autuação pela fiscalização.

Inevitavelmente, o planejamento exige uma mudança na cultura da empresa. Desenvolvida a nova proposta fiscal, torna-se indispensável que os diversos setores da(s) empresa(s) vivenciem as práticas tributárias que foram recomendadas. Em outras palavras, será preciso que a empresa siga as linhas mestras que foram desenhadas no projeto societário e fiscal. Mais especificamente, é indispensável que os administradores estejam comprometidos com os cenários que foram propostos pelo especialista e que sigam os parâmetros que foram traçados no plano de reestruturação.

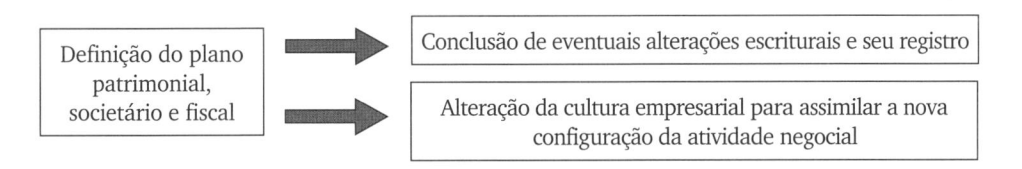

Definição do plano patrimonial, societário e fiscal	⟹	Conclusão de eventuais alterações escriturais e seu registro
	⟹	Alteração da cultura empresarial para assimilar a nova configuração da atividade negocial

Ao fim, cabe destacar um ponto: proposições fiscais constroem-se a partir de uma *tecnologia jurídica* refinada, mas altamente mutável. Como dito, há uma avalanche de normas, entre leis, decretos, regulamentos, instruções fazendárias etc. Isso implica estudo e aprimoramento constante, tanto dos especialistas, quanto das organizações. A solução proposta para um exercício pode não servir para o(s) exercício(s) fiscal(is) seguinte(s). E os clientes devem ser advertidos sobre isso: a volatilidade do sistema tributário brasileiro.

De qualquer sorte, o estudo sobre a viabilidade e a oportunidade de constituição de uma *holding* familiar pode – e deve – ser posto em âmbitos maiores, considerando suas múltiplas possibilidades e reflexos. Dependendo do tipo de planejamento societário que se tenha elegido como o melhor para o patrimônio familiar e/ou para a(s) sociedade(s) ou grupo de sociedades, pode-se mesmo chegar a situações nas quais os sócios da *holding* familiar podem perceber seus haveres livres da incidência de tributos, uma vez que os ônus fiscais foram já suportados pela própria sociedade, sendo calculados não apenas em função do montante dos rendimentos, mas considerando outros fatores, como o tipo de atividade exercida.

10

Constituição da *holding* familiar

1 Dinâmica do serviço

Eis o momento de exercer sua excelência. Procuram-no para a constituição de uma *holding* ou para planejamento jurídico-familiar e/ou patrimonial. O mais comum, contudo, tem sido que o cliente já aporte encomendando a constituição de uma *holding*. É moda. Considerando tudo o que foi dissertado nos capítulos anteriores, o melhor é tomar pé de sua situação, conhecer suas expectativas e, já de pronto, corrigir eventuais erros que podem comprometer toda a relação. Com a demanda mais aquecida para certas soluções, algumas delas fantasiosas, o profissional sério estará atento, antes de mais nada, para construir uma relação saudável com seu cliente: valorização da confiança, demonstração de seriedade, esclarecimento genérico sobre o cenário implicado pelas operações visadas. Daí ser fundamental questionar do cliente suas razões e pretensões. Também é o momento para esclarecer sobre a ferramenta jurídica (a *holding*) e afastar equívocos ou, quando muito, deixar claro que determinados objetivos podem não ser alcançados. Por exemplo, se a pretensão é usar a *holding* para, assim, criar estrutura de blindagem patrimonial, ficando livre de todas as dívidas (ou mesmo de parte delas), será preciso lembrar as tantas operações policiais e condenações penais que arruinaram a vida de empresários, advogados, contadores e outros que se envolveram no esforço para ocultar bens, fraudar relações patrimoniais e coisas do tipo.

Pode ocorrer, por igual, que o fim visado pelo cliente seja questionável, isto é, que não seja algo que se possa garantir. Um exemplo? Fácil: economia tributária. Pode ser que haja. Pode ser que nada mude. Pode ser que haja mesmo uma elevação dos desembolsos tributários, dependendo do que se faça. Será preciso mapear todas as incidências, verificar as particularidades fiscais do caso (tipos de hipóteses de incidência, legislações locais etc.) e, então, fazer contas e projeções. Quem nos lê pode sentir algum incômodo com isso. Podemos aumentar esse incômodo: quando não se praticam ilegalidades, é muito comum que a constituição de uma *holding* possa criar uma elevação da carga tributária, momentânea ou constante, ou a conservação da mesma carga, embora com as despesas da pessoa jurídica.

> Exemplo de Cláusula – Os administradores societários, bem como os procuradores que sejam por eles licitamente constituídos, nos limites deste contrato/estatuto social, não poderão fazer uso da razão/denominação social em atos estranhos à sociedade e seu objeto social. Salvo autorização expressa por... (...) do capital votante, são nulos perante a sociedade[1] e ineficazes doações, avais, fianças e garantias de qualquer espécie ou natureza.

Há que esclarecer a formação dessa equação e, mais do que isso, chamar a atenção para todo o processo responsável de planejamento jurídico, processo esse que principia com os esforços de sintomatologia, avança por estudos sobre as situações coletadas para, só então, chegar à definição de um portfólio de soluções possíveis, entre as quais pode estar, ou não, uma *holding* familiar. Já havíamos dito e vamos repetir: *holding* não é uma palavra ou fórmula mágica para resolver qualquer problema. É um instrumento que poderá resolver alguns e não resolverá outros. Essencialmente é preciso entender o que o cliente quer e o que é possível lhe proporcionar. É preciso, ao fim da fase de análise, oferecer um retrato realista. Pessoalmente, temos uma visão conservadora sobre todo esse processo. Há casos em que pagar mais impostos vale a pena: por segurança, por estabilidade familiar, por isso ou por aquilo. E isso se prova sem muito esforço: na raiz de boa parte das grandes companhias brasileiras, de capital aberto ou fechado, há *holdings* e nisso não há, obrigatoriamente, a busca de uma vantagem fiscal. Pode concretizar-se, no mínimo para evitar golpes do baú, como já dissemos. Pode ter por fim evitar pulverização de capital. Isso entre outros motivos já expostos.

A prestação responsável do serviço jurídico não prescinde do método, da cautela, de uma ordenação para alcançar bom termo. Evita-se assim, inclusive, acusações de que se incidiu em erros que, a bem da precisão, foram causados

---

[1] É juridicamente discutível essa figura da "nulidade perante a sociedade", mas é fórmula usual. De qualquer sorte, a fórmula "nulos e ineficazes" parece-nos suficiente para traduzir o ato ilícito e a não vinculação da corporação, desde que a previsão conste do ato constitutivo estando devidamente arquivada, o que é pressuposto para a ciência ficta perante terceiros.

pela afobação do cliente, uma pressão intensa, combinada com falta de estabilidade profissional que, enfim, leva o profissional ou a equipe a caminhar por onde não seria a melhor via. É preciso atentar para a metáfora oferecida pela Medicina: um médico ou hospital não irão dar a um paciente as drocas que ele quer; irão fazer o diagnóstico cuidadoso do seu estado biológico e, julgando necessário, adotar as terapêuticas recomendadas. Claro, há incontáveis aspectos e pontos que devem expressar a vontade do cliente. Mas mesmo a construção desse diálogo e dessa participação dos envolvidos no processo deve respeitar obrigatoriamente os princípios jurídicos, normas constitucionais e legais, orientando-se pela técnica do Direito. Mesmo visões que se pretendam ampliadas por envolver horizontes traçados por outras disciplinas não devem jamais se distanciar dos parâmetros jurídicos.

> Exemplo de Cláusula – A sociedade, seus administradores e sócios obrigam-se a resolver, por meio de arbitragem, perante a...[2], na forma do regulamento desta, qualquer controvérsia jurídica verificada entre si.

Diante do material preliminar que foi levantado (um resumo da situação do cliente e das metas a alcançar), apontam-se as alternativas jurídicas. Obviamente, o expert terá sua preferência por esse ou aquele instrumento ou equipamento jurídico. Por exemplo, o simples uso do testamento, a constituição de uma (ou mais) sociedade(s), a incluir ou não a *holding* familiar, a mera celebração de um acordo de sócios ou contrato(s) de outra(s) natureza. Há notícias de situações que se viram resolvidas sem pejotização, mas recorrendo a figuras como o condomínio (inclusive de quotas ou de ações), quando não um conjunto estruturado de contratações diversas que alcançaram os intuitos e parâmetros fixados com menor custo, maior simplicidade e elevada eficácia. O Direito é vasto; a tecnologia jurídica é repleta de respostas e proposições diversas. Permite abordagens intensivas e urgentes ou cautelosas e lentas, específicas e focadas ou generalizantes etc. Nossa tecnologia oferece interoperabilidade, sustentabilidade, construindo soluções clássicas ou criativas, conservadoras ou revolucionárias. A porta para tal universo é o estudo.

Se a opção envolver a constituição de uma pessoa jurídica, inclusive para funcionar como *holding*, será preciso escolher natureza jurídica e tipo societário, para, enfim, partir para a fundamental fase de microlegislação: a escritura e aprovação e registro de atos constitutivos e, eventualmente, pactos parassociais. Como visto nos capítulos inaugurais, não corresponde à *holding* um tipo específico de sociedade, nem uma natureza específica, observação essa que alcança as *holdings* familiares. Portanto, a *holding* familiar é caracterizada essencialmente pela sua função, pelo seu objetivo, e não pela natureza jurídica ou pelo tipo societário. Pode ser

---

[2] Nomear a câmara de arbitragem.

uma sociedade contratual ou estatutária. Ademais, pode adotar todas as formas (ou tipos) de sociedades já estudadas: sociedade em nome coletivo, sociedade em comandita simples, sociedade limitada, sociedade anônima ou sociedade em comandita por ações. Só não poderá ser uma sociedade cooperativa, já que esse tipo societário atende às características essenciais do movimento cooperativo mundial, não se compatibilizando com a ideia de uma *holding* familiar.[3]

Constitui uma decisão importante a eleição da natureza jurídica que se atribuirá à sociedade, bem como o respectivo tipo societário. Importante por que à ampla gama de alternativas corresponde um leque diverso de possibilidades. O especialista (operador jurídico, contabilista, administrador de empresa) deverá focar-se nas características da(s) atividade(s) negocial(is) titularizada(s) e, até, nas características da própria família para, assim, identificar qual é o tipo societário que melhor se amoldará ao caso dado em concreto. Diversas questões devem ser pesadas. Um exemplo claro é a eventual existência de atos operacionais de qualquer natureza, determinando riscos de prejuízos. Se a sociedade só é titular de patrimônio, material e/ou imaterial (incluindo títulos societários), não assumirá obrigações e, assim, não será indispensável recorrer a um tipo societário que preveja limite de responsabilidade entre as obrigações da sociedade e o patrimônio dos sócios. Em oposição, se a sociedade for assumir obrigações, havendo risco de não as suportar, melhor será adotar um tipo societário em que os sócios não tenham responsabilidade subsidiária pelas obrigações sociais, ou seja, a sociedade limitada ou a sociedade anônima.

> Exemplo de Cláusula – O(A)...[4] poderá determinar levantamento de balanço semestral ou trimestral e, assim, declarar a verificação de lucro líquido intercalares, sempre respeitadas a legislação, este ato constitutivo e as deliberações societárias.[5]

Para além dessas questões gerais, diversas questões acessórias devem ser consideradas pelo advogado antes de decidir por um tipo societário, designadamente as motivadoras, gerais e específicas, da constituição, conforme se apure junto aos sócios, bem como as metas que sejam pretendidas. Isso justificará um exame, ainda que resumido, de cada um dos tipos societários para destacar seus méritos e deméritos, considerando a sua utilidade para os fins focados.

---

[3] Conferir: MAMEDE, Gladston; MAMEDE, Eduarda Cotta. *Estruturação Jurídica de Empresas*: alternativas da tecnologia jurídica para a advocacia societária. Barueri: Atlas, 2024.

[4] O administrador societário, o Presidente, o Diretor, a Diretoria, o Conselho de Administração; sempre em conformidade com o caso em concreto.

[5] Repete-se: quando o contrato/estatuto social trouxer previsão de dividendo obrigatório, recomendável acrescer: *Havendo distribuições antecipadas, serão elas abatidas do dividendo mínimo obrigatório previsto na cláusula/artigo* tal.

2 Sociedades contratuais

O Código Civil disciplina quatro tipos societários que têm por ato constitutivo um contrato: *o contrato social*; daí serem chamadas de *sociedades contratuais*. A participação de cada sócio no capital social da pessoa jurídica se faz por meio de quotas, razão pela qual é utilizado, para além do rótulo *sociedade contratual*, o de *sociedade por quotas*. A lógica do contrato marca as sociedades por quotas: há um negócio jurídico entre os sócios, que se reconhecem na condição de partes, sendo nomeados e qualificados no instrumento de contrato, firmando-o. A transferência da condição de sócio ou a mera alteração na participação no capital social implicam a alteração do instrumento de contrato social. Suas cláusulas constituem obrigações recíprocas, assumidas entre os sócios e, a partir do registro da sociedade, destes para com a pessoa jurídica criada. Tem-se, assim, um elo específico entre as partes (os sócios), que passam a estar, na forma do contratado, obrigados uns perante os outros.

> As sociedades contratuais podem ser constituídas *intuitu pecuniae*, sem restrições à cessão de quotas, ou *intuitu personae*, hipótese na qual a cessão de quotas para um terceiro dependerá da aprovação pela totalidade dos demais sócios ou, nas sociedades limitadas, por 75% do capital social.

A teoria que se ocupa das sociedades contratuais percebeu, há muito, que as sociedades se diferenciavam entre si em dois grandes grupos, formados a partir da consideração do foco que se dava, na sua constituição e manutenção, à identidade das pessoas de seus sócios. Com efeito, há sociedades nas quais se percebe que o fator fundamental que dá sustentação à sua existência é o mútuo reconhecimento e aceitação dos sócios: estão juntas por que são aquelas pessoas e não outras. São sociedades constituídas primordialmente em função das pessoas (*intuitu personae*). Em oposição, há sociedades em que a identidade do sócio é um elemento acessório; importa a disposição em investir na atividade negocial; nesses casos, há sociedades que se constituem primordialmente em função do capital a ser investido (*intuitu pecuniae*).

A regra geral das sociedades contratuais é serem constituídas *intuitu personae*, ao passo que a regra geral das sociedades estatutárias é a constituição *intuitu pecuniae*. Embora o ato constitutivo (contrato social e estatuto social) possa criar situações específicas, no seu silêncio serão aplicadas as normas legais que apontam para aquelas soluções. Assim, o artigo 1.002 do Código Civil prevê que o sócio não pode ser substituído no exercício das suas funções sem o consentimento dos demais sócios, expresso em modificação do contrato social. Já o artigo 1.003 limita a eficácia da cessão total ou parcial de quota sem o consentimento dos demais sócios e a correspondente modificação do contrato social. Como se só não bastasse, o artigo 1.026, não permite que as quotas da sociedade *intuitu personae* sejam transferidas ao credor do sócio, facultando-lhe apenas fazer recair a execução sobre o que a este couber nos lucros da sociedade, ou na parte que lhe tocar em liquidação. A proteção à sociedade de pessoas também está no artigo 1.028, regulando a sucessão na titularidade da quota ou quotas do sócio falecido. No alusivo especificamente à sociedade limitada, o artigo 1.057 do Código Civil prevê que o sócio tem o direito de ceder sua quota a estranho se não houver oposição de titulares de *mais de um quarto do capital social*.

> Exemplo de Cláusula – Havendo conflito entre este acordo de sócios e o contrato/estatuto social[6], os ora acordantes deverão atuar para que seja(m) deliberada(s) a(s) alteração(ões) do(s) ato(s) constitutivo(s) que sejam necessárias à eliminação do conflito.[7]

No entanto, a aplicação do princípio da autonomia da vontade acaba por permitir que, por meio de cláusulas dispostas no ato constitutivo e tornadas públicas por meio do arquivamento no registro, acabem por tornar *intuitu pecuniae* uma sociedade contratual ou, pelo anverso, acabem por tornar *intuitu personae* uma sociedade por ações. À matéria deve-se dar redobrada atenção, fazendo constar no contrato social ou no estatuto social cláusulas que protejam o caráter excepcionalíssimo da sociedade de participação, constituída para abrigar um patrimônio familiar e, assim, demandando uma proteção específica. Particular atenção se deve ter com as sociedades por ações, nas quais não se poderá prever o direito de oposição à alienação de participação societária a terceiros, mas o direito de preferência à sua aquisição, nas mesmas condições.

Visto isto, façamos um exame dos tipos societários contratuais, tendo por referência específica seu aproveitamento como *holding familiar*.

Sociedade em nome coletivo. O fato de todos os sócios serem pessoas físicas, com previsão legal de atuação pessoal e limitações ao ingresso de terceiros, sem a aprovação unânime dos sócios, aproxima esse tipo societário das necessidades de uma *holding* familiar. No entanto, só poderá ser administrada por sócio(s): um, alguns ou todos. Não admite administração profissional, embora possam ser contratados gerentes e outros prepostos: contadores, conselheiros financeiros, advogados etc. O grande defeito é o fato de que os sócios respondem pessoalmente, com seu patrimônio particular, pelas obrigações sociais não satisfeitas pela sociedade. No entanto, quando se trate de *holding* pura, habitualmente se envereda

---

[6] Pode-se estender o alcance da previsão: "... *e/ou atos constitutivos de sociedades controladas* [ou *subsidiárias*]...".

[7] É possível fixar prazo e mesmo procedimento para tanto, cuidando da convocação de reunião/assembleia para que seja deliberada a alteração.

por um quadro no qual há apenas receita e as obrigações limitam-se aos tributos. Não há riscos operacionais, o que acaba por reduzir a importância da adoção de tipos societários que prevejam limite de responsabilidade.

Nunca é demais destacar haver um preço para o limite de responsabilidade. Justamente por ser necessário proteger terceiros, as regras para a sociedade limitada e a sociedade anônima são mais rígidas, nomeadamente para temas como redução de capital social, distribuição de dividendos etc. Tais operações são simplificadas na sociedade em nome coletivo, vez que o legislador reconhece na responsabilidade subsidiária dos sócios uma forma de garantia para os credores. A mesma lógica sustenta o fato de as sociedades em nome coletivo comportarem a integralização do capital subscrito por meio de prestação de serviços, nos moldes constantes do contrato social.

Sociedade em comandita simples. A grande característica desse tipo societário é a divisão dos sócios em duas classes: *comanditários* (investidores; não administram a sociedade e têm responsabilidade limitada) e *comanditados* (administradores da sociedade, com responsabilidade subsidiária pelas obrigações sociais). Dessa maneira, protegem-se os investidores (*comanditários*), inclusive dos atos que sejam praticados pelo(s) comanditado(s). Recorde-se que os comanditários não podem participar da administração, sob pena de perderem a proteção ao seu patrimônio pessoal. Mas não estão excluídos das deliberações sociais, o que preserva seus direitos e interesses; e os atos de administração são reduzidos, o que mitiga o problema. A grande dificuldade é encontrar pessoas que aceitem assumir a condição de comanditados, ainda que sua participação no capital social possa ser integralizada por meio de prestação de serviços. Outra grande vantagem da *sociedade em comandita simples* é que tem funcionamento e administração mais simples, como a sociedade em nome coletivo, embora com algumas limitações em relação às participações societárias dos comanditários no capital social.

Sociedade limitada. Trata-se de um dos tipos mais utilizados para a constituição de *holdings*. Essa ampla utilização tem razão óbvia: a responsabilidade de cada sócio pelas obrigações da sociedade é restrita à integralização do capital social. Como na *holding* essa integralização se faz com a constituição, por meio de participações societárias e outros bens, não haverá mais falar em responsabilidade pessoal. A proteção legal à alienação de quotas é mais frágil do que nas demais sociedades contratuais, já que as quotas podem ser livremente cedidas de um sócio para outro, alterando um eventual equilíbrio das participações societárias, da mesma maneira que a cessão para terceiros estranhos é facilitada: basta a anuência de 75% do capital social. De qualquer sorte, ambas as *fragilidades* podem ser *corrigidas* por meio de cláusulas dispostas no contrato social: a previsão da necessidade de aprovação unânime para a cessão de quotas, seja para sócios, seja para não sócios. Não se permite a integralização do capital por meio de prestação de serviços.

Embora não seja prática comum nas *holdings*, a adoção do tipo limitada permite a nomeação de administrador societário que não seja sócio. Outra vantagem é a possibilidade de constituição de conselho fiscal. Outro ponto que merece particular atenção é o quórum legal para deliberações, pois também aqui podem ser convenientes alterações, por meio de cláusulas dispostas no contrato social, com o objetivo de proteger as minorias sociais. Basta recordar que algumas matérias, seguindo a regra geral, disposta em lei, são aprovadas por 75% de capital social, a exemplo de incorporação, fusão e dissolução da sociedade.[8]

3 Sociedades por ações

As chamadas sociedades estatutárias ou sociedades institucionais têm seus elementos de identificação e regras de funcionamento especificados em estatutos e não em contratos. A diferença é marcante. Embora também conste do estatuto social o conjunto das normas que orientam a existência e o funcionamento da pessoa jurídica, esse instrumento jurídico não revela a característica do contrato, ou seja, não registra um acordo recíproco de obrigações e faculdades. Distintamente, o estatuto funda uma instituição (uma associação, uma fundação, uma companhia). Não traz partes que contratam, mas as regras da instituição. Não há, sequer, reconhecimento mútuo obrigatório. O estatuto é o resultado da ação dos instituidores e os acionistas que eventualmente venham a compor, no futuro, a companhia a ele aderem pela simples assunção dos títulos societários, o que se fará não pela alteração do ato constitutivo, como se dá nas sociedades contratuais, mas por meio de anotação no Livro de Registro de Ações Nominativas.

> Exemplo de Cláusula – É dever da...[9] informar periodicamente[10] aos sócios, por escrito, sobre o que se passa com a sociedade, nomeadamente, mas não só, sobre a implementação de negócios. Os sócios poderão solicitar informações e examinar os respectivos documentos.

É interessante observar que essa facilidade de transações com as ações, prescindindo mesmo de alterações no ato constitutivo e, assim, da prática de atos

---

[8] Conferir: MAMEDE, Gladston; MAMEDE, Eduarda Cotta; MAMEDE, Roberta Cotta. *Manual de redação de contratos sociais, estatutos e acordos de sócios*. 8. ed. Barueri: Atlas, 2024.

[9] Administração societária, do administrador societário, da Diretoria etc.

[10] A especificação torna a cláusula mais rígida; períodos menores, como bimestralmente, socorrem situações de maior desconfiança. É recomendável buscar uma definição proporcional e razoável.

registrais, é vantagem própria das companhias com maior dinamicidade na alternância de sócios, nomeadamente as companhias abertas. Não é, portanto, uma vantagem que se aproveite à *holding* familiar, já que a lógica que marca a constituição e a existência dessas sociedades é a preocupação com a preservação de um patrimônio familiar, designadamente a unidade nas participações em outras sociedades e, assim, a força respectiva, a exemplo do poder de controle. Ainda assim, as eventuais transferências, *inter vivos* ou *causa mortis*, realizam-se de forma simplificada, nos livros da companhia, sem demandar alteração do ato constitutivo.

> As sociedades por ações têm um custo de manutenção mais elevado, já que a Lei 6.404/76 exige a publicação de diversos atos sociais. Estas publicações são caras.

Essa realidade acaba por impactar a *holding*, quando constituída sob a forma de sociedade anônima ou sociedade em comandita por ações. O primeiro grande impacto está na natureza *intuitu pecuniae* das sociedades por ações, ou seja, na compreensão legal de que a cessão livre é um elemento que compõe a essência das ações, ao ponto de serem restritos os casos de recesso (retirada da sociedade): o acionista que deseja sair da sociedade deve alienar suas ações, permitindo que outrem assuma o ônus do investimento, visando ao bônus correspondente: os lucros. Assim, quando a companhia é constituída para albergar uma *holding*, torna-se indispensável colocar cláusulas no estatuto social que mitiguem o risco de desfazer o controle familiar sobre as participações societárias. Não se pode, pura e simplesmente, proibir a cessão das ações ou a necessidade de aprovação dessa cessão pela maioria (simples, absoluta ou qualificada) dos demais acionistas, se são mantidas as restrições legais ao direito de recesso. Criar-se-ia uma hipótese de abuso de direito, que o artigo 187 do Código Civil considera um ato ilícito. Afinal, sem poder alienar livremente, pelo melhor preço, e sem poder liquidar sua participação societária, a ação estaria esvaziada de seus principais atributos econômicos e sociais. A solução é criar um direito de preferência, nas mesmas condições oferecidas pelo terceiro ou, alternativamente, estipular o direito de recesso, ainda que vinculado ao pagamento do valor das ações em dinheiro (preservando o acervo societário) e mesmo sendo estipulado prazo e/ou parcelamento, em termos razoáveis, para esse exercício.

Ainda quando não se tenha restrição à circulação de títulos, a constituição da *holding* sob a forma de sociedade por ações encontra uma vantagem nas já referidas restrições ao exercício do direito de recesso, o que acaba por dificultar as pretensões de *dissolução parcial da sociedade* e, assim, de liquidação de participações acionárias, com o correspondente decréscimo do patrimônio social. Não é uma característica que se possa desprezar, considerando que a manutenção dos investimentos é a grande razão de ser das sociedades patrimoniais e, com destaque entre elas, das sociedades de participações. No entanto, o Judiciário tem exigido, em diversas oportunidades, que a manutenção desse sistema societário não se faça em contextos distorcidos, rompendo com a razão de ser do mecanismo jurídico. Essas distorções verificam-se primordialmente em sociedades familiares, nas quais a natureza institucional, afirmada pela lei, acaba por não encontrar reflexo nas relações efetivamente mantidas entre os acionistas.

A possibilidade de serem constituídas duas espécies diversas de ações, ordinárias e preferenciais, também pode se mostrar uma vantagem. A cada ação ordinária corresponde um voto nas deliberações da assembleia geral, embora o estatuto possa estabelecer limitação ao número de votos de cada acionista. O estatuto pode deixar de conferir às ações preferenciais algum ou alguns dos direitos reconhecidos às ações ordinárias, inclusive o de voto, ou conferi-lo com restrições, desde que tal supressão ou restrição não atinja os direitos essenciais do acionista. Em oposição, os *preferencialistas* acessam, primeiro, os resultados do exercício. Isso permite acomodar os herdeiros, conforme sua maior ou menor afinidade e habilidade para os negócios, em classes diversas: deixar alguns com ações ordinárias, ocupando-se das deliberações sobre os negócios sociais, e deixar outros na condição de beneficiários preferenciais dos resultados da companhia. Para a proteção desses sócios, a lei prevê que as ações preferenciais adquirem o direito ao voto se a companhia, pelo prazo previsto no estatuto, não superior a três exercícios consecutivos, deixar de pagar os dividendos fixos ou mínimos a que fizer jus, direito que conservará até o pagamento, se tais dividendos não forem cumulativos, ou até que sejam pagos os cumulativos em atraso.

A adoção dos tipos societários por ações, ademais, coloca à disposição da sociedade de participação um importante instrumento de captação de recursos que pode ser utilizado para financiar a expansão de seu patrimônio, incluindo a ampliação de suas participações societárias: as debêntures. As debêntures são instrumentos que conferem aos seus titulares um direito de crédito contra a companhia (artigo 52 da Lei 6.404/76). Sua grande vantagem é permitir o fracionamento do valor que se toma em mútuo; assim, se a companhia pretende tomar um milhão de reais emprestados, pode emitir um milhão de debêntures no valor, cada uma, de R$ 1,00, facilitando sejam encontrados mutuantes dispostos ao negócio proposto, cada qual subscrevendo um número próprio de títulos. Facilmente se percebe que a *holding* não funciona exclusivamente como um instrumento para a preservação do patrimônio familiar. Permite o seu controle e, mais do que isso, o seu emprego otimizado, a partir do qual se pode mesmo aumentá-lo.

> O artigo 176 da Lei 6.404/76 determina a publicação, anualmente, do balanço patrimonial e das demonstrações financeiras. Assim, essas informações acabam chegando ao conhecimento de todos (*disclosure*), o que nem sempre é desejável.

A principal desvantagem que é apontada para a constituição de *holdings* sob tipos societários por ações é o custo e a maior burocracia, como publicações em jornais de grande circulação. No entanto, a Lei Complementar 182/21, que ficou conhecida como *Marco Legal das Startups*, fez uma série de modificações na Lei de Sociedades Anônimas, criando simplificações e barateamentos que, sim, devem ser levados em consideração nas análises sobre a conveniência de se adotar a sociedade anônima como tipo societário de uma *holding* familiar.

4 Subscrição e integralização de capital

A constituição de uma sociedade tem elementos essenciais na subscrição do capital social e na sua integralização. O capital social é o montante do investimento feito pelos sócios na empresa, ou seja, o valor alocado para a realização de seu objeto social. Daí a necessidade de se definir, no contrato social ou no estatuto social, devidamente registrado, qual será o seu valor efetivo, exigindo o legislador que seja expresso em moeda corrente, integralizando-o e conservando-o no patrimônio societário. Deve-se, portanto, atender aos princípios que orientam o capital social: princípio da *realidade* (ou *princípio da subscrição integral*), princípio da intangibilidade, princípio da fixidez (ou princípio da variabilidade condicionada) e princípio da publicidade. Todavia, não basta definir o capital social, mas é preciso distribuir os ônus do investimento na sociedade. Coloca-se, assim, o instituto da subscrição e, como decorrência, da integralização.

A subscrição é o ato de assumir um ou mais títulos societários, ou seja, quotas ou ações. Esses títulos, contudo, correspondem a parcelas do capital social e, assim, devem ser integralizados, ou seja, é preciso que se transfira para a sociedade o valor correspondente às quotas ou ações que foram subscritas. Com efeito, a constituição da sociedade implica a destinação de valores para a formação do capital social. É dever de todo sócio contribuir para a sociedade, a principiar pela integralização da(s) quota(s) ou ação(ões) subscrita(s); se não for feita no ato da assinatura do contrato social, ou ato de fundação da companhia, deverá ser feita na *forma* (ou *modo*) e *prazo* estipulados pelo contrato ou estatuto social. Forma ou modo, pois o sócio pode ter-se comprometido, por exemplo, a transferir à sociedade a propriedade de determinado imóvel como forma de integralização dos títulos societários que subscreveu, assumindo tal declaração, devida e regularmente assinada, a natureza de promessa, permitindo, inclusive, pedido judicial de outorga de escritura.

Todavia, esses valores não precisam estar representados por dinheiro (pecúnia). Qualquer bem com expressão econômica pode ser destinado à formação do patrimônio empresarial, desde que suscetível de avaliação pecuniária, isto é, desde que se possa atribuir-lhe um valor na moeda com curso obrigatório no país; a integralização se fará pela transferência do bem, que será escriturado por seu valor pecuniário. Em alguns casos, como nas sociedades em nome coletivo e sociedade em comandita simples, no que diz respeito ao sócio comanditado, permite-se mesmo que a integralização se faça por meio da prestação de serviços. O fato de se tratar de uma *holding* não altera a regra geral: o capital social pode ser integralizado por meio de dinheiro ou pela transferência de bens, direitos e créditos.

> A integralização do capital correspondente às quotas ou ações de um sócio não é ato que só possa ser praticado por ele. É possível que terceiros integralizem o capital para um sócio, em vida (*inter vivos*) ou em função da morte (*causa mortis*).

Nas sociedades por quotas, o contrato deverá especificar como cada sócio realizará a sua participação no capital social, ou seja, como integralizará sua quota. Nas sociedades por ações, essa matéria é estranha ao estatuto social, embora se verifiquem situações nas quais a cláusula que define o capital social esclareça terem sido todas as ações subscritas e integralizadas no ato de constituição. Aliás, nas sociedades patrimoniais, nomeadamente nas *holdings* familiares, é comum recorrer a essa fórmula: todo o capital social é subscrito e integralizado no ato da constituição, o que se faz por meio da transferência dos bens para a sociedade: as participações societárias ou, eventualmente, outros bens, móveis ou imóveis, materiais ou imateriais (propriedade intelectual, como marcas, patentes etc.). Mas frisamos que não é obrigatório; é possível que se ajuste que a integralização se fará posteriormente, em parcelas, embora seja situação rara na constituição de *holdings* familiares.

> Exemplo de Cláusula – O sócio que frustrar, impedir ou retardar a instauração dos procedimentos de conciliação, mediação ou arbitragem, previstos neste contrato/estatuto social, mesmo por não adotar as medidas e o comportamento que lhe são devidos, arcará com multa de R$... (... reais) por dia, contados da data em que o procedimento deveria ser instaurado. Essa multa se reverterá em favor da sociedade e tem caráter não compensatório, podendo ser cumulada com outros efeitos legais para o descumprimento do pacto compromissório.

Atente-se para o fato de que a integralização, ou seja, o ato de conferir valores para a formação do capital social, não é ato privativo do sócio. O investimento pode ser feito por outrem, em nome e a bem do sócio. Não há vedação legal de que o investimento seja feito por um terceiro, onerosamente (contrato de mútuo ou outro, remunerado por juros ou doutro jeito) ou gratuitamente: doação, *inter vivos* ou *causa mortis*. Essa via é de uso comum na constituição de *holdings* familiares, sejam sociedades por quotas, sejam sociedades por ações.

5 Integralização pela transferência de bens

O direito de participar de uma sociedade decorre não apenas da subscrição de suas quotas ou ações, assumindo a condição de sócio, mas, igualmente, da integralização do capital social, a caracterizar *investimento* na sociedade e, assim, na atividade negocial que será por ela explorada, como visto anteriormente. A integralização do capital correspondente aos títulos que subscreveu constitui uma obrigação elementar de todos os sócios.

Segundo previsão anotada no artigo 997, V, do Código Civil, a integralização do capital social poderá fazer-se mediante: (1) pagamento em dinheiro; (2) cessão de crédito, inclusive endosso de títulos de crédito; (3) transferência de bens imóveis ou móveis, incluindo direitos pessoais com expressividade econômica, a exemplo da titularidade de marca ou patente; e serviços que devam ser prestados pelo sócio, em certos tipos societários. Habitualmente, faz-se a integralização do capital social de uma *holding* familiar pela transferência do patrimônio familiar para a sociedade; daí falar-se em sociedade patrimonial. Não é preciso fazer a transferência de todo o patrimônio familiar; pode-se eleger parcelas deste patrimônio, como apenas as participações societárias, criando uma sociedade de participações, ou apenas bens imóveis, criando uma sociedade imobiliária etc. Há uma liberdade para se eleger qual ou quais bens do patrimônio do casal serão usados para a integralização do capital social da *holding*, sendo mesmo possível a transferência de *todos os bens*. Em qualquer caso, a partir da transferência, para integralização, os bens passam a ser de propriedade da sociedade constituída, ao passo que seus sócios passam a ser titulares das quotas ou ações da sociedade.

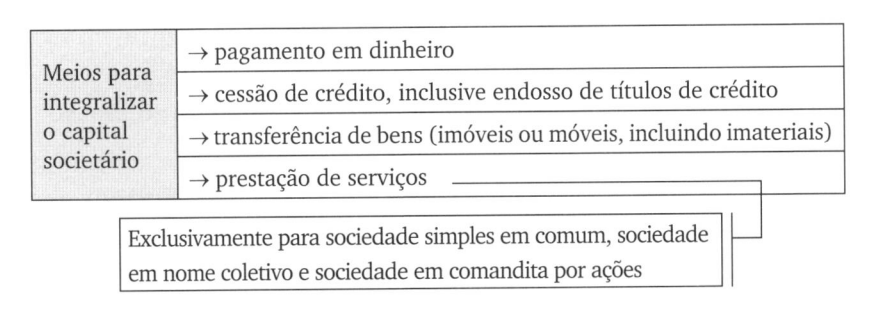

Meios para integralizar o capital societário	→ pagamento em dinheiro
	→ cessão de crédito, inclusive endosso de títulos de crédito
	→ transferência de bens (imóveis ou móveis, incluindo imateriais)
	→ prestação de serviços — Exclusivamente para sociedade simples em comum, sociedade em nome coletivo e sociedade em comandita por ações

Para a proteção dos demais sócios, assim como à própria sociedade, o legislador viu por bem estabelecer uma responsabilidade do sócio que, em lugar de transferir pecúnia, recorre à transferência de bens e direitos, incluindo créditos. Assim, torna-o responsável pela evicção, sempre que transfira domínio, posse ou uso, e o bem vem a ser reconhecido como pertencente a outrem, sendo-lhe entregue. Aplicado o artigo 447 do Código Civil, se a coisa foi recebida em contrato oneroso, vale dizer, se aquele a quem foi transferido o seu domínio, posse ou uso pagou por isso, a exemplo da transferência para integralização de quota ou quotas de sociedade, o alienante (aqui, o sócio) responderá pela evicção, vale dizer, pelo prejuízo sofrido pelo cessionário, no caso, a sociedade. Em relação à sociedade em nome coletivo e sociedade em comandita simples, a questão da integralização do capital social pela transferência de bens está confinada a tais balizas. Confiando na responsabilidade subsidiária do sócio pelas obrigações sociais, o legislador não dedicou maior atenção à integralização pela transferência de bens para tais sociedades por quotas. Apenas à sociedade limitada deu o Código Civil maior atenção, na mesma toada em que a Lei 6.404/76 preocupou-se com o tema nas sociedades por ações.

No alusivo à sociedade limitada, o Código Civil demanda que a integralização do capital se faça por meio de bens que tenham expressão econômica e que permitam uma avaliação, regulando com o valor a ser realizado no capital social, sob pena de caracterização de fraude. Nesse sentido, o § 1º do artigo 1.055 do Código Civil prevê que todos os sócios responderão, solidariamente, pela exata estimação dos bens que forem incorporados ao patrimônio social para a realização de quotas, até o prazo de cinco anos da data do registro da sociedade. Mais não se exige; nenhum procedimento específico. Afirma-se exclusivamente a responsabilidade solidária dos sócios pela *exata estimação* do valor dos bens; é quanto basta. O credor que se considerar prejudicado deverá, apenas, provar que o valor dos bens foi estimado excessivamente e, em face disso, pedir a responsabilização dos sócios pelos prejuízos que tal fato lhe tenha causado.

> Para as sociedades limitadas, o Código Civil não prevê um procedimento específico para a integralização do capital por meio da transferência de bens; apenas torna os sócios solidariamente responsáveis pela exata estimação do seu valor. Para as sociedades anônimas a Lei 6.404/76 exige a avaliação dos bens por três peritos ou sociedade especializada.

Resta examinar as sociedades por ações, nas quais também se admite que o capital social seja integralizado não só em dinheiro, mas também pela incorporação de qualquer espécie de bens suscetíveis de avaliação em dinheiro (artigo 7º da Lei 6.404/76). Fala-se em incorporação, pois os bens oferecidos são absorvidos pelo patrimônio comum, societário e, assim, a companhia passa a ser titular do bem. Incorporação, portanto, do patrimônio individual para o patrimônio coletivo. Somente bens – o que, realço, incluem o dinheiro e o crédito – podem ser utilizados para a integralização do capital subscrito. Não se permite a contribuição em serviços, isto é, não há falar em aplicação, nem mesmo subsidiária, dos artigos 997, V, e 1.006 do Código Civil.

A Lei 6.404/76 prevê um minucioso procedimento para a avaliação dos bens que forem oferecidos pelos acionistas como forma de integralização das ações que subscreveram. Esse procedimento principia mesmo antes da assembleia de fundação, com o oferecimento dos bens aos fundadores e sua aceitação por esses. Destaque-se não ser necessário que o bem oferecido (coisa ou direito) seja de propriedade do subscritor, podendo pertencer a terceiro que concorde com a transferência do bem para a sociedade, realizando o valor das ações subscritas pelo beneficiário de seu ato. Nessa hipótese, o terceiro – proprietário da coisa (móvel ou imóvel) ou titular do direito – deverá apresentar instrumento prometendo entregar o bem para incorporação ao patrimônio social, caso (1) concorde com a avaliação e (2) sejam o bem e seu valor aprovados pela assembleia. Essa hipótese não está expressamente contemplada pelo legislador, mas resulta clara do princípio segundo o qual pode-se adquirir direito para si ou para outrem, além das regras específicas de pagamento a favor de terceiros, por mera liberalidade ou não, que se anotam no Código Civil.

> Exemplo de Cláusula – Os sócios signatários deste acordo comprometem-se a votar para eleger os...[11] que cada um dos signatários deste acordo indicarem[12], desde que atendidos os requisitos legais e estatutários para tanto.

A *integralização* do capital correspondente às ações subscritas, no todo ou em parte, exige uma avaliação feita por três peritos ou por empresa especializada, nomeados quando da assembleia geral dos subscritores (artigo 8º da Lei 6.404/76). Contudo, os bens não poderão ser incorporados ao patrimônio da companhia por valor acima do que lhes tiver dado o subscritor (§ 4º desse artigo 8º), ainda que os avaliadores apurem valor superior. Os peritos ou a empresa avaliadora deverão apresentar laudo fundamentado, com a indicação dos critérios de avaliação e dos elementos de comparação adotados e instruído com os documentos relativos aos bens avaliados, permitindo, assim, que qualquer interessado conheça as razões motivadoras do *quantum* apurado. Justamente por isso, exige-se ainda que os avaliadores estejam presentes à assembleia que conhecer do laudo, a fim de prestarem as informações que lhes forem solicitadas.

Aprovada a integralização, os bens serão incorporados ao patrimônio da companhia. Tanto os avaliadores quanto o subscritor responderão perante a companhia, perante os acionistas e mesmo perante terceiros, pelos danos que lhes causarem por culpa ou dolo na avaliação dos bens. E não se pode afastar, sequer, a possibilidade de responsabilização criminal, se o ato se amoldar às definições legais de tipos penais. Em se tratando de bens em condomínio, cotitularizados por dois ou mais subscritores, a responsabilidade destes será solidária. Ademais, a respon-

---

[11] Administradores, diretores, membros do Conselho de Administração (ou outro conselho).

[12] Se o acordo traz regras sobre as indicações: "... *desde que atendidos os requisitos definidos na(s) cláusula(s)*...".

sabilidade civil do subscritor ou de acionistas que contribuam com bens para a formação do capital social será idêntica à do vendedor, com o que responderão tanto pela evicção, quanto pela existência de vícios redibitórios (artigo 10 da Lei 6.404/76). Por outro lado, se a integralização das ações fez-se pela transferência de crédito, o acionista responderá pela solvência do devedor.

Destaque-se que, sendo ofertados e aceitos bens imóveis para a integralização de ações subscritas e, assim, passando a formar o capital social, sua incorporação à companhia não exige escritura pública (artigo 89 da Lei 6.404/76). A ata na qual se deliberou a incorporação do bem poderá ser levada ao Registro de Imóveis, certo que a certidão dos atos constitutivos da companhia, passada pelo registro do comércio em que foram arquivados, será o documento hábil para a transferência, por transcrição no registro público competente, dos bens com que o subscritor tiver contribuído para a formação do capital social (artigo 98, § 2º, da Lei 6.404/76). Exige-se, contudo, que a ata da assembleia geral que aprovar a incorporação identifique, com precisão, o bem a ser incorporado, embora possa descrevê-lo sumariamente, desde que seja suplementada por declaração, assinada pelo subscritor, contendo todos os elementos necessários para a transcrição no registro público (§ 3º do artigo 98). Não se trata de mera averbação, mas de inscrição no Cartório de Registro de Imóveis, como decidiu a Segunda Seção do Superior Tribunal de Justiça, julgando os Embargos de Divergência no Recurso Especial 96.713/MG.

> Exemplo de Cláusula – A arbitragem terá sede na cidade de..., com árbitros brasileiros, natos ou naturalizados, usando-se o português em todos os atos e aplicando-se as leis brasileiras.

É de se destacar que a transferência de bens para a sociedade, a título de integralização do capital social, pode fazer-se tanto pelo valor de mercado, também chamado de valor venal (o valor pelo qual efetivamente pode ser vendido), quanto por seu valor escritural, vale dizer, pelo valor que está escriturado na declaração de bens da pessoa ou, em se tratando de empresário ou pessoa jurídica, pelo valor que consta de seus registros contábeis. A matéria envolve questões diversas, sob a perspectiva do Direito Empresarial, e outras tantas, sob a perspectiva do Direito Tributário. Com efeito, sob a perspectiva do Direito Empresarial, há uma preocupação do legislador com a proteção dos interesses e direitos de terceiros. Nas sociedades em que há sócios com responsabilidade subsidiária pelas obrigações sociais (sociedade em nome coletivo e sociedade em comandita simples), o legislador silenciou a respeito do tema. O mesmo não ocorre com as sociedades em que há limite de responsabilidade. Assim, para a sociedade limitada, prevê-se que todos os sócios são responsáveis pela integralização do capital social (artigo 1.052 do Código Civil), sendo que, pela exata estimação de bens conferidos ao capital social respondem solidariamente todos os sócios, até o prazo de cinco anos da data do registro da sociedade (artigo 1.055, § 1º). Já para as sociedades por ações, o artigo 8º da Lei 6.404/76 disciplina a avaliação cuja transferência seja oferecida para a integralização do capital social da companhia.

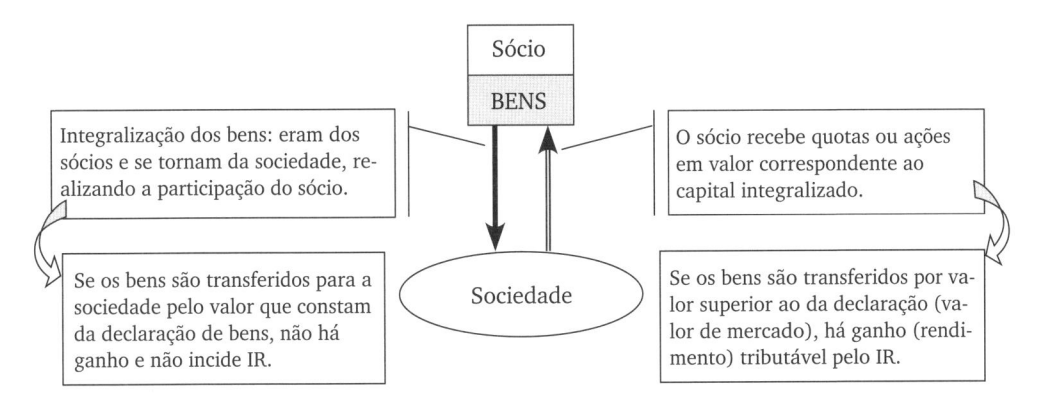

```
                        ┌─────────┐
                        │  Sócio  │
                        ├─────────┤
                        │  BENS   │
                        └─────────┘
┌──────────────────────┐     │     ┌──────────────────────┐
│ Integralização dos   │     │     │ O sócio recebe quotas│
│ bens: eram dos       │     │     │ ou ações em valor    │
│ sócios e se tornam   │     │     │ correspondente ao    │
│ da sociedade, rea-   │     │     │ capital integralizado│
│ lizando a participa- │     │     │                      │
│ ção do sócio.        │     ▼     │                      │
└──────────────────────┘  ┌──────┐ └──────────────────────┘
┌──────────────────────┐  │Socie-│ ┌──────────────────────┐
│ Se os bens são       │  │ dade │ │ Se os bens são trans-│
│ transferidos para a  │  └──────┘ │ feridos por valor    │
│ sociedade pelo valor │           │ superior ao da decla-│
│ que constam da decla-│           │ ração (valor de mer- │
│ ração de bens, não há│           │ cado), há ganho (ren-│
│ ganho e não incide IR│           │ dimento) tributável  │
│                      │           │ pelo IR.             │
└──────────────────────┘           └──────────────────────┘
```

Portanto, a regra elementar é que o capital social não pode ser integralizado por meio da transferência de bens cujo valor de mercado (valor venal) seja inferior ao valor das quotas ou ações a serem integralizadas. Isso atende ao *princípio da realidade* do capital social, também chamado de princípio da subscrição integral: o capital social não pode ser uma ficção, uma afirmação retórica; deve ser real e, portanto, precisa ter sido efetivamente investido na sociedade. Mas se a transferência não pode ser feita por valor inferior àquele que se pode, de fato, obter com a venda do bem, nada impede que a integralização se faça por valor inferior àquele, o que simplesmente formará uma reserva oculta de capital, em nada proibida e, até, estimulada por uma interpretação exacerbada do princípio da segurança, que deve orientar a escrituração contábil. Dessa maneira, é possível a transferência do bem por valor inferior àquele que lhe dá o mercado (o valor pelo qual poderia ser alienado), optando o(s) subscritor(es) por lhe atribuir, para fins de integralização, o mesmo valor com que está relacionado em sua declaração de bens. A opção tem uma justificativa simples: a transferência do bem por valor superior àquele que consta de sua declaração de bens é tributável.

Nesse sentido, o julgamento do Agravo Regimental no Recurso Especial 1.016.766/PR pela Segunda Turma do Superior Tribunal de Justiça:

> "(1) Hipótese em que a incorporação do imóvel ao capital societário se deu por valor maior do que o de aquisição do imóvel. (2) Aplicação da jurisprudência do Superior Tribunal de Justiça no sentido de que é legítima a incidência de Imposto de Renda sobre ganhos de capital decorrentes da diferença entre o valor de aquisição e o de incorporação de imóveis de pessoa física, para integralização de capital de pessoa jurídica da qual é sócio." Da

mesma turma, cite-se ainda o Recurso Especial 867.276/RS: "É legítima a incidência de imposto de renda sobre ganhos de capital decorrente da diferença entre o valor de aquisição atualizado e de incorporação de imóveis de pessoa física para integralização de capital de pessoa jurídica da qual é sócio." A jurisprudência da Primeira Turma não é distinta. Julgando o Recurso Especial 660.692/SC, decidiu-se que "caracteriza acréscimo patrimonial, passível de incidência do imposto de renda, o ganho de capital referente à diferença entre o valor atualizado da aquisição de imóvel de pessoa física e a sua incorporação para a integralização de capital de pessoa jurídica". Some-se o julgamento do Recurso Especial 789.004/RS: "Está sujeito à tributação do imposto de renda o resultado obtido pelo sócio com a transferência de imóvel do seu patrimônio para integralizar participação no capital social de pessoa jurídica."

Por fim, destaque-se que as regras aqui estudadas sobre a incorporação de bens para a integralização do capital aplicam-se, inteiramente, à hipótese de sociedade já constituída, quando há deliberação de aumentar o seu capital social.

Agora, veja-se que o julgamento do Agravo Interno nos Embargos Declaratórios no Agravo em Recurso Especial 1.047.109/SP, Terceira Turma do Superior Tribunal de Justiça confirmou o afastamento da impenhorabilidade de valores relativos à subsídio decorrente de ocupação de cargo público por ter havido cessão dos valores a uma *holding*, implicando perda da natureza alimentar. "Como se pode verificar, no particular, há claro indicativo de que a natureza alimentar típica do subsídio encontra-se mitigada, o que autoriza a penhora. Dessa forma, tendo disponibilizado seu subsídio para cessão a uma *holding*, a verba perdeu seu caráter alimentar, tornando-se penhorável. Cabe ressaltar que não se mostra razoável acolher a alegação de que seria irrelevante a destinação que o executado dê para seu crédito alimentar, porquanto seria um contrassenso permitir que fossem feitas cessões/doações dos proventos em detrimento do cumprimento da obrigação de quitar seus débitos junto aos credores."

11

Direitos sobre quotas e ações

1 Quotas e ações

O trabalho de planejamento jurídico, nomeadamente de engenharia societária, será mais bem realizado quando os responsáveis – os advogados e, eventualmente, parceiros de outras disciplinas atuando em conjunto – forem capazes de se mostrarem flexíveis para estabelecer rotas que atendam aos ciclos da empresa: uma visão que vai além do alcance usual e, assim, recusa medidas medíocres, soluções *pro forma*.[1] Foco em eficiência e redução de conflitos, burocracias e despesas. Em muitos momentos e para muitos detalhes será preciso refazer para, assim, dar atenção à sintonia fina para isso e aquilo. Não é só a proposta de criar uma pessoa jurídica (a *holding*) que deve orientar o trabalho. Quem se orienta por virtudes jurídicas como segurança, sustentabilidade, diversidade, equilíbrio e harmonia, inovação, adaptabilidade às mudanças, tem que exibir a habilidade de atentar para o todo: trabalhar a estrutura societária para perfilar, com excelência, as faculdades e obrigações decorrentes. Afinal, o que os interessados (os clientes) precisam são soluções e isso não se confunde com a mera constituição da pessoa jurídica.

É preciso ter disposição e coragem para redigir, rever, apagar, escrever novamente. Insistimos: não se trata apenas da mera constituição da sociedade. A condução do processo demanda atenção para uma cadeia de detalhes, encon-

---

[1] Conferir: MAMEDE, Gladston; MAMEDE, Eduarda Cotta. *Estruturação Jurídica de Empresas*: alternativas da tecnologia jurídica para a advocacia societária. Barueri: Atlas, 2024.

trando excelência naqueles advogados que redigem normas que acrescem valores à organização, incentivem boa administração/liderança além da convivência colaborativa dos atores corporativos, incorporem elementos de resiliência em face às agruras eventuais do mercado, estimulem a convivência saudável e maior comunicação entre os sócios e permitam a correção de desalinhamentos indesejados. Há tecnologia jurídica para tanto. Há mecanismos que, sendo juridicamente inseridos no equipamento corporativo, facilitam evitar e/ou enfrentar crises. Há mecanismos que estimulam cuidar não só dos negócios, mas das pessoas, além de instrumentos que podem ser mais precisos em critérios como segurança, dinamicidade, integração etc. Há ferramentas para atender a tais pretensões. E instrumental que pode ser manejado de partida ou, quiçá, em renovações que respondam a alterações de cenários, o que é próprio da vida.[2]

> Exemplo de Cláusula – Se qualquer cláusula deste acordo de sócios for considerada nula, no todo ou em parte, tal declaração não prejudicaria a validade e a eficácia das demais disposições.[3]

Por ora, cabe cuidar das relações entre os sócios. A matéria deste capítulo é muito ampla e sua inclusão será feita tendo em vista exclusivamente a necessidade de compreensão do tema que estamos desenvolvendo e das propostas que fazemos. Noutras palavras, este capítulo oferece uma mera ilustração do que sejam quotas e ações, bem como dos direitos e deveres que a elas correspondem. É indispensável para o adequado conhecimento da matéria e atuação no interesse de terceiros, de clientes, que a matéria seja assimilada em nível muito mais profundo do que o que aqui será colocado. Aliás, melhor entenderão o que está sendo dito aqueles que efetivamente dominarem o Direito Societário. Mais uma vez pedimos licença para remeter os interessados em análises mais profundas para as obras em que damos tratamento mais específico a tais temas.[4] São abordagens complementares, por certo: naquelas obras, o geral da regência de quotas e ações, bem como faculdades e obrigações legalmente definidas para seus titulares. Aqui, uma mo-

---

[2] Conferir: MAMEDE, Gladston; MAMEDE, Eduarda Cotta; MAMEDE, Roberta Cotta. *Manual de redação de contratos sociais, estatutos e acordos de sócios*. 8. ed. Barueri: Atlas, 2024.

[3] É comum o acréscimo: "*As partes se comprometem a negociar a substituição do dispositivo por outro que, regular, expresse a mesma finalidade e o mesmo efeito, fazendo-o com boa-fé e probidade*".

[4] Conferir:
MAMEDE, Gladston. *Teoria da empresa e dos títulos de crédito*: direito empresarial brasileiro. 14. ed. São Paulo: Atlas, 2022.
MAMEDE, Gladston. *Direito Societário*: direito empresarial brasileiro. 14. ed. São Paulo: Atlas, 2022.
MAMEDE, Gladston. *Falência e recuperação de empresas*: direito empresarial brasileiro. 13. ed. São Paulo: Atlas, 2022.
MAMEDE, Gladston. MAMEDE, Eduarda Cotta. *Manual de redação de contratos sociais, estatutos e acordos de sócios*. 6. ed. Barueri: Atlas, 2022.

dalização de finalidade específica, o que conduz à preocupação com soluções para ganhar eficiência no plano do planejamento patrimonial-familiar e, enfim, da própria convivência familiar: intervenções jurídicas (advocatícias, atentando para seu autor, seu redator) voltadas para dar cuidado aos negócios e também às pessoas.

Em linhas gerais, o capital investido numa sociedade é dividido em partes, em parcelas. Nas sociedades contratuais, esses *pedaços* são chamados de *quotas* (ou *cotas*). Nas sociedades institucionais (também chamadas de estatutárias), esses pedações são chamados de *ações*; em inglês, chamam-nos de *shares*: partes; facilita um bocado. Quotas e ações são *títulos societários* e podem ser compreendidos – com particular interesse para o que estamos examinando – por dois ângulos complementares: participação no *patrimônio societário* e *participação na vida societária*. Facilmente se compreende que, ao criar uma *holding* familiar, integralizando o capital social com o patrimônio da família (em sentido amplo, ou seja, considerando os detalhes específicos de cada caso – e não é sem razão que temos sido chatos ao chamar atenção para a importância da atenção a cada caso e suas características), troca-se o direito a isso ou aquilo (imóveis, veículos, aplicações financeiras, títulos etc.) por quotas ou ações, cônscio de que, por um lado, são frações do patrimônio societário.

> Exemplo de Cláusula – Os pactuantes comprometem-se a manter sigilo sobre o presente ajuste e sua execução, nomeadamente sobre a atuação e as estratégias da *holding* no que se refere às sociedades e aos negócios de que participe, a incluir (sem se limitar) informações administrativas, contábeis, patrimoniais, financeiras, operacionais, mercantis, entre outras. O sigilo alcança discussões, tratativas, análises, estudos, oportunidades negociais e afins. O descumprimento dessa obrigação obrigará o infrator a indenizar a sociedade nos prejuízos experimentados, a incluir perdas e danos (materiais e/ou morais), lucros cessantes e indenização pela perda de chance.

Infelizmente, é assustadoramente comum que essa situação não seja compreendida em toda a sua extensão. E isso cria confusões horrorosas e, em função disso, os interessados devem ser advertidos sobre o mecanismo jurídico envolvido. Não! Devem ser ensinados. *Essa casa é minha!* Não! Essa casa, essa fazenda, os lotes, as lojas, as salas... tudo é da sociedade (a *holding*); as quotas ou ações são suas. E isso valerá para tudo (bens e direitos) que forem incorporados pela sociedade. Ela será a dona, a titular, a credora. Se os fundadores são os pais, sai do patrimônio da família tudo o que usaram para integralizar o capital e/ou transferiram para a sociedade por outro meio. Isso tudo passará a pertencer à *holding*, que é uma pessoa diversa da pessoa de seus membros. E o patrimônio familiar? Nesse estarão as respectivas quotas ou ações.

– Então, não vou herdar a fazenda?

Não. Herdará quotas ou ações. E disso resultam diversas consequências: o regime jurídico que toca à propriedade de uma fazenda é um. O regime jurídico que toca à titularidade de quotas e ações é outro. É fundamental entender isso. Até por que se assoma justa aqui o outro aspecto, a outra dimensão dos títulos societários: a definição de direitos e deveres, de faculdades e obrigações que são próprios do Direito das Sociedades ou, sendo mais específico, que são ditados pelas regras legais que orientam o tipo societário escolhido, além do ato constitutivo (contrato ou estatuto social) e demais normas societárias vigentes.

Dimensão patrimonial e social

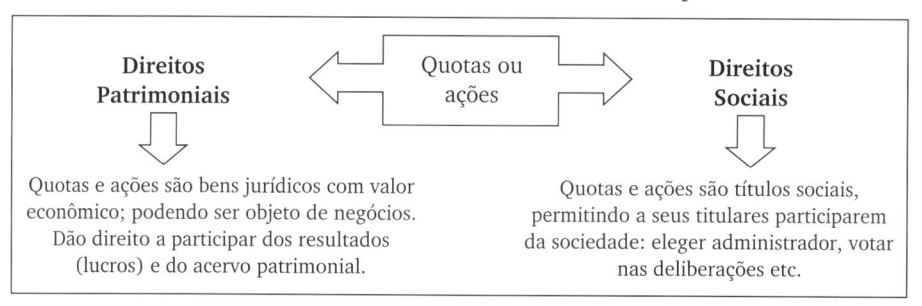

Direitos Patrimoniais	⇐ Quotas ou ações ⇒	Direitos Sociais
Quotas e ações são bens jurídicos com valor econômico; podendo ser objeto de negócios. Dão direito a participar dos resultados (lucros) e do acervo patrimonial.		Quotas e ações são títulos sociais, permitindo a seus titulares participarem da sociedade: eleger administrador, votar nas deliberações etc.

Portanto, tomadas sob o ângulo patrimonial, as quotas e as ações de qualquer sociedade, inclusive de uma *holding*, constituem bens jurídicos sobre os quais podem ser estabelecidas relações acessórias, a exemplo do usufruto, do qual já se falou, penhor, penhora, aluguel etc. O tema é relevante em qualquer sociedade, contratual ou estatutária. Contudo, nas sociedades patrimoniais, incluindo as sociedades de participação (*holdings* puras), o tema ganha uma importância maior. Por um lado, a possibilidade de estabelecer relações laterais define instrumentos preciosos para o planejamento sucessório, a exemplo do usufruto, sobre o qual se falou anteriormente e, agora, se estudará em detalhes. No entanto, como uma faca de dois gumes, essa possibilidade também pode constituir risco para a coletividade social e, destarte, para a estrutura de constituição de um ente para conservar o patrimônio e a participação em outras sociedades.

A lei não criou qualquer limite para o capital e para a participação societária, seja em quotas ou ações, no âmbito das sociedades estudadas. Essas limitações estão restritas às sociedades cooperativas. Não há capital social mínimo, nem capital social máximo, embora haja tratamento específico para as micro e pequenas empresas, assim como para as sociedades de grande porte. O capital pode estar dividido em qualquer número de quotas ou ações, desde que igual ou superior a duas, sendo, no caso da sociedade limitada, possível mesmo ter um só sócio indefinidamente. É a chamada sociedade limitada unipessoal, figura jurídica que, ingressando no Direito Brasileiro, permite a constituição de alternativas interessantes, das mais simples às mais sofisticadas, inclusive no plano do planejamento organizacional e/ou patrimonial. A sociedade unipessoal pode funcionar integrando, coletando fluxos econômicos/financeiros, estruturando operações/atividades negociais, possibilitando melhores desfechos organizacionais. Com sua positivação, assistimos a uma revolução que permite uma abordagem corporativa mais razoável e, nalguns casos, mesmo mais preditiva, sem assumir os ônus de falsos sócios.

> Exemplo de Cláusula – A obrigação de sigilo sobre negócios e interesses da *holding*, estabelecida na cláusula..., não se aplica a informações que tenha divulgação (i) determinada por lei; (ii) determinada por autoridade competente; (iii) necessária para defesa em processo administrativo, arbitral ou judicial, na estrita proporção da necessidade de defesa; (iv) já em domínio público ou que se tornem de domínio público sem violação deste pacto; (v) desenvolvidas por qualquer das partes, exclusivamente, ou recebida via terceiros, sem implicação com este ajuste e o que lhe diz respeito; e (vi) aprovada unanimemente pelos pactuantes.

Quotas e ações podem ter qualquer valor monetário (sendo obrigatoriamente expresso em moeda nacional corrente) e o número de sócios conhece apenas um mínimo na sociedade anônima: dois, sem que haja um máximo; contudo, há situações excepcionais em que se aceita que a sociedade tenha um sócio apenas (unipessoalidade), matéria que foge do objetivo deste estudo. Por fim, não há valor mínimo (absoluto ou percentual) para a participação de cada sócio no capital social, embora a concentração de grande montante no patrimônio de um grande sócio pode reforçar, dependendo do caso, o argumento de confusão patrimonial, a justificar a desconsideração da personalidade jurídica.

2 Indivisibilidade, grupamento e desdobramento

Quotas e ações são definidas com liberdade pelo ato constitutivo da sociedade (contrato social ou estatuto social), em seu número e seu valor. Essa divisão implica, por óbvio, chegar-se a um resultado matemático: estabelecendo o ato constitutivo que o capital social é de R$ 500.000,00 e que são 500.000 quotas ou ações, cada título societário terá o valor de R$ 1,00. Isso é indiferente entre sociedades contratuais e estatutárias. Contudo, nas sociedades contratuais, admite-se que as quotas tenham valores distintos, atribuindo-se uma quota a cada sócio. Nas sociedades estatutárias, as ações terão o mesmo valor, mas podem ser divididas em espécies diversas (ordinárias ou preferenciais), às quais correspondem direitos diversos. Há uma outra diferença fundamental: o estatuto social de uma sociedade anônima precisa apenas definir o valor global do capital social e o número de ações; não é obrigatório que o valor nominal das ações esteja expresso no estatuto social. É uma faculdade, segundo o artigo 11 da Lei 6.404/76. Por seu turno, o contrato social deve trazer expresso não só o valor total do capital social e o número de quotas, mas o valor das quotas e os respectivos titulares:

Modelo de cláusula contratual

> *Cláusula Quinta – O capital social é de R$ 100.000,00 (cem mil reais), divididos em 1.000 (um mil) quotas no valor unitário de R$ 100,00 (cem reais) cada. A participação de cada sócio no capital social será a seguinte:*
> *a) Flávio Valério Cláudio Constantino............ 300 quotas*
> *b) Marco Aurélio Valério Maxentio................ 400 quotas*
> *c) Caio Aurélio Diocleciano......................... 300 quotas*

Por meio de alteração do contrato social ou do estatuto social, essa divisão do capital (assim como o próprio capital social) pode ser modificada: número e/ou seu valor de quotas ou de ações. Portanto, há eventos societários que podem determinar uma tal alteração. Antes de mais nada, tal alteração é possível ou melhor é necessária quando haja *modificação do valor do capital social*: o aumento do capital social implica aumento no número de quotas ou de ações ou, alternativamente, aumento no seu valor nominal; a redução do capital social, *mutati mutandis*, implicará redução no número de ações ou redução em seu valor nominal. Em segundo lugar, pode haver *grupamento* de quotas ou ações, isto é, o contrato social ou o estatuto social podem ser alterados para prever que duas ou mais quotas ou ações serão agrupadas em uma só, para além de outras equações. Obviamente, isso implica elevação do valor do título societário, excetuada a hipótese de a operação ter-se realizado com a concomitante redução do capital.

Também pode haver *desdobramento* de quotas ou ações, ou seja, o contrato social ou o estatuto social poderão ser alterados para prever o fracionamento dos títulos já existentes; por exemplo, prevendo que cada quota ou ação se tornará duas (com metade do valor) ou 10 (cada qual com um décimo do valor). Obviamente, pode haver concomitante aumento de capital social e desdobramento das quotas ou ações, o que pode conduzir a uma situação na qual, apesar de uma quota ou ação ter se tornado duas, o seu valor tenha se conservado. Assim, 1.000 quotas ou ações no valor de R$ 100,00 podem se tornar 100 quotas ou ações no valor de R$ 1.000,00 (grupamento), assim como podem se tornar 10.000 quotas ou ações no valor de R$ 10,00 (desdobramento), entre tantas outras alternativas.

Grupamento e desdobramento

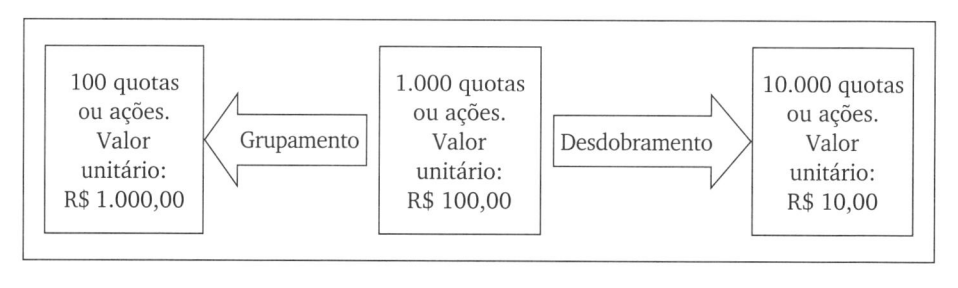

100 quotas ou ações. Valor unitário: R$ 1.000,00	← Grupamento	1.000 quotas ou ações. Valor unitário: R$ 100,00	Desdobramento →	10.000 quotas ou ações. Valor unitário: R$ 10,00

No que diz respeito às sociedades por ações, ainda há uma última hipótese: o cancelamento de ações, a implicar haver menos ações para o mesmo capital social: diminuição no número de ações e aumento proporcional de seu valor (nominal ou não, conforme a já citada licença do artigo 11 da Lei 6.404/76). O cancelamento encontra previsão e tratamento nos artigos 12 e 30, § 1º, *b*, da Lei 6.404/76, podendo resultar tanto da compra de seus próprios títulos, quanto de operações de resgate.

Quotas e ações somente comportam divisão (ou grupamento) se assim deliberarem os sócios em reunião ou assembleia, atendidos o respectivo quórum de deliberação: unanimidade, na sociedade em nome coletivo e na sociedade em comandita simples, como se afere do artigo 997, III e IV, cominado com o artigo 999, primeira parte, ambos do Código Civil, se outra não for a previsão do contrato social. Nas sociedades limitadas, esse quórum de deliberação é de mais da metade como se apura do artigo 1.076, II, também do Código Civil, se o contrato social não dispuser diferente, erigindo percentual maior (inclusive a unanimidade) ou menor. Já nas sociedades anônimas, maioria absoluta dos votos (artigo 129 da Lei 6.404/76), se maior quórum não for exigido pelo estatuto social.

> Quotas e ações são indivisíveis, salvo alteração do contrato ou estatuto social. Não se pode ceder fração de quota ou ação, mas é possível constituir condomínio sobre quota ou ação.

Afora a alteração do contrato social ou do estatuto social, nos termos acima vistos, quotas e ações são indivisíveis. Portanto, não é lícito pretender transferir frações de quota ou de ação (meia quota ou 0,46 de ação, como exemplos). Compreende-se, assim, o artigo 1.056 do Código Civil, que fala ser a quota *indivisível em relação à sociedade*, retirando, por tal forma, a validade de qualquer ajuste estranho ao contrato social por meio do qual um, alguns ou mesmo todos os sócios estabeleçam uma divisão de quota social. Nem mesmo a sociedade pode fazê-lo, razão pela qual, no grupamento de ações, assim como emissão de novas ações por capitalização de lucros ou reservas, chegando-se a frações de ação, há procedimento específico para resolver a indevida divisão do direito.

3 Condomínio

O empresário Assis Chateaubriand (Chatô ou, para sermos mais precisos, Francisco de Assis Chateaubriand Bandeira de Melo) fez história no Brasil. Nascido em Umbuzeiro, Paraíba, enveredou-se pelo jornalismo e construiu um império midiático no país, entre jornais, revistas, rádios, canais de televisão. Essa história é famosa: tornou-se livro estouro de vendas e filme. O que poucos sabem é que, anos antes de morrer, ele criou o *Condomínio Acionário das Emissoras e Diários Associados*, um condomínio que titularizava participações societárias em órgãos de imprensa. As quotas desse condomínio foram distribuídas a parentes e pessoas por ele escolhidas. Uma forma de organização jurídica e planejamento sucessório pouco usual, mas extremamente interessante e com possibilidades que, sim, podem ser chamadas de fascinantes. Basta dizer que Chateaubriand faleceu em 1968 e o condomínio existe até os nossos dias.

> Exemplo de Cláusula – Os sócios assumem o compromisso de adotar, de boa-fé, quaisquer condutas adicionais necessárias ao cumprimento das presentes regras societárias, assegurando que a sociedade atenda às suas finalidades e produza os efeitos esperados, considerando três pilares essenciais: a família, o patrimônio familiar e a boa e correta administração dos negócios de que a *holding* participe.

Será inevitável que retomemos aqui a ladainha ou, para ser mais exato, a nossa profissão de fé no Direito: estudar mais e mais, dominar mais e mais a teoria, é multiplicar as ferramentas com as quais se trabalha. Isso se reflete na atuação do profissional, seja na gestão jurídica cotidiana dos interesses e atividades de seus clientes, seja no esforço de uma engenharia da inovação, em suas implicações jurídicas. O condomínio de quotas e/ou ações é uma estratégia e, sim, estabelece uma plataforma societária (de controle ou de mera participação), com particularidades, com especificidades, em suma, com qualidade própria. Combina as qualidades societárias com as qualidades condominiais, sofisticando o tratamento do desafio trazido pelo cliente. Não é solução para todos, contudo. Insistimos: são ferramentas e não varinhas de condão. Varinhas servem para tudo; cada ferramenta serve para intervenção própria: o martelo não lhe ajudará diante de um parafuso Philips 0.3 x 10. Dito isso, passemos ao condomínio de títulos societários.

A regra de indivisibilidade de quotas e ações em relação à sociedade, salvo se feita por meio de reforma do ato constitutivo, não impede o estabelecimento de condomínio de quota (artigo 1.056, §§ 1º e 2º, do Código Civil) e de ação (artigo 28 da Lei 6.404/76). A constituição desse condomínio poderá dar-se por ato havido entre vivos (ato *inter vivos*) ou por ter a ocorrência da morte como sua causa (ato *causa mortis*).

O ato entre vivos pode realizar-se por documento público ou privado, já que não há determinação de forma obrigatória; mas será preciso atender às regras societárias: em primeiro lugar, aprovação pelos demais sócios, quando se tratar de sociedade *intuitu personae*; unanimidade na sociedade em nome coletivo e na sociedade em comandita simples (artigos 997, I, 999 e 1.003 do Código Civil); e, na sociedade limitada, não ter a oposição de mais de 25% do capital social (artigo 1.057 do Código Civil); nas sociedades *intuitu pecuniae*, contratuais (por força de previsão contratual) ou legais (sociedades por ações), essa aprovação não será necessária. A simples apresentação do documento por meio do qual o condomínio foi constituído deve bastar para que a alteração seja feita. Isso é simples, nas sociedades por ações, já que implica mera anotação no Livro de Registro de Ações Nominativas. Na sociedade por quotas, contudo, será preciso alterar o contrato social, fazendo dele constar a existência de condomínio sobre a quota (ou quotas). Se os demais sócios resistirem, os condôminos poderão recorrer ao Judiciário para o exercício de seu direito.

> Exemplo de Cláusula – Os sócios se comprometem a não concorrer com a *holding* e com as sociedades de que participem, não podendo ser sócio, administrador, consultor, empregado, fornecedor ou prestador de serviço de atividades negociais de mesmo objeto social.

A constituição *causa mortis* do condomínio pode resultar, antes de mais nada, da própria morte do sócio, aplicado o artigo 1.784 do Código Civil. Afinal, o espólio acaba por constituir um condomínio sobre o patrimônio que era do falecido, perdurando até que se resolva a sucessão, partilhando-se os bens entre eventuais meeiros e herdeiros, legítimos e/ou testamentários. Portanto, tem-se, nessa situação, um condomínio provisório (artigo 1.056, § 1º, do Código Civil), resultado de previsão legal e não podendo ser recusado pelos demais sócios, mesmo nas sociedades contratuais *intuitu personae*. Nestas, a recusa se fará ao longo do procedimento de inventário ou arrolamento, conduzindo à liquidação da quota ou quotas do *de cujus*. Nas sociedades *intuitu pecuniae* ou quando houver aceitação de sucessão nas sociedades *intuitu personae*, ao final do inventário ou arrolamento, judicial ou extrajudicial, duas situações serão possíveis: a meeira e/ou um ou mais herdeiros assumem a titularidade das quotas ou ações, com as alterações registrais correspondentes, ou se aceita, mesmo, a manutenção do condomínio sobre a participação societária. Também é possível que a formação do condomínio resulte de disposição de última vontade, tendo o testador previsto uma destinação não fracionária de sua participação, mas em totalidade, sendo sobre ela constituído um condomínio.

Embora o condomínio conduza a uma situação de múltiplos titulares da participação societária (quota(s) ou ação(ões), indiferentemente), não se atribui a todos os condôminos uma faculdade societária individual, permitindo-lhes participar da vida social isoladamente. Pelo contrário, as faculdades sociais correspondentes às quotas ou ações serão exercidas obrigatoriamente por meio de um representante que deverá ser indicado pelos condôminos, sendo o inventariante, em se tratando do espólio.

Cuida-se de hipótese rara, mas juridicamente possível. Detalhe: a constituição formal do condomínio, com convenção firmada pelos condôminos e levada ao registro público e, assim, com o benefício da ciência ficta, a vincular terceiros.

4 Usufruto

É possível constituir usufruto sobre quotas ou ações. O artigo 1.390 do Código Civil prevê que o usufruto pode recair em um ou mais bens, móveis ou imóveis, em um patrimônio inteiro, ou parte deste, abrangendo-lhe, no todo ou em parte, os frutos e utilidades. Quando o instituto é aplicado em quotas ou em ações, tem-se um nu-titular, ou seja, alguém que é titular dos títulos societários, mas apenas de seu direito patrimonial; em oposição, haverá um usufrutuário, a quem corresponderá o direito de exercer as faculdades sociais das quotas. O *usufrutuário* ou *usufruidor* conserva a posse das quotas ou ações, usando-as na coletividade social, inclusive para exercício de voto e para o recebimento dos frutos, ou seja, dos dividendos.

Usufruto da participação societária

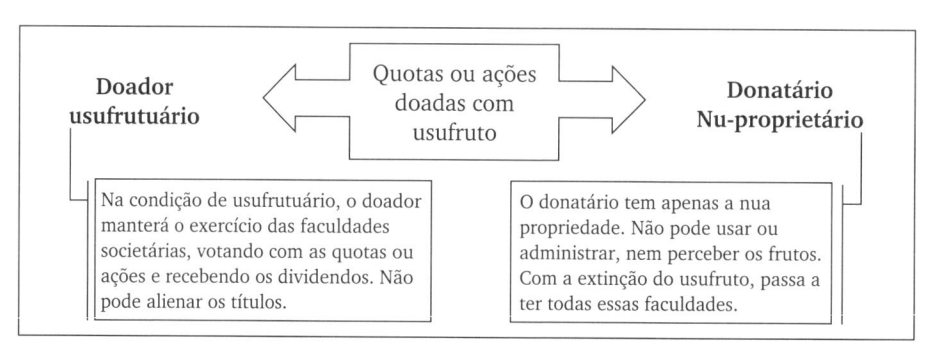

Doador usufrutuário	Quotas ou ações doadas com usufruto	Donatário Nu-proprietário
Na condição de usufrutuário, o doador manterá o exercício das faculdades societárias, votando com as quotas ou ações e recebendo os dividendos. Não pode alienar os títulos.		O donatário tem apenas a nua propriedade. Não pode usar ou administrar, nem perceber os frutos. Com a extinção do usufruto, passa a ter todas essas faculdades.

A constituição do usufruto rege-se pelas regras gerais da cessão de participação societária, razão pela qual submete-se mesmo às limitações aplicáveis às sociedades *intuitu personae* ou, nas sociedades limitadas, à regra do artigo 1.057 do Código Civil, nas quais se submete à possibilidade de oposição de titulares de mais de um quarto do capital social, na omissão do contrato. Nas sociedades *intuitu pecuniae*, trata-se de medida livre. Por isso, a sociedade deverá acatá-la, reconhecendo a existência de um acionista cuja titularidade está despida dos direitos que lhe decorreriam e de um *usufruidor das ações*, que legitimamente titularizará as faculdades decorrentes da ação que usufrui.

O usufruto será constituído por meio de instrumento público ou privado, certo não haver forma prescrita ou defesa em lei. Nas sociedades por ações o usufruto, deverá ser averbado no *livro de registro de ações nominativas*, caso não seja escritural, hipótese na qual a averbação será feita nos livros da instituição financeira depositária, que o anotará no extrato da conta de depósito fornecida ao acionista. Nas sociedades contratuais, não nos parece que a constituição do usufruto exija alteração contratual, já que não interfere na composição societária. Ainda assim, é fato relevante para a vida societária, razão pela qual deve ser devidamente cientificada aos demais sócios, bem como averbada no Registro Mercantil da sociedade, neste aspecto aplicando-se, em interpretação analógica, o artigo 1.057, parágrafo único, combinado com o artigo 1.391, ambos do Código Civil. No entanto, quando o usufruto seja constituído por meio de doação (cessão gratuita das quotas ou ações), será indispensável a alteração do contrato social, fazendo constar como sócio(s) o(s) donatário(s). No entanto, é preciso atenção para eventual existência de previsão de direito de preferência para a transferência dos títulos societários, o que certamente afetará a possibilidade de cessão das quotas ou ações para a constituição de usufruto, embora devendo haver particular atenção para as hipóteses relativas a cônjuge, companheiro ou descendentes.

> O usufruto de quotas ou de ações rege-se, também, pelas regras ordinárias do instituto: os artigos 1.390 a 1.411 do Código Civil.

O usufruto se regerá pelas regras dos artigos 1.390 e seguintes do Código Civil, podendo experimentar limitações lícitas dispostas no seu ato de constituição. Portanto, o usufrutuário terá direito ao exercício das faculdades sociais, a incluir a percepção dos frutos civis das quotas ou ações (distribuições de lucro). O usufruto, por força do artigo 1.392 do Código Civil, estende-se aos acessórios do bem e seus acrescidos; essa regra, todavia, tem apenas parcial aplicação no Direito Societário. Alcança, por certo, a distribuição de dividendos: o usufrutuário tem o direito de os perceber (artigo 1.394 do Código Civil), desde que não se trate de dividendos decorrentes de lucros já verificados, incluídos os que tenham sido contabilizados sob a rubrica de reservas de lucros a realizar; afinal, segundo o artigo 1.398 do Código Civil, os frutos civis, vencidos na data inicial do usufruto, pertencem ao proprietário, e ao usufrutuário os vencidos na data em que cessa o usufruto. Excetua-se dessa regra, por óbvio, a hipótese de usufruto decorrente de doação de quotas ou ações, quando o usufruidor fará jus aos dividendos pendentes, na qualidade de ex-titular (e donatário), bem como aos que venham a ser distribuídos no futuro, na nova qualidade: a de usufruidor.

> Exemplo de Cláusula – Havendo conflitos familiares que possam influenciar negativamente a existência, funcionamento ou atuação desta sociedade, bem como de seus negócios e interesses, diretos ou indiretos, qualquer sócio poderá solicitar a instauração de procedimentos de conciliação e mediação familiar, a bem de solução dos desafios e restauração da indispensável harmonia que garante a continuidade e o sucesso desta corporação e de seus investimentos.

O artigo 1.392 também se aplica à hipótese de aumento de capital por incorporação de lucros ou reservas, *ex vi* do artigo 169 da Lei 6.404/76, com distribuição de novas ações, incorporando-se essas àquel'outras, dadas em usufruto; a regra deve ser aplicada, por analogia, às quotas das sociedades contratuais. No entanto, havendo aumento de capital por subscrição de novas quotas ou ações, como previsto no artigo 170 da Lei 6.404/76, o direito de preferência assegurado pelo seu artigo 171 tem disciplina própria, anotada no § 5º deste dispositivo: é atribuído em primeiro lugar ao acionista com titularidade nua das ações e, somente nos dez últimos dias do prazo para exercício da preferência, ao usufrutuário, diante da inércia daquele. Se o sócio nu-proprietário não exerce o direito de preferência e o usufruidor o faz, as quotas e ações subscritas pertencerão a este, o usufrutuário, por igual razão. Nesta hipótese, o sócio usufrutuário, nu-titular das quotas ou ações, não está obrigado a entregar tais títulos ao usufrutuário dos outros títulos sociais, já que a regra geral do artigo 1.392 do Código Civil, prevendo que o usufruto estende-se aos acessórios da coisa e seus acrescidos, comporta exceção, segundo texto expresso do artigo. Não está obrigado, insistimos, mas poderá fazê-lo, sem que isso caracterize constituição de novo usufruto.

Por fim, aplicado o artigo 1.410 do Código Civil, o usufruto de quota extingue-se: (1) pela renúncia ou morte do usufrutuário; (2) pelo termo de sua duração; (3) pela extinção da pessoa jurídica, em favor de quem o usufruto foi constituído, ou, se ela perdurar, pelo decurso de trinta anos da data em que se começou a exercer; (4) pela cessação do motivo de que se origina; (5) pela liquidação da sociedade, incluindo a sua falência; (6) pela consolidação (aquisição das quotas ou ações pelo usufrutuário); (7) por culpa do usufrutuário, quando não exerce os direitos sociais relativos às quotas ou ações; (8) pelo não uso, ou não fruição, da coisa em que o usufruto recai.

5 Penhor

Os artigos 1.419 a 1.460 do Código Civil produziram grande variação em relação ao que se encontrava disposto nos artigos 755 e seguintes do Código Civil de 1916. Para principiar, utilizou-se o termo *bem* (artigo 1.419), em lugar de *coisa*, ao se referir ao objeto da garantia pignoratícia (penhor); nessa linha, o artigo 1.451 prevê a possibilidade de serem empenhados *direitos, suscetíveis de cessão, sobre coisas móveis*.[5] Portanto, quota ou as quotas de sociedade podem ser *dadas em penhor*, podem ser *empenhadas*, servindo como garantia de obrigação assumida por seu titular ou, mesmo, por outrem, certo ser lícito o oferecimento do penhor a favor de obrigação alheia. Coerentemente, o artigo 39 da Lei 6.404/76 prevê que as ações podem ser dadas em penhor, constituindo, portanto, uma relação de garantia real ou, em plano maior, de um direito real sobre coisa alheia.

---

[5] Conferir MAMEDE, Gladston. *Código civil comentado*: penhor, hipoteca e anticrese: artigos 1.419 a 1.510. São Paulo: Atlas, 2003. v. 14 (Coleção coordenada por Álvaro Villaça Azevedo).

> É possível oferecer quotas e ações como garantia (penhor) de uma dívida própria ou de terceiros. Contudo, se a dívida não for paga, o credor poderá pedir que os títulos societários sejam excutidos: penhorados e alienados para o pagamento da dívida.

No penhor, tem-se uma dívida garantida por um bem móvel, com eficácia *erga omnes*, nos mesmos moldes do direito de propriedade. Assim, se quotas ou ações forem empenhadas, será constituído um vínculo real entre a relação obrigacional garantida e a titularidade da ação empenhada. Se a obrigação não é adimplida, a tempo e modo, o credor pignoratício tem o direito de excutir os títulos sociais empenhados (artigo 1.422 do Código Civil). Excutir é converter o penhor em penhora, o que se faz em execução do título extrajudicial ou judicial. Não é lícito, contudo, estabelecer *pacto comissório*, ou seja, estabelecer que o credor pignoratício ficará com o bem se a dívida não for paga no vencimento; uma tal cláusula é nula (artigo 1.428 do Código Civil). Isso, contudo, não invalida a dação em pagamento, se feita após o vencimento da obrigação, nem mesmo afasta a possibilidade de adjudicação dos bens, pelo credor, em juízo.[6]

> Exemplo de Cláusula – Para efeitos deste acordo e com a finalidade de preservar um equilíbrio entre as famílias empresárias que compõem o objeto de suas normas, os sócios serão divididos em... grupos, devidamente listados no anexo, com a seguintes denominações: FAMÍLIA SILVA[7] (anexo 1), FAMÍLIA SANTOS (anexo 2), FAMÍLIA OLIVEIRA (anexo 3),...

A constituição de penhor sobre títulos societários faz-se pelo registro correspondente (artigo 1.452 do Código Civil) que, no caso, será dúplice: num primeiro plano, Cartório de Registro de Títulos e Documentos (artigo 127 da Lei 6.015/73). Contudo, esse registro não será suficiente, certo que a publicidade dos atos societários se faz por meio específico para que, assim, tenha eficácia sobre terceiros. Assim, nas sociedades contratuais, é indispensável haver a averbação da constituição do penhor sobre o direito no registro específico correspondente. A mesma regra não alcança as sociedades por ações; segundo o artigo 39 da Lei 6.404/76, será feita averbação do instrumento de contrato de penhor no livro de registro de ações nominativas; em se tratando de *ação escritural*, o penhor se constitui pela averbação do respectivo instrumento nos livros da instituição financeira, a qual será anotada no extrato da conta de depósito fornecido ao acionista. Em ambos

---

[6] Conferir MAMEDE, Gladston. *Código Civil comentado*: penhor, hipoteca e anticrese: artigos 1.419 a 1.510. São Paulo: Atlas, 2003. v. 14.

[7] O nome da família pode ser o nome do respectivo sócio fundador; por exemplo: "... *Família José Maria Silva (anexo 1)*...".

os casos, a companhia ou a instituição financeira tem o direito de exigir um exemplar do instrumento de penhor.

Sobre o penhor de ações, há um destaque de fundamental importância. Em se tratando de obrigação (dívida) da qual seja credora a própria companhia, aplica-se a regra que lhe impede negociar com as próprias ações, anotada no artigo 30, *caput*, da Lei 6.404/76. O § 3º deste mesmo artigo traz vedação expressa nesse sentido: a companhia não poderá receber em garantia as próprias ações. Essa regra só é excepcionada, segundo o mesmo § 3º e o artigo 148, ainda da Lei de Sociedades Anônimas, na hipótese de penhor de ações para assegurar a gestão dos seus administradores; em fato, o artigo 148 permite que o estatuto da companhia estabeleça que o exercício do cargo de administrador deva ser assegurado, pelo titular ou por terceiro, mediante penhor de ações da companhia ou outra garantia.

Penhor

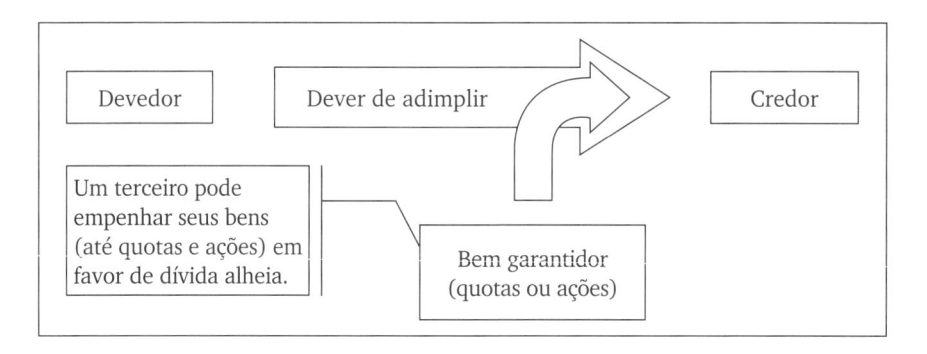

```
┌─────────────────────────────────────────────────────────────────────┐
│   ┌──────────┐    ┌──────────────────┐  ⬆            ┌──────────┐  │
│   │ Devedor  │    │ Dever de adimplir│  ➡            │  Credor  │  │
│   └──────────┘    └──────────────────┘               └──────────┘  │
│   ┌──────────────────────┐                                         │
│   │ Um terceiro pode     │                                         │
│   │ empenhar seus bens   │                                         │
│   │ (até quotas e ações) │    ┌──────────────────┐                 │
│   │ em favor de dívida   │    │ Bem garantidor   │                 │
│   │ alheia.              │    │ (quotas ou ações)│                 │
│   └──────────────────────┘    └──────────────────┘                 │
└─────────────────────────────────────────────────────────────────────┘
```

A constituição de penhor, por um dos sócios, sobre suas quotas ou ações na *holding* constitui, sim, um desafio para o planejamento familiar. De abertura, pelo risco de que os títulos societários sejam excutidos. Como se só não bastasse, o artigo 1.454 do Código Civil constitui um problema extra, na medida em que outorga ao credor pignoratício não apenas a faculdade, mas igualmente a obrigação de praticar os atos que sejam necessários à conservação do direito empenhado. A norma constitui uma licença para a pretensão de praticar atos de ingerência na sociedade, sob o pretexto de que se está praticando *atos de conservação e defesa*. Ademais, a alegação de que fatos societários diversos implicaram a deterioração ou depreciação da garantia, em níveis que excedam o normal da vida societária, permitirá o pedido de vencimento antecipado da dívida, aplicado o artigo 1.425, I, do Código Civil.

Obviamente, o Judiciário deve ser cauteloso no acolhimento de tais pretensões; isso, contudo, não quer dizer que as pretensões não serão analisadas, ou seja, que o dispositivo acaba por permitir uma judicialização da administração societária da *holding*. Para evitar tais riscos, faz-se necessário criar, no âmbito do contrato social, cláusulas que limitem o impacto de uma eventual constituição de garantia real sobre a participação societária de qualquer dos sócios. Essas regras devem guardar sintonia com as balizas que orientam a *cessão dos títulos societários*, matéria que será examinada agora.[8]

6 Cessão

Quotas e ações são direitos pessoais com expressividade patrimonial econômica e, assim, comportam cessão por ato entre vivos (*inter vivos*) ou causado pela morte (*causa mortis*). Obviamente, para que isso ocorra, é preciso que sejam respeitados não apenas os requisitos legais, mas também as regras dispostas no contrato social ou no estatuto social, desde que lícitas. Essa possibilidade de estabelecer regras para regrar a transferência de quotas assume uma importância vital no âmbito das *holdings* familiares, na medida em que constitui mecanismo para preservação da unidade societária. Mas essas regras não podem constituir um abuso de direito, ou seja, não podem exceder manifestamente os limites impostos pelo seu fim econômico ou social, pela boa-fé ou pelos bons costumes, sob pena de caracterizarem um ato ilícito (artigo 187 do Código Civil) e, assim, não serem válidas. Esse abuso decorre essencialmente do esvaziamento das faculdades patrimoniais inerentes aos títulos. É o que aconteceria, por exemplo, se as previsões no ato constitutivo conduzissem a uma situação na qual o sócio se visse impossibilitado de fruir a vantagem econômica de sua participação societária, tendo que simplesmente suportar a condição de sócio.

Nas sociedades em nome coletivo e em comandita simples, a regra é que a cessão das quotas demande a aprovação de todos os demais sócios (artigos 997, 999 e 1.003 do Código Civil). Essa previsão habitualmente é amainada nos contratos sociais por meio de cláusula que assegura a sucessão hereditária legítima, independentemente da aprovação dos demais sócios ou condicionada à simples aprovação pela maioria dos sócios remanescentes. Outra cláusula comum é a permissão, nesses tipos societários, da livre circulação das quotas entre os próprios sócios, criando por meio do contrato social uma regra semelhante àquela que o próprio Código Civil prevê para as sociedades limitadas. De qualquer sorte, essas limitações ao direito de cessão dos títulos são contrabalanceadas pela previsão legal de um direito de recesso, inscrito no artigo 1.029 do Código Civil. Nessa senda, o sócio pode retirar-se da sociedade contratada por prazo indeterminado, sem precisar motivar sua iniciativa, vendo liquidadas as suas quotas; basta notificar os demais sócios com antecedência mínima de 60 dias. O mesmo direito de recesso é garantido quando haja sociedade

---

[8] MAMEDE, Gladston. *Direito empresarial brasileiro*: direito societário: sociedades simples e empresárias. 4. ed. São Paulo: Atlas, 2010. v. 2, capítulo 13, seção 4.5 (Penhor de quotas), e capítulo 19, seção 6.1 (Penhor de ações).

contratada por prazo ou termo certo, ainda não transcorrido. No entanto, o exercício desse direito de retirar-se faz-se judicialmente, provando a justa causa para o recesso, segundo a letra do mesmo artigo 1.029.

> Nas sociedades contratuais (sociedade em nome coletivo, sociedade em comandita simples e sociedade limitada), a cessão de quotas, de um sócio para outro ou para um terceiro, estranho à sociedade, exige a alteração do contrato social, devidamente arquivada no Registro Público, fazendo constar a nova composição societária.

A sociedade limitada tem suas regras próprias. Assim, a transferência entre vivos é regrada pelo artigo 1.057 do Código Civil, segundo o qual a transferência independe de *audiência* dos demais sócios. Já a cessão a terceiro, estranho ao corpo social, pode merecer a oposição de sócios que representem mais de 25% do capital social; se isso ocorrer, a cessão não poderá se concluir. Portanto, a opção do Código Civil foi tornar a sociedade limitada *intuitu personae*, embora não de forma absoluta: não é necessária a aprovação de todos os demais sócios, mas é possível a oposição por aquele(s) que detenha(m) mais de 25% do capital social. Essas disposições legais aplicam-se aos contratos que sejam silentes sobre o tema. É lícito prever a necessidade de aprovação unânime, criando uma sociedade inteiramente *intuitu personae*, assim como se pode prever não ser necessária a aprovação, criando uma sociedade *intuitu pecuniae*. Também é possível criar parâmetros próprios, como a previsão de um percentual diverso (60%, um terço ou outro qualquer), necessidade de aprovação pela maioria dos demais sócios, independentemente de sua participação no capital social etc. Outra figura de estipulação comum é a previsão do direito de preferência, nas mesmas condições, em relação a terceiros. A solução mais comum é prever a regular cessão *causa mortis*, ou seja, que diante da morte do sócio suas quotas serão transferidas à meeira e/ou ao herdeiro ou herdeiros, independentemente da anuência dos demais sócios, ao passo que, em relação a terceiros, prevejam-se limitações. De qualquer sorte, tais previsões criam uma limitação legítima para o direito de livre disposição dos títulos societários. Neste sentido, leia-se adiante o caso para ilustração [*Plastseven Indústria e Comércio Ltda.*].

> Exemplo de Cláusula – Em reunião prévia, os acionistas que, no conselho familiar, representam as famílias SILVA, SANTOS, OLIVEIRA [e...] indicarão aqueles que ocuparão cargos na administração [e conselhos] da sociedade[9]. Os pactuantes, de todas as famílias, comprometem-se a usar o poder de seus votos para a eleição dos indicados na reunião/assembleia de sócios.[10]

---

[9] Sendo o caso: "... e/ou de suas controladas...".

[10] É possível acrescentar, em parágrafo: "*Se a família quiser destituir [e/ou substituir] seu(s) indicado(s), comunicará às demais famílias para que o poder de seus votos seja usado para tanto*".

Já as sociedades por ações estão submetidas a uma ampla negociabilidade, já que são, por definição, sociedades constituídas *intuitu pecuniae*. Essa ampla possibilidade de negociação das ações é facilitada pelo fato de que a transferência não implica prática de atos no Registro Público: a transferência das ações opera-se por termo lavrado no *livro de transferência de ações nominativas*, datado e assinado pelo cedente e pelo cessionário, ou seus legítimos representantes; se a transferência deu-se em bolsa de valores, o cessionário será representado, independentemente de instrumento de procuração, pela sociedade corretora, ou pela caixa de liquidação da bolsa de valores. Segue-se a averbação no *livro de registro de ações nominativas*. Se a transferência resulta de transmissão por sucessão universal ou legado, de arrematação, adjudicação ou outro ato judicial, ou por qualquer outro título, somente se fará mediante averbação no *livro de registro de ações nominativas*, à vista de documento hábil, que ficará em poder da companhia.

Para as *holdings* familiares, o artigo 36 da Lei 6.404/76 proporciona uma excelente oportunidade jurídica, na medida em que admite ao estatuto da companhia fechada a imposição de limites à circulação das ações. A norma, contudo, exige que essas limitações sejam minuciosamente reguladas e que, ademais, não traduzam, direta ou indiretamente, uma proibição de negociação, o que implicaria retirar do título uma das faculdades próprias de seu caráter patrimonial econômico, além de sujeitar o acionista a uma associação perene (vedada pelo artigo 5º, XX, da Constituição) ou determinar uma situação análoga à expropriação dos valores relativos à *propriedade* da ação (violando o artigo 5º, XXIII, da Constituição). O artigo 36 ainda veda que as limitações estatutárias à circulação das ações assumam contorno tal que acabem por sujeitar o acionista ao arbítrio dos órgãos de administração da companhia ou da maioria dos acionistas. Por fim, estabelece que a limitação à circulação, se prevista em alteração estatutária, somente se aplicará às ações cujos titulares com ela expressamente concordarem, o que será averbado no *livro de registro de ações nominativas*.

Nesse quadro, a situação mais comum é a previsão de um direito de preferência para os próprios acionistas, a quem as ações deverão ser oferecidas primeiro – em igualdade de condições (preço, prazo de pagamento etc.). De qualquer sorte, como em muitos casos se verifica que a cessão das ações, apesar de possível, não é viável, em face das particularidades da própria sociedade, a jurisprudência evoluiu para aceitar a dissolução parcial da companhia, apesar de não haver previsão legal nesse sentido, quando se verifique que a companhia não está atendendo aos interesses legítimos do acionista e a cessão das ações é, na prática, inviável, nomeadamente por se tratar de sociedade familiar. Neste sentido, o Agravo Regimental no Recurso Especial 1.079.763/SP, julgado pela Segunda Seção do Superior Tribunal de Justiça.

7 Outras cláusulas e ônus

O artigo 40 da Lei 6.404/76 ainda aceita que ações sejam objeto de alienação fiduciária em garantia, tipo contratual no qual a propriedade resolúvel do bem garantidor de uma obrigação, bem como sua posse indireta, ficam com o credor, ao passo que o devedor fiduciário, assumindo a posição de fiel depositário, conserva a posse direta do bem garantidor. A operação poderá ser constituída mesmo quando o bem alienado fiduciariamente já pertencia ao patrimônio do devedor, conforme a Súmula 28 do Superior Tribunal de Justiça. A propriedade fiduciária é resolúvel e, assim, paga a obrigação, resolve-se o domínio do credor e o bem passa à titularidade do devedor. A operação tem diversas implicações que fogem ao objeto deste estudo. De qualquer sorte, deve-se destacar que também deverá ser anotada no *livro de registro de ações nominativas*.

> Exemplo de Cláusula – O objeto social exclusivo da presente sociedade é titularizar a participação societária, exercendo as respectivas faculdades e obrigações, da(s) sociedade(s)...[11],...[12]. A presente sociedade não terá qualquer outra atividade e não participará de qualquer outra sociedade[13].

O mesmo artigo 40 permite a constituição de fideicomisso sobre ações. Portanto, é lícito ao acionista instituir, por testamento, herdeiros ou legatários para as ações, estabelecendo que tais herdeiros ou legatários – chamados, no contexto do instituto, de *fiduciários* – conservarão a titularidade resolúvel dos títulos sociais até (1) a sua morte, (2) até a verificação de certo termo ou prazo ou (3) sob certa condição, quando as ações serão transmitidas a outra pessoa, chamada *fideicomissário*, que é aquele a favor de quem a titularidade se resolve. O fiduciário terá a titularidade das ações, até a realização da condição (seja a sua morte, seja outra condição).

Por fim, o artigo 40 refere-se a *outras cláusulas e ônus* que também aceita sejam instituídos sobre a ação, determinando para todos a averbação no *livro de registro de ações nominativas* ou no livro da instituição financeira depositária, se ação escritural. Assim, a penhora das ações, o seu arresto, a promessa de venda, o pacto de preferência etc.

---

[11] Não é preciso listar e, assim, teríamos uma sociedade de participação que teria títulos de sociedades diversas, adquirindo e/ou cedendo quotas ou ações. No modelo, contudo, há uma opção e o seu uso não é raro.

[12] Já encontramos a seguinte previsão: "... mantendo, direta e permanentemente, pelo menos 51% do capital votante...". Uma postura ortodoxa, percebe-se.

[13] Esse tipo de cláusula tem por finalidade afastar riscos operacionais de uma sociedade de participação, preservando-a para a finalidade de controle. É usada por quem prefere personificar (ou, como se está a dizer, *pejotizar*) um acordo de controle.

12

Relações societárias em família

1 Parente, não! Sócio!

É impressionante. Sempre que o assunto *holding* familiar surge, toda atenção volta-se para duas questões predominantes: sucessão e tributo. São questões importantes, não há dúvida. Mas não tanto. Ou melhor: mas não só. Aliás, é um erro grave dar excessiva atenção a tais aspectos sem considerar os demais impactos jurídicos e comportamentais que a constituição da pessoa jurídica (ou *pejotização*, como querem alguns) irá criar sobre aqueles que forem alcançados pela iniciativa. É usual que os envolvidos deem realce aos cenários desafiadores que levam à constituição de uma *holding* familiar, mas deixem de dar atenção aos impactos que decorrerão de sua constituição. Ao lançar mão de uma série de medidas para o planejamento jurídico, é preciso cuidar dos resultados, observar o cenário que irá suceder à fase anterior, entre os quais está justo o programa que se estruturou e implantou. Recomenda-se trabalhar para afastar incertezas e dar esclarecimentos para que as posturas dos envolvidos sejam compatíveis com a nova fase. Também isso contribui para uma performance ótima do equipamento constituído. Nunca se esqueça: novos modelos combinam experiências variadas.

O que mais deveria preocupar os envolvidos é a sociedade em si: a constituição de uma *holding* familiar opera transformações na natureza das relações jurídicas e isso tem fortes implicações sobre os envolvidos. Os membros da família assumem a condição de sócios e suas relações entre si, bem como suas relações com terceiros, se concretizam segundo tal baliza. E, sim, quando esse processo é malconduzido – nomeadamente a condução leviana que, infelizmente, é comezinha –, pode-se chegar a um cenário de guerra. Sim! Uma família pode se destruir ou, preferindo, pode se implodir como resultado de um processo de pejotização, com o perdão do neologismo reiterado. O equipamento jurídico e seu funcionamento podem retirar algumas pessoas de sua zona de conforto, resultando em fratura nas cadeias interpessoais, o que dá margem à eclosão de desconfianças, ressentimentos, conflitos. Na condição de arquiteto desse avanço tecnológico, o advogado deve prever a possibilidade de turbulências e atuar para que haja uma prevenção orgânica: aportes regulares de informações, atenção e resposta para eventuais dúvidas e resistências, resolver problemas que podem resultar de coisas simples como desinformação, medo, baixa capacidade analítica. Ele é o artífice que lidera o processo e deve aprender a olhar as pessoas e revelar compreensão, além de agilidade para ajudar.

> Exemplo de Cláusula – As convocações para reuniões ou assembleias serão realizadas...[1], com antecedência de no mínimo 5 (cinco) dias da data prevista. Deverão especificar data, hora, local e pauta, acompanhada de material de apoio que facilite a compreensão dos temas em discussão e deliberação, sempre que mais complexos[2].

> Exemplo de Cláusula – As deliberações da reunião/assembleia[3] de sócios que devam produzir efeitos perante terceiros constarão de atas[4], na forma da legislação, sendo arquivadas na Junta Comercial[5].

Um dos incômodos mais comuns está na alteração da titularidade dos bens como resultado do processo de integralização do capital da *holding*. Não são mais eles (pessoas naturais) os proprietários de bens móveis e imóveis, nem os titulares de direitos e créditos, mas a *holding* (pessoa jurídica). Não é mais a minha fazenda, a minha loja, a minha fábrica (e, nessas horas, percebe-se com facilidade

---

[1] Pode-se prever de formas mais onerosas, como publicação em imprensa, a forma mais simples, como telegrama, *e-mail*, notificação pessoal com assinatura em livro de protocolo. Será sempre indispensável, entrementes, comprovar que se assegurou aos sócios a ciência inequívoca sobre o evento.

[2] Essa previsão não precisa estar no ato constitutivo e, assim, ser levada a registro público. Afinal, não é obrigatória, nem precisa produzir efeito sobre terceiros. Pode constar de plataforma normativa secundária, a exemplo de um acordo de sócios, deliberação da reunião ou assembleia de sócios. Pode mesmo constar de plataforma normativa terciária, isto é, norma emanada da administração societária.

[3] A previsão, nas sociedades anônimas, pode limitar-se ao Conselho de Administração.

[4] A forma correta de o fazer é ter a sociedade um livro próprio: um livro de atas da reunião/assembleia de sócios.

[5] Há normas que estabelecem, para maior segurança, a publicação do ato.

o poder psicológico dos pronomes possessivos: meu, meu, meu!). Em inúmeras situações, ser dono e sentir-se dono assume o contorno de propósito de vida; é elemento que compõe *o seu quentinho*, que conforta e alenta. Numa sociedade e ideologia como a que vivemos – aquela na qual fomos criados –, a propriedade exerce um papel assustadoramente fundamental e central: *é meu! está no meu nome*. A maioria sempre quis ser proprietária (disso, daquilo e daquil'outro) e se emociona ao limite da festa com *a primeira aquisição*. Não é só um *traço de personalidade*; é uma marca sociológica e, assim, influencia na vitalidade individual. E reconhecer esse engajamento ideológico com a propriedade privada auxilia a assimilar o drama que pode se verificar entre alguns.

Constituída a *holding*, o proprietário dos bens familiares passa a ser a pessoa jurídica. Seus membros, seus sócios – aqueles que, antes, seriam os proprietários dos bens incorporados – serão titulares de quotas ou ações. Não se exercem direitos de propriedade, nem atos de propriedade; exercem-se direitos e atos de sócio. Aliás, nunca é demais recordar que a confusão patrimonial é uma das hipóteses de desconsideração da personalidade jurídica, prevê o artigo 50 do Código Civil. Como se não bastasse, cumprem-se deveres de sócios. As naturezas jurídicas das relações (propriedade e sociedade) são completamente diversas. Pensado por esse ângulo, aquele mal-estar por *perder a propriedade* se justifica em parte; está sendo perdida, sim. Haverá relação jurídica de natureza diversa. Deve-se aceitar isso.

Mas o desafio não para por aí. No âmbito da família, são pai, mãe, avós, filhos, irmãos, tios, sobrinhos. Com a constituição da *holding*, são sócios. Isso quer dizer que relações que eram familiares tornam-se juridicamente relações societárias, com regime fundado no Código Civil e/ou na Lei de Sociedades por Ações. Não é algo simples. Cria-se um cenário que exige mais atenção por parte de cada um dos envolvidos e, principalmente, preparação e organização por parte do advogado. Isso inclui o foco em questões tormentosas como o peso da participação societária nas deliberações, quóruns mínimos, dever de fidúcia social, distribuição de dividendos, existência de obrigações e deveres estranhas à condição familiar etc. Temos notícias de famílias que entraram em guerra quando um ou mais filhos (ou netos) disseram: *sou sócio, é meu direito*. O patriarca argumenta: *mas eu sou o dono*! Não! Não é. Houve uma mudança com a qual se consentiu. Houve uma mudança com a qual todos acordaram. Houve uma mudança à qual todos se vincularam juridicamente, prova-o o contrato social ou o estatuto social, devidamente levado a registro público. Temos notícia, inclusive, de equipamentos mal pensados dos quais resultaram *tomadas de controle*: um ou mais membros da família perceberam que combinando seus votos poderiam assumir o comando da sociedade e do patrimônio.

> Exemplo de Cláusula – Os termos "inclusive", "incluindo", "incluído", "inclui", bem como de suas derivações ou vocábulos similares, quando utilizados em cláusulas/artigos deste ato, devem ser interpretados como exemplificativos e nunca restritivos, a implicar a ideia de "entre outros".

As grandes perguntas são: (1) vocês estão preparados para serem sócios e não donos? (2) Estão preparados para serem sócios e não pais, irmãos, primos etc.? O advogado a formula e, no geral, todos gritam que sim, entusiasmados e, não raro, ignorantes das implicações dessa adesão. No cotidiano, não são todos os que revelam disposição e qualidades para tanto. E também nisso há um desafio para o profissional do Direito. A tecnologia do Direito Societário é mais complexa que o cotidiano habitual das famílias e, portanto, é indispensável preparar o ambiente para assegurar o sucesso da intervenção jurídica, vale dizer, do planejamento levado a cabo. Há que trabalhar para ajustar as expectativas individuais, acomodando-as às novas condições, expondo atrativos e vantagens que justifiquem o reposicionamento das relações. Há que se trabalhar para evitar equações indesejadas, como as que permitem a tomada do controle, ainda que seja assumindo o custo fiscal de doações com constituição de usufruto. Há que se criar capítulos normativos que demandem cumprimento de boas condutas societárias, boas práticas administrativas e consciência corporativa. Tudo isso pode ser objeto de regulamentação, não se pode esquecer. Tudo isso é matéria jurídica: pode se tornar norma jurídica individual, válida e eficaz.

No âmbito de uma investigação sobre *holdings* familiares, o tema das relações entre sócios pode ser compreendido em dois planos diversos. Num plano interno, colocam-se as relações que os sócios da *holding* mantêm entre si, reiterando-se o que já se disse anteriormente: a partir da alocação do patrimônio familiar como patrimônio de uma sociedade, por meio de integralização do capital desta, as relações jurídicas pertinentes a esse patrimônio deixam de ser familiares e passam a ser empresariais ou, mais precisamente, societárias. A investigação dessa dimensão *interna corporis* da *holding* é essencial, certo que diz respeito ao relacionamento de seus sócios, suas faculdades e seus deveres.[6] Sócios, repetimos e destacamos. Na vivência societária, não são parentes, mas sócios. E votam em conformidade com o ato constitutivo. Não importa se, na família, são pais, cônjuges, filhos: atuam e votam como sócios. Então, como já narrado, há histórias de empresas que foram tomadas pelos filhos em reunião ou assembleia de sócios. É preciso tomar cuidado,

---

[6] As plataformas normativas que definem uma pessoa jurídica, em seus três níveis (primário, secundário e terciário ou, querendo-se, principal, acessório e lateral) e em três dimensões (de existência, de funcionamento e de atuação), como demonstramos em MAMEDE, Gladston; MAMEDE, Eduarda Cotta. *Estruturação Jurídica de Empresas*: alternativas da tecnologia jurídica para a advocacia societária. Barueri: Atlas, 2024.

sempre. É preciso alertar. É preciso calcular com atenção e executar com cuidado. Trocando em miúdos, não há modelo único de contrato social ou estatuto social para *holdings* familiares. A cada família, a cada patrimônio, correspondem temas diversos, riscos diversos, perspectivas diversas e, portanto, fazem-se necessárias cláusulas diversas. Perceber e atender a isso é requisito de excelência.

Por outro ângulo, divisa-se um plano diverso, no qual se listam as relações que a *holding*, na sua condição de sociedade de participação, manterá com as sociedades nas quais tenha participação societária. Neste plano, destacam-se as relações mantidas entre sociedades, igualmente relevantes para este estudo. Será este o tema de estudo deste capítulo: as relações societárias *ad intra* (entre os sócios da *holding*) e *ad extra* (entre a *holding* e as sociedades nas quais detém participação societária).

Relações societárias

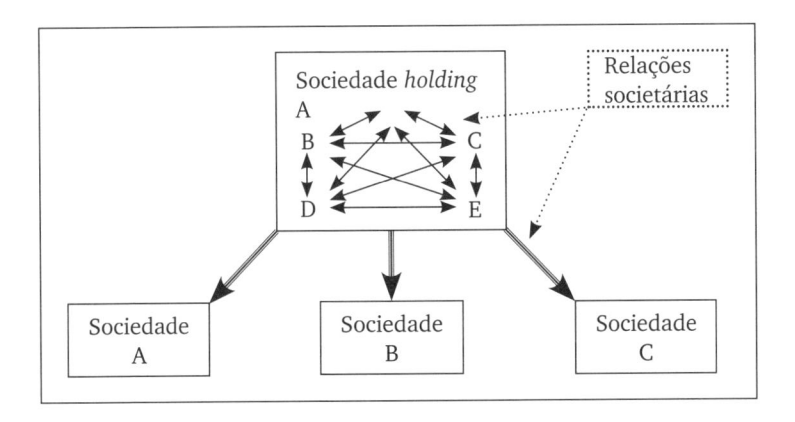

Principiaremos pelo exame das relações societárias *ad intra*, abordando o problema de cônjuges sócios, tema vital para a constituição de *holdings* familiares.

2 Cônjuges

Conta Anacleto de Oliveira Faria que a Junta Comercial do então Distrito Federal (a cidade do Rio de Janeiro), em 1927, criou uma celeuma ao negar o registro a uma sociedade mercantil que teria por sócios marido e mulher, causando um debate que envolveu o Instituto dos Advogados do Brasil (a OAB somente seria criada na década seguinte)[7], que em sessão realizada naquele mesmo ano chegou à conclusão, sob a relatoria de Izidoro Campos, de que "perante os princípios

---

[7] Conferir: MAMEDE, Gladston. *A advocacia e a Ordem dos Advogados do Brasil*. 6. ed. São Paulo: Atlas, 2014; p. 397 e ss.

legais e doutrinários, a constituição de sociedade mercantil composta de marido e mulher, casados sob o regime de comunhão, não é legítima".[8] Ainda segundo Faria, a decisão da Junta Comercial e o parecer não alcançaram unanimidade, obtendo apoio de Carvalho de Mendonça, Valdemar Ferreira e Spencer Vampré, mas o combate de Antônio Pereira Braga, refletindo uma divergência que também existiria na França, onde os tribunais também afirmaram tal impossibilidade, com apoio de juristas como Colin e Capitant, George Ripert e Beudant, embora com a discordância de outros tantos, entre os quais Lyon Caen e Renault, Planiol e Ribert, Thaller e Percerou, Escarra. Posteriormente, as juntas, evitando o debate, simplesmente passaram a aceitar a sociedade entre cônjuges, mesmo se casados no regime de comunhão universal.[9] O debate, contudo, renasceu com a edição do vigente Código Civil, em cujo artigo 977 afirmou-se a faculdade de os cônjuges contratarem sociedade entre si, ou com terceiros, "desde que não tenham casado no regime da comunhão universal de bens, ou no da separação obrigatória".

A constituição de *holdings* familiares, no Brasil, encontra uma dificuldade no artigo 977 do Código Civil que, embora afirme a faculdade de os cônjuges contratarem sociedade entre si, ou com terceiros, impede essa contratação se estiverem casados no regime da comunhão universal de bens, ou no da separação obrigatória. A primeira coisa que se afere do dispositivo é a permissão para que pessoas casadas contratem sociedade com terceiros, faculdade essa cujo exercício independe da autorização do respectivo cônjuge. Portanto, não há falar em outorga conjugal, certo que o outro cônjuge não pode se opor à subscrição de quotas ou ações ou, até, ao seu recebimento em negócio oneroso, a exemplo da aquisição. Essencialmente, a participação numa sociedade, contratual ou estatutária, é direito pessoal e, assim, não é um daqueles atos jurídicos que necessitem da autorização prevista no artigo 1.647 do Código Civil, excetuado se, para a integralização do capital social, for necessário transferir ou gravar de ônus real os bens imóveis, hipótese em que a autorização será obrigatória, não por se tratar de contratação de sociedade, mas por força do inciso I daquele artigo 1.647.

> Exemplo de Cláusula – O poder de voto da *holding* será exercido, nas sociedades ou fundos de que participar, bem como nos negócios de que venha a tomar parte, para que sejam eleitos administradores pelos critérios de competência, experiência e formação profissional, pautando sua manutenção ou substituição em função do desempenho no cargo e as respectivas produtividade e contribuição para o sucesso dos empreendimentos, além do indispensável respeito às normas do Direito Brasileiro.

---

[8] O parecer foi publicado, na íntegra, na *Revista Forense*, n. 50, em sua página 12.
[9] FARIA, Anacleto de Oliveira. Sociedade comercial entre cônjuges. *Revista Forense*. Rio de Janeiro, vol. 178, ano 55, jul./ago. 1958, p. 469-470.

Mudando a perspectiva, observa-se que o artigo 977 do Código Civil licencia que cônjuges constituam sociedade entre si, mesmo quando inclua a participação de terceiros, se o casal for casado pelo regime da comunhão parcial de bens, regime de participação final nos aquestos e regime de separação de bens (desde que não se trate de regime obrigatório, por força do artigo 1.641 do Código Civil). Essa contratação não afeta as relações patrimoniais concernentes ao casamento, que não são prejudicadas pelo fato de os cônjuges terem constituído relações societárias que superem as relações familiares. Mais do que isso, o artigo 977 é expresso ao se referir à *contratação da sociedade*. Assim, aplica-se às sociedades contratuais, ou seja, à sociedade em nome coletivo, à sociedade em comandita por ações e à sociedade limitada. Não se aplica às sociedades estatutárias, acreditamos, certo que nessas não há *contratação de sociedade*, fugindo à hipótese do artigo 977, bem como ao seu contexto legislativo. A sociedade anônima e a sociedade em comandita se regulam pela Lei 6.404/76, que não faz qualquer restrição ao fato de cônjuges serem sócios entre si, incluindo ou não terceiros, sendo indiferente o regime de bens de seu casamento.

Não vemos nenhum problema em se tratar de uma sociedade bifronte, familiar e mercantil, o que em nada surpreende o Direito e a sociedade nos contornos econômicos contemporâneos, apesar da resistência de Valdemar Ferreira, outrora, narrada por Faria que, por seu turno, ainda levanta outro aspecto que, atualmente, mostra-se irrelevante: o fato de a sociedade negocial entre marido e mulher constituir uma modificação do regime de separação de bens.[10] As objeções refletem, por certo, o estágio mercantil, econômico e sociológico da sociedade de então, com uma compreensão excessivamente sacra do casamento, por um lado, e uma visão econômica muito pobre da realidade. O desenvolvimento social e econômico que a sociedade brasileira experimentou a partir da década de 1960, a reboque do restante do mundo, simplesmente afastou as balizas desse universo, criando um outro contexto no qual o casamento perdeu muito de seu aspecto sagrado, estando muito próximo de uma união civil laica e, em muitos casos, temporária, ao passo que o ser humano passou a ser, essencialmente, econômico: um *ser no mercado*; um *homo economicus*.

No entanto, vige a proibição de os cônjuges, casados em comunhão universal ou em separação obrigatória de bens, contratarem sociedade entre si. O artigo 977 simplesmente veda a constituição da sociedade, a partir de patrimônios que

---

[10] FARIA, Anacleto de Oliveira. Sociedade comercial entre cônjuges. *Revista Forense*. Rio de Janeiro, vol. 178, ano 55, jul./ago. de 1958, p. 472. Basta recordar, a propósito, que o autor arrola entre os argumentos contrários à sociedade mercantil entre cônjuges (em qualquer regime de bens) a *quebra do princípio da hierarquia familiar*, então disposto no artigo 233 do Código Civil de 1916, segundo o qual o marido seria o cabeça do casal, *cabendo-lhe a direção da sociedade conjugal*. Isso seria um absurdo, entendia-se: "Ora, a sociedade entre um e outro alteraria por completo a organização familiar, igualando marido e mulher, dando a ambos iguais e plenos direitos na atuação comercial". (*loc. cit.*)

se comunicam (comunhão de bens) ou de patrimônios que não podem, em função de lei, comunicar-se. Lembre-se que o regime da separação obrigatória de bens alcança as hipóteses arroladas no artigo 1.641 do Código Civil, vale citar: (1) pessoas que se casem com inobservância das causas suspensivas da celebração do casamento; (2) quando qualquer dos cônjuges tenha mais de 70 anos (redação dada pela Lei 12.344/2010); (3) quando o casamento dependa de suprimento judicial.

3 Sócio incapaz

As sociedades podem ter sócios que sejam incapazes, absoluta ou relativamente. A Lei 12.399/11 alterou o Código Civil para acrescentar um § 3º ao seu artigo 974, prevendo que o Registro Público de Empresas Mercantis a cargo das Juntas Comerciais deverá registrar contratos ou alterações contratuais de sociedade que envolva sócio incapaz, desde que atendidos, de forma conjunta, os seguintes pressupostos: (1) o sócio incapaz não pode exercer a administração da sociedade; (2) o capital social deve ser totalmente integralizado; (3) o sócio relativamente incapaz deve ser assistido e o absolutamente incapaz deve ser representado por seus representantes legais.

Como se sabe, a incapacidade civil absoluta impede a prática pessoal de atos jurídicos, sendo nulos os atos praticados pessoalmente pelo incapaz (artigos 3º e 166, I, do Código Civil); o absolutamente incapaz pratica atos jurídicos por meio de um representante. Tem-se, ainda, a incapacidade civil relativa (artigo 4º do Código Civil), situação na qual a pessoa pode praticar, pessoalmente, atos jurídicos, mas a validade desses está condicionada à assistência por seus pais ou tutor (maiores de 16 e menores de 18 anos) ou o curador (interditados), devendo-se respeitar, aqui também, as regras legais que buscam proteger os incapazes. Sem a assistência legal, o ato praticado pelo relativamente incapaz poderá ser anulado (artigo 171, I, do Código Civil), embora se aceite que o ato praticado sem assistência seja posteriormente ratificado.

Note-se, contudo, que as restrições legais cunhadas para a proteção das pessoas que revelam incapacidade absoluta ou relativa estão dirigidas para o plano da prática de atos civis e não para o plano da titularidade de bens e direitos. Consequentemente, no plano da Teoria Geral do Direito, não se veda aos incapazes a titularidade de quotas ou ações de sociedades. O sócio é apenas o titular de quotas (quotista) ou ações (acionista); é a sociedade quem pratica atos de empresa. Portanto, incapazes podem (1) receber quotas ou ações em doação, (2) adquirir onerosamente quotas ou ações e, até, (3) ingressar numa sociedade quando de sua constituição, subscrevendo e integralizando seu capital social. Basta que os atos societários sejam praticados pelo representante, se absoluta a incapacidade, ou que haja assistência de pai, tutor ou curador, se incapacidade relativa.

Se há incapacidade superveniente ou se ao incapaz toca, por herança, uma participação societária, situações diversas ocorrem conforme se tenha sociedade *intuitu personae* ou *intuitu pecuniae*. Nessas últimas, a livre circulação dos títulos conduz à plena sucessão na titularidade das quotas ou ações. Já nas sociedades *intuitu personae*, essa sucessão deverá submeter-se às regras limitadoras da transferência de títulos, se não houver regra no contrato social que assegure a sucessão hereditária legítima, o que é comum e recomendável. Assim, na sociedade simples em comum, na sociedade em nome coletivo e na sociedade em comandita simples, o incapaz deverá ser aceito pelos demais sócios (unanimidade), sendo que não poderá assumir a condição de sócio comanditário, já que implica administração da sociedade. Aliás, o artigo 1.030 do Código Civil expressamente permite a exclusão judicial do sócio por incapacidade superveniente. Nas sociedades limitadas, não há norma específica, mas deve-se aceitar o parâmetro posto no artigo 1.057, ou seja, a atribuição da faculdade de oposição a sócio(s) que detenha(m) mais de 25% do capital social.

> Exemplo de Cláusula – A contratação pela sociedade[11], a qualquer título[12], de parentes dos sócios, consanguíneos, por adoção ou por afinidade, bem como cônjuge ou convivente, pressupõe atender requisitos de mercado, como graduação ou pós-graduação universitária na respectiva área de conhecimento ou experiência profissional relevante em outras empresas[13], sem prejuízo de eventuais exigências legais.

Por fim, deve-se atentar para a previsão inscrita no artigo 974, § 2º, do Código Civil, segundo o qual obrigatoriamente haverá um limite de responsabilidade entre o patrimônio do incapaz e as obrigações da empresa, que, em relação a si, estarão garantidas apenas pelo que não seja estranho ao acervo da empresa ou ao que seja resultado dos lucros distribuídos, mesmo que se trate de sociedade sem limite de responsabilidade (sociedade em nome coletivo, por exemplo), ou, ainda, na hipótese de desconsideração da personalidade jurídica, como previsto no artigo 50 do Código Civil ou no artigo 28 do Código das Relações de Consumo (Lei 8.078/90).

---

[11] Sendo o caso: "... *ou por sociedades das quais participe...*". Mais amplo, a não envolver só pessoas jurídicas: "... *para atuar em empreendimentos dos quais participe...*".

[12] Pode-se especificar; o mais comum é limitar a cargos de administração ou gerência. Da forma em que está, inclui relação de emprego, prestação autônoma de serviços, fornecimento de bens etc.

[13] Pode-se ampliar ou reduzir tais requisitos, obviamente. Há casos em que se usou de incisos para listar um número maior de exigências. Também é possível prever "... *previa aprovação pelo conselho de familiar...*" ou parâmetros semelhantes.

4 Faculdades e obrigações sociais

O estabelecimento de uma sociedade (a incluir a *holding*) implica a definição de faculdades e obrigações para os seus membros, isto é, para os sócios. Nas sociedades contratuais, essas obrigações são recíprocas: todos os sócios são contratantes entre si. Como não bastasse, a tradição jurídica reconhece, mesmo nessas sociedades, haver obrigações de cada sócio para com a pessoa da própria sociedade. Trata-se de um reflexo da compreensão institucionalista que, no Direito Societário, casa-se melhor com as sociedades por ações (a exemplo das associações), onde faculdades e obrigações não se afirmam em relação aos demais membros (conferir artigo 53, parágrafo único, do Código Civil), mas em relação à instituição, ou seja, à sociedade criada, nos termos do estatuto social.

Essas obrigações e faculdades mútuas, tanto dos sócios, como da própria sociedade, têm por elemento comum a finalidade que a lei definiu para as sociedades: não importa qual seja o seu objeto de atuação, sua finalidade é econômica e sua razão de ser é a produção de vantagens pecuniárias (lucro) que possam ser apropriadas pelos sócios. Para outras finalidades há outras figuras jurídicas, a exemplo das associações ou das fundações. A sociedade, não. Ela reúne pessoas com a finalidade específica de realizar uma determinada atividade econômica, visando ao estabelecimento de lucro e sua distribuição para os sócios. O fundamento do investimento, da manutenção de valores na sociedade, é este.

Princípios elementares do Direito Societário	→ A personalidade da sociedade é distinta das personalidades de seus sócios
	→ O patrimônio da sociedade é distinto dos patrimônios de seus sócios
	→ A existência da sociedade é distinta das existências de seus sócios

Essa finalidade é cumprida pela sociedade, que é uma pessoa jurídica e, portanto, um ente com personalidade, patrimônio e existência distintos de seus sócios, sejam pessoas físicas ou jurídicas. Reside aqui a grande dificuldade prática enfrentada nas *holdings* familiares, cabendo aos operadores do Direito, da Contabilidade e da Administração de Empresas alertar seus clientes: com a transferência do patrimônio para a sociedade patrimonial, integralizando o seu capital, os bens passam a ser de propriedade da *holding* e não de seus sócios. Os sócios são titulares das quotas ou ações da *holding*, conforme se trate, respectivamente, de sociedade contratual ou sociedade institucional. Portanto, o sócio se relaciona com os demais sócios e com a sociedade titular do patrimônio. A personalidade jurídica da sociedade não se confunde com a personalidade jurídica dos sócios. Um sócio pode negociar com a sociedade, como exemplo. O patrimônio da sociedade não se confunde com o patrimônio dos seus sócios. As dívidas da sociedade não são dívidas dos sócios (embora possa haver responsabilidade subsidiária, conforme o tipo societário), da mesma maneira que as dívidas dos sócios não são dívidas da sociedade. A existência da sociedade não se confunde com a existência dos sócios. Os sócios podem morrer e a sociedade perdurar.

Nesse sentido, os membros da família, diante da constituição de uma *holding*, precisam compreender que, mais do que cônjuges, filhos, pais, irmãos, primos etc., são sócios. Seus interesses, seus direitos, seus atos devem considerar as leis que pautam o Direito Societário, bem como as normas que constem do ato constitutivo, ou seja, do contrato social ou estatuto social. Nos limites da lei, o ato constitutivo define as relações entre os sócios, regrando a maneira pela qual serão resolvidos os assuntos internos da sociedade. Todos os sócios e, eventualmente, administradores não sócios estão obrigados a respeitar não apenas a lei, mas as regras inscritas no contrato social ou no estatuto social. E os conflitos havidos entre eles irão se resolver segundo esses mesmos parâmetros.

Entre os deveres gerais de todos os sócios, em qualquer sociedade, está o comprometimento com a sociedade, não apenas respeitando o contrato social, mas atuando a bem dos interesses da sociedade, não se admitindo que o exercício do seu poder de voto se faça sobrepondo seu próprio interesse ao interesse da coletividade. Se aceita atuar em sociedade, o sócio não pode pretender que o seu interesse privado seja superior e predominante ao interesse da sociedade (a pessoa jurídica) e sua coletividade social (os demais sócios). Justamente por isso, tanto o Código Civil, quanto a Lei 6.404/76, trazem normas que reprimem a atuação do sócio em conflito de interesses com a sociedade. Contudo, essa repreensão não é tão ampla que impeça o sócio de votar em si mesmo para a administração societária. Julgando o Agravo de Instrumento 990.10.005287-0, a Segunda Câmara de Direito Privado do Tribunal de Justiça de São Paulo manifestou o entendimento que o fato de um acionista votar em si mesmo para diretor de uma sociedade anônima não constitui, em princípio, o conflito de interesses previsto no artigo 115 da Lei 6.404/76. Realce-se, no entanto, que o relator, Desembargador Morato de Andrade, no corpo de seu voto, ressaltou estar claro "que circunstâncias especiais poderão levar à conclusão de que, em determinado caso, a eleição não será válida, por força de motivos graves, concretos e comprovados que evidenciem a incompatibilidade do candidato com o exercício do cargo, o que por ora não se tem na hipótese dos autos".

> Exemplo de Cláusula – É dever da administração societária manter uma política de baixo custo na condução da *holding*, devendo apresentar relatórios...[14] em que especifiquem todas as despesas, gastos e desembolsos. Qualquer sócio poderá examinar, a qualquer momento, os documentos societários e/ou pedir esclarecimentos ao administrador e/ou ao contador.[15]

---

[14] Anuais, semestrais, trimestrais...

[15] A previsão se torna um pouco mais agressiva, mas bem mais eficaz, se traz o parágrafo: *"A omissão de informação caracteriza ilícito social, com multa de R$... (... reais), sem prejuízo da responsabilidade civil do administrador e/ou do contabilista por danos de qualquer natureza"*.

O sócio deve agir cumprindo com suas obrigações sociais e atuando a bem da realização do objeto social e da concretização de resultados positivos, respeitados os direitos de todos os demais sócios. Esse comprometimento traduz-se, inclusive, no respeito ao *affectio societatis*, ou seja, o esforço para manter comportamento afeito à vida social, revelando ânimo para a sua manutenção. Todo sócio está obrigado a atuar, por ações e omissões, a bem da sociedade e da coletividade social. Isso não quer dizer que os sócios não possam ter conflitos entre si. Podem sim. O conflito é um direito do sócio, embora limitado pelo dever de convivência e de atuação a favor da sociedade. Esse conflito pode expressar-se nos debates, nas votações e, eventualmente, até mesmo no exercício de pretensões judiciais. Mas tais conflitos devem decorrer respeitando a harmonia social, ou seja, os parâmetros da boa convivência social e, ademais, visando ao melhor para a sociedade.

Se esses limites são vencidos, a perda da *affectio societatis* poderá conduzir à exclusão do sócio, pela sociedade e pelos demais sócios, ou ao exercício do direito de retirada (recesso) pelo sócio, contra a sociedade e os demais sócios. Note-se que a previsão do *direito de recesso* pela perda da *affectio societatis* está positivamente restrita às sociedades contratuais. No entanto, a jurisprudência do Superior Tribunal de Justiça evoluiu para reconhecer esse direito nas companhias familiares. Essa posição exsurgiu do julgamento, pela Segunda Seção, dos Embargos de Divergência no Recurso Especial 111.294/PR:

> "– É inquestionável que as sociedades anônimas são sociedades de capital (*intuitu pecuniae*), próprio às grandes empresas, em que a pessoa dos sócios não tem papel preponderante. Contudo, a realidade da economia brasileira revela a existência, em sua grande maioria, de sociedades anônimas de médio e pequeno porte, em regra, de capital fechado, que concentram na pessoa de seus sócios um de seus elementos preponderantes, como sói acontecer com as sociedades ditas familiares, cujas ações circulam entre os seus membros, e que são, por isso, constituídas *intuitu personae*. Nelas, o fator dominante em sua formação é a afinidade e identificação pessoal entre os acionistas, marcadas pela confiança mútua. Em tais circunstâncias, muitas vezes, o que se tem, na prática, é uma sociedade limitada travestida de sociedade anônima, sendo, por conseguinte, equivocado querer generalizar as sociedades anônimas em um único grupo, com características rígidas e bem definidas.
>
> – Em casos que tais, porquanto reconhecida a existência da *affectio societatis* como fator preponderante na constituição da empresa, não pode tal circunstância ser desconsiderada por ocasião de sua dissolução. Do contrário, e de que é exemplo a hipótese em tela, a ruptura da *affectio societatis* representa verdadeiro impedimento a que a companhia continue a realizar o seu fim, com a obtenção de lucros e distribuição de dividendos, em consonância com o artigo 206, II, *b*, da Lei nº 6.404/76, já que dificilmente pode prosperar

uma sociedade em que a confiança, a harmonia, a fidelidade e o respeito mútuo entre os seus sócios tenham sido rompidos.

– A regra da dissolução total, nessas hipóteses, em nada aproveitaria aos valores sociais envolvidos, no que diz respeito à preservação de empregos, arrecadação de tributos e desenvolvimento econômico do país. À luz de tais razões, o rigorismo legislativo deve ceder lugar ao princípio da preservação da empresa, preocupação, inclusive, da nova Lei de Falências – Lei nº 11.101/05, que substituiu o Decreto-lei nº 7.661/45, então vigente, devendo-se permitir, pois, a dissolução parcial, com a retirada dos sócios dissidentes, após a apuração de seus haveres em função do valor real do ativo e passivo.

– A solução é a que melhor concilia o interesse individual dos acionistas retirantes com o princípio da preservação da sociedade e sua utilidade social, para evitar a descontinuidade da empresa, que poderá prosseguir com os sócios remanescentes."

A solução se aplica às inteiras, às *holdings* familiares. Aliás, aplica-se com mais ênfase e razão na medida em que sua grande razão de ser é entificar um patrimônio. Sua importância é vital, considerando que as hipóteses legais para o exercício de retirada da sociedade anônima são bem reduzidas.

5 Proteção dos minoritários da *holding*

Como visto, um dos grandes riscos da entificação do patrimônio familiar pela constituição de uma sociedade *holding* é a transmutação da natureza jurídica das relações mantidas pelos familiares, que passam a estar submetidas ao Direito Empresarial e, mais especificamente, ao Direito Societário. Isso torna possível que acordos parassociais, formais ou informais venham a criar prejuízos para alguns dos partícipes. Com efeito, como resultado desses ajustes, alguns partícipes (alguns familiares) podem se perceber na condição de sócio minoritário, com as limitações daí decorrentes. Por exemplo, numa sociedade com três irmãos, o acordo entre dois pode prejudicar o terceiro. Essa situação é, infelizmente, muito comum e, portanto, é preciso que o fundador esteja atento para a possibilidade de que venha a ocorrer. A forma por excelência para evitar um tal cenário funesto é a prevenção, não por meio dos pactos parassociais, que podem ser denunciados e, assim, extintos, com maior facilidade. O contrato social ou o estatuto social, respectivamente nas sociedades por quotas e por ações, são o melhor instrumento para dispor normas de proteção aos minoritários, mormente quando se preveja a necessidade de aprovação unânime para a sua alteração.

Não é só isso. Como a *holding* e as empresas produtivas constituem instâncias societárias diversas, aplicadas as regras ordinárias, dispostas no Código Civil e na

Lei 6.404/76, os membros da sociedade de participação experimentarão algumas dificuldades para o exercício da fiscalização dos atos praticados no âmbito das sociedades controladas, ainda que tais atos sejam praticados por cônjuge, irmão, primos etc. Se agem com honestidade e boa-fé, os controladores e/ou administradores trabalham a favor das sociedades e da *holding*, ambiente que favorece a todos. Contudo, distorções no comportamento que se espera desses atores familiares podem, sim, determinar um enredo de abusos. Como dissemos anteriormente, as relações familiares passam a ser resolvidas segundo o regime jurídico empresarial. Nesse sentido, a urgência, que é própria aos conflitos familiares, acaba por ver-se enredada por um ambiente que atende a outra lógica: o Direito Societário.

Exemplo

Relatório de Condições financeiras e patrimoniais gerais

O presente relatório tem por objetivo prestar informações aos sócios/familiares sobre a situação da *holding* e de seu patrimônio ao longo do exercício de... Todos os documentos estão à disposição dos sócios que, ademais, poderão indicar especialistas para exame dos bens, livros e acervo documental.[16] Apesar de todas as informações a seguir estarem acompanhadas das respectivas justificativas, qualquer sócio poderá formular pedido, por escrito, de esclarecimento.[17]

1. Despesas de administração, incluindo remuneração...[18]

...

2. Condições financeiras e patrimoniais gerais

...

2.1. Aplicações financeiras, incluindo participações em fundos

....

2.2. Imóveis e sua situação

....

2.3. Outros bens e direitos

...

2.4. Custos e investimentos com atualizações, reformas e afins

...

3. Análise global das sociedades controladas [e/ou com participação societária]

...

4. Comentários finais e plano estratégico

...

---

[16] Sendo o caso: em conformidade com o *contrato/estatuo social, acordo de sócios, ata de deliberação de data,* etc.

[17] Idem.

[18] Do administrador, do diretor ou da diretoria, do presidente etc., conforme o caso.

Esse contraste entre cenários suportados por princípios diversos nem sempre é de assimilação fácil, como se afere, por exemplo, do julgamento do Agravo de Instrumento 990.10.179220-6, pela Segunda Câmara de Direito Privado do Tribunal de Justiça de São Paulo. No caso, a sócia de uma *holding* familiar (uma sociedade anônima), detentora de 48,95% das ações, moveu uma ação cautelar contra o outro acionista, seu ex-marido, a quem pertenciam as ações restantes. Pretendeu a concessão de medida limitar sem a audiência da parte contrária [*inaudita altera pars*], para que lhe fossem exibidos demonstrativos financeiros, relatórios de auditores, atos societários e descrição detalhada de endividamento das empresas com bancos e governo, tudo para que esclareça a causa dos vultosos prejuízos apresentados pelas mesmas no último exercício. A Corte, contudo, confirmou o indeferimento da medida: "indiscutível embora o direito de fiscalização da autora, as providências solicitadas são de muita amplitude, não sendo aconselhável o deferimento da liminar antes de se possibilitar a manifestação das rés [as sociedades]. Afinal, há divergência entre as partes até mesmo sobre a extensão desse direito de fiscalização no que toca às empresas coligadas". Concluíram os julgadores: "Após a contestação, o pleito poderá ser reiterado em primeiro grau." Facilmente se percebe que a urgência do problema familiar foi submetida à cadência que deve orientar os interesses institucionais nos conflitos entre sócios, nomeadamente no contexto das companhias (Lei 6.404/76).

> A constituição de uma *holding* pode afastar os seus sócios dos negócios e do patrimônio das sociedades filiadas e controladas. Isso pode permitir abusos por parte daqueles que eventualmente controlem a *holding* e, assim, controlem as sociedades empresariais.

Contudo, como se verá no *caso para ilustração*, abaixo transcrito, a Quarta Turma do Superior Tribunal de Justiça, julgando o Recurso Especial 1.223.733/RJ, chamou a atenção para a particularidade do vínculo existente entre os sócios da *holding* familiar: "A existência da relação jurídica entre as empresas controladas e as *holdings* familiares está intimamente relacionada com o liame jurídico entre estas e a recorrente, defluindo-se daí interesses diretos e indiretos sobre todas as sociedades empresariais do grupo, uma vez que o aviltamento do patrimônio das sociedades controladas acarretará, consequentemente, o esvaziamento do patrimônio das sociedades controladoras, da qual a recorrente integra diretamente o quadro social". Nesse contexto específico, os julgadores chamaram atenção para as implicações da participação indireta dos sócios da *holding* familiar nas sociedades controladas. Superando a distinção entre *sócio direto* e *sócio indireto* (sócio da *holding* controladora), entenderam os julgadores existir "interesse em se verem exibidos documentos que, em virtude de relações jurídicas coligadas, são comuns às partes", ou seja, entenderam pelo direito dos sócios da *holding* de exercerem atos de fiscalização sobre as sociedades fiscalizadas.

Segundo os ministros, "sob a ótica de que, *in casu*, a personalidade jurídica no grupo de empresas deve ser tomada dentro da realidade maior da junção das empresas componentes, e não no seu aspecto meramente formal, a confiança que deve reinar entre os sócios da empresa também deve imperar no relacionamento entre os sócios da *holding* e as empresas coligadas, constituindo-se em um dos pilares da *affectio societatis*". Assim, "ao impedir-se o acesso da recorrente aos documentos das empresas coligadas apenas com fundamento em uma interpretação restritiva dos artigos 1.020 e 1.021 do Código Civil, corre-se o risco de instaurar-se, ou arrefecer-se, um clima de beligerância entre os sócios da *holding*, comprometendo a existência da *affectio societatis* e, em última análise, atuando contra os princípios da confiança e da preservação da empresa".

De qualquer sorte, independentemente dessa solução jurisprudencial, há uma alternativa jurídica para evitar situações como essas. O mecanismo mais comum é o acordo de quotistas, nas sociedades contratuais, ou o acordo de acionistas, nas sociedades estatutárias. Por meio desses ajustes parassociais, assinado por todos os membros da família, regulam-se questões como o direito de preferência na aquisição dos títulos societários (quotas ou ações) de seus membros, exercício do poder de voto, ocupação dos cargos da administração societária, direito de fiscalização dos atos administrativos, da escrituração contábil e dos documentos empresariais, realização de auditorias, direito de retirada (recesso) da sociedade, ingresso de terceiros na sociedade, entre tantos outros. Todavia, acordos de quotistas ou acionistas são contratos e, assim, as partes que os firmaram a eles não estão vinculadas *para sempre*. Aliás, raramente o Direito aceita a constituição de obrigações perpétuas e esse não é um dos casos. Portanto, pode haver a retirada de um ou mais acordantes, com efeitos nefastos sobre o equilíbrio das relações entre os quotistas ou acionistas da própria *holding*.

Em oposição, a colocação dessas cláusulas no âmbito do próprio ato constitutivo, ou seja, do contrato social ou do estatuto social, protegido por uma cláusula que estabeleça a necessidade de voto unânime para que sejam alterados, acabará por criar uma proteção mais eficaz. O ato constitutivo pode trazer qualquer norma que não contrarie a legislação, incluindo os princípios jurídicos, embora a validade dessas previsões esteja também vinculada ao respeito da mesma legislação e princípios. Com efeito, uma cláusula lícita pode ser executada de forma ilícita, a exemplo do abuso de direito resultante do desrespeito à função social da respectiva faculdade jurídica, bem como a desatenção aos princípios da boa-fé e da honestidade.

Não se esqueça, ademais, que a colocação no ato constitutivo de regras de proteção a todos os sócios, designadamente os minoritários, incluindo direitos que se estendem, de forma legítima (*não abusiva*), sobre as sociedades controladas, constituirá medida de *boa governança corporativa*, refletindo uma preocupação bem atual da teoria societária. Assim, diversos instrumentos podem ser erigidos, como a constituição de conselho consultivo, a previsão de que as deliberações devem ser aprovadas não apenas pela maioria do capital social, mas também pela maioria dos sócios (voto *por cabeça*), a previsão de quórum mais elevado ou, até, o estabelecimento de indispensável unanimidade nas votações.

Caso para ilustração

> *Única Participações Ltda.*
>
> Regina ajuizou uma ação cautelar de exibição de documentos contra as sociedades Única Participações Ltda., Naveriver Navegação Fluvial Ltda., H. Dantas Construção e Reparos Navais Ltda., H. Dantas Comércio, Navegação e Indústrias Ltda., H. Dantas Serviços Marítimos e Portuários Ltda., Caboto Comercial e Marítima Ltda., Speedboat – Serviços de Transporte e Turismo Ltda., Flunave Fluvial Navegação Ltda. e Sulnorte Serviços Marítimos Ltda. A ação também foi dirigida contra José, Adolfo e Augusto, sócios da autora. A petição inicial argumentou que a autora era sócia minoritária de uma *holding* familiar, sociedade que controlaria as sociedades rés, alegando que os sócios majoritários estariam se utilizando de *subterfúgios e artimanhas para impedir* seu acesso à administração das sociedades controladas. Assim, pediu a exibição de documentos que seriam imprescindíveis ao exercício da fiscalização da administração das controladas.
>
> Como haveria participação direta em algumas sociedades e participação indireta noutras, o Tribunal de Justiça do Rio de Janeiro manteve a obrigação de exibição de todos os documentos requeridos tão somente em relação às sociedades nas quais a autora constasse do quadro social como integrante, de forma direta. Por meio do Recurso Especial 1.223.733/RJ, o caso mereceu o exame da Quarta Turma do Superior Tribunal de Justiça, que se manifestou de forma distinta, seguindo o voto do Ministro Luiz Felipe Salomão. Para os julgadores, tem-se nítida "a constituição de uma *holding*, cujas empresas das quais a recorrente integra diretamente o quadro social, são também controladoras daquelas em que não participa, ao menos de maneira direta, do capital estipulado no contrato social". Ressaltou-se, ademais, tratar-se de *holding* familiar. "Nesse cenário, cinge-se a controvérsia em saber se a participação indireta tem o condão de conferir ao sócio da *holding* familiar – que participa do quadro social de outras empresas –, o direito de pedir a exibição de documentos que a lei confere aos sócios destas últimas. Com efeito, nos termos do art. 1.021 do Código Civil e art. 844, II, do CPC, o sócio tem direito de acesso aos documentos da sociedade, a fim de analisar eventual irregularidade na administração e para exame da pertinência de possível ação."
>
> "No presente caso, contudo, para a resolução justa da controvérsia, não pode ser dado o excessivo peso, como fez o acórdão recorrido, ao fato de a recorrente não ser sócia direta das empresas das quais requer a exibição dos documentos, para afastar-lhe esse direito. Isso porque, a peculiaridade do caso recomenda

uma mitigação da norma de direito material, uma vez que a recorrente é sócia de quatro *holdings* familiares, estas, por sua vez, sócias controladoras das empresas das quais o acórdão recorrido afastou a obrigação de exibição dos documentos. Sobreleva, aqui, para além da questão do *sócio direto*, o interesse em se verem exibidos documentos que, em virtude de relações jurídicas coligadas, são comuns às partes. Observa-se que os documentos cujo teor pretende a recorrente conhecer se encontram diretamente relacionados às atividades das empresas Speedboat – Serviços de Transporte e Turismo Ltda., Flunave Fluvial Navegação Ltda., Sulnorte Serviços Marítimos Ltda. e H. Dantas Serviços Marítimos e Portuários Ltda., das quais são sócias majoritárias, respectivamente, Única Participações Ltda., Naveriver Navegação Fluvial Ltda. e H. Dantas Comércio, Navegação e Indústrias Ltda., e, destas, a autora detém quotas do quadro social."

Prosseguiram os julgadores: "Retomando a questão relativa à possibilidade de os autores obterem os documentos desejados, é bem de ver que, no presente caso, tratando-se de uma *holding* familiar, a relação jurídica dos sócios desta com as empresas por ela controladas ressoa ainda mais evidente esse direito. Isso porque, ao se criar uma *holding* familiar, objetiva-se a concentração e proteção do patrimônio da família, facilitando a gestão dos bens e ainda obtendo maiores benefícios fiscais em caso de sucessão. Não havendo nenhuma limitação ou determinação sobre a sua natureza jurídica, a *'chamada holding familiar não é um tipo específico, mas uma contextualização específica'*, sendo que sua *'marca característica é o fato de se encartar no âmbito de determinada família e, assim, servir ao planejamento desenvolvido por seus membros, considerando desafios como organização do patrimônio, administração de bens, otimização fiscal, sucessão hereditária etc.'* (MAMEDE, Gladston; MAMEDE, Eduarda Cotta. *Holding familiar e suas vantagens*: planejamento jurídico e econômico do patrimônio e da sucessão familiar. São Paulo: Atlas, 2011, p. 5). No grupo de empresas de que cuidam os presentes autos, a recorrente é sócia de quatro *holdings* que – possuindo quase a totalidade das quotas das demais empresas do grupo –, deixam de ser apenas depositárias de participações societárias, assumindo papel primordial de governo de toda a organização. Assim, consoante prelecionam Mamede e Mamede, na já referida obra *Holding Familiar*: 'A holding pode se tornar a sociedade que representa o conjunto das sociedades controladas, na mesma proporção em que também representa a família que a controla' (p. 55)."

"[...] Desse modo, a existência da relação jurídica entre as empresas controladas e as *holdings* está intimamente relacionada com o liame jurídico entre estas e a recorrente, defluindo-se daí interesses diretos e indiretos sobre todas as sociedades empresariais do grupo, uma vez que o aviltamento do patrimônio da sociedade controlada acarretará, consequentemente, o esvaziamento do patrimônio da sociedade controladora. [...] Ademais, na hipótese de ocorrer a prática de atos fora dos limites do contrato social, em desvio de finalidade ou para fins de confusão patrimonial, poderá surgir, inclusive, a desconsideração da personalidade jurídica do grupo, sendo atingido o patrimônio dos sócios, dentre eles, a recorrente. Conquanto aqui não se esteja a estabelecer previamente a possibilidade de desconstituição, essa hipótese, ao menos em tese, reve-

> la-se pertinente para se demonstrar a presença do interesse da recorrente em verificar a regularidade na administração do grupo, no qual é detentora, ainda que minoritária, de quotas das empresas controladoras. Ademais, a reforçar a presença do interesse da recorrente, cumpre ressaltar que a legislação nacional possui, em seus mais diversos campos, dispositivos que tratam da responsabilidade solidária ou subsidiária das sociedades integrantes de grupos econômicos como o art. 2º, § 2º, da CLT, o art. 17 da Lei 8.884/94, o art. 28 do CDC e o art. 30, IX, da Lei 8.212/91."
>
> "A esta altura, vale rememorar que o grupo empresarial familiar em questão foi constituído sob a forma de sociedade limitada, onde os sócios foram congregados, por ocasião da sua constituição, por motivações pessoais, agindo substancialmente como força atrativa a afeição recíproca e a mútua confiança que permeava entre eles, considerada a base da *affectio societatis*. Esta última, analisada sob o seu aspecto objetivo, *'traduz o dever geral de todos os sócios de atuarem a bem da sociedade, permitindo que se realizem as suas funções jurídica, econômica e social'* (MAMEDE, Gladston. *Direito Societário*. 2. ed. São Paulo: Atlas, 2007, p. 104). Dessa forma, ao impedir-se o acesso da recorrente aos documentos das sociedades coligadas apenas com fundamento em uma interpretação restritiva dos arts. 1.020 e 1.021 do Código Civil e do art. 844, II, do CPC, corre-se o risco de instaurar, ou arrefecer, um clima de beligerância entre os sócios da *holding*, comprometendo a existência da *affectio societatis* e, em última análise, atuando contra o princípio constitucional da preservação da empresa."

6 Resultados sociais: lucros ou perdas

A atividade desenvolvida por qualquer sociedade tem um resultado positivo ou negativo. Se positivo, fala-se em superávit ou, ainda, em lucro; se negativo, fala-se em déficit ou, melhor, em prejuízo. Essa vantagem ou desvantagem econômica são da sociedade, não dos sócios, já que o patrimônio e a atuação são da pessoa jurídica e não dos titulares de suas quotas ou ações. No entanto, esses resultados da sociedade acabam por produzir efeitos sobre o patrimônio dos sócios, inclusive quando se trate de uma *holding* familiar, o que justifica a presente análise.

Nas sociedades por quotas, de acordo com o artigo 997, VII e VIII, o contrato social deverá estipular a participação de cada sócio nos lucros e nas perdas, bem como estipular se os sócios respondem, ou não, subsidiariamente, pelas obrigações sociais. Assim, o contrato social deverá estipular a participação dos sócios nos lucros e nas perdas sociais, sendo vedada a exclusão de qualquer deles de uma ou outra participação, excetuados os sócios cuja contribuição social consista em trabalho, que somente participa dos lucros, na proporção da média do valor das quotas (artigo 1.007 do Código Civil). Consequentemente, participar dos lucros é direito do sócio, assim como participar das perdas é um dever do sócio; e será nula a estipulação contratual que exclua qualquer sócio de participar dos lucros e das perdas, à exceção, reitero, do sócio obrigado à prestação de serviços, no que se refere às perdas (artigo 1.008).

Os benefícios da sociedade, inclusive de uma *holding*, devem ser atribuídos a todos os sócios. Não se admite a utilização do bem coletivo (e a sociedade o é), a bem de um ou alguns, em prejuízo de outro(s). Essa questão surgiu no julgamento do Agravo 1.0024.02.790738-5/001 pela 11ª Câmara Cível do Tribunal de Justiça de Minas Gerais, no qual a relatora, Desembargadora Selma Marques, reconheceu a irregularidade de empréstimos indevidamente realizados pela *holding* a terceiros, sem a cobrança de juros ou correção monetária. Os prejuízos sofridos pela sociedade deveriam ser indenizados pelos responsáveis, o que se refletiria no direito do sócio que, pleiteando sua retirada (*direito de recesso*), buscava a liquidação de suas quotas. "A utilização pelos agravantes, sócios controladores, da importância auferida pela *holding* de forma contrária ao objeto social da empresa, para beneficiarem outras sociedades das quais têm participação fere o dever de lealdade existente entre os sócios."

No que diz respeito às perdas, os efeitos sobre os sócios dependerão do regime a que esteja submetido o tipo societário. Na sociedade em nome coletivo, assim como em relação aos sócios comanditados da sociedade em comandita simples e sócios diretores das sociedades em comandita por ações, se os bens da sociedade não sejam o suficiente para satisfazer a suas obrigações, a suas dívidas, os sócios responderão pelo saldo com seus bens particulares; é a responsabilidade subsidiária. Entretanto, os bens dos sócios só podem ser executados pelas dívidas da sociedade depois que os bens sociais o forem.

Exemplo

Relatório de Condições financeiras e patrimoniais gerais

O presente relatório tem por objetivo prestar informações aos sócios/familiares sobre a situação da *holding* e de seu patrimônio ao longo do exercício de... Todos os documentos estão à disposição dos sócios que, ademais, poderão indicar especialistas para exame dos bens, livros e acervo documental.[19] Apesar de todas as informações a seguir estarem acompanhadas das respectivas justificativas, qualquer sócio poderá formular pedido, por escrito, de esclarecimento.[20]

1. Despesas de administração, incluindo remuneração...[21]

...

---

[19] Sendo o caso: em conformidade com o *contrato/estatuo social*, *acordo de sócios*, *ata de deliberação de data* etc.

[20] Sendo o caso: em conformidade com o *contrato/estatuo social*, *acordo de sócios*, *ata de deliberação de data* etc.

[21] Do administrador, do diretor ou da diretoria, do presidente etc., conforme o caso.

> 2. Condições financeiras e patrimoniais gerais
>
> ...
>
> 2.1. Aplicações financeiras, incluindo participações em fundos
>
> ....
>
> 2.2. Imóveis e sua situação
>
> ....
>
> 2.3. Outros bens e direitos
>
> ...
>
> 2.4. Custos e investimentos com atualizações, reformas e afins
>
> ...
>
> 3. Análise global das sociedades controladas [e/ou com participação societária]
>
> ...
>
> 4. Comentários finais e plano estratégico
>
> ...

Nas sociedades limitada e anônima, assim, como em relação aos sócios comanditários da sociedade em comandita simples e sócios não diretores da sociedade em comandita por ações, não há falar em responsabilidade subsidiária pelas obrigações não satisfeitas pela sociedade. Contudo, a aplicação desse limite de responsabilidade pressupõe a prática de atos lícitos. Se o administrador ou se os sócios, em coletividade, praticarem atos ilícitos dos quais resultem danos, econômicos ou morais, a outrem, deverão indenizar os prejuízos resultantes. O limite de responsabilidade serve para a proteção dos sócios contra os riscos do negócio, nunca para a prática de atos ilícitos. Neste caso, a responsabilidade é pessoal e não se afasta, sequer, com a retirada da sociedade ou com a extinção desta. É responsabilidade aquiliana, fruto da prática de ato ilícito, ainda que no exercício da condição de sócio e do poder de votar nas deliberações societárias.

Assim, diante do Agravo 1.0024.02.790738-5/001, a 11ª Câmara Cível do Tribunal de Justiça de Minas Gerais reconheceu a legitimidade de ex-sócios de uma *holding* para responder a ação na qual se pleiteava indenização por prejuízos sofridos pela inadequada administração da sociedade. "Foram eles os beneficiados pelos possíveis prejuízos causados ao autor pela falha da repartição, distribuição e aplicação dos lucros (posto que não teriam sido os lucros referidos nem distribuídos para os autores, nem incorporados à sociedade). Ademais, o fato de terem incorporado ao patrimônio pessoal o valor correspondente às quotas que possuíam na sociedade somente faz agravar suas responsabilidades, e não eximi-las. [...] Assim, uma vez julgadas procedentes as demandas pendentes, não há dúvidas de que os sócios beneficiados com a *aplicação equivocada* (segundo as alegações do autor) dos lucros da sociedade, deverão ser responsabilizados."

13

Outros instrumentos de Engenharia Societária

1 Pactos parassociais

É corriqueiro ouvir especialistas do Direito, da Contabilidade e da Administração de Empresas listarem os pactos sociais como solução para quase todos os desafios de convivência no âmbito das *holdings* familiares. Assim não nos parece. Acreditamos que são o contrato social e o estatuto social, devidamente registrados, o melhor meio para isso. Ainda assim, não se pode deixar de reconhecer que os acordos entre sócios são um instrumento jurídico valioso, podendo servir mesmo aos interesses e às estratégias dos membros de uma *holding*; senão todos, dois ou mais que, acordando-se, busquem uma posição predominante na sociedade.

A estipulação de pactos em separado (documentos apartados ou *side letters*) não é eficaz em relação a terceiros (artigo 997, parágrafo único, do Código Civil); essa ineficácia, contudo, não traduz nulidade: o ajuste é válido entre os seus signatários, se não padecer de qualquer outro vício, mas apenas entre esses. Para os terceiros, será coisa passada entre outros [*res inter alios acta*], salvo se forem públicos, ou seja, salvo se houver meios para que os terceiros tomem conhecimento de seu conteúdo. Portanto, é juridicamente possível que os sócios, todos ou alguns, contratem entre si regras específicas para sua atuação societária, extraordinárias ao contrato social (acordo de quotistas) ou ao estatuto social (acordo de acionistas).

O acordo pode ser celebrado entre todos os sócios (acionistas ou quotistas), situação que não é muito comum, salvo justamente em empresas familiares, para cuidar de matérias que, por qualquer motivo, julga-se que não devem constar do ato constitutivo (contrato social ou estatuto social). É mais usual que esses acordos sejam celebrados apenas entre alguns sócios, permitindo-lhes combinar suas forças e, assim, manter o controle societário, o que é útil quando nenhum deles, isoladamente, consegue manter esse controle. Nas sociedades familiares, é um precioso instrumento para que os parentes possam ajustar regras para garantir não apenas o domínio sobre a empresa, mas mecanismos que estabeleçam um ambiente de boa convivência, como será estudado nos momentos seguintes deste livro.

> É lícito aos sócios, alguns ou todos, celebrar contratos entre si, ajustando o exercício dos direitos societários, como o direito de voto, o direito de escolher os administradores, o direito de preferência na transferência de participação societária, entre outros. Isso se faz por meio de acordo de quotistas (sociedades contratuais) ou acordo de acionistas (sociedades estatutárias).

O acordo entre sócios é chamado de *pacto parassocial*, vale dizer, uma convenção paralela ao ato constitutivo (contrato social ou estatuto social), ato constitutivo esse que é a principal convenção que, como visto, define os atributos de existência e funcionamento da sociedade. Justamente por isso, o pacto parassocial não pode contrariar o ato constitutivo, assim como não pode, obviamente, contrariar a Constituição da República, os princípios jurídicos e as leis. Deve estruturar-se como um ajuste sobre as relações intestinas (*interna corporis*) da sociedade, concretizada para aquém de suas regras universais, legais ou estatutárias, embora sem poder desrespeitá-las.

O mais fascinante no mecanismo dos pactos parassociais é a percepção de que sua possibilidade jurídica está assentada sobre a afirmação de uma *discricionariedade privada* dos sócios, ou seja, de uma faculdade jurídica de negociarem os direitos inerentes às suas participações societárias, desde que tenham por objeto direito disponível e que sejam respeitadas as balizas postas pelo Direito Obrigacional, Contratual e Societário. Coloca-se, assim, uma dimensão interna ao corpo da sociedade, na qual os desígnios societários podem constituir matéria de contratação prévia, formando-se um ambiente negocial. São obrigações pessoais, resultantes do exercício da *liberdade de livre atuação jurídica e econômica*, liberdade de contratar, nos limites licenciados pela Constituição e pelas leis (artigos 1º, IV, e 5º, II, da Constituição da República), respeitados os princípios jurídicos.

> Exemplo de Cláusula – Os signatários reconhecem que as obrigações ajustadas neste acordo de sócios alcançam seus sucessores e herdeiros a qualquer título, constituindo título executivo extrajudicial que confere aos demais signatários direito de execução específica, sem prejuízo do dever de indenizar eventuais prejuízos e/ou danos, materiais ou morais, incluindo lucros cessantes e perda de uma chance, conforme o caso.

Não há uma definição legal de forma obrigatória, razão pela qual tais convenções poderão ter estrutura variada. Podem apresentar-se sob a forma de uma declaração conjunta, de cláusulas contratadas e, mesmo, de uma deliberação comum (uma ata de reunião ou assembleia) dos acordantes. É indiferente. Podem ser simples, prevendo uma cláusula apenas, como a preferência, entre os acordantes, na transferência de quotas ou ações, assim como podem ser complexas, prevendo obrigações e faculdades diversas, até procedimentos executórios, podendo mesmo reger o controle da sociedade. Podem eleger foro para a solução de pendengas, ainda que diverso da sede social e do foro de eleição que conste do ato constitutivo. Podem definir mecanismos para voto uniforme (voto conjunto, combinado), inclusive limitando as matérias a que se aplica ou envolver todas as matérias, assim como podem trazer cláusula de arbitragem.

Portanto, os acordos de quotistas ou de acionistas podem ter por objeto qualquer direito disponível, próprio da realidade social, direta ou indiretamente. Não são válidos se vencem os limites legais, principiológicos e, mesmo, se desrespeitam o ato constitutivo. Não lhes é lícito ultrapassar o limite de sua função social, bem como os parâmetros da boa-fé e da probidade, razão pela qual constitui ato ilícito o pacto parassocial urdido para prejudicar o restante da coletividade social. A *parassocialidade* não pode ser espaço de negação da sociedade e do poder soberano da coletividade geral.

Em oposição, podem ser mecanismos poderosos para a preservação da sociedade, seus direitos e interesses. Ilustra a previsão de cláusula de não concorrência, por meio da qual os acordantes assumem a obrigação de não participar de outra sociedade que atue no mesmo segmento econômico. Assim, todas as oportunidades negociais que surjam na área – ou em áreas afins, conforme a previsão do acordo – deverão ser obrigatoriamente apresentadas à administração societária para que sejam aproveitadas pela sociedade.

O acordo parassocial é, exclusivamente, um acerto de atuação societária lícita, ética e proba. Não pode ser meio para a prática de voto abusivo, ou para descumprimento (direto ou indireto) de qualquer obrigação social, como o correto exame de contas e atos de administração, o que implicaria desconsiderar a verdade do que se passou para estabelecer o artificialismo de uma postura de anuência cega com posturas que podem ser lesivas à companhia, aos acionistas e mesmo a terceiros: o Estado, a comunidade, os trabalhadores etc. Tanto é assim que o § 2º do artigo 118 da Lei 6.404/76 deixa claro que os acordos *não poderão* ser invocados para eximir o sócio de responsabilidade no exercício do direito de voto, ou do poder de controle. Portanto, o sócio acordante responderá pelo ato ilícito, incluindo o abuso no direito de voto.

É preciso muito cuidado com a composição do acordo, ou seja, com a definição dos termos que serão ajustados pelas partes (os sócios) e que os obrigarão.

Atenção ao que se coloca e ao que se deixa de colocar em cada cláusula, ônus e bônus. Em muitos casos, a omissão de certa obrigação pode parecer uma vantagem, mas, em certo ponto, pode revelar-se um problema. Ainda que haja uma mesma essência no acordo de sócios, há distinções importantes entre o acordo de acionistas e o acordo de quotistas, razão pela qual vamos nos debruçar sobre cada um deles para explorar suas peculiaridades.[1]

2 Acordo de acionistas

O acordo de acionistas é a figura mais comum no Direito brasileiro. O artigo 118 da Lei 6.404/76 permite que o acordo de acionistas seja arquivado na sede da companhia, se tiver por objeto a *compra e venda de ações*, a *preferência para adquiri-las*, o *exercício do direito a voto* ou do *poder de controle*, a partir do que a própria empresa estará obrigada a observar o ajuste, embora não esteja vinculada a outros pontos que tenham sido legitimamente ajustados, fora de tais matérias.[2] Não é arquivamento obrigatório, mas a opção de manter o ajuste oculto não vinculará a companhia e/ou terceiros.

Arquivado o acordo, a companhia poderá solicitar aos seus membros esclarecimentos, no momento do arquivamento ou posteriormente, quando surja dúvida sobre os seus termos ou aplicação. No ato de arquivamento do acordo, será indicado um representante para comunicar-se com a companhia, prestando ou recebendo informações, quando solicitadas. Essa representação limita-se à interlocução com a companhia; não configura mandato para proferir, em assembleia, voto contra ou a favor de determinada deliberação. Para caracterizar o mandato, faz-se necessário haver cláusula expressa no ajuste, que poderá até ter prazo que supere um ano, que, afora o acordo de acionistas, é o limite de representação ordinária nas assembleias gerais (artigos 118, § 7º, e 126, § 1º, da Lei 6.404/76).

> Exemplo de Cláusula – Os signatários se obrigam a comparecer às reuniões/assembleias em cuja pauta se incluam matérias alcançadas por este acordo, exercendo seus direitos de voto conforme deliberado em reunião prévia, mesmo não havendo comparecido à reunião prévia ou não tendo votado a favor da proposta ali vencedora entre os acordantes.

---

[1] Sobre o papel dos pactos parassociais na organização corporativa: MAMEDE, Gladston; MAMEDE, Eduarda Cotta. *Estruturação Jurídica de Empresas*: alternativas da tecnologia jurídica para a advocacia societária. Barueri: Atlas, 2024.

[2] Conferir BARBOSA FILHO, Marcelo Fortes. *Sociedade anônima atual*: comentários e anotações às inovações trazidas pela Lei 10.303/01 ao texto da Lei 6.404/76. São Paulo: Atlas, 2004. p. 121-122.

> Parágrafo único – Os votos dos signatários que não sigam o acordado em reunião prévia serão considerados atos nulos e, ademais, inadimplemento contratual, sujeitando o(s) infrator(es) às sanções estipuladas neste instrumento, além do dever de indenizar eventuais prejuízos e/ou danos, materiais ou morais, incluindo lucros cessantes e perda de uma chance.

> Exemplo de Cláusula – Caso não se realize a reunião prévia, por qualquer motivo, ou, realizando-se, os signatários não cheguem a uma deliberação sobre o exercício de voto sobre a matéria, os acordantes se obrigam a comparecer à reunião/assembleia e votar contrariamente à aprovação da matéria.

Ausente a cláusula de mandato, será mantido o exercício individual do direito de presença, voz e voto nas assembleias, embora beneficiando-se os demais pactuantes das garantias inscritas nos §§ 8º e 9º do mesmo artigo 118: como resultado da vinculação da companhia aos termos do acordo de acionista arquivado em sua sede, o presidente da assembleia ou do órgão colegiado de deliberação da companhia não computará o voto proferido com infração de acordo de acionistas devidamente arquivado.

Se um acordante estiver ausente da assembleia ou da reunião de órgão de administração da companhia, ou mesmo se pretender abster-se de votar, qualquer outro partícipe do acordo devidamente arquivado terá o direito de votar com as ações pertencentes ao acionista ausente ou omisso, fazendo valer o ajuste parassocial. Para tanto, deverá, de pronto, levantar *questão de ordem*, invocando o ajuste arquivado e, com base nele, requerer o direito de votar pelo acionista ausente ou omisso. O indeferimento desse requerimento implicará anulabilidade da deliberação, o que poderá ser pedido por qualquer dos signatários do acordo de acionistas. A mesma regra se aplica ao caso de membros do conselho de administração eleitos nos termos de acordo de acionistas, permitindo à parte prejudicada votar pelo conselheiro ausente ou omisso.

A eficácia das faculdades e obrigações disposta no acordo de acionista, perante terceiros, pressupõe publicidade. Assim, deverá ser arquivado na companhia e averbado nos livros de registro e nos certificados das ações. Em se tratando de ações escriturais, a ausência do certificado de ações criará uma dificuldade, certo que não se dá a terceiros acesso aos livros e documentos societários. Será preciso, portanto, arquivamento na Junta Comercial que, de resto, é medida aconselhável em qualquer caso, mesmo havendo certificado de ação no qual se anotou a existência do ajuste parassocial. Ainda no âmbito das sociedades por ações, se o ajuste dispõe sobre política de reinvestimento de lucros e distribuição de dividendos, a companhia – se aberta – deverá informá-las à assembleia geral, no relatório anual (artigo 118, § 5º, da Lei 6.404/76).

3 Acordo de quotistas

A possibilidade jurídica do acordo de quotistas, em qualquer sociedade contratual, decorre da própria teoria geral do Direito Obrigacional e, ademais, da liberdade de ação jurídica e econômica que é garantida pelo artigo 1º, IV, da Constituição da República, a todas as pessoas no Direito brasileiro. Também é óbvio que, uma vez estipuladas tais obrigações, são elas válidas entre os seus acordantes, aplicados os artigos 1º, IV, e 5º, II, da Constituição da República, além dos artigos 107, 112, 113, 219, 247 a 249 e 421 a 425 do Código Civil.

A possibilidade do arquivamento do acordo de quotistas no Registro Mercantil resulta da Lei 8.934/94, que cuida do Registro Público de Empresas Mercantis e Atividades Afins. Logo em seu artigo inaugural, essa norma prevê que o Registro Mercantil tem por finalidade dar garantia, publicidade, autenticidade, segurança e eficácia aos atos jurídicos das empresas mercantis. O legislador referiu-se genericamente a *atos jurídicos*, sem os limitar. Na sequência, o artigo 2º diz que os atos das firmas mercantis individuais e das sociedades mercantis serão arquivados no Registro Público de Empresas Mercantis e Atividades Afins, *independentemente de seu objeto*, salvo as exceções previstas em lei. E a Lei 8.934/94 não veda a averbação do acordo de quotistas em qualquer de seus artigos, dentre os quais cabe realçar o artigo 35, no qual são arroladas as proibições de arquivamento. Ademais, seu artigo 32, II, *e*, prevê que o registro mercantil compreende o arquivamento de atos ou documentos que *possam interessar ao empresário e às empresas mercantis*, definição na qual se alberga, confortavelmente, o acordo de quotistas.

> Exemplo de Cláusula – O presente acordo aplica-se a todas as ações, ordinárias e preferenciais, bem como títulos conversíveis,[3] da [*sociedade tal*], de titularidade, atual ou futura, das partes nomeadas e signatárias, ficando acordado expressamente que as faculdades inerentes a tais ações se exercerão conforme regulado neste acordo, ficando a ele vinculadas.

A grande vantagem é que o arquivamento do acordo de quotistas no Registro Público faz com que ganhe eficácia perante terceiros, o que pode ser essencial para matérias como o direito de preferência na aquisição de quotas. Se o acordo está arquivado na Junta Comercial, não poderá o terceiro pretender o direito à cessão

---

[3] A mesma redação serve a um acordo de quotistas, embora com a seguinte substituição "... *todas as quotas de titularidade, atual e futura,*...".

de quotas concretizada em desrespeito ao direito de preferência, argumentando ser estranho ao ajuste e/ou desconhecê-lo.

4 Execução e resolução de acordos de sócios

Os pactos parassociais, envolvam quotistas ou acionistas, são contratos e, assim, submetem-se às regras gerais do Direito Obrigacional e do Direito dos Contratos, na mesma toada em que também estão submetidos ao Direito Societário, certo ter a sociedade e a empresa como objetos, alcançando o comportamento econômico-social dos pactuantes, nos limites da lei e do ato constitutivo. Trata-se de ajuste que depende da existência da sociedade para existir, mas é contrato acessório. O pacto deve ser voluntariamente cumprido por seus signatários ou poderá haver aplicação coercitiva. Mas sua realização pressupõe conformidade com a Constituição, as leis e o estatuto. Não é lícito pretender execução do ajuste parassocial para obrigar seus partícipes a deliberar contra a lei, a exemplo de medidas que contrariem a legislação ambiental ou consumerista.

A execução do acordo de sócios pode ser posta em dois planos diversos. O primeiro plano diz respeito exclusivamente à sociedade anônima quando o ajuste parassocial seja arquivado na sede da companhia e tenha por objeto (1) a *compra e venda de ações*, (2) a *preferência para adquiri-las*, (3) o *exercício do direito a voto ou do poder de controle* (artigo 118 da Lei 6.404/76). Nesse caso, a execução faz-se pelas regras do próprio artigo 118. De abertura, impedimento de negociação na bolsa ou no mercado de balcão das ações vinculadas ao acordo de acionistas averbado na sede da companhia (§ 4º), garantindo a manutenção da proporção de participação dos pactuantes nas deliberações sociais. Garante, ademais, o que Barbosa Filho chama de *acordos de bloqueio*, visando evitar a dispersão da titularidade das ações dos pactuantes, circunscrevendo sua circulação entre estes, nos termos do acordo.[4] Em segundo lugar, a obrigação do presidente da assembleia geral ou do órgão colegiado de deliberação da companhia não computar o voto proferido com infração de acordo de acionista devidamente arquivado (§ 8º). Some-se a permissão aos pactuantes para substituir o acionista – ou mesmo o membro do órgão colegiado – ausente ou omisso (§ 9º).

Portanto, a execução do acordo de acionistas no alusivo ao *exercício do direito a voto* ou do *poder de controle* comporta execução no plano da própria companhia, que está vinculada aos termos que estejam expressos no instrumento que foi arquivado em sua sede. Isso pode tornar-se um desafio, já que o acordo pode

---

[4] BARBOSA FILHO, Marcelo Fortes. *Sociedade anônima atual*: comentários e anotações às inovações trazidas pela Lei 10.303/01 ao texto da Lei 6.404/76. São Paulo: Atlas, 2004. p. 122.

envolver um conjunto de regras próprias para o exercício conjunto das faculdades instrumentais do acionista; mas as dúvidas solucionam-se com a aplicação do § 11 do mesmo artigo 118, permitindo o pedido de esclarecimentos. Ademais, ainda como consequência dos §§ 8º e 9º, afirma-se a possibilidade de ir ao Judiciário para anular a deliberação na qual se tenha computado voto proferido com infração do acordo de acionista, determinando-se, ademais, que a companhia respeite os termos do pacto arquivado, como lhe determina o *caput* do artigo 118.

> Exemplo de Cláusula – A realização do objeto social[5] se pautará pelos seguintes princípios:
>
> (i) preservação da sociedade e da empresa, visando ao cumprimento de suas finalidades em longo prazo;
>
> (ii) atenção aos interesses legítimos dos sócios, respeitando e valorizando o capital investido e o empenho na constituição e manutenção da azienda para produção de lucro e distribuição de dividendos;
>
> (iii) cuidado com o bom relacionamento com colabores, sejam empregados e prestadores de serviço, fornecedores e clientes, credores e parceiros de toda ordem; e
>
> (iv) atenção aos efeitos da atuação empresarial, designadamente impactos ambientais e sociais, imediatos ou em prazo longo.

Noutro plano, colocam-se três casos: (1) o acordo de acionista que tenha por objeto temas estranhos ao rol anotado no *caput* do artigo 118 da Lei 6.404/76; (2) o acordo de acionistas não arquivado na sede da companhia; e (3) o acordo de quotistas, nas sociedades contratuais. Nesses casos, o ajuste não se beneficia dessas formas específicas de execução. Será preciso recorrer às regras gerais que disciplinam a execução de *obrigação de fazer*, incluindo a obrigação de prestar declaração de vontade, como o voto ou a transferência de ações. Entretanto, não se pode afastar a possibilidade de o próprio *negócio parassocial* estabelecer solução diversa, desde que juridicamente possível, a exemplo da estipulação de multa. Obviamente, para que seja executada, a convenção parassocial deverá apresentar-se líquida e certa.

Também no alusivo à resolução, o pacto parassocial segue a regra geral dos contratos, havendo que distinguir entre (1) contratação por prazo indeterminado, (2) contratação vinculada a condição resolutiva e (3) contratação por prazo ou em função de termo determinado. Se o acordo de sócios for estipulado por prazo indeterminado, qualquer um dos pactuantes o poderá denunciar, respeitando os requisitos estipulados no ajuste para tanto. Não havendo qualquer estipulação,

---

[5] A cláusula/artigo também pode ser posicionada na parte dedicada à administração societária, referindo-se expressamente a ela. Da forma aqui posta, coloca-se após a enunciação do objeto social e, assim, pauta a sua execução.

basta notificar as demais partes, sendo usual a concessão de prazo de 30 dias para que o ajuste se compreenda como extinto. Não é correto pretender *irrevogável* o acordo de sócios que não tenha cláusula de revogação, assim como não é lícita a *cláusula de irrevogabilidade*. As obrigações anotadas no *acordo parassocial* caracterizam *pacto de trato sucessivo*: prestações que se sucedem, prolongando a realização do ajuste. A irrevogabilidade, assim, caracterizaria *sujeição eterna* da parte, figura estranho ao Direito brasileiro, senão incompatível. Submeter o sócio, *ad aeternum*, ao acordo é expropriá-lo de suas faculdades juridicamente assinaladas, a bem de interesses privados.

Havendo cláusula expressa estipulando condição resolutiva, deverá ser esta respeitada. Aplicado o artigo 127 do Código Civil, enquanto não se realizar a condição resolutiva, vigorará o negócio jurídico, podendo exercer-se desde a conclusão deste o direito por ele estabelecido. No entanto, ainda segundo aquele Código, não são lícitas as condições que contrariem a lei (o negócio será invalidado se estipulada condição ilícita ou de fazer coisa ilícita, segundo o artigo 123, II, do mesmo Código), a ordem pública ou os bons costumes, estando proibidas as condições que privem de todo efeito o negócio jurídico, bem como aquelas que sujeitem o ato ou negócio ao puro arbítrio de uma das partes. Assim, é possível pedir a declaração judicial da invalidade de condição resolutiva que tenha sido fixada de modo a impedir a resolução do pacto, determinando ilegítima sujeição *ad eternum* das partes.

Mais fácil é a hipótese de pacto ajustado por prazo ou a termo, se não se tratar de estipulação que, por seus termos, implique sujeição indefinida ou desproporcional. Nesse caso, o acordo somente poderá ser denunciado motivadamente, segundo suas próprias normas ou normas legais, dentre as quais, creio, a *exceção de contrato não cumprido e a resolução por onerosidade excessiva*. Assim, na decisão do Recurso Especial 388.423/RS, a Quarta Turma do Superior Tribunal de Justiça afirmou ser "admissível a resolução do acordo de acionistas por inadimplemento das partes, ou de inexecução em geral, bem como pela quebra da *affectio societatis*, com suporte na teoria geral das obrigações, não constituindo impedimento para tal pretensão a possibilidade de execução específica das obrigações constantes do acordo, prevista no art. 118, § 3º, da Lei 6.404/76".[6]

5 Outros pactos parassociais: regulamentos internos

A possibilidade de estipulação de pactos societários para além do ato constitutivo (contrato social ou estatuto social) não conduz exclusivamente à figura do acordo de sócios, nos moldes acima analisados. A bem da precisão, a coletividade

---

[6] MAMEDE, Gladston. *Direito empresarial brasileiro*: direito societário: sociedades simples e empresárias. 5. ed. São Paulo: Atlas, 2011. v. 2, capítulo 21, seção 6 (Acordo de acionistas).

social tem poder para estipular regras para a sua convivência e, como decorrência, para o funcionamento da empresa. A partir dessa possibilidade jurídica, coloca-se a oportunidade de se estabelecerem regulamentos como regimento interno, código de conduta dos administradores e/ou sócios, código de ética societária, código de governança corporativa etc. São plataformas normativas terciárias (ou laterais), como já demonstramos.[7]

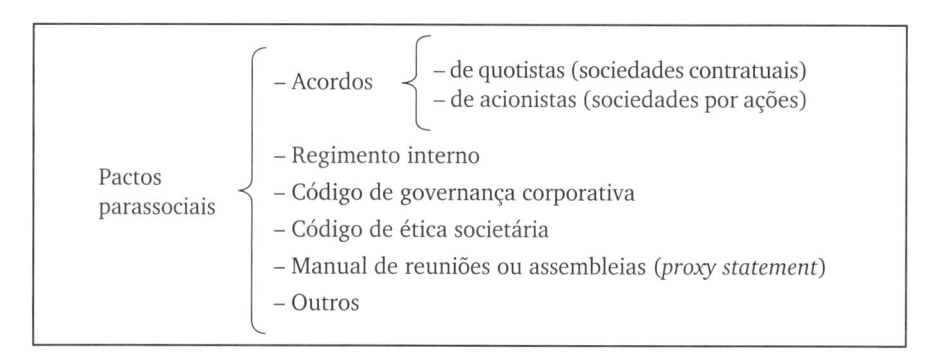

Pactos parassociais:
- Acordos
  - de quotistas (sociedades contratuais)
  - de acionistas (sociedades por ações)
- Regimento interno
- Código de governança corporativa
- Código de ética societária
- Manual de reuniões ou assembleias (*proxy statement*)
- Outros

É preciso ressaltar que, agora, não estamos falando sobre contratos celebrados entre certos (uns ou todos) sócios para acertar matérias como conteúdo de voto, eleição conjunta de administradores, direito de preferência etc. Estes são os acordos de quotistas e acionistas, que analisamos acima e vinculam o exercício das faculdades sociais. Agora, estamos chamando a atenção para outro plano dos pactos parassociais: como ocorre nos condomínios, nos clubes recreativos e noutros ambientes coletivos, podem-se ajustar regulamentos internos.

Importa atentar para as matérias que, de acordo com o Código Civil (sociedades contratuais) e a Lei 6.404/76 (sociedades por ações), podem ser decididas por maioria simples. Todas essas matérias podem ser dispostas nesses regulamentos, a principiar do regulamento interno, instrumento habitualmente composto para cuidar de questões relativas aos trabalhadores, mas que também podem cuidar de disciplinar matérias que digam respeito à coletividade social, desde que aprovadas por número de sócios correspondente ao quórum exigido para a deliberação daquela matéria.

> Exemplo de Cláusula – As partes expressamente declaram que a principal finalidade deste acordo de sócios é trabalhar em conjunto em benefício da sociedade, exercendo suas faculdades societárias em conjunto, nos termos aqui ajustados, para garantir-lhe melhores administração, identidade, estrutura financeira.[8]

---

[7] MAMEDE, Gladston; MAMEDE, Eduarda Cotta. *Estruturação Jurídica de Empresas*: alternativas da tecnologia jurídica para a advocacia societária. Barueri: Atlas, 2024.

[8] As finalidades listadas na cláusula são exemplificativas.

Assim, por exemplo, o regimento pode trazer a vedação de que parentes, sanguíneos ou por afinidade, sejam contratados para trabalhar na empresa, como empregados ou como prestadores de serviço; a vedação pode alcançar cônjuge, companheiro(a), namorado(a) e outras pessoas com as quais o(s) administrador(es) e/ou sócio(s) mantenha(m) envolvimento afetivo e/ou sexual. Também é ambiente onde podem ser dispostas regras sobre o funcionamento das reuniões ou assembleias de sócios, o que nos remete para a figura do manual de reuniões ou assembleias (*proxy statement*), ele próprio um regramento interno, como se estudará adiante.

A grande vantagem dos instrumentos de regulamento interno, recebam o nome que se lhes atribua (regimento interno, código de ética, código de boa governança etc.), é criar regras que, sendo válidas e eficazes entre os sujeitos envolvidos na empresa (sócios, administradores, gerentes, empregados), não precisam ser publicadas e, portanto, permitem tratar de questões mais delicadas. É quanto basta para que se torne uma ferramenta extremamente útil para empresas familiares, podendo cuidar de assuntos como as regras para a sucessão entre os familiares, os requisitos mínimos para a contratação de parentes para postos na empresa etc.

6 Relações entre sociedades

Para além das relações societárias *interna corporis*, aqui já examinadas, importa também examinar as relações societárias mantidas pela *holding* com outras sociedades, ou seja, suas relações com sociedades coligadas. Afinal, na grande maioria dos casos as *holdings* apresentam-se como sociedades de participações, ou seja, sociedades constituídas com a finalidade de deter quotas ou ações de outras sociedades, nomeadamente empresas operacionais, conservando o poder societário correspondente a determinada participação, em bloco, o que iria se desfazer se houvesse um fracionamento pela sucessão hereditária. Por outro ângulo, mesmo quando a *holding* é constituída com objetivos maiores, qualificando-se como sociedade patrimonial, ou seja, titularizando bens móveis e imóveis, materiais e imateriais, é usual que parte desse acervo patrimonial seja composto por quotas ou ações de empresa, recolocando o problema da coligação societária, ou seja, das relações societárias entre sociedades.

O Código Civil lista sob o rótulo geral de *sociedades coligadas* todas as relações de capital mantidas entre sociedades (artigo 1.097 do Código Civil). Essas relações de capital podem ser de três tipos, segundo esse mesmo artigo: (1) controle, (2) filiação (ou *coligação*, em sentido estrito) ou (3) mera *participação societária*. A situação de controle não é exclusivamente matemática (*50% + 1 voto*), embora seja óbvio que seja controlador aquele que detenha a maioria absoluta do capital votante, se o ato constitutivo (contrato social ou estatuto social) não prevê outro mecanismo ou outra equação para o controle societário, como muito se estudou neste livro: necessidade de unanimidade, estabelecimento de quórum qualificado, necessidade de simultânea aprovação por cabeça (voto *per capita*), entre outras.

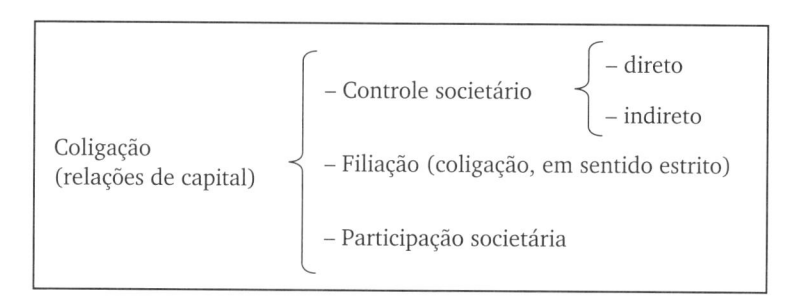

```
                              ┌ – Controle societário ┌ – direto
Coligação                     │                       └ – indireto
(relações de capital)         ┤ – Filiação (coligação, em sentido estrito)
                              │
                              └ – Participação societária
```

A condição de controlador (e, por extensão, de sociedade controladora) resulta de uma situação de fato, apurada em cada caso dado em concreto: a capacidade de decidir as deliberações sociais e eleger a maioria dos administradores, de modo duradouro, constantemente (artigo 243, § 2º, da Lei 6.404/76 e artigo 1.098, I, do Código Civil). Quando há participação societária difusa, o controle pode ser obtido com menos de 50% do capital votante. Pode haver mesmo *controle indireto*. Isso ocorre quando a titularidade das ações ou quotas necessárias para decidir as deliberações sociais e de eleger a maioria dos administradores for de uma sociedade que, por seu turno, seja controlada por outra. Assim, se A controla a *Sociedade Ypsilon*, tendo o poder de decidir seus desígnios, e se essa sociedade controla a *Sociedade Dáblio*, tendo o poder de decidir seus desígnios, A exerce o controle, ainda que indireto, da *Sociedade Dáblio*, como na ilustração:

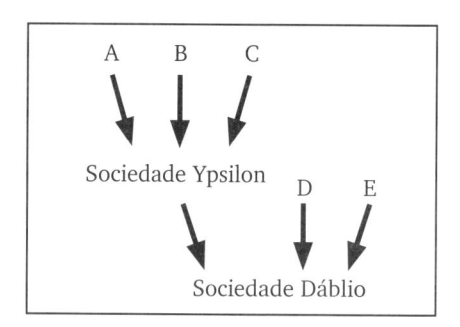

```
        A   B   C
        ↓   ↓   ↓
      Sociedade Ypsilon   D   E
              ↓           ↓   ↓
            Sociedade Dáblio
```

Essas estruturas societárias em cadeia são construídas com finalidades diversas; podem atender a certo planejamento societário, buscando dar aos negócios uma organografia adequada, assim como podem servir a certas estratégias societárias. Basta lembrar que estruturas em cadeia permitem exercer o controle com menor desembolso de capital, admitindo sócios nas controladoras intermediárias. Não é uma questão jurídica por que se faz isso; o Direito importa-se com a possibilidade de fazê-lo e os meios corretos para tanto, além dos reflexos da situação. O Direito é o meio que permite a concretização de estratégias planejadas por administradores de empresa, investidores, consultores etc.

A situação de controle societário, mesmo quando manifestada por uma outra sociedade (inclusive uma *holding*, nos moldes aqui estudados), determina não apenas vantagens, resultantes da faculdade de exercer o poder de voto nas deliberações e eleições sociais. Determina, igualmente, obrigações para com a sociedade e para com a coletividade social. Por exemplo, nas companhias abertas, o controlador deve informar imediatamente as modificações em sua posição acionária na companhia à Comissão de Valores Mobiliários e às Bolsas de Valores ou entidades do mercado de balcão organizado nas quais os valores mobiliários de emissão da companhia estejam admitidos à negociação, nas condições e na forma determinadas pela Comissão de Valores Mobiliários (artigo 116-A da Lei 6.404/76). Mais do que isso, é certo que constitui ato ilícito o exercício do poder de controle societário fora dos limites da licitude, da boa-fé, da probidade e, mesmo, desconsiderando as funções sociais da companhia. Essa responsabilidade do acionista controlador tem expressão positiva no artigo 117 da Lei 6.404/76, que a contempla como decorrente de atos praticados com abuso de poder, embora não se possa afastar a hipótese de atos dolosos, por motivos óbvios.

Distinta da condição de controle é a situação de mera coligação. A expressão *sociedade coligada* pode ser utilizada em sentido largo (artigo 1.097 do Código Civil), abrangendo as situações em que uma sociedade participa do capital social de outra, haja controle, filiação ou mera participação. Em oposição, há *simples participação societária* quando uma sociedade possua menos de 10% do capital com direito a voto de outra sociedade (artigo 1.100 do Código Civil). A limitação ao *capital com direito a voto*, feita pelo legislador, não se sustenta. Seu efeito seria deixar no limbo as participações inferiores a 10% do capital sem direito a voto, o que resultaria, nesses casos, num enfraquecimento do capital social nos casos de participação recíproca, o que não é desejável.

O artigo 1.101 do Código Civil veda que uma sociedade participe de outra, que seja a sua sócia (caracterizando, portanto, *participação recíproca*) em montante que seja superior ao de suas próprias reservas, excluída a reserva legal, isto é, reservas que sejam determinadas por lei específica, a exemplo do artigo 193 da Lei 6.404/76. Portanto, a participação recíproca somente é tolerada nos limites dos lucros que, não tendo sido distribuídos, foram reservados na sociedade. Dessa maneira, evita-se o aviltamento da garantia geral que os ativos empresariais devem proporcionar para os respectivos passivos empresariais. Evita-se, assim, o risco de enfraquecimento do capital social das sociedades em que há *participação recíproca*. Se a sociedade A tivesse R$ 500.000,00 em quotas da sociedade B e esta, por seu turno, tivesse R$ 500.000,00 em quotas da sociedade A, esses direitos se compensariam e, assim, apesar de existirem na escrituração contábil de ambas as pessoas jurídicas, não se traduziriam em riqueza efetiva.

> Exemplo de Cláusula – A sociedade atuará com o intuito precípuo de gerar lucros e agregar valor patrimonial para os sócios, embora sempre respeitando a legislação vigente, designadamente no que diz respeito às suas obrigações de toda natureza.

A participação recíproca só é admitida se há reservas de capital em montante superior ao valor da participação recíproca, *excluída a reserva legal*, ou seja, as reservas que sejam determinadas em lei, a exemplo do artigo 193 da Lei 6.404/76. São *reservas de capital* os valores que, embora pudessem ser distribuídos como lucros, foram conservados na sociedade para, assim, fortalecê-la. Esses valores são escriturados em rubrica própria (*reserva de capital*) e não se confundem com outras rubricas similares: *fundos* e *provisões*, que abordaremos adiante, quando examinarmos a administração financeira das sociedades empresariais familiares. Fundos e provisões não atendem à exigência de reservas, *por montante superior* ao valor da participação recíproca (artigo 1.101 do Código Civil). É preciso que os valores estejam escriturados como reserva, isto é, que constituam sobra de valores conservada voluntariamente na contabilidade sem finalidade específica (*reserva inominada*), servindo ao reforço do capital registrado. A participação recíproca está limitada a tal reserva.

As quotas e as ações titularizadas por sociedades com participações recíprocas que excedam o valor das reservas inominadas de capital constituirão participação societária indevida. Ademais, a descoberta desse excesso de participação societária recíproca, a partir da aprovação do balanço patrimonial, implica a obrigação de alienar as quotas ou ações em excesso, no prazo de 180 dias, contados daquela aprovação (artigo 1.101, parágrafo único, do Código Civil). Enquanto essa alienação não for providenciada, a sociedade não poderá exercer o direito de voto correspondente às ações ou quotas em excesso. A desatenção à determinação legal de transferência das ações implicará caracterização de fraude societária, dando azo até à desconsideração da personalidade jurídica, podendo atingir, conforme o caso, administradores e sócios.

> A sociedade controladora e suas controladas podem constituir um grupo de sociedades, mediante convenção pela qual se obriguem a combinar recursos ou esforços para a realização dos respectivos objetos, ou a participar de atividades ou empreendimentos comuns.

Por fim, será proveitoso esclarecer que a *participação recíproca*, que acabamos de analisar, não se confunde com a *participação cruzada*, muito comum em famílias empresárias. A evolução da história familiar, na exploração dos negócios, pode conduzir a situações de participação cruzada, ou seja, cenários nos quais os mesmos parentes são sócios de sociedades diversas, mas em proporções inversas: o(s) controlador(es) de uma sociedade é minoritário noutra e vice-versa.

Não há limitação legal para isso, nem requisitos específicos ou limites de capital. Aliás, tais situações não oferecem grandes desafios sempre que as partes envolvidas conseguem manter relações harmônicas entre si. Há casos nos quais, apesar dos percentuais diversos nas sociedades, estabelece-se mesmo uma situação de controle comum, podendo mesmo ver-se estabelecida uma administração compartilhada das duas sociedades, incluindo uma economia com os custos da gestão administrativa (*back office*), o que é lícito.

No entanto, registram-se casos em que a convivência entre tais parentes *azeda* e, assim, a situação de controle comum se desfaz: cada parte invoca a sua condição de controlador *dessa e daquela sociedade*, exercendo seu poder societário. Nesse cenário, a participação cruzada pode se tornar um grande problema, pois as desavenças podem criar um conjunto de retaliações recíprocas, tornando-se um obstáculo para o bom andamento da empresa e, ainda mais, para o seu crescimento. Nesses cenários, é recomendável a intervenção do advogado e de consultores empresariais para buscarem uma forma de desfazer a participação cruzada e, assim, resolver o problema.

Um último ponto deve ser observado: os administradores não podem, em prejuízo de uma sociedade, favorecer sociedade coligada, controladora ou controlada. Cumpre-lhes zelar para que as operações entre as sociedades, se houver, observem condições estritamente comutativas, ou com pagamento compensatório adequado; os administradores respondem civilmente perante a sociedade gerida pelas perdas e danos resultantes de atos que desrespeitem tal regra (artigo 245 da Lei 6.404/76). Coligação, aqui, interpreta-se em sentido largo, a incluir as hipóteses de controle, de mera filiação e, até, de mera participação societária.

Para além da responsabilidade dos administradores, há a responsabilidade da própria pessoa jurídica: a sociedade controladora está obrigada a reparar os danos que causar à controlada por infração de suas obrigações de controle. O poder de controle deve ser utilizado para fazer a sociedade realizar o seu objeto e cumprir sua função social, respeitando os direitos dos demais sócios, de todos aqueles que trabalham na empresa, além dos direitos e interesses da comunidade (artigo 246).

7 Grupo de sociedades

Ademais, a *holding* (sociedade controladora) e suas controladas podem constituir um *grupo de sociedades*, um conjunto empresarial regulado por uma convenção específica (um contrato, um ato de constituição do grupo), por meio da qual se obriguem a combinar recursos ou esforços para a realização dos respectivos objetos sociais, ou a participar de atividades ou empreendimentos comuns (artigo 265 da Lei 6.404/76). A constituição do *grupo de sociedade* pressupõe a existência de uma *sociedade controladora* e, em contraste, de *sociedades controladas*. A sociedade controladora poderá ser uma sociedade de participação ou *holding pura* ou *mista*.

A impossibilidade de constituição *formal*, vale dizer, de constituição *de direito* do grupo sem que haja uma relação de controle societário, não impede sociedades meramente coligadas de agruparem-se *de fato*, vale dizer, *informalmente*, inclusive mediante o estabelecimento plenamente válido de uma convenção intragrupal. Não há norma jurídica que o vede. Mas não será um *grupo de sociedades* em sentido estrito, não podendo sequer usar as palavras *grupo* ou *grupo de sociedade*, por expressa proibição do artigo 267, parágrafo único, que as reservam para os grupos organizados de acordo com a Lei 6.404/76.

A convenção de grupo societário deverá conter os elementos listados pelo artigo 269 da Lei 6.404/76:

(1) A *designação* do grupo, ou seja, o seu nome, do qual constarão as palavras *grupo de sociedades* ou *grupo* (artigo 267); nada impede que o núcleo da denominação repita o núcleo da denominação de uma das sociedades do grupo: Grupo Abril e Editora Abril S.A.

(2) A indicação da *sociedade de comando*, necessariamente brasileira (artigo 265, § 1º), e das *sociedades filiadas*.

(3) As *condições de participação* das diversas sociedades, esclarecendo como se dará a combinação de recursos e/ou esforços para a realização dos respectivos objetos sociais, a participação em atividades ou empreendimentos comuns, respeitando a lei e os atos constitutivos.

(4) O *prazo de duração*, se houver, e as condições de extinção.

(5) As *condições para admissão* de outras sociedades *e para a retirada* das que o componham; a retirada é elemento intrínseco à convenção do grupo de sociedades (artigo 269, V); os grupos societários são cindíveis por definição, caracterizando a previsão contrária como indevida sujeição de uma parte às demais, cláusula leonina e, assim, inválida. As condições para admissão e para a retirada não podem contrariar leis; por exemplo, não se pode estabelecer que sociedade meramente coligada, da qual a sociedade de comando não detém o controle, passe a fazer parte do grupo.

(6) Os *órgãos e cargos da administração* do grupo, suas atribuições e as relações entre a estrutura administrativa do grupo e as das sociedades que o componham. As relações entre as sociedades, a estrutura administrativa do grupo e a coordenação ou subordinação dos administradores das sociedades filiadas serão

estabelecidas na convenção do grupo, embora cada sociedade conserve personalidade e patrimônios distintos (artigo 266). Particular atenção deve ser dada aos atos constitutivos das sociedades filiadas – estatutos ou contratos sociais –, que deverão compatibilizar-se com o que dispõe a convenção, sob pena de a adesão ao grupo caracterizar ato *ultra vires* e, assim, não vincular a respectiva sociedade. Assim, a adesão ao grupo pode exigir alterações nas cláusulas do ato constitutivo, designadamente naquelas que cuidam da administração e/ou representação societária.

(7) A declaração da nacionalidade do controle do grupo; o grupo de sociedades considera-se sob controle brasileiro se (a) a sua sociedade de comando está sob o controle de pessoas naturais residentes ou domiciliadas no Brasil; (b) pessoas jurídicas de direito público interno; ou (c) sociedade ou sociedades brasileiras que, direta ou indiretamente, estejam sob o controle destas últimas (artigo 269).

E (8) as condições para alteração da convenção.

A convenção de grupo deve ser aprovada (artigo 270), observando as normas para alteração do contrato social ou do estatuto. Uma vez aprovada a convenção pela sociedade controladora (*sociedade de comando*) e por todas as sociedades controladas (*sociedades filiadas*), deverá ela ser levada a arquivamento no registro do comércio da sede da sociedade de comando, juntamente com as atas das assembleias gerais, ou instrumentos de alteração contratual, de todas as sociedades que tiverem aprovado a constituição do grupo, além de declaração autenticada do número das ações ou quotas de que a sociedade de comando e as demais sociedades integrantes do grupo são titulares em cada sociedade filiada, ou exemplar de acordo de acionistas que assegura o controle de sociedade filiada. Se as sociedades filiadas tiverem sede em locais diferentes, deverão ser arquivadas no registro do comércio das respectivas sedes as atas de assembleia ou alterações contratuais que tiverem aprovado a convenção, sem prejuízo do registro na sede da sociedade de comando.

O grupo se considerará constituído a partir da data do arquivamento, cuja certidão deverá ser publicada na imprensa, passando a sociedade de comando e as filiadas a usar as respectivas denominações acrescidas da designação do grupo. As alterações da convenção do grupo também serão devidamente arquivadas, cumpridas as formalidades legais, e publicadas para valerem em relação a terceiros; a falta de cumprimento dessas formalidades, no entanto, não pode ser oposta pela companhia, ou por seus acionistas, a terceiros de boa-fé.

Atente-se para o fato de que o grupo de sociedades não tem personalidade jurídica própria, não é uma pessoa jurídica. É apenas uma convenção entre pessoas jurídicas (as *sociedades de comando* e as *filiadas*), embora disponha de uma estrutura administrativa, definida na convenção, podendo ter, inclusive, órgãos de deliberação colegiada e cargos de direção geral (artigo 272 da Lei 6.404/76).

A representação da sociedade *de comando* e das *filiadas* cabe exclusivamente aos respectivos administradores societários, em conformidade com os respectivos estatutos ou contratos sociais. É possível, contudo, que a convenção, devidamente arquivada e publicada, disponha expressamente de modo diverso (artigo 272).

Em sua atuação, os administradores das sociedades filiadas observarão suas atribuições, poderes e responsabilidades, de acordo com os respectivos estatutos ou contratos sociais, mas igualmente a orientação geral e as instruções expedidas pelos administradores do grupo, desde que não importem violação da lei ou da convenção do grupo. Os administradores do grupo e os investidos em cargos de administração em mais de uma sociedade poderão ter a sua remuneração rateada entre as diversas sociedades. Também é lícito à convenção estipular uma gratificação aos administradores, à qual farão jus somente nos exercícios em que se verificarem lucros suficientes para que se atribua o dividendo obrigatório aos acionistas (artigo 202 da Lei 6.404/76).

A combinação de recursos e esforços, a subordinação dos interesses de uma sociedade aos de outra, ou do grupo, e a participação em custos, receitas ou resultados de atividades ou empreendimentos somente poderão ser opostas aos sócios minoritários das sociedades filiadas (ou seja, os demais sócios, excluídas a sociedade de comando e as demais filiadas do grupo) nos termos da convenção do grupo (artigo 276). Havendo distribuição de custos, receitas e resultados, serão determinados e registrados no balanço de cada exercício social das sociedades interessadas, assim como as compensações entre sociedades, previstas na convenção do grupo.

Se a sociedade de comando do grupo causar danos à sociedade filiada por descumprimento dos deveres genéricos de acionista controlador e dos deveres específicos de sociedade controladora, deverá indenizá-los, sendo réus a administradora de comando e os administradores (artigo 276, § 3º). A ação poderá ser interposta por acionistas que representem 5% ou mais do capital social, bem como a qualquer acionista, desde que preste caução pelas custas e honorários de advogado devidos no caso de vir a ação a ser julgada improcedente (artigo 246). A sociedade controladora, se condenada, além de reparar o dano e arcar com as custas, pagará honorários de advogado e prêmio de 5% ao autor da ação, calculados sobre o valor da indenização (artigo 246, § 2º).

14

Funcionamento e extinção

1 Entificação do patrimônio

A alocação do patrimônio familiar para a integralização de uma *holding* impacta não só as relações familiares, mas essencialmente o direito de propriedade das pessoas envolvidas. Esse ponto tem sido reiterado e precisa ser sempre frisado. Os membros da família deixam de ser proprietários dos bens usados na integralização, sejam móveis ou imóveis, sejam materiais ou imateriais (a exemplo de quotas e ações). A *holding* passará a ser a proprietária desses bens. Os membros da família se tornam membros da *holding*, ou seja, tornam-se sócios e, assim, titulares de suas quotas ou ações, conforme o tipo societário escolhido. O profissional do Direito, da Contabilidade ou da Administração de Empresas que realiza uma tal operação e/ou que presta consultoria para a família deve ser muito cuidadoso no tratamento dessas questões e na exposição de suas implicações.

Expectativa de sucessão

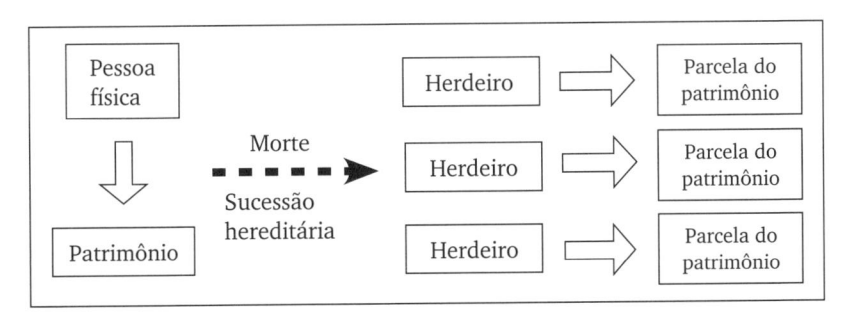

Pessoa física ⇩ Patrimônio — Morte / Sucessão hereditária ⇢ Herdeiro ⇒ Parcela do patrimônio / Herdeiro ⇒ Parcela do patrimônio / Herdeiro ⇒ Parcela do patrimônio

Como ilustrado pelo gráfico anterior, a expectativa dos familiares, habitualmente, é que a sucessão lhes dará domínio direto sobre parcela do patrimônio social. O uso da palavra *domínio*, aqui, é muito rico: é habitual haver uma expectativa, em cada herdeiro, de se tornar o senhor da parcela do patrimônio que lhe caberá com a sucessão. Sem compartilhamento, sem convivência, sem interferências. O custo dessa lógica individualista, contudo, é muito grande. Basta recordar ser muito comum ouvir histórias de pessoas que falam da imensa fortuna de um avô ou bisavô, completamente perdida pela fragmentação do patrimônio na sucessão hereditária. Essa fragmentação, habitualmente, desfaz a vantagem de mercado detida por um patrimônio produtivo: a grande propriedade agropecuária se torna um conjunto de áreas improdutivas, a rede de lojas se fragmenta etc. A isto também serve a estratégia de constituir uma *holding* familiar, como se viu anteriormente: para manter a força do patrimônio familiar, a bem de todos os membros da família.

No entanto, com a constituição da *holding* familiar, essa lógica privada *aguda*, radical, desfaz-se. Não apenas as relações do herdeiro com a parcela que lhe toca no patrimônio, mas suas relações com os demais herdeiros. Não é mais uma questão de Direito de Família, de Direito Sucessório ou de Direito de Propriedade. Passa-se a ter uma questão de Direito Empresarial e, mais precisamente, de Direito Societário. Os herdeiros não serão proprietários do patrimônio familiar, mas titulares das quotas ou ações da sociedade que, por seu turno, será a proprietária daquele patrimônio e, assim, conservará a sua unidade.

Sucessão na *holding*

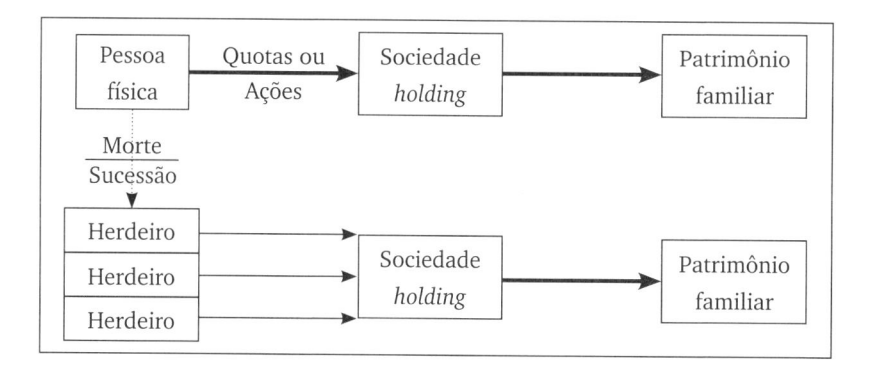

2 Representação e administração

Um dos aspectos relevantes dessa questão está justamente na administração da *holding*. As pessoas jurídicas são administradas em conformidade com seu ato constitutivo, ou seja, de acordo com o contrato social, se sociedade por quotas, ou o estatuto social, se sociedade por ações. Não só administração, mas igualmente representação, ou seja, a definição de quem poderá firmar contratos e praticar atos em nome da sociedade. Atos físicos que, realizados por seres humanos, são juridicamente considerados como tendo sido praticados pela pessoa jurídica. Esse mecanismo jurídico pode levar a uma situação na qual os membros da família, na condição de sócios, tenham sua ingerência sobre o patrimônio limitada às deliberações sociais, cabendo a um deles, ou a um administrador profissional (conforme o tipo societário adotado), a prática dos atos de administração e a representação da *holding*.

É fundamental atentar para o fato de que o ato constitutivo, seja um contrato ou um estatuto, deverá definir quais são os poderes e quais as atribuições do(s) administrador(es). Quanto mais cuidadosa e minuciosa for a definição das atribuições e dos poderes do administrador, constante do ato constitutivo, maior será a segurança dos sócios em relação a seus atos. Aliás, preservam-se, dessa maneira, não só os interesses e direitos dos próprios sócios, mas também os de terceiros que, consultando o ato constitutivo, quem é verdadeiramente, de direito, o administrador e quais são os seus poderes. Esse esforço inclui até a definição de atos que só podem ser praticados após autorização da reunião ou assembleia de sócios e de atos que não podem ser praticados de forma alguma.

> Exemplo de Cláusula – À diretoria atribuem-se todos os poderes para a administração da sociedade, por mais especiais que sejam, podendo inclusive, e não só, presentar a pessoa jurídica em qualquer ato, alienar ou onerar bens do ativo permanente, contrair dívidas e outras obrigações, renunciar a direitos.

Na sociedade em nome coletivo e na sociedade em comandita simples, o administrador será nomeado por meio do contrato social. Será um dos sócios, na sociedade em nome coletivo e na sociedade em comandita simples, neste último caso, um sócio comanditado. Na sociedade limitada, a nomeação poderá fazer-se por meio de cláusula no contrato social ou por documento em apartado, hipótese na qual a nomeação e o termo de posse são anotados num *livro de atas da administração*. Cuida-se de livro facultativo, acreditamos, salvo quando se recorra a nomeações por meio de documento em apartado. A sociedade limitada (artigo 1.061 do Código Civil) admite a nomeação de não sócio para a administração societária, embora definindo uma série de requisitos e de limitações.

Não podem ser administradores, além das pessoas impedidas por lei especial, os condenados a pena que vede, ainda que temporariamente, o acesso a cargos públicos; ou por crime falimentar, de prevaricação, peita ou suborno, concussão, peculato; ou contra a economia popular, contra o sistema financeiro nacional, contra as normas de defesa da concorrência, contra as relações de consumo, a fé pública ou a propriedade, enquanto perdurarem os efeitos da condenação (artigo

1.011, § 1º, do Código Civil). No que diz respeito aos impedimentos legais, listam-se magistrados, membros do Ministério Público, militares e funcionários públicos.

É fundamental atentar para o fato de que a constituição ou a destituição de administrador, bem como sua atribuição de poderes ou eventuais limitações, constem de atos (contrato, alteração contratual, documento em apartado, ata da assembleia geral etc.) que tenham sido levados ao Registro Público. O registro é indispensável para dar publicidade à nomeação e, assim, preservar os direitos e interesses de todos os envolvidos, nomeadamente por dar eficácia ao ato perante terceiros. No entanto, o registro não é pressuposto de validade da nomeação (artigo 1.012 do Código Civil); mesmo sem o registro, a nomeação é válida, embora sua eficácia esteja limitada aos partícipes do ato: sociedade, sócios e administrador. Consequentemente, as obrigações do administrador para com a sociedade principiam imediatamente após a nomeação, se o contrário não constar do respectivo instrumento.

> Exemplo de Cláusula – Os sócios minoritários poderão indicar um ou mais profissionais de contabilidade, auditoria ou administração de empresas para examinar, a qualquer momento, a contabilidade da *holding* e respectivos documentos, podendo avaliar riscos, não só operacionais, mas inclusive estratégicos, bem como opinar sobre a administração, gerência e contabilidade.

No plano das sociedades contratuais, o Código Civil deixa claro que o administrador é um mandatário da sociedade (artigo 1.011, § 2º); aliás, as regras do mandato (artigos 653 a 691 do Código Civil) lhe são aplicáveis. No exercício de seus poderes, não poderá fazer-se substituir por outrem (artigo 1.018), salvo em operações específicas (determinados negócios), devendo outorgar procuração que precise o ato que deverá ser praticado. Exemplo é a outorga de procuração a advogado ou, mesmo, para que alguém firme determinado contrato. Também não impede a contratação de gerentes e de outros prepostos (artigos 1.172 a 1.176 do Código Civil), como contadores, gerentes financeiros, de pessoal etc.

Justamente por ser apenas um mandatário da sociedade, o administrador da sociedade contratual atua – e deve atuar – nos limites da lei e dos poderes que lhe foram outorgados. O artigo 1.071 do Código Civil define matérias que são obrigatoriamente da competência da coletividade dos sócios, dependendo da deliberação dos sócios: (1) a aprovação das contas da administração; (2) a designação dos administradores, quando feita em ato separado; (3) a destituição dos administradores; (4) o modo de sua remuneração, quando não estabelecido no contrato; (5) a modificação do contrato social; (6) a incorporação, a fusão e a dissolução da sociedade, ou a cessação do estado de liquidação; (7) a nomeação e destituição dos liquidantes e o julgamento das suas contas; (8) o pedido de concordata (recuperação de empresa, no sistema instituído pela Lei 11.101/05). Para além dessas matérias, o contrato social pode estipular qualquer outra matéria que, para ser executada, exija voto favorável da maioria absoluta, qualificada ou mesmo da unanimidade dos sócios, protegendo a minoria. De qualquer sorte, é dever do administrador exercer suas funções com probidade, isto é, honestamente, atuando de forma ativa, com cuidado e diligência, tratando os negócios da sociedade como se fossem seus (artigo 1.011 do Código Civil).

Em se tratando de sociedade anônima, pode-se recorrer a uma estrutura administrativa composta por dois órgãos: conselho de administração e diretoria. Essa duplicidade, contudo, justifica-se apenas quando seja vasta a corporação ou, principalmente, quando sejam muitos os sócios, a exemplo das companhias abertas. Na esmagadora maioria dos casos, contudo, as sociedades familiares são compostas por poucos sócios e, assim, têm apenas uma diretoria, que é um órgão administrativo imprescindível para as companhias, competindo-lhe a representação da companhia e a prática dos atos necessários ao seu funcionamento regular, sendo composta por dois ou mais diretores (acionistas ou não), conforme definição do estatuto. Os membros da diretoria são eleitos (prazo de gestão não superior a três anos) e podem ser destituídos a qualquer tempo, pelo conselho de administração, ou, se não existir conselho, pela assembleia geral.

Os administradores da companhia estão obrigados a empregar, no exercício de suas funções, o cuidado e a diligência que todo homem ativo e probo (honesto) costuma empregar na administração dos seus próprios negócios, exercendo as atribuições legais e estatutárias no interesse da companhia e de forma que permita a boa realização das finalidades da empresa, embora estejam igualmente obrigados a satisfazer às exigências do bem público e da função social da empresa (artigo 154 da Lei 6.404/76). Não se lhes permite: (1) praticar ato de liberalidade à custa da companhia, embora o conselho de administração ou a diretoria possam autorizar a prática de atos gratuitos razoáveis em benefício dos empregados ou da comunidade de que participe a empresa, tendo em vista suas responsabilidades sociais; (2) sem prévia autorização da assembleia geral ou do conselho de administração, tomar por empréstimo recursos ou bens da companhia, ou usar, em proveito próprio, de sociedade em que tenha interesse, ou de terceiros, os seus bens, serviços ou crédito; (3) receber de terceiros, sem autorização estatutária ou da assembleia geral, qualquer modalidade de vantagem pessoal, direta ou indireta, em razão do exercício de seu cargo; as importâncias recebidas com infração a tal disposto pertencerão à companhia (artigo 154, §§ 2º e 3º).

> Exemplo de Cláusula – É dever do administrador societário conduzir os negócios corporativos da *holding* de forma a manter a boa reputação da família no mercado e na comunidade em geral, patrimônio imaterial construído ao longo de décadas. O desrespeito a tal obrigação caracterizará ato ilícito e implicará o dever de indenização dos respectivos danos morais, se outros não houver.

Um dever específico é a lealdade: servir à companhia com lealdade e manter reserva sobre os seus negócios, razão pela qual se veda ao administrador: (1) usar, em benefício próprio ou de outrem, com ou sem prejuízo para a companhia, as oportunidades comerciais de que tenha conhecimento em razão do exercício de seu cargo; (2) omitir-se no exercício ou proteção de direitos da companhia ou, visando à obtenção de vantagens, para si ou para outrem, deixar de aproveitar oportunidades de negócio de interesse da companhia; e (3) adquirir, para revender com lucro, bem ou direito que sabe necessário à companhia, ou que esta tencione adquirir. Nesse sentido, o artigo 156 veda-lhe intervir em qualquer operação social na qual tenha interesse conflitante com o da companhia, bem como na deliberação que a respeito tomarem os demais administradores, cumprindo-lhe cientificá-los do seu impedimento e fazer consignar, em ata de reunião do conselho de administração ou da diretoria, a natureza e extensão do seu interesse; se ainda assim o negócio vier a ser realizado, o § 1º exige que as condições sejam razoáveis ou equitativas, idênticas às que prevalecem no mercado ou em que a companhia contrataria com terceiros, sem o que será anulável, e o administrador interessado será obrigado a transferir para a companhia as vantagens que dele tiver auferido.

Por fim, recorde-se que o ato de administração, quando exceda os poderes outorgados pelo ato constitutivo ou desrespeite a lei, é ato ilícito, do qual resulta a responsabilidade civil do administrador. Essa regra aplica-se também às *holdings* e o obrigará a indenizar prejuízos decorrentes, sejam sofridos pelos demais sócios, pela sociedade ou por terceiros.

3 Administração coletiva

É possível, nas sociedades contratuais, estabelecer por meio do contrato social que a sociedade terá uma administração coletiva, ou seja, que todos os sócios serão simultaneamente administradores. O recurso a essa solução pode ser interessante em *holdings* familiares, mormente quando se tenha poucos sócios que, assim, podem se reunir com assiduidade e estarem presentes sempre que se faça necessário praticar atos sociais. A administração coletiva coloca os sócios em contato permanente e constante, exigindo deles o debate e a deliberação sobre os negócios sociais, ou seja, sobre a administração do patrimônio material e/ou imaterial (a exemplo de participações societárias) detido pela *holding*.

É recomendável que este tipo de administração esteja bem regrada no contrato social. Afinal, se para determinado ato não se encontra definido no contrato social ou em documento apartado, devidamente averbado no registro da pessoa jurídica, qualquer administrador representará a sociedade perante os terceiros.

Aliás, segundo o artigo 1.010 do Código Civil, competindo a todos os sócios decidir sobre os negócios da sociedade, as deliberações serão tomadas por maioria de votos, contados segundo o valor das quotas de cada um; portanto, cada sócio terá na votação o peso de sua participação no capital social. Havendo empate, prevalece a decisão sufragada por maior número de sócios (independentemente do valor de suas quotas). Persistindo o empate, a questão deverá ser levada ao Judiciário para que a resolva. Essa regra geral aplica-se no silêncio do contrato; assim, é possível estabelecer, no contrato social, outra regra, como a necessidade de unanimidade ou de maioria qualificada, assim como o recurso não ao Judiciário, mas a um meio alternativo para a solução de controvérsias quando se chegue a um impasse nas votações, designadamente a nomeação de árbitros. É medida saudável, mormente considerado o tempo que consome a solução de uma controvérsia judicial.

> Artigo 1.010, § 3º, do Código Civil: Responde por perdas e danos o sócio que, tendo em alguma operação interesse contrário ao da sociedade, participar da deliberação que a aprove graças a seu voto.

É preciso cautela com a disposição inscrita na cabeça do artigo 1.013 do Código Civil, segundo o qual a administração da sociedade, nada dispondo o contrato social, compete separadamente a cada um dos sócios. Portanto, a regra geral – para o silêncio do contrato – é que os atos de administração sejam exercíveis por cada um dos sócios, separadamente. O § 1º atribui aos demais sócios-administradores, a cada um deles, o poder de impugnar a operação (o ato). No entanto, se o ato já houver sido praticado, poderão advir consequências em relação ao terceiro de boa-fé, incluindo o dever de indenizar. Para resolver o problema, o § 2º do mesmo artigo afirma que qualquer administrador que realize operação sabendo – ou devendo saber – estar agindo em desacordo com a maioria responderá por perdas e danos perante a sociedade.

Essa solução é arriscada, potencialmente conflituosa e pode se revelar onerosa para os interesses da sociedade familiar. Assim, parece-nos que o melhor, em se tratando de administração coletiva, é estipular no contrato social que os atos deverão ser praticados, obrigatoriamente, de forma conjunta. Na *administração conjunta*, a competência e o poder para praticar atos de administração encontram-se submetidos ao concurso necessário de todos os sócios. Portanto, o ato somente terá validade se todos os administradores dele participarem, chancelando-o. Alternativamente, há contratos sociais que estabelecem não a necessidade de todos, mas de alguns: dois ou a número correspondente à maioria. São possibilidades estratégicas que devem ser consideradas em cada cada caso.

> Exemplo de Cláusula – A(O)...[1] poderá criar comitês técnicos para assessoramento da sociedade em seus negócios, cabendo lhe dar denominação, indicar seus membros[2], definir sua competência, forma de atuação[3] e honorários.

Frise-se a gravidade da instituição de administração conjunta. Basta recordar que tal cláusula, posta no contrato social tornado público pelo registro, tem eficácia sobre terceiros. No entanto, não se deve perder de vista o artigo 1.014 do Código Civil que, em sua parte final, erige uma exceção à regra de concurso necessário de todos os sócios alcançados pela cláusula de administração conjunta: os casos urgentes, em que a omissão ou retardo das providências possa ocasionar dano irreparável ou grave.[4]

4 Término da administração

Um ponto interessante na existência e no funcionamento de toda e qualquer sociedade, alcançando com destaque o tema das *holdings*, diz respeito ao término da administração. São incontáveis situações nas quais o desentendimento entre os sócios leva ao desejo de alteração no comando da *holding* ou, mesmo, das sociedades experimentais. A questão parece simples, mas não é. A solução legal, aplicável para quando o contrato social seja silente sobre o tema, beneficia a figura do administrador, dificultando sua substituição em alguns casos, como se verá.

Na sociedade em nome coletivo e na sociedade em comandita simples, quando se tenha um sócio nomeado administrador por meio de cláusula disposta no contrato social, sua destituição pressupõe o seu próprio voto favorável, já que o artigo 1.019 do Código Civil afirma: são irrevogáveis os poderes do sócio investido na administração por cláusula expressa do contrato social, salvo justa causa, reconhecida judicialmente, a pedido de qualquer dos sócios. Em oposição, o seu parágrafo único assevera serem revogáveis, a qualquer tempo, os poderes conferidos a sócio por ato separado, ou a quem não seja sócio. De qualquer sorte, esses são tipos de adoção rara.

Mais comuns são as sociedades limitadas, nas quais também pode haver nomeação de administrador sócio ou não sócio, por meio de cláusula no contrato

---

[1] Não há regra: pode ser o administrador, o diretor ou a diretoria, o conselho de administração, a reunião ou assembleia de sócios (há que definir o quórum de aprovação).

[2] Pode-se prever, aqui, "... *que poderão ser membros dos órgãos de administração*...".

[3] Pode-se prever a faculdade de determinar o regulamento, composição, prazo, local de reunião, entre outros.

[4] MAMEDE, Gladston. *Direito empresarial brasileiro*: direito societário: sociedades simples e empresárias. 4. ed. São Paulo: Atlas, 2010. v. 2, capítulo 5 (Administração societária).

social ou por meio de instrumento em separado, público ou privado, devidamente levado a registro. Em todos os casos, a cessão da administração poderá decorrer da renúncia, do término do prazo certo da constituição ou da destituição, devendo ser imperiosamente averbada no registro público correspondente nos dez dias seguintes à sua ocorrência (artigo 1.063, § 2º, do Código Civil). Cumprido esse prazo, a averbação retroagirá em seus efeitos à data da ocorrência (artigo 36 da Lei 8.934/94).

A destituição do administrador na sociedade limitada, que é a hipótese mais interessante, diferencia-se considerando as seguintes variantes: (1) ser, ou não, sócio; (2) o meio de sua constituição; e (3) o motivo da destituição. A destituição imotivada do administrador que é sócio e foi nomeado por meio de cláusula no contrato social da sociedade limitada exige voto favorável de mais da metade do capital social, se outro percentual não fixar o contrato (artigo 1.063 do Código Civil). Se o administrador é sócio, mas foi nomeado por documento em apartado, basta a maioria simples dos votos. O mesmo se diga em relação ao não sócio, seja nomeado por meio do contrato social, seja nomeado por meio de instrumento em apartado. Por fim, tem-se o problema da destituição *motivada* do administrador. A regra, aqui, é a mesma para qualquer sociedade contratual: a medida pode ser pedida ao Judiciário por qualquer sócio, independentemente do seu percentual de participação no capital social (artigo 1.019, *caput*, do Código Civil).

5 Deliberações sociais

Embora se dê extremada importância para a administração societária, não se pode olvidar que o poder supremo de qualquer sociedade é da coletividade dos sócios, em reunião ou assembleia. Como já reiteramos em diversos momentos de nossa análise, a constituição da *holding* afasta os familiares do domínio direto do patrimônio, tornando-os sócios. O arbítrio individual, assim, cede espaço para o foro de deliberação coletiva que é a reunião ou assembleia de sócios, que assume a configuração de um foro de expressão coletiva da vontade. Consequentemente, a alternativa para a definição de uma decisão é o diálogo entre os sócios para, enfim, decidir, no voto, o que a sociedade fará. Como se o próprio diálogo já não fosse uma dificuldade, opondo-se ao exercício arbitrário da razão individual, a reunião ou assembleia societária impõe uma outra dificuldade: o peso do voto. As deliberações não se tomam por cabeça, mas cada um vota com o peso que tem na participação no capital social. Assim, quem tem 30% do capital tem um voto com peso 3 em 10, e quem tem 10% vota com peso 1 em 10.[5]

---

[5] Estamos no plano da segunda dimensão corporativa, qual seja a de funcionamento. Sobre o tema, conferir: MAMEDE, Gladston; MAMEDE, Eduarda Cotta. *Estruturação Jurídica de Empresas*: alternativas da tecnologia jurídica para a advocacia societária. Barueri: Atlas, 2024.

Contudo, essa constituição de um espaço obrigatório de diálogo e deliberação, entre os partícipes do patrimônio *entificado* pela constituição da *holding*, pode experimentar uma curiosa alteração circunstancial se aquele que cria a *holding* opta por uma solução diversa: constituir uma sociedade anônima e criar distinções entre espécies de ações e, com isso, entre os próprios sócios. Com efeito, as ações da companhia podem ser divididas e diferenciadas em duas espécies (artigo 15 e seguintes da Lei 6.404/76): *ações ordinárias*, destinadas àqueles que se interessam não apenas pelos resultados sociais, mas igualmente pela deliberação dos assuntos societários, e *ações preferenciais*, para os que estão mais preocupados com os resultados societários, preferindo ter um acesso preferencial aos seus resultados. As ações ordinárias aproximam-se muito das quotas das sociedades contratuais: seus titulares têm o poder de deliberar os assuntos societários e, ademais, participar dos resultados sociais. Já as preferenciais são títulos que dão acesso preferencial a algumas vantagens, definidas pelo estatuto social conforme a licença constante no artigo 17 da Lei 6.404/76, em prejuízo de algumas faculdades, nomeadamente a participação nas deliberações sociais. O cerceamento no direito de voto é uma medida extrema, razão pela qual o artigo 15, § 2º, da Lei 6.404/76 limita o número de ações preferenciais sem direito a voto, ou que estejam sujeitas a qualquer restrição nesse direito de votar: não pode ultrapassar 50% do total das ações emitidas.

Lembre-se, porém, que a supressão ou restrição do direito de voto será suspensa se, por até três exercícios consecutivos, se menor prazo não estipular o estatuto, deixar a companhia de pagar os dividendos fixos ou mínimos a que fizerem jus as ações preferenciais sem direito de voto ou com direito de voto restrito; vencido esse prazo, tais ações adquirirão o exercício pleno desse direito, conservando-o até o pagamento integral da vantagem que lhes é devida.

> Exemplo de Comunicação
>
> A [nome da sociedade] convida seus sócios para reunião/assembleia a se realizar [dia e horário], [endereço], conforme notificação convocatória expedida em... (cópia anexa). Somente serão deliberadas (votadas) as matérias constantes da pauta, salvo a presença totalidade dos sócios, com aceitação unânime da inclusão de outro tema.
>
> A administração societária apresenta em anexo cópia de toda documentação para dar suporte ao exercício do voto, incluindo relatórios e análises para facilitar e incentivar a participação, explicando as propostas formuladas. As matérias contábeis fazem-se acompanhar de notas explicativas da contabilidade. Ademais, qualquer sócio poderá requerer esclarecimento prévio, escrevendo para [endereço]. Note-se que, ao fim de cada tópico, segue um esclarecimento sobre base legal, bem como respectivo quórum de aprovação para aquele item.

> Para os sócios que queiram indicar procuradores para representá-los, renovamos, como das oportunidades anteriores, a sugestão de um modelo de procuração, recomendando atenção às observações sobre poderes que podem ser outorgados e seus efeitos.
> [Local e data e assinatura]

Para além dessas questões, importa observar que um dos aspectos estratégicos essenciais na constituição de uma *holding* é a atribuição de poderes para a coletividade dos sócios, em reunião ou assembleia, e do respectivo quórum de deliberação. Esses parâmetros definirão o bom futuro, ou não, da sociedade, pautando a convivência entre aqueles que, em face da constituição da pessoa jurídica, serão mais sócios do que parentes. É preciso submeter ao instituidor a lista de matérias necessariamente afetas à coletividade dos sócios, definida pelo legislador, bem como o quórum para elas previsto em leis, para que ele possa avaliar se efetivamente atendem, ou não, à visão de futuro que tem para o seu patrimônio e seu negócio, tocado por seus herdeiros.

Dessa maneira, opte-se por uma sociedade por quotas ou por uma sociedade por ações, será sempre conveniente dar atenção redobrada, na redação do contrato social ou do estatuto social, às regras sobre as matérias que dependem de deliberação da reunião ou assembleia dos sócios e as matérias que podem ser praticadas pelo(s) administrador(es), sem depender da autorização ou aprovação da coletividade dos sócios. Não é só. Nesta investigação e definição do que seja melhor para o futuro da *holding*, e de todos os seus sócios, é preciso também focar a conveniência de estabelecer percentuais mínimos para que determinadas matérias sejam aprovadas, embora com o cuidado de não engessar a condução da empresa.

Superadas tais questões, realça-se que os sócios têm o direito, mas não o dever, de participar das deliberações sociais. Apenas os administradores têm o dever de comparecer. As votações demandam, conforme a matéria, um percentual mínimo do capital social para serem aprovadas, a exemplo do que se viu, anteriormente, para a destituição do administrador social. Nas sociedades contratuais, todos os sócios podem participar das deliberações sociais; contudo, nenhum sócio, por si ou na condição de mandatário, pode votar matéria que lhe diga respeito diretamente (artigo 1.074, § 2º, do Código Civil). Cuidase, contudo, de expressão de interpretação restrita, não alcançando apenas matérias nas quais o interesse do sócio seja objetivamente contrário ao da sociedade, o que não se revela, contudo, em casos como o exercício do direito de voto a bem da eleição de si mesmo para qualquer dos órgãos da administração societária.

5.1. *Estímulo à participação*

A participação da comunidade societária nos eventos é uma virtude corporativa. Afinal, o sócio que deixa de participar da reunião ou assembleia ordinária renuncia à melhor afirmação de seus direitos e interesses, incluindo sua contribuição para o futuro da sociedade. Perdem ambos, o sócio e a sociedade. O sócio, mesmo quando minoritário, abre mão do poder de apresentar suas objeções, ouvir explicações sobre o que está sendo apresentado e, mesmo, de declarar a razão de seu voto divergente.

Na hipótese de empresas familiares, o problema é ainda maior. Se os sócios/familiares constatam que não é possível ou que é difícil expressar suas opiniões e participarem da vida societária, podem se ver impelidos a deixar a sociedade ou trabalhar contra a coletividade social, sentindo-se explorados, *passados para trás*, alijados da ingerência na empresa. Por isso, é recomendável manter uma política de estímulo à participação societária: criar um sentimento de pertencimento à corporação que inclui, por certo, participar de reuniões ou assembleias de sócios.

Contudo, é preciso ter redobrada cautela quanto à forma de participação dos sócios nas reuniões ou assembleias. Habitualmente, administradores societários funcionam constantemente sob a lógica do executivo, acreditando que todos pensam como eles e, assim, mostrando pouca paciência para colocações e questionamentos que lhes parecem ingênuos, amadores, improvisados. O convívio verdadeiro com a coletividade social, no entanto, exige preparo para saber lidar com um amplo leque de intervenções que, embora possam parecer *tolinhas* para um executivo, refletem a opinião e a apreensão daqueles que são efetivamente os titulares coletivos da sociedade empresária. Portanto, é preciso revelar reflexibilidade suficiente para ouvir, compreender e atender, respondendo mesmo ao que pareça irrelevante: *Por que não se faz assim ou assado? Por que se fez desse jeito? Não seria melhor se a empresa...?*

O mais curioso é que, prestando atenção nessas *intervenções amadoras, atécnicas*, percebe-se que não são de todo absurda e têm uma lógica própria. Em muitos casos, ainda que sob formas simplórias, revelam uma percepção arguta da realidade da empresa e de seus desafios, quando não apontam caminhos que merecem, sim, ser considerados, tendo sido intuídos por que, estando de fora, consegue ter uma perspectiva diversa dos desafios empresariais. De qualquer sorte, acima de todas essas questões sobre o mérito dessas intervenções e objeções, paira inequívoca uma realidade: é direito do sócio manifestar, sugerir, questionar e, mais do que isso, obter as respostas que deseja.

A prática empresarial norte-americana agregou um valioso instrumento de convivência social ao elenco dos mecanismos de estímulo à boa convivência entre os sócios, limitando eventuais abusos por parte de administradores e/ou controladores: é o chamado *proxy statement*, entre nós traduzido como *manual de participação* em reuniões ou assembleias de sócios. Essencialmente, trata-se de um documento no qual a pauta da reunião ou assembleia é detalhada, sendo fornecidos estudos técnicos que orientam a tomada de decisão dos sócios, bem como sejam transcritos elementos referenciais pertinentes, como atas de reuniões de conselhos ou da diretoria, bem como documentos societários que igualmente impactem as matérias a serem decididas.

Não há norma jurídica que discipline uma estrutura obrigatória para tais *manuais* que, assim, apresentam habitualmente duas versões: (1) um regimento interno para a realização de assembleias ou reuniões de sócios e/ou (2) um relatório que é enviado aos sócios, com antecedência, contendo informações sobre tudo o que se decidirá, incluindo elementos que explicitam as matérias submetidas à deliberação e, assim, permitem que cada um forme sua convicção para votar. Facilmente se percebe que ambas as versões são extremamente úteis para o bem-estar da coletividade social e, portanto, podem ser utilizadas como instrumentos otimizadores da boa convivência entre os sócios/parentes, contribuindo para a união familiar.

O estabelecimento de regras que definam balizas para o melhor andamento e funcionamento das reuniões ou assembleias societárias pode ser feito por meio de um capítulo ou seção no ato constitutivo (contrato social ou estatuto social), bem como por meio de documento em apartado, firmado pelos sócios, que poderá ser levado ou não ao registro público. Cuida-se de mais um regimento interno, nos moldes já exaustivamente estudados anteriormente; aliás, essas regras podem compor um capítulo ou seção daquele regimento interno ou compor um documento específico, obedecidas as mesmas considerações já expedidas anteriormente.

No que diz respeito ao seu conteúdo, é recomendável que estabeleçam como obrigatória a emissão, a cada novo evento (reunião ou assembleia), com antecedência mínima previamente definida, dos relatórios de orientação de voto de que falaremos adiante. Mais do que isso, podem dispor sobre funcionamento, direito de manifestação, mecanismos de esclarecimento, comparecimento obrigatório de ocupantes de determinadas funções, possibilidade de convocação de gerentes, prepostos ou funcionários para prestar esclarecimentos etc.

Em sua versão *relatório de orientação de voto*, o *proxy statement* é um demonstrativo que contempla todos os pontos que deverão ser tratados na reunião ou assembleia. Aliás, antes de mais nada, é preciso realçar que, entre os analistas societários, é ponto pacífico que a melhor política empresarial expressa-se pela enunciação clara das questões que serão deliberadas, evitando esconder, sob a rubrica como *outras matérias, assuntos gerais, outros assuntos de interesse* etc. matérias que, colocadas para os presentes, surpreendam-nos, bem como aos que estejam ausentes. O ideal é que sob tal rubrica só se acolham matérias que não dependam de deliberação; portanto, apenas tópicos genéricos, que sejam discutidos entre os presentes sem que haja decisão sob os desígnios da corporação. Esse aspecto pode mesmo compor o regimento das reuniões ou assembleias, embora seja recomendável fazer constar cláusula que permita aos sócios, se presentes em sua totalidade, renunciar expressamente ao benefício quando se declararem cientes do assunto posto em votação.

Quando as pautas são exaustivas, torna-se possível emitir relatórios de orientação de voto, documentos nos quais a administração forneça todas as informações que são necessárias para que cada sócio possa compreender a questão que será votada e tomar a decisão sobre seu voto. Esses relatórios, para além de constituírem um instrumento de valorização dos sócios, permitem à administração e/ou aos sócios majoritários justificarem as medidas que pretendem ver aprovadas, explicitando seu embasamento legal, suas pretensas vantagens estratégicas e mercantis.

6 Arbitragem

Conflitos em família ocorrem todos os dias e em todo lugar ao redor do mundo. Conflitos entre sócios não são menos frequentes. Aliás, a existência endêmica de conflitos em todos os grupos e coletividades humanos, do jardim de infância aos asilos é um fenômeno notório, sendo que, olhando as demais espécies animais, pode-se dizer, sem hesitar: isso é natural.[6] Justamente por isso, conflitos não são estranhos às sociedades familiares; são regulares e não caracterizam fato ilícito. Discordar é um direito de cada sócio, desde que sejam respeitados os deveres gerais de sociabilidade, isto é, dever de convivência societária, dever de convivência e de atuação a favor da sociedade, obrigações que são traduzidas pela ideia de *affectio societatis*. Todos podem ter sua opinião, manifestando-a diante da coletividade social, argumentando a seu favor e exercendo o direito de voto, em reunião ou assembleia, como se verá no próximo capítulo. O sócio tem até o direito de recorrer ao Judiciário contra ilegalidades e abusos que sejam praticados pelo administrador societário e/ou pela maioria dos demais sócios.

O conflito é lícito e o exercício da posição conflitante é uma faculdade do sócio – de cada um e de todos –, desde que respeitados os princípios da socialidade (função social das faculdades jurídicas), eticidade (o que a sociedade considera boa-fé) e moralidade (o que a sociedade considera honesto), à sombra dos artigos 113, 421 e 422 do Código Civil. Para além desses limites, haverá abuso de direito, que é ato ilícito (artigo 187), considerado tanto como ato de descumprimento contratual, podendo conduzir à exclusão do sócio, quanto, igualmente, elemento

---

[6] MAMEDE, Gladston. *Semiologia do direito*: tópicos para um debate referenciado pela animalidade e pela cultura. 3. ed. São Paulo: Atlas, 2010.

propulsor da obrigação de indenizar (artigo 927), se advém dano a outrem, como a qualquer outro sócio e, mesmo, à sociedade.

Armando Moreira Júnior destaca que a maioria esmagadora das empresas familiares experimenta algum tipo de conflito, sendo que seus dirigentes acabam por focar tais conflitos, em lugar de centrarem sua atenção nos fatores mais importantes da gestão empresarial, a exemplo de vendas, finanças, gestão de pessoas, principalmente durante as fases mais agudas dos conflitos. Segundo o autor, tomam-se muitas decisões motivadas pela preocupação de reduzir o conflito, embora prejudiciais à empresa: sua preservação, seus resultados. É um dos grandes riscos de se levar para dentro da corporação problemas que são próprios do ambiente familiar, fazendo com que decisões sejam tomadas pelo viés emocional e não racional.[7]

O grande desafio, contudo, é quando o desentendimento vence os limites da mera discordância, decidida no voto, para se tornar um litígio, afetando a normalidade social. Nesses casos, a disputa pode ser levada ao Judiciário, salvo se houver, no ato constitutivo ou em pacto parassocial, um pacto comissório, ou seja, se os sócios tiverem se comprometido a resolver suas desavenças por meio de arbitragem. Uma grande vantagem é que a arbitragem é o sigilo, evitando que o conflito seja conhecido pelo grande público e pelo mercado. Outra vantagem está, justamente, nas deficiências da jurisdição pública: os árbitros não estão submetidos a centenas ou milhares de feitos, mas a um ou poucos, podendo votar-lhes maior dedicação e, assim, imprimir maior celeridade e atenção aos detalhes. Como se não bastasse, por meio da arbitragem podem ser escolhidos especialistas na matéria de controvérsia, aumentando o grau de precisão da jurisdição.

A mesma posição é exposta por James Marson, da *Sheffield Hallam University*, para quem as disputas podem envolver dificuldades técnicas, requerendo conhecimento especializado, de raro domínio, e os tribunais nem sempre têm esse conhecimento, sendo que a arbitragem pode ser feita por um *expert* com conhecimentos destacados naquela área, compreendendo e resolvendo o problema com maior adequação e rapidez.[8]

A arbitragem pode ter por objeto litígios jurídicos, a exigir a intervenção de juristas para a solução do desafio. Mas pode ter por objeto, igualmente, questões relativas a outros aspectos da vida societária, como a conveniência, ou não, de determinados investimentos, posturas mercantis etc. Também em relação a tais desentendimentos é possível estabelecer mecanismos de solução, incluindo a arbitragem que, por seu conteúdo, não será conduzida por juristas, mas por especia-

---

[7] MOREIRA JÚNIOR, Armando Lourenzo. *Bastidores da empresa familiar*: como reduzir conflitos por meio da governança corporativa. São Paulo: Atlas, 2011. p. 5-6.
[8] MARSON, James. *Business law*. New York: Oxford University Press. 2009. p. 68.

listas em determinadas matérias, como a ciência da administração de empresas, a mercadologia, a administração financeira etc. Aliás, registram-se mesmo casos, em empresas familiares de forte influência religiosa, que o pacto compromissório prevê a presença, entre os árbitros, de um pastor evangélico, de um rabino ou de um xeique, de um padre, o que é, sim, lícito estipular.

A arbitragem é disciplinada pela Lei 9.307/96, segundo a qual as pessoas capazes de contratar poderão valer-se da arbitragem para dirimir litígios relativos a direitos patrimoniais disponíveis (artigo 1º). Segundo a norma, a arbitragem poderá ser de direito ou de equidade, a critério das partes, sendo-lhes lícito escolher, livremente, as regras de direito que serão aplicadas na arbitragem, desde que não haja violação aos bons costumes e à ordem pública. Poderão, também, as partes convencionar que a arbitragem se realize com base nos princípios gerais de direito, nos usos e costumes e nas regras internacionais de comércio (artigo 2º e parágrafos).

As partes podem, na cláusula compromissória, eleger algum órgão arbitral institucional ou entidade especializada, hipótese na qual a arbitragem será instituída e processada de acordo com as regras desse ente; mas as partes podem, igualmente, estabelecer na própria cláusula, ou em outro documento, a forma convencionada para a instituição da arbitragem (artigo 5º).

7 Dissolução

A sociedade limitada extingue-se pela dissolução (artigo 1.087 cominado com os artigos 1.033 e 1.044 do Código Civil), que se dá nesses casos: (1) vencimento do prazo de duração, embora possa haver imediata prorrogação por prazo indeterminado quando, vencido o prazo previsto ou verificado o termo assinalado para a existência social, não entrar a sociedade em liquidação, nem qualquer sócio oponha-se ao prosseguimento de suas atividades; (2) deliberação unânime dos sócios nesse sentido, esteja contratada por prazo determinado ou indeterminado; (3) deliberação favorável da maioria absoluta dos sócios também a extingue, quando contratada por prazo indeterminado; (4) quando seja extinta, na forma da lei, sua autorização para funcionar.

No alusivo às sociedades por ações, as hipóteses de dissolução da companhia estão listadas no artigo 206 da Lei 6.404/76, que as divide em três grandes grupos. Em primeiro lugar, está a *dissolução de pleno direito*, que se haverá: (1) pelo término do prazo de duração; (2) nos casos previstos no estatuto; (3) por deliberação da assembleia geral; (4) pela existência de um único acionista, verificada em assembleia geral ordinária, se o mínimo de dois não for reconstituído até a do ano seguinte, ressalvada a hipótese de subsidiária integral; (5) pela extinção, na forma da lei, da autorização para funcionar. Num segundo grupo colocam-se as hipóteses de *dissolução por decisão judicial*: (1) quando anulada a sua constituição, em ação proposta por qualquer acionista; (2) quando provado que não pode preencher o seu fim, em ação proposta por acionistas que representem 5% ou mais do capital social; e (3) em caso de falência, na forma prevista na respectiva lei. Por fim, tem-se a dissolução por decisão de autoridade administrativa competente, nos casos e na forma previstos em lei especial. A essas hipóteses soma-se a quebra da *affectio societatis* nas companhias familiares.

Como o fim de uma sociedade tem efeitos que transcendem os envolvidos, alcançando trabalhadores, fornecedores e, enfim, a economia como um todo, cunhou-se no Direito Empresarial o princípio da preservação da empresa. Dessa maneira, doutrina e jurisprudência passaram a valorizar a figura da *dissolução parcial* da sociedade, figura cunhada como via alternativa para as pretensões de dissolução total, sempre que fosse possível preservar a pessoa jurídica e, assim, o negócio. A bem da precisão, nas sociedades contratuais, essa dissolução parcial corresponde à figura da resolução do contrato em relação a um ou mais sócios (artigos 1.028 a 1.032 do Código Civil), com liquidação das respectivas quotas sociais. Por seu turno, nas sociedades institucionais, corresponde ao direito de retirada da sociedade (artigo 137, *caput*, da Lei 6.404/76), com reembolso do valor de suas ações (artigo 45 da Lei 6.404/76).

> Exemplo de Cláusula – A sociedade entrará em dissolução, liquidação e extinção nos casos previstos em lei, em conformidade com este contrato/estatuto social, ou em virtude de deliberação da Assembleia Geral. A forma e o processo de liquidação serão deliberados pelos sócios, a quem cabe nomear o liquidante e definir seus honorários.

Nas sociedades contratuais, o direito de recesso é inerente à contratação, sempre que a sociedade tenha sido contratada por prazo indeterminado ou, se contratada por prazo certo, já tenha transcorrido esse tempo e, assim, tenha havido uma prorrogação por tempo indeterminado. Exige, apenas, notificação dos demais com 60 dias de antecedência. Se os demais sócios querem prosseguir com a sociedade, haverá resolução do contrato em relação àquele que sai, liquidando suas quotas. Ademais, a dissolução parcial pode resultar, igualmente, da exclusão de um sócio (artigo 1.085 do Código Civil). Nas sociedades por ações, de acordo com o artigo 137 da Lei 6.404/76, o direito de retirar-se da companhia, mediante reembolso do valor das suas ações, está limitado aos casos em que o acionista seja vencido em deliberação que: (1) aprove a criação de ações preferenciais ou aumento de classe de ações preferenciais existentes, sem guardar proporção com as demais classes de ações preferenciais, salvo se já previstos ou autorizados pelo estatuto; (2) aprove a alteração nas preferências, vantagens e condições de resgate ou amortização de uma ou mais classes de ações preferenciais, ou criação de nova classe mais favorecida; (3) determine a redução do dividendo obrigatório; (4) aprove a fusão da companhia, ou sua incorporação em outra; (5) aprove a participação em grupo de sociedades; (6) aprove a mudança do objeto da companhia; (7) aprove a cisão da companhia. Para além dessas situações, a jurisprudência acrescentou a perda da *affectio societatis*, quando se trate de companhia familiar.

O grande desafio da dissolução parcial está na liquidação dos títulos societários. Para as sociedades por quotas, o artigo 1.031 do Código Civil prevê que a liquidação se fará com base na situação patrimonial da sociedade, à data da resolução, verificada em balanço especialmente levantado, mas permite que o contrato traga disposição contratual em contrário. O instituidor da *holding* familiar, preocupado em dar tratamento igualitário a todos os seus herdeiros, deve ter muito cuidado aqui. O levantamento de um balanço especialmente para aferir o valor das quotas é a forma mais justa, evitando que o sócio seja vítima de desvirtuamentos contábeis, a exemplo da necessidade de que os bens constem da escrituração pelo valor histórico de aquisição. Isso, por si só, recomenda não se recorrer a soluções simplistas, como o uso do último balanço.

A mesma preocupação, aliás, deve-se ter com a regra do § 2º deste mesmo artigo 1.031, a prever que a quota liquidada será paga em dinheiro, no prazo de noventa dias, a partir da liquidação, salvo acordo ou estipulação contratual em contrário. Esse pagamento da totalidade dos haveres em prazo tão exíguo, 90 dias, pode ser nefasto para a sociedade, exigindo alienação de parte de seu patrimônio. Isso, numa *holding* de participação, pode significar a necessidade de alienar quotas e/ou ações de seu portfólio, reduzindo a força da participação societária em sociedades operacionais ou, até, a perda do controle. Dessa maneira, é recomendável estudar a conveniência de se recorrer a regras, dispostas no ato constitutivo, que estabeleçam pagamento escalonado. Há quem estipule pagamentos semestrais ou, mesmo, 24 parcelas mensais. As fórmulas possíveis são muitas e sua validade exige, apenas, que não se mostrem abusivas, ou seja, que não esvaziem a participação no acervo social, que é uma decorrência da titularidade das quotas, assim como das ações.

As mesmas soluções podem ser aplicadas quando a *holding* tenha sido constituída sob a forma de sociedade por ações, bastando dispô-las no estatuto social. Segundo a Lei 6.404/76, as regras para o reembolso poderão estar dispostas no estatuto, mas só se permite que o valor de reembolso seja inferior ao patrimônio líquido constante do último balanço aprovado pela assembleia geral, nos 60 dias anteriores, se estipulado com base no valor econômico da companhia, a ser apurado em avaliação (artigo 45, § 1º).

A questão da retirada de um sócio ou, até, da dissolução total da sociedade também desperta renovada atenção por seus desdobramentos tributários, destacado que, se apurado que o(s) sócio(s) experimentaram uma vantagem patrimonial, deverão recolher imposto de renda sobre o benefício. Mas é preciso que haja, efetivamente, uma vantagem econômica apurável em concreto, ou seja, realizada, sem o que não poderá haver exação. A matéria tem sido renovada nos tribunais, em boa medida em face do notório e desmoderado apetite do Fisco, apetite esse que parece determinar uma visão distorcida da realidade, vendo renda e lucro onde não há ou, no mínimo, onde ainda não há.

A Primeira Turma do Superior Tribunal de Justiça, diante do Recurso Especial 668.378/ES, confirmou acórdão do Tribunal Regional Federal da 2ª Região, afirmando, com fulcro no parecer do Ministério Público, que o Fisco não demonstrara "aquilo que os autos desmentem, a saber, a suposta distribuição de lucros, a redundar em ganho para os sócios e justificar a incidência do imposto de renda, no caso concreto", bem como lançando a assertiva de que

> "quando a *holding* foi extinta, não havia lucro efetivo a ser distribuído aos sócios, sendo substituído o valor de participação de cada um dos quotistas por ações e quotas de outras empresas (as controladas), não havendo geração de riqueza nova, uma vez que ocorreu apenas uma permuta de bens. Tratou-se de simples fato permutativo, do ponto de vista das ciências contábeis, que provoca uma troca de elementos patrimoniais, sem, contudo, alterar o patrimônio líquido do contribuinte. Não se pode confundir com a hipótese de fatos modificativos positivos (plano contábil), que importam em uma efetiva mutação aumentativa dos elementos patrimoniais da pessoa, caracterizando acréscimo patrimonial, fato imponível do imposto de renda".

Aquela Alta Corte não viu nenhuma ilegalidade nesta conclusão, não conhecendo do recurso especial por ser necessário reexame probatório, o que é vedado pela Súmula 7/STJ.

Com efeito, os sócios de uma *holding*, sejam pessoas físicas ou jurídicas, já têm em seu patrimônio pessoal os títulos societários (quotas ou ações) que, enfim, correspondem a parcelas do capital social da sociedade (a *holding*). Esse capital social não se confunde com o patrimônio social. O patrimônio social pode elevar-se como resultado das atividades sociais, incluindo a possibilidade de incorporação de lucros. Contudo, se o patrimônio social é o resultado direto da integralização de capital, não tendo merecido incorporações, a dissolução da sociedade determinará mero reembolso dos sócios, mormente quando haja mero rateio dos títulos que compõem o acervo patrimonial da *holding*, afastando até a verificação de lucro na alienação dos títulos para que o rateio se faça em dinheiro. O mesmo parâmetro aplica-se à resolução da sociedade (a *holding*) em relação a um ou alguns sócios, bem como na redução de seu capital social, ainda que paga em dinheiro, desde que não haja acréscimo patrimonial para o sócio. Destaque-se que essa equação não se altera pelo argumento de que os títulos societários valorizaram-se; essa valorização de mercado apura-se na alienação. E no rateio dos títulos não há alienação. Os títulos serão inscritos na declaração de bens dos sócios pelo valor contábil que mantinham na *holding*; somente quando alienados se verificará lucro ou não, podendo haver mesmo prejuízo. O mesmo parâmetro deve ser observado quando o patrimônio da *holding* é constituído por bens imóveis ou móveis, e não apenas por títulos societários (quotas ou ações).

Foi esse o entendimento esposado pelo acórdão confirmado pelo Superior Tribunal de Justiça:

> "Simples ingresso de direitos reais e pessoais não significam necessariamente acréscimo ou incremento patrimonial. A riqueza tributável pelo imposto de renda precisa ser efetivamente nova, assim entendida como o real incremento líquido positivo de elementos patrimoniais. Ou seja, não houve lucro algum distribuído, sendo que para os ex-sócios da *holding* extinta apenas houve mera expectativa de lucro, o que não autoriza a autoridade impetrada a exigir a exação em questão, pois como já explanado, a disponibilidade não pode ser caracterizada em tese. Desta forma, repita-se, meras expectativas de ganho futuro não configuram renda tributável. Conforme já foi demonstrado, a substituição não implica em realização de lucro, na medida em que não é capaz de caracterizar disponibilidade econômica ou jurídica de renda, nem acréscimo patrimonial, não estando, pois, sujeita à incidência do imposto de renda".

O lucro pressupõe efetivo superávit na atividade negocial da sociedade. A distribuição de lucros ilícitos ou fictícios acarreta responsabilidade solidária dos administradores que a realizarem e dos sócios que os receberem, conhecendo ou devendo conhecer-lhes a ilegitimidade (artigo 1.009 do Código Civil).

15

Empresas familiares

1 O desafio

Estar no mercado já é difícil. São milhares de empresas engalfinhadas numa luta cotidiana por fornecedores, consumidores, ganhos. Segundo números divulgados pelo IBGE para o ano de 2019, 21% das empresas que são constituídas não conseguem resistir ao primeiro ano. Isso mesmo: um quinto das empresas que são abertas estão fechadas antes de completarem um ano de existência. Se o período a ser considerado for cinco anos, o percentual se eleva para impressionantes 60%, vale dizer, de cada cinco empresas abertas, apenas duas continuarão a existir após cinco anos. Isso é assustador. Como se não bastasse a luta pela sobrevivência, há todas as demandas contemporâneas, como responsabilidade social, ambiental, esforço de inclusão etc. A pós-modernidade exige um grau de comprometimento, dedicação e tecnicidade cada vez maiores. Aos que conseguem revelar as virtudes próprias do contexto negocial, as vantagens são múltiplas e por todo lado há histórias de sucesso. Empresariar ainda é um caminho para a riqueza, mas diversos requisitos estão na mesa dos que tomam esse caminho.

Nesse contexto, entre o amplo universo das empresas existentes, destacam-se algumas organizações que trazem certa qualidade: sua existência está fortemente lastreada por uma família ou grupo de famílias. É uma marca distintiva, embora possa ser desconsiderada pelo olhar desatento. Não é de bom tom, contudo. Melhor se sairá o profissional (ou a equipe) que entender que a existência, o funcionamento e a atuação da empresa familiar podem se mostrar muito referenciados pelo ambiente doméstico, vale dizer, é por ele influenciado, chegando ao ponto de poder refleti-lo em casos extremos. A experiência e/ou a sabedoria recomenda que, em se tratando de sociedades familiares, a vida da empresa (passado, presente e futuro) não está restrita aos seus estabelecimentos, suas plantas produtivas, seu histórico de iniciativas e negócios. A vida da empresa avança sobre a vida da família ou das famílias, quando não é o contrário: a vida de uma família torna-se a vida da empresa. Não é nada simples. Todos os funcionários e gerentes descansam nos finais de semana e feriados, falam sobre assuntos variados à mesa; mas a empresa é o assunto nas famílias empresárias: discutem-na sempre, sem descanso. É seu assunto comum. Um observador externo que preste atenção apenas às estruturas administrativas, produtivas, mercadológicas etc. não perceberá questões vitais sobre a empresa, questões essas que se localizam fora dos estabelecimentos empresariais: seu cenário é o ambiente familiar.

> Exemplo de Cláusula[1] – A sociedade realizará seu(s) objeto(s) social(is) atenta ao legado de seu fundador, *Fulano de Tal*, seu compromisso para com...[2] e os valores que incutiu junto a seus colegas e familiares.

Há quem acredite tratar-se de uma desvantagem, já que empresas familiares seriam *vítimas* de conflitos que são estranhos ao meio econômico que deveria organizar-se de maneira exclusivamente técnica ou, como se ouve e lê reiteradamente, administrar-se de *forma profissional*. Nós não pensamos assim. A condição de empresa familiar não é, em si, uma causa eficaz de sucesso ou fracasso da atividade negocial. E vice-versa: ser uma empresa não familiar, inteiramente tocada por colaboradores profissionais, não é garantia de sucesso, nem livra a atividade negocial de crises econômico-financeiras e, mesmo, do risco de uma falência. A realidade mostra que há empresas cuja principal virtude é justamente ser uma empresa familiar. Seu sucesso foi e é calçado na condição familiar, no fato de manifestar a capacidade de seus membros colocarem a mão na massa, de manterem a determinação como um valor comum, de calcularem riscos (para correr ou não) e investimentos como assunto que vai além do presente, já que diz respeito aos filhos, aos netos, aos bisnetos. Isso não decorre de ajustes jurídicos, de normas, ainda que se possa dar regulação protetiva, além de dar tradução organográfica aos desafios de tais ponto e contraponto: família empresária e empresa familiar.

Mais do que isso, não se desconhecem casos de empresas que, abandonando a gestão familiar e optando por uma administração profissional, viram-se conduzidas a crises econômico-financeiras, em muitos casos pela incapacidade do gestor

---

[1] Pode ser um parágrafo após a enunciação do objeto social.
[2] Exemplo: Medicina (era o caso concreto: uma *holding* que controlava um hospital), Odontologia, Engenharia etc.

estranho à família de compreender-lhe a estrutura, a dinâmica e o funcionamento. Não é correta a afirmação de que são melhores as empresas conduzidas por técnicos, estranhos à família. Não é correta a afirmação de que as sociedades não controladas por uma família ou grupo de famílias são melhores. Veem-se empresas familiares pujantes, como também são vistas empresas familiares em crise, na mesma toada em que se veem empresas não familiares pujantes e em crise. Importa a qualidade da vida societária, da administração societária e da gestão empresarial, sendo que a excelência pode estar numa família ou entre técnicos profissionais. Como se não bastasse tal constatação óbvia, há incontáveis histórias nas quais se percebe que o melhor de uma empresa, sua força, seu diferencial, sua vantagem, são os laços familiares e a convicção nos valores que foram transmitidos de geração a geração.

> Não há uma distinção jurídica entre empresas familiares e não familiares. A relação de parentesco entre os sócios não impacta a corporação em nível constitucional ou legal. No entanto, o advogado atento saberá incluir normas no ato constitutivo ou em pactos parassociais que ajudem a fortalecer essa equação família/empresa.

Não se pode desconhecer que a empresa familiar tem desafios próprios e eles precisam ser conhecidos, estudados e tratados. A influência da família sobre a empresa implica, em muitos casos, ver *o negócio* contaminar-se por questões que são, sim, absolutamente estranhas ao ambiente empresarial, incluindo desentendimentos e disputas que foram geradas no palco das relações domésticas. Assim, os negócios podem experimentar a influência negativa de sentimentos estranhos ao mercado, como amor, ódio, ressentimento, gratidão, ciúmes, paixão etc. Certa feita, em meio a uma reunião de sócios, primos entre si, discutindo a crise econômico-financeira experimentada pela empresa, o administrador, questionado sobre uma série de atos desastrosos que praticara e débitos que provocara, não hesitou em alegar em sua defesa: – *Você não devia dizer isso... quando você veio para Belo Horizonte, minha mãe acolheu você. Você não comia lá em casa todos os dias e papai até lhe ajudou a comprar os livros da faculdade!*

Por isso é preciso trabalhar a família para adequar-se à empresa, aproveitando seus bônus (vantagens regulares que ela proporciona, nomeadamente os lucros que distribui) e assumindo seus ônus. Os parentes precisam aprender que os cenários diversos implicam posturas diversas: a família e a empresa. Na empresa, os familiares são sócios (quotistas ou acionistas) e, assim, seu comportamento deve orientar-se pelas regras do *Direito Societário*, que é uma disciplina do *Direito Empresarial*. Se, *em casa*, *Fulano* é meu irmão ou primo, na empresa, ele é meu sócio. Portanto, é preciso *aprender a ser sócio*, certo que as relações entre quotistas e acionistas têm uma natureza jurídica própria, rito e tônica específicos, e esses natureza, rito e tônica são muito distintos daqueles que se referem ao plano familiar.

O advogado ou escritório de advocacia melhor se desincumbirá de tais desafios se recorrer a parceiros de outras disciplinas. Há diversos aspectos que, embora se reflitam na atuação advocatícia, não lhe dizem respeito e, sim, quem trabalha com famílias deve ter conexões com experts diversos para atender a todas essas necessidades e superar esses momentos desafiadores. Já ponderamos isso antes, mantemos a aposta: interdependência disciplinar, diálogo transparente entre expertises, confiança mútua para a construção da solução global integrada. Tais parcerias estão se multiplicando e permitindo uma ampliação ao acesso a assessorias mais completas e que, assim, fornecem resultados de maior qualidade. Há notícias, mesmo, do desenvolvimento de abordagens inovadoras a partir desses encontros multidisciplinares, o que é alvissareiro. Um dos casos mais notórios diz respeito aos esforços para superar conflitos societários por meio de mentoria, mediação, conciliação, psicologia de grupo e afins, culminando com acordos que são firmados pelas partes.

> Exemplo de Cláusula – No trato com os sócios, é dever da administração societária ser transparente, fornecendo informações precisas, adequadas e em tempo hábil, bem como manter relações baseadas no diálogo, na lealdade e no respeito mútuo, por menor que seja a participação no capital votante.

O fato de a empresa estar *ancorada* numa família precisa ser tratado e desenvolvido sempre na direção das vantagens, ou seja, sempre reconhecendo a possibilidade de haver problemas e, assim, evitando-os. No mínimo, é preciso perceber que a empresa é uma riqueza da família, é um patrimônio produtivo que deve ser preservado ou – melhor ainda – deve ser otimizado para, assim, render frutos por longo período, beneficiando diversas gerações. Isso exige, antes de qualquer coisa, compreender que uma empresa não é um cabide de empregos: a riqueza que ela pode proporcionar vem dos lucros e não do fato de empregar a todos. Aliás, a prática de *pendurar* familiares na empresa, salvo situações muito específicas, é um caminho que habitualmente leva a uma crise econômico-financeira e, enfim, ao seu fim, com prejuízo para o patrimônio familiar. E isso pode constar de protocolos jurídicos, o que dá maior higidez aos esforços de proteger a atividade negocial, melhorando sua gestão. Mas será sempre uma solução de cada caso, a requerer prudência para enfrentar os cenários familiares, para ir além da zona de conforto de pais e/ou filhos ciosos de um futuro certo – por vezes apontando modelos híbridos como sendo os melhores para constar dos pactos de administração.

Veja-se o exemplo da *Cargill Inc.*, empresa multinacional do setor agropecuário. Em 2008, a corporação criou uma escola de líderes cujo objetivo é educar e preparar as novas gerações das famílias Cargill e MacMillan, que detêm seu controle acionário. Dessa maneira, preservam-se os interesses corporativos, voltados para a manutenção e sucesso da atividade negocial, na mesma toada em que se atendem aos legítimos interesses dos membros das famílias controladoras. Mais do que isso, ao trazer os jovens para a empresa e educá-los corretamente, a corporação transforma-se essencialmente num vetor de união.

2 Definição

Há muitas maneiras pelas quais se pode compreender o que seja uma empresa familiar. O tratamento teórico mais comum é aquele que reconhece como familiar as empresas cujas quotas ou ações estejam sob o controle de uma família, podendo ser administradas por seus membros, ainda que com o auxílio de gestores profissionais. Por esse ângulo, estariam incluídas apenas as sociedades em que o controle é detido por dois ou mais parentes. Essa equação nos remeteria a duas situações mais comuns: ou a constituição da sociedade foi levada a cabo por parentes (pais, filhos, primos etc.), ou já houve uma sucessão na titularidade do capital social e, assim, a chegada dos herdeiros à corporação teria o condão de transformá-la em empresa familiar. Mais rara é a hipótese de parentes adquirirem, em conjunto, o controle de uma sociedade já existente, o que também criaria uma situação que se amoldaria à fórmula usual de caracterização de sociedades familiares.

Para ser mais preciso, a definição de uma fórmula ou parâmetro objetivo, nos termos ensaiados acima, tem por objetivo criar uma referência de estudo. Não se trata de algo que terá influência sobre a realidade, ou seja, sobre aqueles que são alcançados pelo padrão e aqueles que estão excluídos por isso ou por aquilo. É mera limitação epistemológica. Como facilmente se percebe, a definição desses critérios objetivos permite o levantamento de dados para orientar análises estatísticas. Não sem razão, esses estudos estatísticos são habitualmente precedidos de uma definição das referências que orientarão a coleta dos dados. Por exemplo, pode-se estipular que a coleta se limitará a empresas que estejam na *segunda geração* ou qualquer outro parâmetro objetivo. Noutras palavras, o que se procura são elementos a partir dos quais se pode sustentar a construção de teorias, permitir revisões e diálogos e críticas.

Diferentemente desses trabalhos, recusamos qualquer critério objetivo. Optamos por uma perspectiva subjetiva, ou seja, por compreender como familiar toda empresa em que o titular ou titulares do controle societário entendem como tal. Noutras palavras, importa-nos aquilo que os sócios entendem como sendo uma empresa familiar, ainda que fuja ao que habitualmente seja compreendido como tal. Esse enfoque nos permitirá tratar dos desafios das sociedades que, embora ainda estejam sob o controle da primeira geração, destinam-se a se manter com a família. Cuida-se de uma perspectiva mais larga, que alcançará pessoas que estariam excluídas pela análise objetiva, na mesma toada em que se sentirão excluídos aqueles que não se compreendam como parte de uma empresa familiar. Como se só não bastasse, nunca nos passou desapercebido que o aprendizado é sobre pessoas, sobre o mercado e sobre a sociedade em geral. O que se lê/estuda/aprende sobre sociedades familiares pode servir para outras corporações. Boa parte da teoria sobre *holdings* familiares se aplica a toda e qualquer *holding*, mesmo que não composta por familiares. Quem busca soluções sabe que conhecimentos de áreas vizinhas têm o potencial de servir desbordando o alcance visado por seus autores.

> Exemplo de Cláusula – O presente Código de Conduta define normas que devem pautar o comportamento, comissivo e omissivo, pessoal e profissional, de administradores, gerentes, empregados, estagiários e prestadores de serviço da..., definindo regras de conduta que são obrigatórias, visando à boa convivência entre todos, além de refletir o compromisso da empresa com a ética, a transparência, o respeito à diversidade e ao meio ambiente.

Neste livro, a justificativa para essa definição do que seria empresa é bem simples e óbvia: coerência temática. Nosso objetivo, aqui, é oferecer soluções para aqueles que, compreendendo-se como parte de uma empresa familiar, enfrentam desafios próprios desse tipo de organização. Mas temos consciência de que muito do que está desenvolvido nestas páginas poderá servir à comunidade em geral na resolução das equações que se lhe apresentem. Aliás, essa compreensão ampla deixa ao largo diversas outras questões que poderiam ser relevantes para estudos sociológicos. Basta recordar que o próprio conceito de família é muito amplo e, assim, desafia não só uma teorização, como a própria prática da advocacia empresarial. A situação mais simples é representada pelas células familiares mais elementares, ou seja, quando a relação entre a família e a empresa ainda está na primeira geração. O fundador é o pai, a mãe ou o casal. A sucessão se faz habitualmente para os filhos.

Essa compreensão simplificada, própria de empresas que enfrentaram ou devem enfrentar a sua primeira sucessão hereditária, não atende à complexidade do tema. Não se pode olvidar que, em muitos casos, a múltipla sucessão de gerações tem impactos diretos sobre a coletividade social e familiar. Habitualmente, a família se fragmenta e espraia-se, o que leva à formação de *núcleos familiares* diversos, alguns mais próximos entre si, outros mais distantes, segundo a lógica aleatória das uniões afetivas. Alguns desses núcleos podem mesmo perder o patronímico familiar, enquanto outros o conservam. Esses fatos corriqueiros, próprios da evolução do tempo, podem impactar a empresa e, mais do que isso, podem impactar o bloco de controle familiar, demandando esforços para manter sua coesão, a bem da empresa, da coletividade social e do próprio bloco de controle.

Os sócios/familiares devem atentar aos desafios que devem enfrentar, no dia a dia, a bem da preservação da empresa, vale dizer, a bem da preservação de seu patrimônio comum, a bem de si próprio e das gerações futuras. Desafios não faltam, mas o grande líder (considerando a perspectiva do cliente) e o melhor profissional (no que contemplamos a posição do advogado) sabem que devem ter ânimo para enfrentar revezes e manifestar uma intensidade total no presente e no futuro: o passado está feito e dele colhemos os resultados. Seu lugar não é a agenda, mas os livros de histórias e memórias. A agenda é feita de manutenção do que é bom, transformação do que pode ser melhorado, esforço, compromisso, trabalho, olhar de longo prazo, expansão, construção, desafios, profissionalismo, entusiasmo. A agenda é um ritual permanente de compromisso e engajamento.

3   O papel do advogado

O que se viu, até aqui, recomenda abordar uma questão lateral: o papel do advogado na assessoria às empresas familiares e, mais do que isso, a forma como deve atuar. Não seria esse um tópico para um livro jurídico; não é, aliás, um tópico corriqueiro. Livros jurídicos tendem a desconhecer a vida, o que não nos parece bom. Ela reina, a vida. Daí ser aconselhável, pensamos, falar da *vida dos do Direito* (ou *vida dos direitos e deveres*) e, mais do que isso, do quanto é fundamental que o operador jurídico – destacado o advogado, neste contexto – esteja consciente de seu papel, o que demanda um tipo específico de capacitação que, habitualmente, é relegada para um segundo ou terceiro plano. Ou, para sermos exatos e verdadeiros, para o último plano: *deixe que se virem*. Não é conveniente, considerando que, para o exercício das profissões neste tempo, é crucial revelar virtudes de abordagem, convivência, de entendimento dos contextos em que sua atuação está inserida e, a partir disso, ser hábil no estabelecimento de conexões, prosperando em análises adequadas e proposições úteis. Sim, *fique na sua cerca*; apenas perceba que, em função das características do tempo atual, essa cerca é maior e, para ser exato, está mudando de lugar.

Lidar com empresas familiares – designadamente com o seu planejamento jurídico e com a convivência entre os sócios – exige muita habilidade e sensibilidade do advogado. Não é correto encará-las apenas como atividades negociais, nem como se fossem apenas ativos empresariais que podem ser traduzidos em cifras. Essa postura provavelmente causará desconforto, senão indisposição ou mesmo rejeição e atrito. É preciso estar atento para o fato de que as empresas familiares são a história de uma vida e sua existência está ancorada nessa história. Aquele complexo organizado de bens e atividades é o resultado do trabalho cotidiano, realizado ao longo de anos, por um homem, uma mulher, um casal, uma família. Justamente por isso, os parentes veem a empresa com um olhar diverso, normalmente com fortes implicações emocionais. É muito comum que tais pessoas contemplem a empresa com a mirada dos anos, as recordações de toda uma vida e seus desafios.

> O advogado que atua junto às famílias empresárias deve ter redobrada cautela e sensibilidade para compreender os dilemas e os desafios que envolvem as famílias e a vida privada. Não se trata apenas de negócios; são questões familiares, acima de qualquer coisa.

Obviamente, não se espera que o advogado conheça toda a história ou que expresse a mesma compreensão de quem vivenciou tempos marcados por dificuldades e sacrifícios, esforços reiterados, trabalho disciplinado e muita fé. Mas é preciso ser capaz de entender que a empresa é o legado de seu fundador e/ou administrador, que é a sua obra e, assim, uma parte essencial de sua vida. Em todos os seus aspectos, detalhes e elementos, a empresa reflete momentos de sua vida: é um grande caleidoscópio de recordações e sentimentos, entre crises e vitórias, oportunidades e desafios, incertezas e esperança. Definitivamente, a empresa familiar não é apenas um ativo; não é apenas um negócio. Tal sensibilidade para o meio aplica-se a qualquer empresa familiar, é claro. Partindo dela, há que tomar pé sobre aquela organização em particular, engajar-se na compreensão mínima do que se passou e se passa para situar-se, buscar integração para ser capaz de oferecer respostas que contribuam para o seu bem-estar, vale dizer, que lhes sejam melhor aplicáveis. Afinal, a insensibilidade de quem se mantém distante pode gerar respostas desconstrutivas, incômodas: podem resolver a questão jurídica, mas gerar embaraços ou coisa pior. Em contextos familiares, é preciso que a abordagem tenha sustentação emocional, por igual. Há que ter tato. Se bem que, se observarem com atenção, essas são virtudes que sustentam qualquer carreira de sucesso na advocacia.

> Exemplo de Cláusula – É dever da administração societária manter gestão e monitoramento de riscos[3], estando obrigada a manter os sócios informados sobre fatores de risco que sejam identificados e possam impactar o patrimônio da *holding*, seus negócios e interesses,[4] em relatórios que narrem o que se passa, a natureza do risco, sua classificação e a estratégia proposta para a proteção da azienda.

---

[3] A gestão e o monitoramento de riscos como obrigação da administração societária (diretor ou diretoria, conselho de administração etc.) é uma tendência atual e tem por finalidade preservar o investimento dos sócios. Numa *holding* familiar, é ainda mais vital.

[4] Sendo o caso: "... inclusive nas *sociedades controladas* [ou: *de cujo capital participe*]...". Também é possível incluir *empreendimentos* (o que é comum em *holdings* com atuação no mercado imobiliário).

Vamos a um exemplo. Um resultado elementar desta perspectiva narrada é o fato de ser habitual – e, até, muito razoável – que o sócio, seja ou não o fundador ou o controlador, não se sinta confortável em separar a empresa da família. E isso pode ocorrer de forma positiva ou negativa: há mesmo aqueles que não suportam uma empresa, por melhor que seja, em virtude de experiências vividas no passado. Em incontáveis casos, os conflitos vividos em empresas familiares têm raízes em conflitos vividos em família e que são, infelizmente, transportados para o contexto negocial, com prejuízos para a corporação. Essa realidade é assustadoramente comum. E, nesse enredo, não dá para focar na frialdade dos conceitos jurídicos pura e simplesmente. As faculdades e obrigações em discussão estarão imersas numa conjuntura emocional volátil. É preciso ajustar-se à realidade familiar, assim como o advogado comercialista precisa se ajustar ao contexto da empresa. Em se tratando de advocacia de empresas familiares, a virtude está em valorizar as sinergias entre a corporação e a família. É o caso dos esforços para estabelecimento de parâmetros jurídicos de uma governança familiar, experiência que tem se repetido em muitos casos, alguns deles noticiados pela imprensa especializada.

Ainda que o mercado tenha o hábito salutar de colocar a família e a atividade profissional em lados opostos, há aqueles que não conseguem implementar essa divisão entre o plano doméstico e o plano dos negócios. Não apenas pessoas. Famílias inteiras para as quais a vida doméstica, a vida familiar, é uma parte da vida da empresa – e vice-versa. Família e empresa viveram bons momentos juntas, assim como sofreram juntas os maus momentos. Entre irmãos essa equação é comum e complexa. Daí ser indispensável que o profissional tenha tato, muito tato. O que pode estar atrás de uma controvérsia societária é, na verdade, uma mágoa trazida da infância, como aqueles que têm a certeza de que seu(s) irmão(s) foi mais querido pelos pais, foi melhor tratado, teve mais vantagens ao longo da criação.

Facilmente se percebe que em raras oportunidades se poderá trabalhar para uma empresa familiar e tratar *os negócios* de uma forma impessoal. Para começar, é corriqueiro que seus administradores sustentem seus cargos não por estarem à altura do empreendimento, mas porque são parte da família e, assim, é seu direito desempenhar a função, o que é uma realidade com lastros constitucionais. Isso é uma verdade, é bom que se frise: os titulares de quotas ou ações de uma sociedade dividem sua propriedade coletiva e têm a faculdade de exercer os atos lícitos de afirmação de seus direitos, inclusive escolher os gestores e, até, escolherem-se para gestores.

Atente-se para o fato de que é mesmo legítima a pretensão de que existam fortes elos entre o ambiente doméstico e o ambiente empresarial, levando à ideia de que a empresa é parte da família e, mais do que isso, que a empresa pode – e deve – ser um vetor para preservar a família. Isso não é, por si só, um prejuízo. Por isso, qualquer profissional que se disponha a trabalhar numa empresa familiar ou para os membros de uma família ligada a uma corporação empresarial deve ter esse cenário em mente para, assim, calcular seus passos.

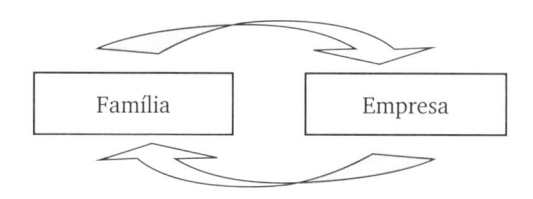

```
Família  ⇄  Empresa
```

A mesma regra aplica-se ao advogado. É um erro lamentável e perigoso compreender as pessoas envolvidas apenas como investidoras, como sócias, como parceiras etc. Há uma história em potencial por trás de cada sócio/familiar e que pode estar motivando o seu comportamento. Por isso, insistimos na necessidade de muita cautela para enfrentar eventuais problemas ou conflitos em sociedades familiares. Mais do que isso, repetimos a advertência já feita: a matriz de uma discordância pode ter suas raízes em fatos havidos há muito tempo, por vezes na infância, mas que ainda marcam as pessoas e orientam o seu comportamento.

Por esse ângulo, fica claro serem justificados os desafios que normalmente são encontrados nas corporações familiares. O maior deles é a subjetividade. É compreensível que a história pessoal e familiar de cada sócio influencie seu comportamento no âmbito da sociedade. É corriqueiro que as pessoas tragam para as reuniões/assembleias os sentimentos que colecionaram ao longo de anos, desde a infância: admiração, confiança, medo, antipatia, mágoa, ressentimento etc. A confusão entre os ambientes domésticos e negocial é o resultado da condição humana. Em muitos casos, as famílias submetem-se a intervenções psicológicas ou psicanalíticas para tentar resolver os desafios que trazem do ambiente doméstico e, assim, evitar que contaminem a vida societária. Mas essas intervenções fogem ao objeto do presente estudo, que é jurídico.

Eis por que havemos de reiterar as qualidades pessoais que devem ser reveladas pelo profissional que pretenda atuar junto a empresas familiares. A realização desse trabalho pode conduzir a horizontes diversos, não sendo raro verem-se crises entre os familiares e os especialistas, como restrições ao trabalho, limites às intervenções, desgastes pessoais, discussões acaloradas e mesmo agressivas, para além de outras formas de resistência e, mesmo, de atuação sistemática no sentido de prejudicar a intervenção. Infelizmente, por pior que esteja o cenário, muitos o preferirão assim. O advogado (assim como o consultor empresarial ou outro *expert*) tende a focar-se nas dimensões objetivas da sociedade e da empresa, procurando identificar problemas e corrigi-los por meio da aplicação de seus conhecimentos técnicos. Mas pode ver sua intervenção comprometida pelo enredo de disputas sucessórias e problemas de relacionamento familiar.

Não é só. Em muitas oportunidades, a resistência é oferecida por pessoas que gravitam ao redor da empresa e/ou da família, atuando como conselheiros formais ou informais, e que têm muito a perder com a resolução dos impasses familiares. Essa oposição também pode ser oferecida por funcionário ou funcionários que ocupem postos de gestão da organização e que, igualmente, sintam-se ameaçados pelas alterações propostas, trabalhando pela conservação dos cenários havidos, que consideram positivos para si, apesar de serem negativos para a corporação e para a família titular. Superando todas essas adversidades, o advogado deve demonstrar à família – e, eventualmente, a outros sócios – as vantagens do emprego da tecnologia jurídica, nomeadamente da melhor teoria societária, para beneficiar a todos os envolvidos. Afinal, essas intervenções são meios eficazes para dar nova expressão e qualidade à vida social e ao negócio.

4 Valorização da família

Muito se fala dos problemas das empresas familiares, de seus desafios, de suas dificuldades. É um discurso crítico comum, mas que deixa de lado um aspecto importantíssimo: a empresa pode ser um instrumento para a unidade familiar, para a harmonia e a boa convivência entre os parentes. Mais do que isso, é possível intervir juridicamente sobre a sociedade empresária familiar para otimizar a sua condição em um ambiente que favorece e estimula o bom relacionamento entre os familiares. Efetivamente, é possível criar estruturas jurídicas que transformem a empresa num ambiente que favoreça e estimule o bom relacionamento entre os parentes. Essa meta tem na sua raiz o estímulo à participação de cada familiar na condição de investidor, de sócio, de proprietário de partes do capital social (quotas ou ações) e, assim, com participação útil nas reuniões e assembleias, com interesse nos assuntos societários e no futuro da empresa.

Sim. Mais do que simplesmente manter a empresa no âmbito da família, é possível transformar a sociedade num espaço para a preservação da unidade familiar. Há ferramentas para estabelecer um ambiente societário que envolva os parentes, aproximando-os e estimulando o diálogo, as boas relações, a harmonia. Ferramentas que não apenas prolonguem a convivência, mas que trabalhem pela melhoria dos laços fraternais e, ademais, contribuam decisivamente para o sucesso da atividade negocial, a bem de todos. A proposta deste livro é justamente esta: trabalhar essas ferramentas, esses mecanismos, expor as estruturas de uma engenharia societária voltada para estabelecer um ambiente empresarial que acolha melhor uma família.

Noutras palavras, o Direito é um dos instrumentos que se coloca à disposição do administrador societário para esse planejamento, embora não se possa olvidar que há ferramentas dispostas em outras disciplinas do conhecimento. E o jurista deve estar consciente das contribuições que podem ser oferecidas pelos *experts* dessas outras áreas: ciências da administração, mercadologia, psicologia, relações sociais etc. Há instrumentos não jurídicos que podem e devem ser estimulados, como a assunção do compromisso de manter a cultura familiar, a criação de ambientes que lhe sejam destinados e de rotinas que estimulem a convivência entre os parentes. Isso é ainda mais útil quando se verifica a formação de *núcleos familiares* mais distanciados uns dos outros, resultado da sucessão de gerações.

A experiência narra diversas situações muito interessantes, voltadas sempre para integrar a família, manter seus laços de afinidade e afetividade, valorizar a sua compreensão como um clã, como um grupo afim. É impressionante o rol de medidas simples e eficazes que podem ser adotadas para alcançar esse objetivo. Por exemplo, há notícia de empresas que trouxeram o histórico familiar para dentro de suas páginas na Internet, ostentando com orgulho os elos entre a atividade negocial e o clã que a ergueu: fotos ilustram a narrativa do que se passou, das dificuldades às vitórias, criando, por meio da valorização dos antepassados, um sentimento de pertença que é útil à boa convivência entre os sócios. Noutros casos, há páginas específicas para o convívio familiar nas quais se listam as datas de aniversário, as datas de eventos comuns (festas, celebrações) e mesmo fotografias e filmes de fatos atuais, como uma festa junina, uma apresentação de *ballet*, um aniversário, além de informações sobre a empresa: agenda de reuniões e/ou assembleias, relatórios econômicos.

A adoção de políticas de valorização da família empresária pode incluir iniciativas as mais diversas, nomeadamente aquelas que valorizam sua posição na empresa. Com efeito, não há uma tradição brasileira de ser sócio, no sentido pleno do instituto, o que explica a sobrevalorização das funções de administração. Assim, pode ser extremamente útil criar uma cultura que dê suporte a essa postura incomum: expor as faculdades e as obrigações do sócio, educar para noções elementares de contabilidade (permitindo a análise de relatórios contábeis), compreender as estruturas organográficas das empresas, incluindo visitas às respectivas plantas, estudar os parâmetros elementares de mercadologia e as estratégias adotadas pela empresa etc.

Ao advogado caberá trabalhar a regência jurídica da convivência familiar no âmbito da(s) sociedade(s) empresária(s), o que se fará por meio do ato constitutivo e/ou de pactos parassociais, como acordo de quotistas ou acionistas, regimento interno, manual para as reuniões ou assembleias de sócios, além da instituição de órgãos societários, como o conselho familiar, entre outros. A proposição e a implantação desses instrumentos jurídicos, entretanto, exigem cautela, evitando criar apreensão entre administradores e/ou sócios. É preciso compreender a equação sob a qual se sustenta o convívio empresarial-familiar para não se ver surpreendido com particularidades que não foram percebidas e, uma vez confrontadas, colocam todo o trabalho a perder. Ilustra a situação de empresas que mantêm pesadas estruturas de gestão, incompreensíveis para quem não percebe que sua justificativa é acomodar vários ramos familiares diversos de uma empresa que já experimenta a terceira ou quarta – senão mais – geração em seu controle e administração. É fundamental aprender a organização para agir sobre ela. É preciso assimilar o olhar que os familiares/sócios têm da corporação, seus valores, sua lógica, suas expectativas, além dos alicerces familiares.

5 Estímulo à boa convivência social

Há uma desconfiança corrente com sociedades. Nunca nos esqueceremos do querido Dr. Antônio Mamede, dentista, nosso pai e sogro. Em meio a uma boa prosa, quando o assunto derivava para empresas e negócios, ele não hesitava em intervir para dizer: "*Constituir uma sociedade é uma das melhores formas de se perder amigos.*" Falava de caso pensado, de história vivida, lembrando os conflitos que surgiram entre vários amigos dentistas que, lá nos idos dos anos 70, resolveram constituir uma sociedade, o *Grupo Odontológico*. As relações societárias desandaram e a amizade azedou, tornando-se pendenga. Nada, porém, que o fim da sociedade não resolvesse e curasse. Alguns anos após o término da empreitada comum, os ex-sócios já eram amigos próximos novamente.

Não há como negar a existência de uma *carga eminentemente explosiva* nas relações societárias. E essa *potencialidade conflitiva* pode ser agravada em face das particularidades de cada situação.[5] Sociedades familiares são compostas por sócios que são eleitos pela vida: são parentes, escolhidos pela seleção genética de cada gravidez. Nos momentos iniciais de sua existência, a figura do fundador ou fundadores atua positivamente: foi ele quem criou e construiu o negócio, bem como quem educou a família, razão pela qual tem uma autoridade empresarial e familiar que se impõe naturalmente. A partir da segunda geração, a sociedade passa a sofrer os efeitos da perda dessa *autoridade natural*, devendo os sócios/parentes acordarem-se para estabelecer relações familiares/empresariais de boa qualidade, saudáveis, hábeis.

Com efeito, a partir da segunda geração, a identificação pessoal entre os sócios/parentes tende a ficar mais difícil. Ademais, as participações societárias vão se diluindo e diferenças gritantes podem surgir, conforme esse ou aquele sócio/

---

[5] Sobre a potencialidade conflitiva das relações humanas, conferir: MAMEDE, Gladston. *Semiologia do direito*: tópicos para um debate referenciado pela animalidade e pela cultura. 3. ed. São Paulo: Atlas, 2009.

parente teve mais ou menos herdeiros. Assim, embora todos sejam netos ou bisnetos do(s) fundador(es), uns podem mais, outros podem menos. Afinal, o Direito brasileiro consagra o *princípio da deliberação majoritária*, segundo o qual os rumos que a pessoa jurídica tomará são decididos pelos sócios, votando em conformidade com a sua participação no capital social. Assim, quem tem 60% do capital social tem um peso correspondente nas deliberações. Isso conduz a um controle da sociedade e expressa-se até pela indicação daquele(s) que deve(m) ocupar as funções de administração da sociedade.

Exemplo de Comunicação

Sr(a). Sócio(a),

Holding tal, por seu(s) administrador(es), apresenta o relatório de resultados e projeções de meio de exercício[6].

(1) Receitas e sua projeção[7]:

Ao longo do primeiro semestre...

As projeções para o segundo semestre...

(2) Despesas e sua projeção:

...

(3)[8] Riscos[9]:

...

(4) Análise estratégica[10]:

...

[Data e assinatura]

A aplicação radical do princípio da deliberação majoritária pode levar a uma sobrevalorização da posição do sócio majoritário, em desproveito da posição do(s) minoritário(s). Daí falar-se da possibilidade de expropriação do valor das quotas

---

[6] Em sociedades de maior porte, é postura gentil incluir, na abertura da comunicação, um sumário. Há administradores que ainda colocam um quadro com os destaques do relatório.

[7] Quando a sociedade tem um portfólio maior, é usual fazer-se divisão: *Receitas [resultados] por segmento*; por exemplo: *resultados imobiliários* (aluguéis, vendas etc.), *resultados financeiros* etc. O uso de gráficos auxilia na compreensão e, assim, no engajamento dos sócios.

[8] *Holdings* em que há alterações frequentes nos investimentos podem trazer, na comunicação, uma seção para *Gestão de Portfólio*.

[9] Se o patrimônio é vasto e diversificado, pode-se dividir os riscos por natureza: jurídicos, deterioração patrimonial, mercado etc. Nas melhores comunicações, a informação acompanha-se de uma avaliação sobre o grau: pequeno, médio ou alto.

[10] Esse campo pressupõe ser possível gerenciamento sobre patrimônio, nomeadamente investimentos. Em *holdings* marcadas por patrimônio estável, pode mostrar-se dispensável. É possível, ainda, incluir uma *Mensagem da Administração*.

(sociedades contratuais) ou das ações (sociedades estatutárias): à sobrevalorização dos títulos societários que exercem o controle corresponderia uma desvalorização daqueles que não o exercem: o(s) controlador(es) expropria(m) o valor dos títulos pertencentes aos minoritários em benefício próprio. Em muitos casos, essa situação esconde motivadoras não econômicas, mas pessoais. Não se maneja o predomínio societário para obter vantagens econômicas, mas como uma forma de expressar poder sobre a organização e sobre os demais sócios, o que empurra o problema para o plano da pesquisa psicológica, estranha à perspectiva deste livro.

Nesse contexto, são melhores as sociedades nas quais são estabelecidas equações comportamentais que, sem desconsiderar o parâmetro da deliberação majoritária, conservam o equilíbrio e a proporção de valor entre os títulos societários que compõem o controle e aqueles que estão excluídos dele (minoritários). Essas organizações, antes de mais nada, estão focadas no desempenho econômico e não são enredo de problemas pessoais (psicológicos). Afinal, apesar de eventuais *apetites e idiossincrasias pessoais*, o que efetivamente há que se dar importância – e buscar – é aumentar o valor da empresa, sua geração de caixa, sua lucratividade.

Melhores são as corporações que asseguram equidade aos sócios e transparência na gestão dos assuntos sociais, além de demandarem gestão lícita e responsável, calçada na identificação das melhores maneiras de se obterem vantagens mercantis. Noutras palavras, há vantagens inequívocas na criação de um ambiente societário que permita, ou melhor, que garanta uma proteção aos sócios minoritários, com um arcabouço mínimo de regras elementares de boa administração corporativa que devem ser respeitadas por administradores e controladores.

Noutras palavras, é indispensável que as estruturas normativas da sociedade, dispostas em seu ato constitutivo, bem como em documentos apartados (acordos de quotistas ou de acionistas, regimento interno etc.), estejam adequadamente construídas, numa arquitetura de regras que proporcione condições objetivas para uma correta convivência social. Do contrário, corre-se o risco de se assistir à criação de um *poder paralelo* dentro da corporação, de sua administração, bem como no âmbito das sociedades de controle (*holdings*) ou do bloco de controle. Esses núcleos paralelos de poder são perigosos e, até, cruéis: veem-se parentes enganando parentes, irmãos *passando* irmãos *para trás*... e, assim, a família se torna pior que o inferno.

Em sociedades anônimas de maior porte, um mecanismo que tem se mostrado interessante é a previsão de um conselho de administração que não apenas contemple representante(s) do(s) minoritário(s), mas também conselheiros independentes. Quando haja um conflito já instaurado, outro recurso possível é a previsão de instalação permanente, constante, do conselho fiscal.

Como já dissemos antes, infelizmente, na esmagadora maioria de nossas corporações vige um individualismo empresarial exacerbado: a administração societária sobrepõe-se exageradamente ao restante da coletividade social, chegando a extremos nos quais a impressão que se tem é de que ele, o administrador, é o *dono da empresa*. No entanto, ainda que seja falar o óbvio: a sociedade é uma coletividade e o administrador atua como mandatário dos sócios. Mais do que isso, por expressa previsão legal, o órgão máximo da sociedade é a coletividade social, organizada em reunião (que pode ser substituída por documento assinado por todos os sócios) ou assembleia. Esse individualismo extremado é habitualmente tolerado quando se trata do fundador da empresa, titular da quase totalidade das quotas ou ações do capital social, contando, ademais, com sócio(s) *de fachada*. A realidade é distinta, contudo, nas grandes empresas, nas companhias com capital aberto, bem como nas sociedades *de fato*, e não apenas *de fachada*, incluindo sociedades nas quais já houve sucessão hereditária. Nesses casos, as corporações exibem estruturas organográficas que comportam *espaços institucionais* para o debate sobre a empresa e sua atuação; noutras palavras, órgãos (*conselhos*) para que a empresa seja discutida por sócios e, até, por não sócios, vale dizer, por técnicos, por especialistas, todos contribuindo para a preservação e o sucesso da corporação.

A consolidação desses espaços institucionais (conselhos), em moldes adequados a contribuir para a preservação e o sucesso da empresa, é um desafio que se coloca para o advogado, bem como para consultores e assessores de áreas técnicas afins (Administração Empresarial, Contabilidade, Economia, Mercadologia etc.). Isso é ainda mais importante – ou quiçá fundamental – quando se trate de empresas familiares, pois a oposição ao individualismo do(s) administrador(es) e a valorização do diálogo e da participação dos sócios, são parte essencial dos mecanismos institucionais para valorização da família e, assim, para a sua união e harmonia. Afinal, tais conselhos são ambientes de encontro e compartilhamento em torno de um bem comum que é a sociedade empresária.

Na definição dos conselhos, o trabalho do profissional (advogado, contador, consultor etc.) parte da percepção de quais sejam os pontos fracos da organização, considerados em abstrato e, ademais, em concreto. É o caso da potencialidade conflitiva da corporação familiar, as fragilidades psicológicas construídas ao longo da história familiar, as diversas aspirações e ambições, legítimas ou moderadas, em torno da sucessão no comando negocial, o amadorismo de sócios e as demandas técnicas, profissionais, da empresa, entre vários outros.

É inegável que, habitualmente, as sociedades familiares estão submetidas a uma potencialidade conflituosa mais exacerbada do que a experimentada pelas demais corporações. A causa disso é bem simples: para além dos conflitos próprios calçados em interesses econômicos diversos, que são próprios de todas as sociedades, assomam-se conflitos afetivos, que podem estar alicerçados em pilares diversos – e de compreensão difícil – como mágoa, ressentimento, frustração etc. Aqueles que estão habituados a trabalhar com empresas familiares, por longos anos, acabam por formar um repertório triste de situações insólitas, a exemplos de assembleias nas quais se discutem exclusivamente aspectos contábeis, técnicos, empresariais, mas que experimentam, sem mais, nem menos, uma guinada insólita: "Minha mãe sempre disse que o seu pai tratava mal ao meu pai e que a sua mãe, apesar de ser irmã dele, nunca fez nada para impedir isso."

Neste capítulo, nos debruçamos sobre mecanismos societários clássicos, ou seja, sobre órgãos societários que, corretamente implementados, podem trabalhar a favor da empresa, a principiar pela reunião ou assembleia de sócios, passando pelo conselho fiscal e avançando sobre outras figuras que podem ser previstas para auxiliar nesse trabalho.

5.1. *Protocolo familiar*

Um instrumento que tem sido utilizado em empresas familiares para propiciar uma boa convivência entre os parentes/sócios é a constituição de um *protocolo familiar*. É uma figura um pouco estranha ao Direito Empresarial e ao Direito Societário, vez que, na maioria das oportunidades, não tem validade e eficácia jurídicas imediatas. São constituídos como uma espécie de acordo familiar do qual consta um conjunto de preceitos éticos que devem pautar as relações mantidas entre os sócios/familiares, podendo envolver questões como gestão, entre outras que tenham reflexos sobre a empresa.[11]

A ideia do *protocolo* ou *convenção familiar* é muito boa, embora deva ser vista com certa cautela: o Direito de Família contempla hipóteses reduzidas para a convenção, vez que muitas de suas matérias são consideradas faculdades jurídicas indisponíveis, ou seja, que não comportam ampla negociação e renúncia. Como se não bastasse, o próprio Direito Societário conhece questões que não podem ser objeto de ajuste: não se pode convencionar a tolerância com a prática de atos ilícitos, como um exemplo claro e de fácil compreensão. Também não se admite a contratação de posturas societárias voltadas para prejudicar ilegitimamente os demais sócios.

> Exemplo de Cláusula – Surgindo impasse não jurídico entre os sócios, qualquer um poderá notificar o(s) outro(s) para a solução mediada, nos seguintes moldes: cada qual nomeará, em até... (...) dias úteis, um consultor externo, cabendo aos indicados a indicação de... (...) extra[s][12]. Tal colegiado se reunirá, em local

---

[11] MOREIRA JÚNIOR, Armando Lourenzo. *Bastidores da empresa familiar*: como reduzir conflitos por meio da governança corporativa. São Paulo: Atlas, 2011. p. 3.

[12] É preciso calcular para que a composição final não dê margem, ela própria, a novos impasses. Se são dois sócios, nomeiam seus consultores um terceiro. Se são três, nomeiam dois outros. E assim sucessivamente. Claro que é possível prever critérios isonômicos de desempate.

> previamente acordado, e envidará os melhores esforços para mediar o impasse. Não havendo acordo, prevalecerá a decisão majoritária.
>
> Parágrafo único – São nomeáveis como consultores externos pessoas que preencham os seguintes requisitos:...

Assim, o *protocolo familiar* deve ser compreendido como uma ferramenta lícita se conservada dentro de limites precisos. Pode ser enunciado apenas como um compromisso moral dos familiares e, assim, uma orientação para as novas gerações: um rol de preceitos comportamentais que define a excelência do *agir societário* e, consequentemente, do *agir empresarial* da família. Sob tal prisma, talvez mais importante do que a existência do protocolo em si, sejam os esforços para constituí-lo: as discussões, os debates, as reflexões que, enfim, levam à formulação desse estatuto familiar. Em momentos seguintes, o processo de rediscussão, o contínuo debate que é demandado pela chegada das novas gerações.

Por outro lado, considerando os mecanismos e institutos do Direito Societário, é possível aos sócios/familiares constituírem o *protocolo familiar* sob a forma de pacto parassocial, dando-lhe a validade e a eficácia de um contrato e, consequentemente, tornando seus preceitos normas convencionais que devem ser respeitadas, sob pena de serem executadas. É legítimo que os sócios/parentes ajustem regras comuns para o exercício de seus direitos sobre um patrimônio e/ou empresa(s), desde que se cuidem de direitos disponíveis, vale dizer, desde que os ajustes tenham por objeto comportamento comissivo ou omissivo (agir ou abster-se de agir) lícitos. Pode, por exemplo, estabelecer regras mínimas para orientar a definição de sucessores empresariais, estabelecer uma exclusão de familiares dos órgãos executivos da corporação, ajustar voto conjunto sobre matérias que comportem tal acordo, entre outras matérias. Podem, inclusive, ser a base normativa para a instituição e funcionamento de um conselho familiar, com existência, ou não, na organografia da empresa ou grupo empresarial.

Alfim, parece-nos útil destacar que sociedades não familiares têm recorrido a uma figura que pode guardar certa analogia com o protocolo familiar: o código de ética societária. As implicações corporativas, nomeadamente jurídicas, são as mesmas acima listadas: podem apresentar-se como um rol de preceitos de excelência, sem eficácia jurídica imediata, ou seja, não comportando execução jurídica para o caso de descumprimento, embora orientando na solução de dúvidas e/ou conflitos. Mas também podem ser estabelecidos sob a forma de pacto parassocial, hipótese em que será um contrato havido entre os sócios, sendo passível de efetivação jurídica específica.

16

Aspectos financeiros

1 Gestão financeira da sociedade

São incontáveis os casos em que, ao iniciar seu trabalho numa empresa ou grupo de empresas familiares, bem como em patrimônios não submetidos a uma estruturação empresarial (propriedades rurais, imóveis para aluguel etc.), o advogado, o contador, o administrador, o consultor ou qualquer outro especialista se depare com uma situação estarrecedora. É assustadoramente comum verificar que as despesas do negócio, nomeadamente as empresa(s), misturam-se com as despesas do(s) controladores(s) e administrador(es), o que caracteriza *confusão patrimonial* e, na forma do artigo 50 do Código Civil, permite a desconsideração da personalidade jurídica. Em muitos casos, chega-se ao extremo de encontrar formalização de situações de *confusão patrimonial*, como a colocação, na folha de pagamento, da pensão devida a ex-cônjuges, familiares que recebem salários sem efetivamente desempenharem funções na empresa (*empregados fantasmas*) e afins.

Não é só. Também é comum verificar que nem todos os gastos e despesas havidos com a empresa são registrados em sua contabilidade, na mesma toada em que despesas que não são efetivamente empresariais (pagamento de despesas de supermercado, escolas das crianças, academia de ginástica etc.) acabam sendo trazidas para a escrituração contábil. Isso para não falar de familiares que retiram mercadorias da empresa sem prestar qualquer conta, sem registro, sem controle. Noutras palavras, um ambiente de descontrole econômico-financeiro que costumeiramente se expressa segundo práticas rudimentares, inábeis para permitir uma correta exploração das potencialidades do negócio. O resultado dessa bandalheira é um risco extremado de se ver enredado numa crise econômico-financeira que pode até levar à falência da sociedade. Com efeito, a má contabilidade não permite ao gestor compreender adequadamente o seu negócio, conhecendo seus custos operacionais, o que resulta na oferta de bens e/ou serviços que, embora sigam o *preço de mercado* (valor médio da concorrência), são deficitários para a empresa, empurrando-a para enfrentar os problemas financeiros decorrentes. O descontrole financeiro também pode vitimar corporações que não se preparam para grandes desencaixes futuros, certos ou prováveis, deixando de fazer provisões para demandas judiciais, perdas cambiais, créditos de liquidação incerta etc., o que também pode comprometer a sobrevivência da organização.

Nesse ponto, importa ampliar o tratamento da questão para incluir em seu estudo a referência primordial deste livro: a gestão financeira de empresas familiares. Advogados também são responsáveis por detectar o desrespeito às normas contábeis (que são normas jurídicas com efeitos societários, fiscais, administrativos) e advertir ao cliente e seus demais prepostos para a sua correção. Essa balbúrdia financeira e contábil pode conviver, por anos, com a administração da sociedade por seu fundador que, como se sabe, habitualmente age como *o dono* da empresa, convivendo com um sócio minoritário desinteressado. Quando já houve uma sucessão, os herdeiros assumem a condição de sócios e alteram por completo esse cenário, passando a ser necessário – ou, no mínimo, recomendável – dar adequada gestão financeira da corporação para, assim, preservar os interesses dos sócios que não estejam envolvidos na administração, garantindo o bom ambiente familiar e, dessa maneira, afastando conflitos de natureza dúplice: societários e familiares. Não são poucos os casos de famílias que foram destruídas por conflitos societários, ou seja, famílias que foram vítimas de suas próprias empresas. E, sim, podem ser estabelecidas normas para garantir que isso aconteça.

Nunca é demais recordar que os sócios são os titulares de quotas ou ações da sociedade. Esses títulos societários traduzem o investimento de capital que foi feito a bem da empresa, por eles, sócios, ou por aqueles que a sucederam. Portanto, são eles os titulares do capital social que dá sustentação à existência da empresa, a partir do momento de sua criação, quando foram subscritas – e depois integralizadas – as quotas ou ações. Justamente por isso, a administração societária tem a obrigação de demonstrar que está usando de forma eficaz o capital, sendo igualmente certo que a manutenção de estruturas ineficientes de capital é uma lesão aos direitos e aos interesses legítimos dos sócios.

Esse interesse social na correta gestão financeira da sociedade e, consequentemente, da empresa que ela conduz, alcança múltiplos aspectos, como o volume do caixa, os níveis de endividamento (alavancagem), expectativas de pagamento de dividendos. Em muitos casos, vai mesmo além, atingindo questões sobre a gestão estratégica do movimento financeiro que, por questões diversas, pode assumir uma dimensão excessiva, passando a empresa a atuar como uma instituição financeira, quando não é esse o seu objeto social. Exemplo claro dessa situação são empresas que optam por trabalhar alavancadas, ou seja, assumindo grandes negociações a partir de pequeno investimento próprio, escorando a operação em obrigações realizáveis no futuro; é uma estratégia que, quando tudo dá certo, conduz a ganhos expressivos. Mas é um risco representativo, pois as obrigações futuras superam a capacidade normal de pagamento da empresa, que, dando algo errado, pode perder tudo, incapaz de saldar as dívidas. Noutras palavras, trata-se de um fármaco que funciona como remédio, se usado na quantidade certa, ou como veneno, se há abuso.

> Exemplo:
>
> Reunião/Assembleia Ordinária – Proposta de Destinação do Lucro Líquido e sua justificativa
>
> Segue, em anexo, o balanço anual da *holding* e demais demonstrativos que serão submetidos à deliberação na reunião/assembleia convocada para o dia.... Todos os documentos estão à disposição dos sócios, que, ademais, poderão indicar contadores ou auditores para exame da regularidade das contas apresentadas,[1] bem como formular pedido, por escrito, de esclarecimento.[2]
>
> Caberá aos sócios não apenas deliberar sobre as contas, mas decidir sobre a destinação do lucro líquido anual, razão pela qual o...[3] faz a seguinte recomendação: (i) aprovar a formação de provisão para pagamento de impostos no valor de R$... (... reais), conforme tabela n.... (...) anexa; (ii) aprovar a formação de provisão para reforma do(s) imóvel(is)..., conforme relatório n.... (...), e respectivo(s) orçamento(s); (iii) aprovar o aporte de R$... (... reais) para o fundo de investimento, que conta atualmente com R$... (... reais), considerando o relatório n.... (...) sobre provável necessidade de subscrever aumento de capital na(s) sociedade(s)...; (iv) distribuição de dividendos em 30% sobre o lucro líquido, conforme a cláusula/artigo... do contrato/estatuto social; (v) retenção do saldo para fazer frente ao exercício em curso, podendo ser deliberadas distribuições...[4]

Daí falar-se na vantagem de se estabelecer mecanismos normativos que garantam boa governança societária, a bem dos sócios (no caso, os familiares).

---

[1] Sendo o caso: em conformidade com o *contrato/estatuo social, acordo de sócios, ata de deliberação de data* etc.

[2] Sendo o caso: em conformidade com o *contrato/estatuo social, acordo de sócios, ata de deliberação de data* etc.

[3] O administrador societário, o diretor ou a diretoria, o presidente, o conselho de administração etc., conforme o caso.

[4] Trimestrais, semestrais, em datas certas etc.

Estamos falando de mecanismos internos de controle dos atos de administração; ato constitutivo com regras claras e rígidas sobre a gestão de riscos; consolidação de uma cultura interna de gerenciamento de riscos que se expresse numa efetiva limitação da competência e do poder dos administradores para adotar, individualmente, posturas heterodoxas, arriscadas, que possam levar a uma crise, ainda que em nome de vantagens mirabolantes. É recomendável que o planejamento financeiro da sociedade e sua execução sejam assuntos postos a análise e controle da coletividade social, vale dizer, que envolva os parentes/sócios, na mesma toada em que é indispensável que a definição das estratégias de destinação dos recursos empresariais se faça de forma profissional. Isso quer dizer uma composição adequada de investimentos, metas, alocação de ativos, contração de endividamentos, definição do grau de risco das aplicações financeiras da sociedade. Composição feita segundo critérios técnicos, hábeis a viabilizar que os objetivos sociais sejam alcançados e prontos a receber alterações diante da evolução dos quadros envolvidos, como possibilidades, alterações legais, mudanças de cenário econômico, dentre outras.

2 Obrigações contábeis

O artigo 1.179 do Código Civil exige que o empresário e a sociedade empresária mantenham um sistema de contabilidade, que poderá ser mecanizado ou não, tendo por base a escrituração uniforme de livros contábeis, guardando correspondência com a documentação respectiva. Mais que uma obrigação legal, a escrituração é instrumento essencial para o bom desenvolvimento da atividade negocial; em diversas oportunidades, os problemas empresariais são resolvidos à luz das informações contábeis.

A escrituração contábil é a expressão formal (uma expressão numérica) da atividade socioeconômica da empresa. O legislador usa essa forma necessária para garantir que a escrituração se apresente fiel à realidade empresarial. Justamente por isso, os artigos 1.179 e 1.180 do Código Civil definem requisitos obrigatórios sobre a forma (ditos extrínsecos) e sobre o conteúdo da escrituração (intrínsecos): livro apropriado (quando não se use escrituração eletrônica), autenticados no Registro Público, expressão das palavras em português e dos valores em moeda nacional, segundo a forma contábil. Também há necessidade de a escrituração ser disposta em ordem cronológica de dia, mês e ano, sem intervalos em branco, nem entrelinhas. A medida impede a inserção, *a posteriori*, de lançamentos, permitindo fraudar a escrituração.

O administrador societário também está obrigado a bem guardar e conservar toda a escrituração já elaborada (artigo 1.194 do Código Civil), o que inclui o dever de guarda e conservação da correspondência mercantil e mais papéis concernentes à sua atividade, perdurando enquanto não ocorrer prescrição ou decadência no tocante aos atos neles consignados. Isso é essencial, pois a escrituração contábil e os documentos complementares (a exemplo das notas fiscais) têm função de meio comprobatório para as relações jurídico-econômicas mantidas pela sociedade, aí incluídas suas obrigações tributárias, para além dos conflitos eventualmente havidos entre sócios, cônjuges e herdeiros de sócios, parceiros negociais etc.

Nesse sentido, é expresso o artigo 1.180 do Código Civil quando exige, do empresário ou sociedade empresária, a manutenção de livro diário, que poderá ser substituído por fichas, quando se tratar de escrituração mecanizada ou eletrônica, para não falar da alternativa oferecida pelo SPED – Sistema Público de Escrituração Digital. No livro diário são lançados, dia a dia, diretamente ou por reprodução, os atos ou operações da atividade empresarial, ou que modifiquem ou possam vir a modificar a situação patrimonial do empresário. Portanto, é um instrumento para a escrituração de todas as operações relativas ao exercício da empresa, que são ali lançadas com individuação, clareza e caracterização do documento respectivo (artigo 1.184 do Código Civil).

2.1. *Balanço contábil*

A sociedade deverá levantar, anualmente, o Balanço Patrimonial da empresa, junto com os demonstrativos de resultado econômico da empresa (artigo 1.179, *caput*, do Código Civil), que serão anotados no livro diário. Há um balanço patrimonial para cada exercício, cujo começo e término são fixados no ato constitutivo da sociedade empresária (artigo 175 da Lei 6.404/76). O balanço patrimonial é uma tradução numérica da *universitas iuris* do empresário ou da sociedade empresária, ou seja, da coletividade de suas relações jurídicas ativas (nas quais é credor) e passivas (nas quais é devedor). Coerentemente, o artigo 1.188 do Código Civil diz que o balanço patrimonial deve exprimir, de forma fiel e clara, a situação real da empresa, atendendo não só às peculiaridades da empresa, como também às disposições das leis especiais. De resto, para a validade do balanço patrimonial, o artigo 1.184, § 2º, do Código Civil determina que seja assinado por *técnico em Ciências Contábeis legalmente habilitado* e pelo empresário ou representante da sociedade empresária.

Refletindo a coletividade das relações jurídicas da empresa (*universitas iuris*), o balanço traz, em colunas diversas, dispostas lado a lado, seu ativo e seu passivo. O patrimônio ativo é composto pelas relações jurídicas econômicas nas quais a sociedade empresária ocupa a condição de sujeito ativo: coisas de que seja proprietária, direitos de que seja titular, créditos de que seja credora. Em contraposição, no patrimônio passivo registram-se as relações jurídicas econômicas nas quais se ocupa a posição de obrigado, de devedor, como valores devidos a fornecedores, mútuos e impostos a pagar etc. Por fim, na coluna do passivo, abaixo deste, efetua-se uma conta: do valor do patrimônio ativo, retira-se o valor do patrimônio passivo; retiram-se também o valor do capital registrado (para garantir a sua preservação nos fundos mercantis e, destarte, viabilizar a preservação da empresa) e outras verbas que se estudarão na sequência, chegando ao patrimônio líquido da empresa, também chamado de *recurso próprio* da empresa, *capital próprio* ou *capital líquido*. Refletindo essa dinâmica e explicitando os grupos de contas que compõem o balanço patrimonial, o artigo 178 da Lei 6.404/76 prevê que, no balanço, as contas serão classificadas segundo os elementos do patrimônio que registrem, e agrupadas de modo a facilitar o conhecimento e a análise da situação financeira da companhia.

> Exemplo de Cláusula – A sociedade e sua administração se orientarão para contribuir com o desenvolvimento sustentável, fruto de um compromisso corporativo com boa governança, preservação do meio ambiente, combate às mudanças climáticas, bem como uma atuação social inclusiva.[5]

O balanço tem uma importância vital nas sociedades empresárias: permitir aos sócios que não estejam participando da administração societária compreender a situação patrimonial da empresa, bem como compreendendo, quantitativa e qualitativamente, esse patrimônio e, assim, como se chegou ao lucro ou prejuízo, o que lhe afeta diretamente, interessado que legitimamente está na distribuição de dividendos. A composição dos resultados empresariais, em cada exercício, não é uma operação muito simples. Lucros e prejuízos não se apuram considerando apenas as operações mercantis, mas a totalidade patrimonial da sociedade. O prejuízo pode ser o resultado da deterioração ou da depreciação dos ativos, e não de um simples resultado negativo das operações realizadas pela empresa. Assim, é possível que empresas saudáveis, com atividades negociais positivas, com boa margem, acabem registrando prejuízo ao longo de um exercício, fruto exclusivamente da depreciação de seus ativos. Por outro lado, é possível que se dê exatamente o inverso: o *superávit* contábil pode derivar da valorização dos ativos. Assim, o *prejuízo operacional* pode conviver com lucros no exercício. O resultado (lucro ou prejuízo) operacional é apenas uma das componentes do resultado patrimonial. É quanto basta para que se perceba a importância de uma correta gestão financeira da empresa.

Justamente por isso, melhor será quando as informações sobre a receita da empresa – e até sobre a sua lucratividade – vierem detalhadas sobre sua origem,

---

[5] Atenção: essa cláusula cria uma administração societária *plenipotenciária*. É preciso verificar se é isso mesmo o que os sócios querem e se estão conscientes dos efeitos e das implicações.

permitindo compreender o andamento da atividade negocial e, mais do que isso, o trabalho que está sendo desenvolvido em cada um dos segmentos da empresa. Noutras palavras, é recomendável, para a manutenção de um bom ambiente societário, que se garanta aos sócios/parentes condições otimizadas para que possam saber quais são os ganhos que resultam das operações por meio das quais a empresa realiza seu objeto social, quais são os ganhos que resultam de atividades financeiras (vendas a prazo, financiadas, aplicações financeiras, o que se obtém a partir da participação (quotas ou ações) em outras sociedades empresárias etc.).

Obviamente, em microempresas e empresas de pequeno porte, essa distinção de origens para a receita e/ou lucro é mais incomum. Ainda assim, podem existir e mostrarem-se relevantes para a compreensão estratégica do negócio. Por exemplo, num posto de gasolina, a distinção do que resulta da venda de combustíveis, o que se afere com serviços, o que se afere com a loja de conveniência etc. O detalhamento de informações atua como fator estimulante da participação dos sócios não administradores, permitindo-lhes sugerir, discutir e pensar a organização, podendo apontar alternativas para melhorar os resultados corporativos.

Para garantir a credibilidade dos números, muitas empresas recorrem aos serviços de uma auditoria independente, quando não prevejam, em sua estrutura organográfica, a figura de um comitê de auditoria. Essencialmente, o trabalho de auditores – e, por decorrência, de um comitê de auditoria, é evitar que a escrituração contábil traga ativos que não existam, item ou valor, bem como impedir que não seja considerado qualquer passivo. Obviamente, são linhas gerais; seu trabalho é mais complexo e inclui até a verificação sobre provisões feitas, eventos de ocorrência certa ou provável, como pagamentos de tributos ou verbas para fazer frente a inadimplementos prováveis.

Habitualmente, o comitê de auditoria é órgão vinculado diretamente à administração societária, funcionando para controlar a atuação dos funcionários empresariais. Nas sociedades anônimas, é ordinário estar vinculado ao conselho de administração para, assim, fornecer informações sobre a atuação da diretoria. No entanto, quando não se tenha companhia aberta, submetida às normas da Comissão de Valores Mobiliários (CVM), nada impede o ato constitutivo. Justamente por isso, o trabalho do auditor ou do comitê de auditoria pode ser vinculado ao bloco de controle ou aos sócios excluídos da administração societária.

3 Prejuízos e lucros

Se há prejuízo no exercício, ele será obrigatoriamente absorvido pelos lucros acumulados, pelas reservas de lucros e pela reserva legal, nessa ordem. Se há superávit, o primeiro a fazer é deduzir os prejuízos acumulados e a provisão para o

Imposto sobre a Renda (artigo 189 da Lei 6.404/76). Na sequência, determinam-se, se houver, as participações estatutárias de empregados, administradores e partes beneficiárias, nessa ordem (artigo 190). Tais pagamentos só podem se efetivar à conta de lucro líquido do exercício, de lucros acumulados e de reserva de lucros; somente as ações preferenciais com direito a dividendo fixo, nas sociedades anônimas, podem ser pagas à conta de reserva de capital. Havendo saldo positivo nesta conta, será considerado lucro líquido, devendo os órgãos da administração da companhia apresentar à reunião ou assembleia de sócios, juntamente com as demonstrações financeiras do exercício, uma proposta sobre a destinação a ser-lhe dada, respeitadas as balizas dispostas nos artigos 193 a 203 da Lei 6.404/76 e no ato constitutivo da sociedade. Entre tais destinações está, por certo, a distribuição dos lucros aos sócios, como dividendos de suas quotas ou ações; mas há outras, como se verá adiante.

Ao investirem na sociedade, mantendo o capital investido em quotas ou ações, os sócios têm uma expectativa legítima de se verem remunerados, recordando-se que o lucro é a remuneração do capital investido. Essa remuneração é um direito do sócio, embora condicionada à verificação de superávit, além do atendimento às determinações constantes das leis, do ato constitutivo e das decisões sociais, tomadas em reunião ou assembleia de sócios. São exemplos de determinações legais o pagamento de impostos, participações, além da formação de reservas.

Os lucros que não forem destinados à reserva legal, às reservas estatutárias, à retenção de lucros e às reservas de lucros a realizar deverão ser distribuídos como dividendos aos sócios (artigo 202, § 6º, da Lei 6.404/76). Mas não se admite a distribuição de lucros em detrimento da continuidade da empresa; a distribuição de dividendos não pode concretizar-se em detrimento do capital social. Por isso, a sociedade só pode pagar dividendos à conta de lucro líquido do exercício, de lucros acumulados e de reserva de lucros. Contudo, nas sociedades anônimas, ressalvam-se as ações preferenciais com prioridade na distribuição de dividendo cumulativo quando o estatuto lhes confira o direito de recebê-lo, no exercício que o lucro for insuficiente, à conta das reservas de capital (artigos 182, § 1º, e 201 da Lei 6.404/76).

Nas demais hipóteses, se há distribuição de dividendos desobedecendo a balizas legais e convencionais (contrato ou estatuto social), os administradores e os membros do conselho fiscal, se existentes, serão solidariamente responsáveis pela reposição à caixa social a importância distribuída, sem prejuízo da ação penal que no caso couber. Já os sócios não estão obrigados a restituir os dividendos que tenham recebido em boa-fé. Contudo, presume-se a má-fé quando os dividendos forem distribuídos sem o levantamento do balanço ou em desacordo com os resultados deste (artigo 201, § 2º, da Lei 6.404/76).

Infelizmente, é possível que a escrituração contábil seja utilizada como meio para a manipulação dos resultados societários, com risco para a preservação da empresa. É o que se passa, por exemplo, com a chamada *contabilidade agressiva* ou *contabilidade criativa*, também conhecida como *gerenciamento de resultados*. Foram posturas como essas que, levadas a extremo, desaguaram em grandes escândalos, como, em 2001, a crise econômico-financeira da *Enron Corporation*, uma das companhias líderes dos mercados norte-americano e mundial nos setores de distribuição de energia (eletricidade, gás natural) e comunicações. É apenas um exemplo de vários.

O problema está nas práticas contábeis adotadas pela sociedade quando envolvem posturas que deságuam numa elevação artificial de sua lucratividade, a exemplo de atos como: a imprudente reversão (ou não constituição) de provisões, fundos ou reservas, sem que tenham sido efetivamente afastados os riscos que justificaram (ou justificariam) a sua manutenção; alongamento de carteiras de recebíveis para manter como ativo créditos de adimplemento duvidoso ou, até, que já deveriam ter sido contabilizados como perdas.

Em todos esses casos, a postura é repreensível por desrespeitar o princípio contábil da prudência e, assim, ampliar o risco de que a corporação se veja envolvida numa crise econômico-financeira. O administrador, nesses casos, age com imprudência ou com negligência, se bem que detectam-se situações em que há verdadeiro abuso de direito que, como se sabe, é fator que caracteriza a prática de atos ilícitos (artigo 187 do Código Civil). Há situações, contudo, em que se verificam manipulações dolosas da escrituração contábil, objetivando fraudar os resultados, como a omissão de operações de alienação de ativos que, assim, permanecem no balanço, apesar de não estarem no patrimônio societário, bem como a omissão de perdas, dívidas, além da escrituração de operações fictícias etc. São exemplos de situações assemelhadas a essas os escândalos havidos, no Brasil, com o Banco Nacional S.A., em 1994, e com o Banco Panamericano S.A., em 2010.

4 Provisões, fundos e reservas

Um ponto extremamente delicado da gestão financeira da sociedade e que pode levar a conflitos com sócios que estejam muito preocupados com os resultados (distribuição de lucros) é a formação de provisões, fundos e reservas contábeis. Cuidam-se, nos três casos, de formas diversas de se reterem valores no patrimônio patrimonial para fazer frente a impactos negativos certos ou, no mínimo, prováveis (potenciais). Para aqueles que têm visão de curto prazo, o recurso a esses procedimentos de segurança pode parecer um entrave ao exercício de seu direito aos lucros. Mas é uma opção empresarial de segurança, voltada à preservação da empresa. Por exemplo, é fictício o superávit que não traz em seu cálculo a depreciação dos ativos que se desgastaram ao longo das atividades mercantis, o que é suficiente para aconselhar a constituição e manutenção de fundos contábeis atender à necessidade de reparar os ativos para manter os níveis e a qualidade de produção.

> Exemplo de Cláusula[6] – A sociedade tem por objeto social: (i) a participação no capital social de quaisquer outras sociedades, empresárias ou não, ou fundos de investimento, na qualidade de sócia, acionista ou quotista, no Brasil e/ou no exterior, especialmente naquelas voltadas ao setor imobiliário; (ii) a realização de investimentos no setor imobiliário, em quaisquer das suas modalidades; e (iii) a administração de bens próprios.

Embora, nos três casos, haja retenção de valores no patrimônio empresarial, são situações diversas. As provisões têm por objetivo fazer frente a desembolsos (ou *desencaixes*) precisos, como o pagamento de tributos que devem ser feitos no exercício seguinte, despesas trabalhistas (*provisão para salários, provisão para férias, provisão de comissões etc.*), assim como permitem prevenir os impactos negativos de eventos futuros certos ou prováveis; quem supõe que um devedor pode não pagar uma dívida, após lançar o crédito no ativo, pode fazer uma *provisão para créditos de liquidação duvidosa (PCLD)* ou *provisão para devedores duvidosos (PDD)*. Dessa maneira, evita-se o impacto da inadimplência: a provisão reduz o ativo e, assim, reduz o superávit e a distribuição de lucros. Se o evento não se verificar, simplesmente reverte-se a provisão, o que impactará positivamente o próximo balanço. As *provisões* não são anotadas junto ao patrimônio líquido, mas no patrimônio ativo, como deduções aos valores ali anotados, em respeito ao princípio contábil da prudência. É uma forma de calibrar o ativo, evitando distorções.

Ativo	
Duplicatas a receber	R$ 520.678,00
(–) Prov. p. créd. duvid.	(–) R$ 36.154,86

A constituição de fundos é outra estratégia escritural voltada para o fortalecimento da situação econômico-financeira da empresa. Os fundos têm finalidade genérica, ou seja, colocam-se num estágio intermediário entre as reservas de capital e as provisões. Os fundos não são deduções específicas (provisões), nem retenções genéricas a bem do capital líquido (reservas). São retenções que se constituem, voluntária ou obrigatoriamente, para fortalecer a capacidade da azienda

---

[6] Cláusula de uma típica *holding* imobiliária.

de enfrentar certos eventos negativos, ou seja, despesas em determinadas áreas. A constituição de fundos é uma estratégia administrativa e escritural riquíssima, dando ao administrador um instrumento precioso para manobras lícitas, realizadas a bem da preservação da empresa: ele pode separar recursos para certas finalidades genéricas, preparando-se antecipadamente para enfrentá-las.

É comum a constituição de fundos para depreciação de ativos, ou seja, para dar manutenção ou adquirir, em substituição, máquinas ou ferramentas, assim como fundos para investimentos. Também os fundos são anotados na coluna do ativo (coluna esquerda), como deduções, pois são, igualmente, uma limitação prevista no exercício dos direitos empresariais sobre seu patrimônio, separado para fazer frente a desembolsos. Não é só. Uma empresa que tenha várias demandas judiciárias trabalhistas pode constituir em sua contabilidade uma provisão para créditos trabalhistas, preparando-se para os efeitos de eventuais condenações.

Por fim, as reservas são a forma mais genérica de preservação de valor. Não se destinam a um fim, específico ou genérico, mas apenas a fortalecer o patrimônio. Em primeiro lugar, há a reserva legal, prevista pela Lei 6.404/76: 5% do lucro líquido do exercício devem ser aplicados, antes de qualquer outra destinação, na constituição dessa *reserva legal*, que não excederá 20% (vinte por cento) do capital social. Essa reserva legal tem por finalidade assegurar a integridade do capital social e somente poderá ser utilizada para compensar prejuízos ou aumentar o capital (artigo 193). O estatuto poderá criar outras reservas desde que, para cada uma, (1) indique, de modo preciso e completo, a sua finalidade; (2) fixe os critérios para determinar a parcela anual dos lucros líquidos que serão destinados à sua constituição; e (3) estabeleça o limite máximo da reserva. As reservas estatutárias, se existentes, serão subtraídas do lucro líquido, se remanescente saldo para tanto, logo após a subtração da reserva legal.

Lembre-se, por fim, de que os administradores têm à sua disposição uma estratégia econômica interessante, qual seja, definirem, no balanço, uma suspensão dos valores devidos ao investidos (empresário ou sócios). Os *lucros suspensos* ou *lucros em suspenso* são resultados positivos da empresa (lucro) que, não tendo sido distribuídos aos sócios ou acionistas, permanecem nos fundos da empresa, embora não componham, em sentido, as reservas de capital. A reunião ou a assembleia de sócios pode prever que tais valores permanecerão nos fundos empresariais ao longo do exercício, ou que poderão ser distribuídos ao longo do exercício seguinte (evitando o desembolso total no início do exercício), mediante deliberação dos sócios ou decisão dos administradores, previamente autorizados a tanto. Nada impede, inclusive, que deliberem usar tais valores para aumentar o capital registrado.

Como facilmente se percebe, em todos esses casos, preservam-se no caixa da empresa valores que poderiam ser distribuídos aos sócios, o que pode desagradá-los. Justamente por isso, é recomendável que a formação de provisões, fundos e reservas seja explicada aos sócios/familiares, demonstrando que são medidas que trabalham a bem da preservação da empresa, garantindo, assim, a manutenção, não só de seu patrimônio (as quotas ou ações de que são titulares), mas também de sua rentabilidade futura. Em palavras mais coloquiais, são posturas que visam *cuidar da saúde da galinha dos ovos de ouro*. Por isso, é recomendável que o administrador deixe claro qual é a política de gestão de risco da empresa e, assim, os critérios usados na estimativa das provisões; noutras palavras, é recomendável dar maior transparência à decisão.

Nessa direção, nunca é demais relembrar que o estudo jurídico das rubricas contábeis de segurança (ou de prudência) revela que a subjetividade que é inerente a alguns casos cria hipóteses que merecem atenção de advogados, administradores e contadores. Para além dos pagamentos certos, que devem ser feitos no exercício seguinte (verbas salariais, fiscais e parafiscais etc.), a constituição de provisões, fundos ou reservas para contingências que não sejam certas (inequívocas), mas possíveis ou prováveis, é sempre um desafio. É o caso de provisões, fundos ou reservas para eventuais perdas em processos judiciais, para deteriorações e depreciações, para créditos de liquidação duvidosa, entre outros. A opção de preparar-se para tais eventos sempre comportará o questionamento sobre os níveis de probabilidade ou possibilidade de virem a se verificar.

Curiosamente, essa realidade fica ainda mais clara quando se aborda a questão pelo ângulo inverso: a reversão de provisões, fundos ou reservas (que não a reserva legal). Chama-se de reversão o ato de desconstituir a rubrica, acabando com a provisão, fundo ou reserva, reincorporando os valores ao caixa e, assim, permitindo sejam eles destinados à apuração do resultado do exercício e, eventualmente, à distribuição de dividendos. É muito comum que o mesmo subjetivismo (ou arbítrio) verificado na constituição da rubrica verifique-se na reversão, normalmente para melhorar o desempenho da empresa e, assim, agradar aos sócios.

Note-se, ademais, que, enquanto os valores estiverem provisionados na escrituração contábil da sociedade, seu uso pela sociedade é livre e corrente. Noutras palavras, o fato de se provisionar determinado valor não implica sua separação física, sua afetação; não é preciso que seja depositado em conta bancária própria, nem é preciso que o valor seja efetivamente mantido no caixa, em papel-moeda, ou qualquer outra medida similar. A provisão significa apenas que aquele valor, que poderia ter sido distribuído aos sócios, sob a forma de dividendos, foi retido na empresa para fazer frente a uma despesa certa ou provável; apenas isso. Nada impede que seja utilizado, ao longo do exercício fiscal, para outras finalidades, como pagamentos diversos (salários, fornecedores, impostos etc.), investimentos etc.

Em ambientes societários preparados para evitar conflitos e, mais do que isso, para se constituírem em estímulo à boa convivência dos sócios/familiares, é recomendável que todas essas questões sejam consideradas pelos administradores e, assim, mantenham uma postura coerente para conservar a harmonia societária. De qualquer sorte, é possível dar regramento jurídico também a essa questão. Não nos parece ser matéria que tenha envergadura para ser disposta no ato constitutivo, mas pode ser disciplinada em regimento interno da sociedade (que, firmado pelos sócios, é um documento parassocial válido e eficaz).

De outra face, como o balanço patrimonial é matéria própria da reunião ou assembleia ordinária, a ser realizada nos quatro meses após vencido o exercício social, é possível regrar a matéria no âmbito de um manual de reunião/assembleia. Esse manual ou regimento foi adotado por algumas companhias brasileiras a partir da figura estrangeira do *proxy statement*, um conjunto de regras sobre a reunião ou assembleia de sócios a que submetem os administradores societários.

5 Caixa *versus* dividendos

O caixa da empresa é um elemento em torno do qual é corriqueiro verem-se crescer desconfianças, dúvidas, especulações, boatos e disputas. No que se refere especificamente à gestão ordinária do caixa, ou seja, ao manejo do dinheiro, a solução mais simples é a transparência: permitir que os sócios acompanhem o seu emprego. Nas sociedades contratuais, nomeadamente a sociedade limitada, aplica-se a regra do artigo 1.021 do Código Civil, segundo a qual, salvo estipulação que determine época própria, o sócio pode, a qualquer tempo, examinar os livros e documentos, e o estado da caixa e da carteira da sociedade. Nas sociedades de maior porte e com número maior de sócios, inclusive estranhos à família, é usual encontrarem-se restrições ao exame do caixa e mesmo dos livros contábeis. O mesmo se passa com as sociedades anônimas, para as quais não há garantia da faculdade de exame do estado de caixa (nem de exame, a qualquer tempo, dos livros e documentos) pelo acionista.

Outra disputa que usualmente é travada em torno do caixa diz respeito aos valores que são ali mantidos e, assim, deixam de ser distribuídos, como dividendos, aos sócios. No tempo em que a empresa estava sob o controle do fundador, podia ser política de gestão a manutenção de um *colchão de liquidez* (elevado montante de dinheiro no caixa) para fazer frente a questões emergenciais, permitir aquisições estratégicas de outras empresas ou de bens para o crescimento orgânico da atividade negocial (imóveis, maquinário, ferramentaria etc.), entre outros destinos. Há estratégias empresariais repetidas em muitas corporações que se sustentam justamente sobre *caixas líquidos*. Nas grandes crises, o *colchão de liquidez* não apenas mantém hígida a corporação, como lhe permite aproveitar oportunidades que se apresentam, incorporando sociedades em crise, adquirindo unidades produtivas, não raro com preços muito vantajosos.

Nas sociedades familiares em que haja uma pluralidade de sócios, nomeadamente naquelas em que já se está na terceira geração em diante, essa estratégia tende a criar desavenças. Aliás, é justificável haver discordância sobre a manutenção da estratégia de manter liquidez elevada. Muitos dependem dos dividendos para custear suas despesas cotidianas e seu raciocínio simplista está correto: o excesso de dinheiro mantido em caixa poderia, sim, ser distribuído aos sócios como lucro. Essa constatação é suficiente para desautorizar a tendência de reiterar taxar tais pretensões como injustificáveis, mesquinhas, gananciosas, desmoderadas etc. Definitivamente, não é o caso.

É preciso posicionar-se, portanto, como quem compreende a pretensão e mesmo as iniciativas daqueles sócios que desejam ser beneficiários de distribuições constantes de dividendos elevados. Mas é preciso fazer ver que extremar o foco na distribuição de lucro é uma política arriscada de gestão de caixa, com efeitos diretos sobre o capital de giro, e o sistema bancário habitualmente exige taxas mais elevadas para empréstimos voltados para a recomposição do capital de giro. Não são poucos os casos de empresas que, após um período no qual privilegiaram a distribuição de lucros, viram-se diante de sérias dificuldades, causadas por ambientes adversos para os quais não se mostravam preparadas, por exemplo, por não terem feito os investimentos indispensáveis para preservarem sua fatia de mercado ou por não terem caixa para momentos difíceis. Pior, em ambientes de restrição de crédito, como nas crises econômicas, esse dinheiro pode não estar disponível ou experimentar prêmios elevados (taxas de juros exorbitantes), com efeitos terríveis para a empresa e, assim, para os interesses dos próprios sócios: a falência da empresa prejudicaria a todos.

Nessa linha, é proveitoso que se demonstre aos sócios que é recomendável estabelecer um plano de gestão de caixa que compreenda esse aspecto importante da administração financeira. Noutras palavras, também é legítima a posição daqueles que preferem menor distribuição de lucros a bem de maior segurança e de mais investimentos, fazendo com que a corporação cresça. Afinal, esse crescimento pode redundar em resultados com valor absoluto superior, conduzindo com lucros maiores, além de aumentar o valor de suas quotas ou ações. A ênfase na distribuição de lucros privilegia o presente, em desproveito do futuro: a *visão imediatista* troca a saúde da empresa por resultados instantâneos, impedindo que a atividade negocial tenha constância.

Os conflitos entre as duas correntes tendem a ser amenizados quando há clareza sobre as estratégias envolvidas na gestão do caixa: a fundamentação sobre oportunidades antevistas que podem, mesmo, exigir a preservação de um colchão de liquidez por um tempo maior. Por exemplo, empresas que atuam junto ao setor público, como concessionárias, precisam estar preparadas para eventuais editais de concorrência etc. Melhor será quando esses esclarecimentos se fizerem acompanhar de um programa de educação financeira dos sócios que estimule a compreensão dos desafios que envolvem o tema. Por exemplo, a percepção de que é preciso manter um nível de investimento para preservar a utilidade dos ativos empresariais que tendem a desgastar-se, desatualizar-se, depreciar-se e, em prazo médio ou longo, impactar os resultados, não incomum chegar-se a uma situação em que a continuidade do negócio se inviabiliza.

No plano jurídico, é preciso deixar claro que essa relação entre manutenção de níveis de liquidez *versus* distribuição de dividendos pode ser objeto de convenção entre os sócios. Noutras palavras, é possível estabelecer cláusula que defina regras sobre a destinação do superávit eventualmente verificado, incluindo a estipulação de percentuais mais elevados para que a reunião ou assembleia de sócios altere tal proporção, protegendo os interesses dos minoritários. Ilustra a hipótese de previsão de uma distribuição obrigatória, sob a forma de dividendos, de 25% dos resultados positivos (superávit) verificados pela empresa no exercício. Essa previsão pode ser absoluta, ou seja, constituir uma obrigação da sociedade, assim como pode comportar uma ressalva, como a possibilidade de, diante de projetos de investimento relevante, a critério de sócios que represente certo percentual qualificado do capital social (dois terços, 75% ou outro qualquer).

Essa regra pode ser disposta em cláusula existente no contrato ou estatuto social, embora o registro público vá expor o ajuste a qualquer pessoa (o mercado fala em *disclosure*), já que os atos constitutivos são públicos: as Juntas Comerciais e os Cartórios de Registro de Pessoa Jurídica estão obrigados a fornecer uma cópia do ato constitutivo de qualquer pessoa jurídica a quem requeira, independentemente de justificativa ou fundamentação das razões pelas quais pretende a informação. Uma alternativa é prever a regra em pacto parassocial (acordo de quotistas ou de acionistas) que pode ser firmado entre parte dos sócios, orientando seus votos sobre a matéria, ou mesmo por todos os sócios. Também é possível dispor a matéria no regimento interno da sociedade.

6 Investimentos e endividamentos

Um último ponto deve ser examinado: a atuação da administração empresarial no que diz respeito a investimentos[7] e a endividamentos, considerando o interesse dos sócios nessas operações, face ao impacto direto que têm sobre os seus direitos e interesses jurídicos. A situação é ainda mais grave quando se tenham endividamentos e investimentos de alto risco e alto rendimento (*high-yield*), cuja

---

[7] Os investimentos dos recursos empresariais podem ser feitos no mercado doméstico, numa alocação interna (*onshore*) do capital, assim como pode-se optar por investir no exterior (*offshore*).

potencialidade lesiva aos direitos dos sócios é extremada, o que recomenda dar-lhes a conhecer – e mesmo oferecer-lhes a oportunidade de deliberar sobre – a alternativa mercadológica apresentada.

O *gerenciamento dos riscos* é uma matéria que ganhou importância no mundo corporativo ao longo da primeira década deste século. A ideia é atribuir a um profissional ou a um órgão societário a função de avaliação constante dos riscos assumidos pela empresa, nomeadamente exposições financeiras (empréstimos, operações cambiais, operações com derivativos etc.) e implicações das estratégias administrativas tomadas, podendo avançar até para temas como ameaças oferecidas pelos contextos mercadológicos e pela concorrência, sustentabilidade ambiental das operações e fragilidades jurídicas do negócio.

Facilmente se percebe que a ideia por trás do *gerenciamento de riscos* é criar uma instância dedicada a pensar a empresa por um ângulo inverso: *o que pode dar errado*. Numa analogia simples, é claro que os automóveis foram criados para transportar as pessoas; contudo, sua eficiência depende igualmente do esforço daqueles que trabalharam sobre uma *falha possível* nesse processo de transporte: o abalroamento; profissionais que se perguntaram sobre os riscos. As empresas estão percebendo que essa instância de estudo dos riscos corporativos também lhes é útil, trabalhando por sua preservação (perpetuando-a) e, assim, defendendo o interesse dos sócios.

Os responsáveis pelo *gerenciamento de riscos* são observadores críticos da atividade negocial e, assim, trabalham a bem de identificar fragilidades e oferecer subsídios para minimizar potenciais eventos deletérios. A lógica do seu trabalho é a prevenção de danos que podem atingir a corporação em planos diversos, como operacionais, financeiros e jurídicos. O sucesso de seu trabalho é a disseminação de uma cultura da prudência, do controle interno, da decisão responsável que pode mesmo se expressar na assunção de riscos; mas assunção calculada, consciente de suas repercussões: uma decisão responsável.

Muitas sociedades optam por atribuir a função a um *gerente de risco*, ou seja, a um profissional a quem se atribua essa tarefa. Nessa hipótese, as sociedades enfrentam o desafio de localizar esse profissional na estrutura organográfica da corporação, designadamente na definição de suas eventuais subordinações, bem como na definição de suas competências e de seus poderes. As possibilidades são múltiplas e algumas podem mesmo esvaziar os benefícios de sua existência para a coletividade social, como é o caso da submissão do gerente de risco ao administrador societário, a exemplo do presidente da companhia, quando se trate de uma sociedade anônima.

O custo elevado de manter um profissional contratado para desempenhar a função diariamente também assusta empresas menores, caso no qual é possível recorrer a uma solução engenhosa, mas eficaz: atribuir o trabalho a um profissional externo, a um auditor contábil, por exemplo, que faça visitas regulares à empresa para exercer o seu mister e, assim, podendo trabalhar também para outros clientes, tenha o seu custo diluído, não inviabilizando a sua presença e o seu benefício para a organização e seus sócios.

Uma alternativa é atribuir a função de gerenciamento de riscos a um comitê (*comitê de risco*). Nas grandes empresas, esse comitê é composto por profissionais que, assim, desdobram-se no acompanhamento das múltiplas atividades desempenhadas concomitantemente pela empresa. Em empresas menores, essa função pode ser atribuída aos sócios ou, mesmo, aos membros do conselho fiscal da sociedade, órgão que tem múltiplas vantagens quando corretamente implementado.

Bem próximo está a opção de endividar a sociedade para fazer frente a oportunidades negociais. Nessa toada, por razões análogas, a decisão de assumir níveis mais elevados de alavancagem, ou seja, de elevar o volume de empréstimos tomados junto ao mercado financeiro ou mobiliário (como emissão de notas promissórias, debêntures, securitização), só pode ser tomada a partir de um exame mais detalhado e acurado das condições do mercado e da própria empresa, sendo certo haver volumes apropriados de endividamento, para além dos quais assume-se um risco quiçá não recomendável. Nessa senda, o envolvimento da comunidade societária neste debate é recomendável, mormente considerando que, como foi dito na introdução deste capítulo, os sócios são proprietários de parcelas (quotas ou ações) do capital investido na corporação e têm não só interesse legítimo, mas têm direito a uma gestão eficaz desse capital social.

7 Conselho fiscal

Enquanto o conselho de administração é um órgão próprio das sociedades anônimas (ainda que as sociedades limitadas possam ter órgão similar, como se verá abaixo, com o mesmo nome ou com outro), o conselho fiscal é órgão próprio das sociedades limitadas (artigo 1.066 do Código Civil) e das sociedades anônimas (artigo 161 da Lei 6.404/76). Cuida-se de mais um órgão que viabiliza uma maior participação dos sócios, ainda que específica: exercício da fiscalização da administração societária.

O contrato social da sociedade limitada pode instituir um *conselho fiscal*, composto de três ou mais membros e respectivos suplentes, sócios ou não, residentes no país (artigo 1.066 do Código Civil), sendo eleitos na assembleia anual (artigo 1.078). Seu funcionamento não prejudica, nem mitiga, os poderes da reunião ou assembleia de sócios. Mas cuida-se de figura raríssima na prática do Direito Societário, não se justificando na esmagadora maioria das sociedades limitadas, mas sendo útil naquelas que envolvem muitos sócios, além de empresas de grande porte (artigo 3º da Lei 11.638/07).

Não podem compor o conselho as pessoas que estão impedidas de administrar a sociedade (artigo 1.011, § 1º, do Código Civil), membros dos demais órgãos da sociedade ou de outra por ela controlada, empregados de quaisquer delas, empregados dos seus respectivos administradores, além do cônjuge ou parente destes até o terceiro grau (artigo 1.066, § 1º). Assegura-se aos sócios minoritários, que representarem pelo menos um quinto do capital social, o direito de eleger, separadamente, um dos membros do conselho fiscal e o respectivo suplente (artigo 1.066, § 2º).

Sociedades que tenham conselho fiscal devem ter um *livro de atas e pareceres do conselho fiscal*, por meio do qual tomam posse o membro ou suplente eleito, assinando o respectivo termo nos 30 dias seguintes ao da eleição (artigo 1.067). O mandato é anual, sendo sua remuneração fixada pela coletividade social (artigo 1.068). É de sua competência (artigo 1.069), além de eventuais atribuições constantes de lei especial, (1) examinar, pelo menos trimestralmente, os livros e papéis da sociedade e o estado da caixa e da carteira, devendo os administradores ou liquidantes prestar-lhes as informações solicitadas; (2) lavrar no livro de atas e pareceres do conselho fiscal o resultado de tais exames; (3) exarar no livro de atas e pareceres do conselho fiscal um parecer sobre os negócios e as operações sociais do exercício em que servirem, tomando por base o balanço patrimonial e o de resultado econômico, apresentando-o à assembleia anual dos sócios; (4) denunciar os erros, fraudes ou crimes que descobrirem, sugerindo providências úteis à sociedade; (5) convocar a assembleia dos sócios se a diretoria retardar por mais de 30 dias a sua convocação anual, ou sempre que ocorram motivos graves e urgentes; e (6) durante o período de eventual liquidação da sociedade, praticar todos esses atos, acima referidos, embora tendo em vista as disposições especiais reguladoras da liquidação.

Nas sociedades anônimas, embora todo acionista seja titular de uma faculdade de fiscalização dos atos societários, exercendo-a segundo as definições legais (artigo 109, III, da Lei 6.404/76), não detém um poder amplo, pois vastidão absoluta seria nefasta para a empresa: qualquer concorrente, adquirindo uma única ação, poderia pretender intrometer-se em todos os assuntos da companhia, descobrir-lhes os segredos empresariais, utilizando tal informação a seu favor. Por isso, o poder de fiscalização dos acionistas conhece limites precisos. Em lugar, dentro do corpo societário, instituiu-se um órgão de função específica, ao qual se atribui um poder/dever institucional de fiscalização das atividades e contas sociais, equilibrando os interesses individuais dos acionistas com os interesses corporativos da companhia: o *conselho fiscal* (artigo 161).

O conselho fiscal tem existência obrigatória, mas permite-se que tenha *funcionamento eventual*, isto é, funcionamento apenas nos exercícios sociais nos quais seja pedido por acionistas que representem, no mínimo, 10% das *ações com direito a voto*, ou 5% das *ações sem direito a voto*. Esse pedido poderá ser formulado em qualquer assembleia geral, ainda que a matéria não conste do anúncio de convocação, bastando que se atinja o *quorum* mínimo para o requerimento; na mesma assembleia serão eleitos os membros do conselho fiscal que funcionará até a primeira assembleia geral ordinária após a sua instalação, quando será dissolvido, respeitada a previsão estatutária de *funcionamento eventual*. Se o estatuto prever *funcionamento permanente*, a eleição se fará em cada assembleia geral ordinária e os eleitos exercerão seus cargos até a assembleia geral ordinária seguinte. Em ambos os casos, os membros poderão ser reeleitos (artigo 161, § 5º, da Lei 6.404/76).

O conselho fiscal da sociedade anônima compõe-se de três a cinco membros, e suplentes em igual número. São pessoas naturais, acionistas ou não, devendo residir no país, ser diplomadas em curso de nível universitário, ou ter exercido, por prazo mínimo de três anos, cargo de administrador de empresa ou de conselheiro fiscal; demonstrando não haver, na localidade, pessoas em número suficiente que preencham tais requisitos, pode-se formular pedido judicial de dispensa de sua satisfação. Não podem ser eleitas pessoas impedidas por lei especial, ou condenadas por crime falimentar, de prevaricação, peita ou suborno, concussão, peculato, contra a economia popular, a fé pública ou a propriedade, ou a pena criminal que vede, ainda que temporariamente, o acesso a cargos públicos; em se tratando de companhia aberta, são ainda inelegíveis as pessoas declaradas inabilitadas por ato da Comissão de Valores Mobiliários. Também não são elegíveis os membros de órgãos de administração e empregados da companhia ou de sociedade controlada ou do mesmo grupo e o cônjuge ou parente, até terceiro grau, de administrador da companhia.

A eleição cabe à assembleia geral. Garante-se aos titulares de ações preferenciais sem direito a voto, ou com voto restrito, direito de eleger, em votação em separado, um membro e respectivo suplente; igual direito terão os acionistas minoritários, desde que representem, em conjunto, 10% ou mais das ações com direito a voto; as demais vagas (membros efetivos e suplentes) serão escolhidas pelos demais acionistas com direito a voto, exigindo o artigo 161, § 4º, *b*, que tais escolhidos sejam em número superior, em um membro, aos eleitos por minoritários e preferencialistas. Os eleitos deverão exercer pessoalmente a função, que é indelegável. Mas serão por isso reembolsados das despesas de locomoção e estada necessárias ao desempenho da função, além de remunerados em importância fixada pela assembleia geral que os eleger, não podendo ser inferior a 10% da remuneração que, em média, for atribuída a cada diretor, não computados benefícios, verbas de representação e participação nos lucros (artigo 162, § 3º).

Compete ao conselho fiscal (artigo 163 da Lei 6.404/76): (1) fiscalizar, por qualquer de seus membros, os atos dos administradores e verificar o cumprimento dos seus deveres legais e estatutários; (2) opinar sobre o relatório anual da administração, fazendo constar do seu parecer as informações complementares que julgar necessárias ou úteis à deliberação da assembleia geral; (3) opinar sobre as propostas dos órgãos da administração, a serem submetidas à assembleia geral, relativas à modificação do capital social, emissão de debêntures ou bônus de subscrição, planos de investimento ou orçamentos de capital, distribuição de dividendos, transformação, incorporação, fusão ou cisão; (4) denunciar, por qualquer de seus membros, aos órgãos de administração e, se estes não tomarem as providências necessárias para a proteção dos interesses da companhia, à assembleia geral, os erros, fraudes ou crimes que descobrirem, e sugerir providências úteis à companhia; (5) convocar a assembleia geral ordinária se os órgãos da administração retardarem por mais de um mês tal convocação, e a extraordinária sempre que ocorrerem motivos graves ou urgentes, incluindo na agenda das assembleias as matérias que considerarem necessárias; (6) analisar, ao menos trimestralmente, o balancete e demais demonstrações financeiras elaboradas periodicamente pela companhia; (7) examinar as demonstrações financeiras do exercício social e sobre elas opinar; e (8) exercer essas atribuições, durante a liquidação, tendo em vista as disposições especiais que as regulam. Nenhuma dessas atribuições, ou mesmo os poderes correspondentes, podem ser outorgados a outro órgão da companhia.

Os órgãos de administração estão obrigados a disponibilizar aos membros do conselho fiscal cópias de balancetes e demonstrações financeiras elaboradas periodicamente, relatórios de execução de orçamentos (se houver), dentro de 15 dias, contados do recebimento de solicitação escrita, e cópias das atas das reuniões dos órgãos de administração, no prazo de dez dias (artigo 163, § 1º). Também podem assistir às reuniões do conselho de administração, se houver, ou da diretoria, quando se vá deliberar sobre os assuntos em que devam opinar. Prevê-se, ademais, um poder investigativo (artigo 163, § 8º), permitindo-lhes apurar fato cujo esclarecimento seja necessário ao desempenho de suas funções, podendo, inclusive, formular questões a serem respondidas por perito; para tanto, por meio de pedido fundamentado (justificado), é faculdade do conselho solicitar à diretoria que indique, para esse fim, no prazo máximo de 30 dias, três peritos, que podem ser pessoas físicas ou jurídicas, de notório conhecimento na área em questão, entre os quais o conselho fiscal escolherá um, cujos honorários serão pagos pela companhia.

A Lei 10.303/01 deferiu diversas faculdades de fiscalização aos membros do conselho, individualmente, permitindo que cada qual desempenhe a função, mesmo sozinho, com liberdade e eficácia, não sendo prejudicado pela inércia ou resistência dos demais. Cada membro pode solicitar, isoladamente, esclarecimentos ou informações aos órgãos de administração, a elaboração de demonstrações financeiras ou contábeis especiais. Basta que tais pedidos estejam diretamente relacionados com a função fiscalizadora. Ademais, qualquer membro poderá solicitar esclarecimentos, informações ou até a apuração de fatos específicos aos auditores independentes, se a companhia os tiver. Se não há auditoria independente, o conselho fiscal poderá, para melhor desempenhar suas funções, escolher contador ou firma de auditoria e fixar-lhes os honorários, dentro de níveis razoáveis, vigentes na praça e compatíveis com a dimensão econômica da companhia, os quais serão pagos pela empresa.

Os membros do conselho fiscal têm os mesmos deveres dos administradores, mormente diligência, probidade, exercício profícuo das funções que lhes foram outorgadas pela lei e pelo estatuto, lealdade, informação e, até, dever de abster-se quando haja conflito de interesses; por isso, respondem pelos danos resultantes de omissão no cumprimento de seus deveres e de atos praticados com culpa ou dolo, ou com violação da lei ou do estatuto (artigo 165 da Lei 6.404/76). Tais obrigações interpretam-se de forma harmônica com as particularidades da função fiscalizadora, distintas da função de administrar. Os conselheiros fiscais devem exercer suas funções no exclusivo interesse da companhia, considerando-se abusivo o exercício da função com o fim de causar dano à companhia, ou aos seus acionistas ou administradores, ou de obter, para si ou para outrem, vantagem a que não faz jus e de que resulte, ou possa resultar, prejuízo para a companhia, seus acionistas ou administradores (§ 1º). O membro do conselho fiscal não é responsável pelos atos ilícitos de outros membros, salvo se com eles foi conivente, ou se concorrer para a prática do ato (§ 2º). Contudo, a responsabilidade dos membros do conselho fiscal por omissão no cumprimento de seus deveres é solidária, mas dela se exime o membro dissidente que fizer consignar sua divergência em ata da reunião do órgão e a comunicar aos órgãos da administração e à assembleia geral (§ 3º).

Também é obrigação do conselho fiscal fornecer ao acionista, ou grupo de acionistas que representem, no mínimo, 5% (cinco por cento) do capital social, informações sobre matérias de sua competência, sempre que solicitadas (artigo 163, § 6º). Nas assembleias gerais, ao menos um membro do conselho fiscal deve comparecer para responder eventuais pedidos de informações formulados pelos acionistas, sendo que os pareceres e representações do conselho fiscal, ou mesmo aqueles formulados por qualquer de seus membros, poderão ser apresentados e lidos na assembleia geral, independentemente de publicação e ainda que a matéria não conste da ordem do dia (artigo 164). Nas companhias abertas, os membros do conselho fiscal devem informar imediatamente as modificações em suas posições acionárias na companhia à Comissão de Valores Mobiliários e às Bolsas de Valores ou entidades do mercado de balcão organizado nas quais os valores mobiliários de emissão da companhia estejam admitidos à negociação, nas condições e na forma determinadas pela Comissão de Valores Mobiliários (artigo 165-A).

8 Outros conselhos consultivos

O estatuto da sociedade pode prever a existência de órgãos (ou comitês) técnicos e/ou consultivos, para além do conselho de administração e o conselho fiscal. Por exemplo, uma companhia do setor elétrico pode instituir um conselho técnico, composto por peritos que devem chancelar ações que envolvam engenharia civil ou elétrica, meio ambiente etc. Analogicamente, sociedades familiares podem criar órgãos que sirvam ao enfrentamento de seus desafios, a exemplo do conselho familiar. Esses órgãos não têm voto nas assembleias ou reuniões de sócios, assim como suas deliberações não vinculam ou obrigam a administração societária. Sua previsão, no organograma da sociedade, tem por função criar um foro técnico para a discussão de temas que possam influenciar a empresa. Assim, podem ser constituídos, conforme o interesse da empresa, conselho financeiro, de riscos, estratégico etc.

O estabelecimento de qualquer órgão técnico ou consultivo, todavia, deve atender a duas balizas legais incontornáveis. Em primeiro lugar, não se pode outorgar-lhes atribuições e/ou poderes que a lei tenha conferido aos demais órgãos de administração da sociedade (artigo 139 da Lei 6.404/76). Não se poderia, por exemplo, criar um *conselho deliberativo* e atribuir-lhe a competência de escolha dos membros da diretoria, em prejuízo do *conselho de administração*, a quem coube tal função e poder (artigos 142, II, e 143). Em segundo lugar, tendo sido criado outro órgão técnico ou consultivo, aplicam-se aos seus membros as normas dirigidas aos demais órgãos da administração societária (artigo 160): deveres e responsabilidades, finalidade das atribuições e desvio de poder, dever de lealdade, conflito de interesses, dever de informar, responsabilidade civil por atos comissivos e omissivos, dolosos e culposos.

Os exemplos são muitos: *comitê de remuneração*, a quem cabe discutir e opinar sobre a remuneração de diretores, conselheiros e, eventualmente, dos funcionários da empresa; *comitê de auditoria*, muito comum quando não se recorra a auditoria externa, atribuindo-se-lhe a competência de constante fiscalização das contas corporativas; *comitê de sustentabilidade e meio ambiente*, responsável por garantir o respeito às normas ambientais e, mesmo para além desse mínimo, cuidar do respeito ao meio ambiente.

> Exemplo de Cláusula – A sociedade adotará uma política cautelosa em relação à distribuição de dividendos, respeitando a legislação aplicável e orientando-se por (i) perenidade da empresa; (ii) condições e necessidades de caixa, presentes e projetadas; e (iii) solidez financeira. A distribuição de lucros só se fará havendo reserva de capital, não excedente a 20%, bem como após o provisionamento de valores para tributos e outras obrigações.

> Parágrafo único – A administração societária deverá submeter à reunião/assembleia proposta de formação de eventuais fundos ou reservas de contingência, para atender a desafios específicos, como demandas judiciais, reforma de imóveis etc.

Como facilmente se percebe, a função de tais comitês (quando não sejam diretorias) é ocupar-se da atuação empresarial para além do limite da simples legalidade: buscar garantir que a corporação, seus administradores e funcionários respeitem a Constituição, as leis e outras normas públicas, os atos constitutivos e outras normas que constem de documentos apartados, bem como os princípios éticos que devem nortear a atuação humana. Seu(s) membro(s) devem revelar a capacidade de alterar as rotinas e a percepção da empresa sobre si, o mercado e a comunidade em geral, trabalhando pela concretização de uma postura que, superando os parâmetros de legalidade, amolde-se aos parâmetros de excelência moral.

O sucesso desses órgãos está diretamente ligado à sua independência, revela a prática do mercado. Afinal, em muitos casos verifica-se que as transgressões são praticadas por quem está no topo da organização. Seus membros devem ser muito bem escolhidos, revelando estatura moral para a função e, mais do que isso, uma capacidade de trânsito nos mais diversos setores da organização para que sua atuação se mostre proveitosa: disseminar entre todos os princípios éticos que devem orientar o seu trabalho, bem como convencê-los dos méritos dessas iniciativas. Como se não bastasse, essa confiança deve ser estabelecida sem prejuízo do exercício constante de uma supervisão, ou seja, de uma fiscalização sobre o respeito às balizas fixadas.

O órgão mais comum em empresas familiares é o *conselho familiar*. Seu principal propósito é constituir uma instância formal, institucionalizada, para manter um canal aberto entre a(s) família(s), seus membros, e a empresa (seus gestores, controladores etc.). O conselho serve para a preservação da cultura familiar, de seus valores, além de constituir um órgão privilegiado para manter o diálogo aberto entre os parentes, colhendo impressões, mediando debates, proporcionando diálogo. Ali, parentes escolhidos podem contribuir para a avaliação da situação empresarial e a tomada de decisões. Mas é preciso atentar para o fato de que o conselho familiar não concorre, nem compete, nem prejudica, nem enfraquece o poder da coletividade social, ou seja, da reunião ou assembleia de sócios, quotistas ou acionistas. O mesmo se diga em relação ao conselho fiscal e, nas sociedades anônimas (abertas ou fechadas), quanto ao conselho de administração.

O acolhimento de mulheres na corporação empresarial pode ser otimizado por meio de políticas ou programas específicos, voltados para criar condições que compensem seus desafios familiares. Essa preocupação pode incluir, em organizações maiores, a instituição de um *comitê feminino* ou *comitê para a mulher*, órgão voltado para buscar o estabelecimento de mecanismos que permitam a compatibilização da vida pessoal (familiar) com a rotina pessoal, habitualmente mais difícil para as mulheres, o que faz com que muitas desistam de suas carreiras empresariais. Essas políticas ou esses programas estruturam-se a partir de medidas variadas, a principiar da concessão de flexibilização de jornada de trabalho; horário complacente de trabalho; prestação de serviços em casa, no todo ou em parte (*home office*); acompanhamento de consultores profissionais (*coaching*); oferecimento de apoio logístico doméstico (creche, babá, motorista etc.). Noutras palavras, medidas que compreendam as dificuldades que são inerentes à opção feminina pela família e que buscam criar condições para que ela possa manter-se na empresa.

Outro instrumento societário de cogestão que pode se mostrar útil para sociedades empresárias familiares é o *comitê de investimentos*, órgão que tem por função debater oportunidades negociais, a exemplo da diversificação das fontes de receita, deliberação sobre novos produtos, serviços, estabelecimentos etc. Fala-se também em *comitê financeiro*, com atribuições um pouco mais amplas: gestão financeira da corporação, incluindo a definição das estratégias que a empresa adotará nesse tópico, a exemplo de operações de financiamento, níveis de alavancagem, contratação de instrumentos de *hedge*, recurso a operações com derivativos etc.

Esses comitês são habitualmente constituídos em grandes corporações, com diretorias maiores, e são compostos pelos próprios executivos da sociedade (diretores), funcionando como um foro para troca de ideias e avaliação de oportunidades e risco. Mas é possível dispor que sua composição envolverá sócios/familiares que não estejam ocupando cargos na administração societária. Figura similar é o comitê de riscos societários, quando não haja uma diretoria para cuidar do tema (o *Chief Risk Officer – CRO*); cuida-se de órgão (diretoria ou comitê) a quem se atribuem a gerência e a fiscalização dos riscos empresariais.

Facilmente se percebe que o desafio habitualmente oferecido pelo comitê de investimentos é constituir-se num freio à administração empresarial, o que nem sempre é tolerado por aquele(s) que ocupa(m) a gestão da empresa. Aliás, essa característica de controle inibidor do dispêndio de recursos se reflete mesmo numa outra função que se vê atribuída ao *comitê de investimentos*: discutir e aprovar qualquer compra mais vultosa feita pela sociedade, ainda que não se amolde ao conceito contábil de investimento. Isso é feito a partir da definição de um valor referência – por exemplo, R$ 500.000,00 – a partir do qual os dispêndios carecem de deliberação do comitê.

Aliás, embora não seja muito comum, é possível estabelecer um modelo de administração societária que outorgue ao comitê de investimentos, ou a outro órgão coletivo, a função de avaliar e decidir sobre investimentos estratégicos a serem efetuados pela corporação, cabendo ao presidente ou diretor a execução, em conformidade com as determinações e orientações do colegiado. Essa estrutura é incomum e tem por finalidade manter um controle coletivo, não só do caixa, mas da própria atuação empresarial. Aliás, para aqueles que defendem modelos centralizados de gestão, cuidar-se-á de uma verdadeira anomalia.

> Exemplo de Cláusula – Toda operação a ser realizada pela *holding*, incluindo empreendimentos, negócios de qualquer natureza, bem como alterações na gestão das sociedades controladas, será precedida da apresentação de relatório que especifique estratégia envolvida, custos diretos e indiretos, riscos implicados e benefícios visados. A operação somente se realizará se obtiver aprovação de ...% (... por cento) dos sócios, não sendo válido e eficaz perante a sociedade o ato do administrador que não esteja alicerçado em tal deliberação, sem prejuízo de sua responsabilização civil por qualquer prejuízo, despesa ou dano, moral ou material, experimentado pela sociedade.

A boa administração de uma empresa não se afirma apenas considerando seus resultados financeiros, mas igualmente atentando para todas as implicações da gestão corporativa, inclusive suas implicações qualitativas e seus reflexos sobre a comunidade em geral. Escândalos colecionados ao longo da segunda metade do século XX deixaram claro que empresas excessivamente focadas nos resultados financeiros, perseguidos *a qualquer custo e por qualquer método*, ofereciam um risco para a sociedade em geral e, até mesmo, para os seus sócios. Assim, tragédias empresariais diversas chamaram a atenção para a necessidade de se buscar uma administração mais transparente, ética, com regras mais justas em relação à condução da vida societária (nomeadamente no que diz respeito aos interesses e direitos dos minoritários).

Como resultado dessa preocupação, algumas corporações passaram a contar com comitês ou diretorias encarregadas de velar por esses valores. Os rótulos variam: comitê de ética, comitê de governança corporativa, comitê de *compliance*, quando não se opte por versões compostas, a exemplo de comitê de ética e *compliance*. A ideia de *compliance* foge ao senso comum e, dessa maneira, é preciso analisar do que se trata, ou seja, qual a atuação que se espera de um comitê ou diretor de *compliance* ou de um diretor ou comitê de ética e *compliance*. Em inglês, o verbo *to comply* traduz-se por cumprir, adimplir. Portanto, o diretor de *compliance* ou o comitê de *compliance* é um órgão societário cuja finalidade específica é velar pelo cumprimento do ato constitutivo (contrato ou estatuto social), bem como de normas específicas, a exemplo do *regimento interno* ou afins.

Em muitos casos, a instituição de um comitê ou diretoria de ética fez-se acompanhar de uma problematização sobre o que seria, ou não, comportamento ético no âmbito de cada atividade negocial. Uma solução para tanto é a institucionalização de códigos de ética intrainstitucionais, o que é raro quando não se cuide de companhias com títulos admitidos à negociação no mercado aberto de valores mobiliários.

Contudo, é preciso nunca perder de vista que a existência, por si só, de cláusulas que prevejam comitês para a boa administração societária e até a instalação desses órgãos não é uma garantia para os sócios. É preciso que os membros desses órgãos atuem com diligência no cumprimento de suas funções. É preciso que haja reuniões periódicas e que efetivamente se trabalhe junto dos administradores. A forma não é uma garantia de sucesso. O que importa é a essência, a realidade.

Bibliografia

BARBI, Otávio Vieira. *Composição de interesses no aumento de capital das sociedades limitadas*. Rio de Janeiro: Forense, 2007.

BARBOSA FILHO, Marcelo Fortes. *Sociedade anônima atual*: comentários e anotações às inovações trazidas pela Lei 10.303/01 ao texto da Lei 6.404/76. São Paulo: Atlas, 2004.

CARVALHOSA, Modesto. *Comentários à Lei de Sociedades Anônimas*. São Paulo: Saraiva, 2002.

FARIA, Anacleto de Oliveira. Sociedade comercial entre cônjuges. *Revista Forense*. Rio de Janeiro, vol. 178, ano 55, jul./ago. 1958.

IUDÍCIBUS, Sérgio de; MARTINS, Eliseu; GELBCKE, Ernesto Rubens; SANTOS, Ariovaldo dos. *Manual de contabilidade societária*: aplicável a todas as sociedades, de acordo com as normas internacionais e do CPC. São Paulo: Atlas, 2010.

MAMEDE, Gladston. *A advocacia e a Ordem dos Advogados do Brasil*. 6. ed. São Paulo: Atlas, 2014.

MAMEDE, Gladston. *Código civil comentado*: penhor, hipoteca e anticrese: artigos 1.419 a 1.510. São Paulo: Atlas, 2003. v. 14. (Coleção coordenada por Álvaro Villaça Azevedo)

MAMEDE, Gladston. *Direito empresarial brasileiro*: empresa e atuação empresarial. 8. ed. São Paulo: Atlas, 2015. v. 1.

MAMEDE, Gladston. *Direito empresarial brasileiro*: sociedades simples e empresárias. 7. ed. São Paulo: Atlas, 2015. v. 2.

MAMEDE, Gladston. *Direito empresarial brasileiro*: títulos de crédito. 8. ed. São Paulo: Atlas, 2014. v. 3

MAMEDE, Gladston. *Direito empresarial brasileiro:* falência e recuperação de empresas. 6. ed. São Paulo: Atlas, 2014. v. 4.

MAMEDE, Gladston. *Direito empresarial brasileiro:* teoria geral dos contratos. 2. ed. São Paulo: Atlas, 2014. v. 5.

MAMEDE, Gladston. *Direito Societário:* direito empresarial brasileiro. 14. ed. São Paulo: Atlas, 2022.

MAMEDE, Gladston. *Divórcio, dissolução e fraude na partilha dos bens*: simulações empresariais e societárias. 4. ed. São Paulo: Atlas, 2014.

MAMEDE, Gladston. *Empresas familiares*: o papel do advogado na administração, sucessão e prevenção de conflitos entre sócios. 2. ed. São Paulo: Atlas, 2014.

MAMEDE, Gladston. *Entenda a sociedade limitada e enriqueça com seu(s) sócio(s)*. São Paulo: Atlas, 2014.

MAMEDE, Gladston. *Falência e recuperação de empresas*: direito empresarial brasileiro. 13. ed. São Paulo: Atlas, 2022.

MAMEDE, Gladston. *Manual de direito empresarial.* 18. ed. Barueri: Atlas, 2024.

MAMEDE, Gladston. *Semiologia do direito*: tópicos para um debate referenciado pela animalidade e pela cultura. 3. ed. São Paulo: Atlas, 2009.

MAMEDE, Gladston. *Teoria da Empresa e dos Títulos de Crédito:* direito empresarial brasileiro. 14. ed. São Paulo: Atlas, 2022.

MAMEDE, Gladston et al. *Comentários ao Estatuto Nacional da Microempresa e da Empresa de Pequeno Porte*. São Paulo: Atlas, 2007.

MAMEDE, Gladston; MAMEDE, Eduarda Cotta. *Blindagem patrimonial e planejamento jurídico*. 5. ed. São Paulo: Atlas, 2015.

MAMEDE, Gladston; MAMEDE, Eduarda Cotta. *Estruturação jurídica de empresas*: alternativas da tecnologia jurídica para a advocacia societária. Barueri: Atlas, 2024.

MAMEDE, Gladston; MAMEDE, Eduarda Cotta; MAMEDE, Roberta Cotta. *Manual de redação de contratos sociais, estatutos e acordos de sócios*. 8. ed. Barueri: Atlas, 2024.

MOREIRA JÚNIOR, Armando Lourenzo. *Bastidores da empresa familiar*: como reduzir conflitos por meio da governança corporativa. São Paulo: Atlas, 2011.

OLIVEIRA, Djalma de Pinho Rebouças de. *Holding, administração corporativa e unidade estratégica de negócio*: uma abordagem prática. 4. ed. São Paulo: Atlas, 2010.

RODRIGUES, Silvio. *Direito civil*. 32. ed. São Paulo: Saraiva, 2002. v. 1.

VENOSA, Sílvio de Salvo. *Direito civil*. 10. ed. São Paulo: Atlas, 2010. 8 v.